生き延びる都市

新宿歌舞伎町の社会学

武岡　暢

新曜社

父、義彦に

生き延びる都市　◉　目次

装幀＊加藤賢一

序章

繰り返される「浄化」

本書は、おおむね西暦二〇〇〇年から二〇一〇年前後までの新宿歌舞伎町について、その維持、再生産のメカニズムを経験的に解明することを目指す。以下ではまず、本書の題名について簡潔に説明することで、本研究全体の見取図を確認する。

歌舞伎町の「社会学」を副題としたのは、何もその抽象性でもって作業半径を大きく取っておくためではない。都市社会学的で地域社会学的であることはもちろん、局面によっては労働社会学的でもあるような、そうしたさまざまな——「社会学的」としか言い様がない——視点の組み合わせのうちに歌舞伎町という対象を浮かび上がらせようとすること、このことを積極的に示すためである。

主題の「都市」に込めた含意は、以下のような多様な論点の交差のうちに対象を見る見方のうちに表れている。つまり、住民だけでなく、移動する人びとを含めた各主体のネットワーク、彼女ら彼らの職業への入職、離職、さらには空間の供給、管理といった論点から歌舞伎町を捉えようとすること——対象の「都市」性は、こうした社会的諸力の交差する特異点に関連したものとしてある。付言すれば、どちらかと言えば全域的な holistic 含意を持つ「都市社会」概念とは対照的に、本書はより局所的な local 社会のうちにこだわることで、その内部の複線的な多面性に迫ろうとする戦略を採用しようと思う。

歌舞伎町を社会学的な研究の「対象」とするに当たっては、方法的な枠組みの整備が不可欠である。個別の論点をどれだけ寄せ集めても、寄せ集めた論点の集合それ自体では「対象」を構成しない。本研究では、対象を構成するために認識に先立って整備されるべき枠組みと、認識を経たのちの枠組みの再調整、再評価を、対象認識そのものやそのメカニズムの分析と同様に重視している。言い換えれば、単に歌舞伎町という対象に関する知識の増大のみならず、他の対象の認識にも役立つような枠組みとしての「方法」をも志向すること。これが第1章と第6章で「方法」にこだわった意図である。

本書で採用する「地域社会」として歌舞伎町を捉える視点は地域に関する社会学研究の学説史的な再検討に基づいており、「地域社会」概念に関して提出する新しい規定、概念化によって支えられている。第1章で述べるこの概念化が含意する探究の方向性をここで結論だけ提示すれば、〈面的に広がる空間を基盤にして成立し、そこに出入りする人びととそこで行われる社会的活動の総体の一定のまとまりを持ったパターン〉を採ることで地域社会にアプローチしようとする試み、と規定される。

地域社会学やコミュニティ研究になじみのある読者にとって、この規定はいささか抽象的に過ぎるように思われるかも知れないが、それこそが狙いのひとつである。これまでの地域社会研究においては対象設定の段階で強すぎる前提が置かれることによって、本来であれば独立して扱われることが望ましい複数の要素が重ね合わせられてしまっていた。本書での概念化はその重ね合わせを引き剝がすことを目的としているので、従来の規定と比していっけん抽象的な内容に見えるのである。これまでの地域社会研究にあっては、探究課題として設定されるべき具体的内容が、論点先取的に地域社会の概念規定に混入してしまっていたことが問題だった。第1章ではこのことを詳しく明らかにしていく。

それに先立つこの序章では、本格的な論述の前に歌舞伎町に関して読者と共有を図るべき緩やかなイメージを、新聞記事の例から示そう。ここでは差し当たって「歓楽街」の語を、「風俗産業をその主要産業として擁するような区画」を指すものとしておこう。また「風俗産業」については、「キャバクラやホストクラブ、あるいはソープやヘルスといった業態を典型とする、性的好奇心あるいは性的欲望に何らかの仕方で応じるサービスを提供するような店舗（風俗店）を中心とした産業の一定のまとまり」という仮の定式化を与えておく。風俗産業が「主要」産業であることをもって歓楽街と見なすということは、ある区画が歓楽街であるかどうかは程度の問題である、ということを意味する。つまり経験的には、「これは間違いなく歓楽街である」というような区画から、「多少は歓楽街的な要素を見出すことができる」というような区画までがあり得るような、「歓楽街性」についてグラデーションを想定した規定である。

ところで本書では、歌舞伎町という対象を、ここで言う歓楽街性に還元して理解することはしない。言い換えれば、地区を機能に切り詰めて把握する、そうした観点は採用しない。そうではなく、歌舞伎町を「地域社会」として捉えたとき、そこにおける社会的活動の重要なパターンが、歓楽街性なのである。本書のひとつの焦点であるこの「地域社会」概念については第1章で本格的に論じる。

さて、以下に挙げたのは歓楽街に関するさまざまな新聞記事の見出しである。ここには歌舞伎町以外の日本の歓楽街についての記事も含まれている。一九七〇年代から二〇一〇年代までの幅を持つこうした見出しを瞥見するだけでも、歓楽街がいかに繰り返し「浄化作戦」や「一斉取り締まり」の対象となってきたかが分かる。記事において見出しにそれらの語が現れているものだけでも枚挙に暇がない。

■「暴力街の汚名返上を　新宿歌舞伎町で全滅作戦」（『朝日新

聞』一九七二年七月二日朝刊、東京都版、二四面）

■「〝黒い歓楽街〟の一掃めざす 警察庁」（『朝日新聞』一九七四年四月二十三日朝刊、東京都版、一九面）

■「暴力・ピンク 追い出そう 歌舞伎町飲食業者が結束」（『朝日新聞』一九七八年八月二十九日朝刊、東京都版、二〇面）

■「歌舞伎町を明るい町に 浄化作戦スタート」（『朝日新聞』一九八三年一月十一日朝刊、東京都版、二〇面）

■「新宿・歌舞伎町に警官三八〇人、不良外国人や暴力団を一斉取り締まり／警視庁」（『読売新聞』一九九二年十月八日朝刊、東京都版、三〇面）

■「凶悪事件多発する歌舞伎町 対策本部を設置 警視庁」（『毎日新聞』一九九四年八月二十六日、二三面）

■「一六歳少女を入店させた歌舞伎町ホスト逮捕――警視庁、一斉立ち入り検査／東京」（『毎日新聞』二〇〇〇年十二月十七日、東京都版、二三面）

■「一斉摘発で検挙者九四人 歌舞伎町」（『毎日新聞』二〇〇三年四月二十三日、八面）

■「一斉摘発：歌舞伎町で一四人逮捕 条例違反容疑など／東京」（『毎日新聞』二〇一二年十月二十七日、東京都版、二七面）

「暴力街」や「黒い歓楽街」として「街」が形容され、その空間においては暴力や「ピンク」、つまり風俗産業が問題視される。問題の原因は「不良外国人」や暴力団、あるいは「ホスト」であるとされる。警察は「対策本部を設置」するなどしてたびたび摘発や立ち入り検査を行っているが、同時に「飲食業者が結束」して「問題」に対処しようとする場合もあるという。

　われわれはこうした報道にあまりに慣れ切って鈍感になってしまっているかも知れないが、少し立ち止まって考えてみれば、「全滅作戦」や「浄化作戦」、「一斉摘発」がこのように繰り返し実施されている事態はいささか奇妙である。「全滅」や「浄化」が言葉通りに首尾良く成功していれば、歓楽街はもはや歓楽街として存在し続けてはいないだろう。

　じっさい日本の歓楽街のなかには、一斉摘発によって「浄化」され、歓楽街ではなくなった区画がある。ここでその例として横浜市黄金町について見てみよう。

　横浜市黄金町は太平洋戦争の前後から「ちょんの間」と呼ばれる売春宿の連なりを中心に歓楽街としての性質を帯びるようになり、一九五八年の売春防止法施行の頃にはそうした性格をすっかり定着させていた。ある新聞記事は「終戦直後から地区に住む飲食店経営の男性」の話として、黄金町にはこれまで「二回危機があった」という語りを紹介している（『朝日新聞』

二〇〇四年十二月十一日朝刊、神奈川版、三二面）。その二回とは一九五八年の売春防止法施行と一九九〇年の大規模取締りで、いずれにおいても「街から女性が消え、店舗は真っ暗になった」。しかし、それらの危機が過ぎるとすぐに「いつからともなく再び明かりがともり始め」、元通りの歓楽街の姿を取り戻してきたのが黄金町という町であったという。

黄金町はその「二回の危機」にもかかわらず歓楽街としての性質を維持する。たとえば一九九九年十一月にも「一斉摘発」が行われて「売春防止法違反容疑で二人逮捕、一五人収容」という記事が見える（『読売新聞』一九九九年十一月十一日朝刊、横浜版、三三面）。こうしたことの繰り返しは新聞記事のなかでも「警察と店のイタチごっこは今後も繰り返されそうだ」と記述されている（『読売新聞』二〇〇〇年十二月二十七日朝刊、横浜版、三一面）。既に引用した「終戦直後から地区に住む飲食店経営の男性」もまた、「すべて撤去しても、また戻ってくるだろう」と語っているのである（『朝日新聞』二〇〇四年十二月十一日朝刊、神奈川版、三二面）。

ところが二〇〇五年一月に始まった横浜県警による「壊滅作戦」は黄金町に不可逆的な変化をもたらした。売春宿の営業が一帯から完全に一掃されたのである。その後、これまでのように旧態に復することもなく、跡地は食料品店舗やカフェ、現代アートのアトリエやギャラリーなどとして利用されており、二〇一六年現在に至るまで歓楽街性の復活は確認されていない。

「イタチごっこ」がなぜこの一斉摘発の際には繰り返されなかったのか、それ以前の取締りと何が異なり、何が「有効」だったのか。あるいは売春宿や客の変化が原因なのか。これらはきわめて興味深い論点だが、残念ながら本書ではこれ以上踏み込むことができない。もちろん、売春という事象だけに注目すれば、近隣地域に移転しただけだという可能性もある。ただ本書にとって重要なのは、ある特定の空間に着目した場合、そこにおける歓楽街としての性質は必ずしも恒久的に安定したものではない、という点である。[1]

1　このほかに、やはり摘発が奏功し風俗産業の大幅な縮小が見られた福岡の雑餉隈《ざっしょのくま》の事例などもある（『朝日新聞』二〇〇七年八月三十一日朝刊、福岡、二七面）。
また、以上の様な「衰退」や「消滅」とは反対に、近年あたらしく町田駅周辺で飲食店、風俗店が急増し「不夜城化」したという記事もある（『朝日新聞』二〇〇五年三月十六日朝刊、多摩一、三二面）。それによれば性風俗やマッサージ店を含む「ナイトレジャー」が急増し、町田は「西の歌舞伎町」と呼ばれるようになったという。このように、歓楽街はときに衰退し、ときに新たに発生するものであり、ある時点である場所に存在していることは自明な事態ではない。

歓楽街を衰退させるのは取締りだけではない。温泉保養地として有名な静岡県の熱海は、かつて歓楽街としても隆盛を誇った。しかし、温泉街そのものが全体として衰退するなかで歓楽街性も力を失い現在では風俗産業の集積は大幅に縮小している。熱海の事例は、単純に地域経済の不振によっても歓楽街の存続が脅かされうることを示している。

黄金町や熱海のように歓楽街としての性質を失ってしまう地域がある一方で、日本の各地には既に短くない歴史を有する著名な歓楽街が数多く存在する。新宿歌舞伎町は言うに及ばず札幌のススキノ、福岡の中州などはその最も有名なものであり、他にも大小さまざまな風俗産業の集積地区＝歓楽街が全国各地に分布し、現存している。

このことは、黄金町の事例を念頭に置いた場合、一面からは警察の取り締まりの不徹底として理解できるかも知れない。しかし、歓楽街としての性質を当該区画から払拭しようとする主体は、警察だけではない。例えば歌舞伎町を擁する自治体である新宿区の区長は、過去に警察庁に取締り強化の要望書を提出している。以下に引用するのは、「性産業の横行たまらぬ　新宿区長が〝直訴〟」という見出しの記事である。

> 最近の性産業の無規制なはんらんが少年非行を助長するなど目に余るものがある、として風俗営業等取締法の改正を検討している警察庁を七日、日本一のマンモス歓楽街歌舞伎町を抱える東京都新宿区の山本克忠区長（七六）らが訪ね、「盛り場のセックス横行は限界に来ている。法整備をしてなんとか解決を」と要望書を渡して〝直訴〟した。
> （後略）（『朝日新聞』一九八四年二月八日朝刊、東京都版、二二面）

警察も自治体も広くは同じ「行政」というカテゴリーの一部であるが、自治体は選挙による正統性を有する首長をトップに戴く点が警察とは異なる。ここではその首長もまた要望書の提出という行為において、警察によって繰り返される「浄化作戦」と同調し、共鳴している。

自治体に関して指摘されるべきより重要な点は、東京特別区が有する条例制定権である。自治体が「浄化」に同調しているということは、警察が活動の根拠とし得る条例もまた、取締り厳格化の方向で改正されていく可能性を含意する。事実、二〇〇〇年前後までに全国の自治体で制定されたいわゆる迷惑防止条例などは、風俗産業を対象とする条項を少なからず含む。歓楽街の取締りや「浄化」を警察だけの問題とすることは、警察の活動の基盤となる法令が議会によって制定されなければならないという基本的な事実を無視するものである。

かてて加えて、取締り強化への同調、共鳴は警察や自治体といったいわゆる公的主体に限定されない広がりをもつ。既に言及した記事の見出しのなかにも歌舞伎町の飲食業者が「結束」して暴力と風俗産業を追い出そうとしている、というものがあった。公的主体と対比的にカテゴライズすれば「民間」とも言えるこうした主体による動きについて、新聞は以下のように報じている。

新宿歌舞伎町の飲食店街で、ことしに入ってから、通りがかりの客の前に立ちはだかったりして強引に店に誘い込むピンクキャバレーや、法外な勘定をふっかける暴利バーがふえてきた。このため「このままでは歌舞伎町の悪名が天下に鳴り響いて、まじめな業者まで商売ができなくなってしまう」と、二八日午後二時から、新宿区役所四階会議室に業者約三五〇人が集まって、暴力追放を叫ぶ「歌舞伎町防犯町民決起大会」が開かれた。

（中略）

近く業者二人一組による自主防犯パトロール隊を二、三班編成し、毎夜見回りをして、悪質なケースはどしどし警察に通報することを決めた。

（後略）（『朝日新聞』一九七八年八月二十九日朝刊、東京都版、二〇面）

こうしたパトロール隊のようなある意味で示威的とも言える行動に限らず、より実質的と思われる「解任劇」を地元組織が演じた例もある。以下に示すのは「「歓楽街のドン」逮捕に大揺れ」と題された記事である。ちなみに記事冒頭に「個室付き浴場」とあるのはいわゆるソープランドのことで、性的サービスを提供する性風俗店である。

千葉県随一の歓楽街で、個室付き浴場街として知られる「千葉市栄町」。この街の町会長を一〇年間も務め、「栄町のドン」と呼ばれてきた貸しビル業者が、千葉中央署に傷害や売春防止法違反の疑いで逮捕され、街は揺れている。「栄町から暴力や売春の根を一掃する」（同署幹部）という浄化作戦の一つの頂点で、これまでは及び腰だった町会側も、この会長を事実上、解任した。背景には、暴力ざたやエイズ騒ぎなどで衰退する一方の「夜の街」から脱皮せねば、という地元商店主らの危機感もありそうだ。

（後略）（『朝日新聞』一九八七年五月二十一日夕刊、東京都版、一四面）

歌舞伎町であれ栄町であれ、地元組織の関心は地域経済にある、とひとまずは見ることができる。「商売ができなくなってしまう」とか「衰退する一方」などの事態こそが懸念されているのである。こうした主体もまた、歓楽街を歓楽街としては残存させないようにするモメント＝「浄化」に向かう傾向を有することをこれらの記事は示している。この点に関して、歌舞伎町の商店街振興組合理事長（当時。記事中にあるように提灯屋を経営している。）が紙上の「わたしの言い分」というコーナーで、「セックス産業が、なぜ町の繁栄のマイナスになるか」を語った記事を見てみよう。

セックス産業が、なぜ町の繁栄のマイナスになるか、簡単に申しましょう。第一に、安定した購買力のある家族連れや、まともな若い人たちのグループが来なくなる。現に、その傾向が出てきてます。

第二に、セックス商品の、べらぼうな値段。例えば女を紹介するというデート喫茶では、コーヒー一杯が七〇〇〇円の店がある、と聞いてます。実質は紹介料でしょうがね。その上に女に払う金、ホテル代、結局、何万円もかかっちまう。客は、お目当てへ、直線的に往復するだけ。間違ったって、八百屋やわたしの提灯の店なんぞへは寄ってくれません。これで、商店街が栄えるわけがない。

そして、セックス産業は、すべて外の資本です。短期間荒かせぎして、さっと変わっちゃう。かせいだ金を、地元に再投資しない。当然、町のイメージも、町自体も、荒廃していく理屈です。六〇軒そこその悪い店のおかげで、〔記者に向かって〕あなたの印象さえ、セックス路線などと……。

（後略）（『朝日新聞』一九八三年五月九日夕刊、東京都版、三面）

この記事における「セックス産業」と地元経済に関する語りの妥当性はここでは問わない。むしろ注目すべきは商店街組織の長が記者に表明してみせた以下のような態度である。——歓楽街の内部に風俗産業とは相対的に断絶した商店街組織が存在しており、商店街組織は警察や自治体の「浄化作戦」が有するのと同様の方向性、つまり風俗産業の取り締まりという方向性を共有している、それを記者のあなたには分かってほしい。

歓楽街における風俗産業や暴力犯罪のイメージが客足を遠のかせる要因となる、ということは充分にありそうな事態ではある。地域イメージ、訪問客数の変動、そしてそれらと地域経済とのあいだの関係を判断できる具体的な調査や統計に基づいた判断では恐らくないものの、地元組織は少なくともそうした懸念に基づいて「決起大会」やパトロール、「解任劇」を含む具体的な行動を起こしている。

歓楽街には警察の摘発によって「浄化」されてしまう可能性のほかに、イメージの悪化や景気変動といった経済的要因によって「衰退」してしまう可能性がある。言うまでもなく、この二つの要因は無関係ではない。摘発が厳しくなればそれだけ風俗産業の営業活動は行いづらくなるから、摘発が引き金となった不景気、ということが歓楽街においては充分に起こり得る。摘発対象には営業者だけでなく客も含まれることがあり、取り締まりの厳格化は客の消費行動を鈍らせる要因にもなるだろう。これら営業活動と消費行動の縮小は、いずれも歓楽街の地域経済衰退を導く。

しかしすでに繰り返し述べているように、現実には日本の各地で歓楽街は存続している。本研究が対象とする新宿歌舞伎町もまた、そうした歓楽街のひとつだ。まずはこうした事態を、本研究の本格的な論述に入る前に最低限、共有しておかなければならない事実として確認しておこう。つまり、歌舞伎町がさまざまな「浄化」の働きを受け流しながら歓楽街であり続けていること。これこそが読み解かれるべきひとつの謎であり、本書は、歌舞伎町の維持、再生産のメカニズムをこうした非自明性を導きの糸として解明しようと試みるものである。

第1章

問題設定と研究の方法

本研究は、歌舞伎町を「地域社会」として捉え、対象とする。本章ではこの「地域社会」に関連する社会学研究の学説史的な再検討を行い、「地域社会」概念に関する新しい探究の方向性を提示する。

1 「地域コミュニティ」の困難

本書では歌舞伎町を対象とするに当たり、これを「地域社会」として捉える。次節で詳細に行われるこの「地域社会」という視点の構築に先立って本節で明らかにされるのは、本研究が距離を取ろうと考えている「地域コミュニティ」概念の困難である。

先回りして述べておけば、「地域コミュニティ」概念の批判的検討を経て打ち出される「地域社会」の視点は、歌舞伎町というある意味で特殊な対象を把握するためだけのものには留まらない。都市のとりわけミクロ〜メゾレベルの具体的地域空間を社会学的に対象化するに当たって、「地域コミュニティ」概念はあまりに制約が強くまた論点先取的であるため、より幅広い経験的探究に開かれた枠組みへと拡張されることが望ましい。本書の元となった博士論文は「都市地域社会の把握に関する方法的考察」を副題に掲げたが、これは、こうした拡張された認識枠組みを構想することを意図している。

これまで「地域コミュニティ」概念はほとんど常に「地域性」と「共同性」という二つの要素から説明されてきた。日本の地域コミュニティ研究を牽引してきた倉沢進の手になる『コミュニティ論』と題された放送大学教材では、「日常の現実の上に築かれた社会学用語としてのコミュニティの概念には、学者によって定義の相違がある」としながらも、「しかし重要な共通点がある。それは地域性と共同性という、コミュニティの基本的特性である」と述べられている（倉沢 2002: 17）。ほかにも、当時の学会長である吉原直樹が「地域社会学会の叡智を結集して織りあげた」（吉原 2011: vi）という『新版 キーワード地域社会学』では、「地域社会」の項に“local community”の訳語が付され、「社会学では、地域社会は、地域性と共同性の二つの側面をあわせもつ概念として規定される」とされる（小内 2011: 176）。

実は、ここで「地域コミュニティ」を意味する語として「コミュニティ」、そして「地域社会」がそれぞれ融通無碍に互換的に用いられていること自体がある問題を提起している。それは、「地域コミュニティ」以外のコミュニティ（例えば趣味のコミュニティや企業コミュニティ等々）はどこに忘れ去られたのか、そして地域においては「地域社会＝地域コミュニティ」というかたちで「社会」と「コミュニティ」が同一視されてしまってよいのか、という問題である。

議論を先取りして言えば、これらの問題に答えるためには「地域コミュニティ」の研究が抱え込んできた三つの要素の癒着を指摘する必要がある。ここで癒着を構成する要素の数は、地域性と共同性という二つではなく、三つなのであるが、そのことを導き出すためには「地域コミュニティ」の構成要素たる地域性と共同性について順に検討していかなければならない。そこで本節の第一項では地域性を、続く第二項では共同性を、それぞれ見ていくこととしよう。

1-1 「地域」の範囲問題

まずは地域性である。「地域」と言ったときに、日本語の日常的用法では、そこに共在する人びとからなる「地域コミュニティ」を含意する場合があるが、本研究ではそうした用語法は採用しない。本研究における「地域」概念は、一貫して物理的な空間を指しており、特に地表面に沿って面的に広がった空間を意味する。

地域という空間の範囲をどのように設定することが妥当か――この問題は地域に関わる研究を行おうとする者が頻繁に直面し、そしてしばしば便宜的な解決を施して先に進もうとする、そのような困難である。例えば既に引用した『新版 キーワード地域社会学』の「地域社会」の項においても、「厳密な意味での地域社会を現実の世界で実際に把握しようとすると、困難な問題に直面する。地域性の範囲は多様になり、それに応じて共同性の内実も異なるものとなるからである」（小内 2011: 176）とあり、地域空間の範囲が確定困難なものであることが指摘されている。

この「地域の範囲問題」とでも呼ぶべき課題に対して正面から取り組んだのが、初期アメリカ農村社会学である。二十世紀初頭、アメリカの広大な農業地域においては主体としての農民は可視的であったものの、彼らが内属する空間範囲が不明確だった。そのためそこでは主体に対応する空間の範囲を探ることが課題だったのである。

その〈主体に対応する空間〉は、「生活圏」という視点から探究の対象となった。アメリカの初期農村社会学における代表的な研究者であるチャールズ・J・ギャルピンは、「農村コミュニティ a rural community などというものがあるのだろうか？　そしてあるとするならばそれにはいったいどんな特徴があるのか？」と問う（Galpin 1920b: 490）。その前提には、二〇世紀初頭のアメリカ（特にギャルピンが取り上げたのはウィスコンシン州）において「開けた平原の農業地帯」[1]に散在する scattered 家々の存在があった（Galpin 1920a）。中心部には町 village が存在するにせよ、経済活動の基盤として町を支えているのは農業生産であり、農業生産は遠くまで広がる農業地帯に散在する各戸の農家によって担われている。ギャルピンは一六～一〇〇平方マイル、つまり四〇～二六〇平方キロメートルの広さに三〇〇～三〇〇〇人の人口を擁する、というスケールで農村コミュニティをイメージしており（Galpin 1920a: 485）、その人口密度の低さゆえに、「コミュニティ」の存在について問題提起を行う[2]。

ギャルピンが「農村コミュニティ」を操作的に把握するために行ったのが、各戸農家が利用する一二のサービスに対応した「圏 zones」の分析である。ある町 village 甲からスタートして一定の方角に進んで行き、開けた平原の農業地帯に点在する各農家が、銀行や地方新聞、牛乳配達などのサービスをスタート地点の町甲から供給されているかどうかを見る。町甲から一定の遠さに達したとき、ある農家はスタート地点の町甲とは反対に所在する町乙のサービスを利用しているだろう。この農家は

1　"Open country" の語をここでは「開けた平原の農業地帯」と訳した。ギャルピンがイメージしているのは、諸施設がある程度集中している町 village を中心として、その周囲に「開けた平原の農業地帯」が広がるような空間である。ここではだらだらと空間が連続しており、山脈や渓谷といった自然的条件によって区画が切断されないからこそ、「生活圏」の範囲問題が出来するのである。

2　鈴木榮太郎は『日本農村社会学原理』のなかで「わが国の農村居住の形式は一般に集村である。きわめて例外的に散村が存するが、それらの特殊の場合の散村たるの理由も、歴史学者及び地理学者によって説明されている場合が多い」と述べている（鈴木 1940→1968: 102）。ここで鈴木はギャルピンを含めたアメリカの農村社会学を丹念に検討しており、アメリカの散村を念頭に置いて日本の集村を論じている。日本においては耕作や家屋建設における協同の必要性、水利の便、日当たりや土壌の条件などから集村が一般的になったと鈴木は考えており、このことが自然村の本質をその「精神」であるとする鈴木の議論のひとつの基底を成している。つまり農村の物理的な凝集性は農業という活動の観点からは機能的に自明であって、そのことと社会的凝集性の問題＝自然村の位相とを区別していたのである。鈴木の自然村概念のこうした位置づけの背景には、ギャルピンが取り組んだアメリカの散村――社会的凝集性と物理的な（非）凝集性が必ずしも結びつかない状況――という対象の有していた方法的な意義を指摘することができる。

町甲には属さない（町乙に属する）――ギャルピンが採用したのはこのような方法である（Galpin 1920a: 486）。こうして諸サービスの圏を見てみると、一二のサービスのうち八つは相互に重複し、関連していたという。

このような初期アメリカ農村社会学の取組みを、社会学者の園田恭一は以下のように適切にまとめている。

一般に散居形態をとり、また経済的、社会的変動に個々の農民が直接的に接触して変化するアメリカの農民はコミュニティをもっているであろうか。またもしあるとすればそれはどのような性格のものであり、またどのようにして規定されるのであろうか。これらは初期のアメリカ農村社会学に与えられた緊急の課題であった。なぜならそれは、一九世紀以来の工業の飛躍的増進、さらには恐慌というような資本主義の展開によって生じた自国の農村の現実的な諸問題の解決という極めて実用的な学問として出発したのであり、そのさい、諸政策が効果的に遂行されるための農村における生活圏の確定がまず重要な課題とされたからである。（園田 1978: 59）

これは園田が、「コミュニティの危機と再生」という自身の関心から、アメリカにおけるコミュニティ研究をレビューしている箇所からの引用である。広大な地域に人びとが散居する農業地域において「地域性」はどのように把握されうるのか？これは主として人びとの「生活圏」の把握問題としてアプローチされた。

生活圏の確定という問に対して最初のまとまった学問的回答を呈出したのはギャルピン（C. J. Galpin）の研究であった。ギャルピンはウォルワース郡（Wolworth County）の調査から、田舎町（village）を中心として、その周辺の農場地域から形成される商圏、取引圏を基礎とし、それと銀行、学校、教会、新聞等のサービス圏の複合にコミュニティを指摘したのである。これらのサービス圏は、取引圏を中心として、完全ではないが相当重複する部分がみられ、比較的固定した領域が確認されたのであった。（中略）

けれども、一九二〇年頃をさかいとして、アメリカの農村にかなりの変化が見られた。それは、生活水準の向上、交通・通信の手段の発達などによる生活圏の拡大や外部社会との接触の増大である。（中略）

このような現実の変化をまえにして、サンダーソン（D. Sanderson）は、高等学校、郵便局、図書館などというような施設（institution）が次第に田舎町に集中し、それが充実していくのにともない、田舎町と農業地域とのあいだに施設を媒介としての結合（association）や共同の関心（common interest）ができることに着目し、それをコミュニティであると規定したのである。（園田 1978: 60）

ギャルピンが人びとによるサービス機関の利用という観点から「圏」にアプローチした時代は次第に過ぎ去ってゆき、後続の研究は社会的現実の変化に歩調を合わせてゆく。つまり、institution を通じての association や common interest のうちにコミュニティを見出そうとしていくのである。アメリカ農村社会学におけるこの移りゆきを、社会学者の松原治郎は以下のように評価する。

> このようなことから圏域設定を中心に、コミュニティをとらえる研究は、その後、日常生活が作り上げられるさまざまな地域集団の実態の研究に移行していき、地域集団→利害関心集団→協同集団とその分析が深まっていくが、コミュニティの基礎として地域の圏域性を重視する考え方は、長く引き継がれてきたといってよい。（松原 1978: 9）

松原はコミュニティの基礎として「圏域性を重視する考え方」の淵源としてギャルピンらの研究を評価している。松原もまた「コミュニティ」概念の規定に地域性を盛り込んでいるが、それは初期アメリカ農村社会学に淵源を求めることができる、という立場である。[3]

しかし本論文はギャルピンとその後のアメリカ農村社会学の展開に対して、松原とはやや異なる評価を与えたい。ギャルピンの方法的特質は圏域を探究課題として設定したことにある。その意味ではギャルピン以後の諸研究はいずれも圏域性をあるいは前提にし、あるいは不問に処すことで、探究課題としては忘却していく歴史であった。「コミュニティ」概念の基底的要

3　松原によれば「コミュニティとは、地域社会という場において、市民としての自主性と主体性と責任とを自覚した住民によって、共通の地域への帰属意識と、人間的共感と、共通利害をもって、具体的な共通目標にむかって、それぞれ役割を担いながら、共通の行動をとろうとする、その態度のうちに見出されるものである」（松原 1978: 59）。
ところで松原は自身もコミュニティの「範域設定の問題」に取り組んでいる（松原 1978: 178-82）。しかしそこでは人口や面積が問題とされるに留まっている。松原が取り組む現代のコミュニティはギャルピンが念頭に置いていた農村よりも扱いづらいものであるとはいえ、ギャルピンの実証的な探究からはやや形式的な方向性に後退した感は否めない。

素とされる地域性について、それがいったいいかなる範囲を有するどのような地域性なのかということを「圏」の概念から問うたギャルピンの方法は、引き継がれていかなかったのである。

実はギャルピンのように「地域の範囲問題」に自覚的に取り組んだ例は逆説的ながら「地域」の研究において例外的である。地域という空間範囲はむしろ便宜的に画定した上で、そこにおける主体をどのように設定するのか、という「主体の範囲問題」とも言うべき課題こそが、多くの「地域」の研究者が力を傾けてきたポイントであった。次にこの点について詳しく見てみよう。

1-2 「主体」の範囲問題
——「住民」概念と社会学

ある地域の空間を設定したとき、そこに対応する主体をどのように考えるか。これに回答するにあたってさまざまな論者が中心的に参照し、また彼らのさまざまな立場の基軸となっていたのが「住民」というカテゴリーであったことは間違いない。

地域の主体に住民を設定することは、今日ではあまりにも一般化している。「住民自治」や「住民主権」などの熟語においては、地域活動の主体として住民が活躍すべきであるという実践的な立場と、であればこそ研究者もまた地域のもっとも重要な主体として住民に寄り添い着目しなければならないという認識上の立場とが、自然と重なって立ち現れる。そして二十世紀後半を通じての産官による開発やそれに伴う公害問題が、二十一世紀の今日よりはるかに苛烈であった日本社会の時代状況が、主体＝住民というパースペクティブを下支えしていた。

しかし住民に着目することは地域の社会学において常に自明なことであったわけではない。じじつ地域社会学者の中田実は住民を中心に「コミュニティ」を研究することに対して寄せられた「批判」に応える必要性を感じていた。

> コミュニティについて指摘されてきた問題点のうち、コミュニティは「生活の場」において設定されるので、生産・労働から切り離されており、したがってそれを構成する「住民」の規定は実在性をもちえない、という批判をとりあげて、二つの面をみておきたい。（中田 1993: 23）

中田が応えなければならないと感じていた批判とは、住民とは運動から疎外されたミドル・クラスに過ぎないではないか（似田貝 1975）、生産や労働に無関係な余暇や消費の場面ばかりがクローズアップされるのではないか（園田 1978）、階級・階層を度外視して生活にばかり着目するとは一体「いかなる実在を措定」しているのか（布施・小林 1979）、といったものであった。表現の仕方はさまざまであるが、いずれも住民の階級性とでも言うべき側面、つまり住民として指し示される人びとがミドル・クラスに限定されている可能性、が問題視されていることは明らかである。端的に言って「住民」に労働者階級や低階層の人びとが含まれていないのではないか、という危惧がここにはある。

> 奥田道大も、「地域共同体およびその後身の実体の喪失」後の「新しい結合原理のフロンティア」を求めて、「コミュニティ論」へと到達した。しかし、なおかつ、かかる視座は「新中間層的価値観念」であり、地域住民諸階層にとってリアリティのある「地域社会理論」には距離がある。（布施・小林 1979: 61）

ミドル・クラスに局限された観念に過ぎない、という批判は中田のみならず奥田道大のコミュニティ論に対しても突きつけられている。こうした批判に応えようとして中田が見出したのが「地域共同管理」概念であった。中田によれば、「地域生活にあらわれる諸矛盾」は「「資本と労働の対立」の地域社会的反映である」（中田 1993: 24）。

> 「生活の場」である地域を構成している住民は、実態としては階級的なちがい、職業的なちがいをもつものであるが、こうしたちがいにもかかわらず、かれらは「生活の場」で結ばれるある共同性、まとまりを内容としてもっている。これが地域（共同）管理秩序の社会的表象にほかならないが、こうした「共同性、まとまり」の根底にはその地域に固有の「地域問題」があるのであり、その「問題」の階級的性格とそれをめぐって展開される闘争および連帯の可能性をさぐることが必要なのである。（中田 1993: 24-5 傍点原文）

この引用部分を理解するためには、当時のマルクス主義的階級論が陥っていた演繹的な抽象性を想起しなければならない。実体視された階級概念を現実のなかに探し求め、発展段階論に応じて現実の方を断罪するやり方に対抗して、経験的で実証的な立場を打ち立てるポテンシャルを中田の住民コミュニティ論は有していた。人びとを論点先取的に分類箱に振り分けていくのではなく、むしろボトムアップに経験的知見を積み上げていくための戦略的拠点として、中田は「住民」を捉えている。

中田にとって、そのような「住民」把握のための突破口となるのが「地域問題」である。「階級」や職業において極めて多様であるはずの住民という存在を、それでもそのカテゴリーにおいて把握しようとすることの根拠は、「地域問題」に関連して連帯する可能性のうちにあるとされる。つまり、当該地域に生活のために居住している人びとであればこそ、固有の「地域問題」への関わり方をする、という視点である。

住民という一語を持ち出すためにこれほどの根拠付けを行うことは、今日からすればいささか大げさに思えるかも知れない。当時、マルクス主義的図式が有した影響力の大きさが、この大仰さのひとつの要因であろう。しかしそれと同時に、住民の語のもとに指し示される人びとが実に多様な内実を有することは今日においても変わらない。それどころかむしろその多様性はより顕著なものになりつつあるとすら言えるかもしれない。中田はそうした多様性に由来する「住民」カテゴリーの困難に自覚的であったればこそ、「地域問題」を通じて「住民」を把握するという迂遠とも見える戦略を採用したのではないか。

以上のように「住民」という対象を構成するために極めて自覚的な戦略を提示したのが中田であったが、例えば地域コミュニティ研究と都市コミュニティ研究においてそれぞれ主導的な役割を果たした倉沢進や奥田道大といった論者らもまた、そうしたコミュニティの担い手としての「住民」という対象をいかにして構成するかについて苦闘している（たとえば倉沢（1968）や奥田（1983）など）。ここでは例示を際限なく増殖させることは避けて、こうした問題、つまり「住民の範囲問題」が、実はかなり古典的なものであることを示す鮮やかな例を紹介することとしよう。

それは、一九五〇年代に福武直が直面した、農村における「通勤者同盟」の存在である。福武は村が同族を基調として構成された社会であることを強調し、「移住者に対しても「頼み別家」として本分家関係を結ばせ、漸次主従的ヒエラルヒーを地縁社会—部落に拡大し支配してきた」（福武 1954: 31）としている。この『日本農村社会の構造分析』は全体を通じてそうした同族関係が村落全体に貫徹していることを論じる。であればこそ興味深いのは、村の「通勤者」たちがそうした「主従的ヒエラルヒー」に包摂されていないことを、福武が誠実に書き留めている点である。

> 通勤者同盟は、O村から八幡製鉄・黒崎窯業・三菱化成・安川電機等の職場へ通勤するもので組織されている。彼らは村民税を職場のほうで天引されるのだが、その納入にたいする還付金を一般農家と同様自分たちにも渡すように村当局に要求するために組織されたものである。（福武 1954: 389）

> 脱農民層は、いわば仮の宿として部落に住居をもつというに留まって、地域社会の中に深い生活関係をもたない。彼らがその行動の主要部分を捧げ、衣食はじめ、社会的待遇をそれゆえに与えられている職業は、部落的地縁関係とは何の関わりももっていない。かれらの主たる関心事は地縁的利害であるよりも各自の所属する会社や工場での職階的な昇進のチャンスであり、もしくは職場での階級的な利害問題である。かれが、地域社会の内部に惹起する分化対立に重大な関心を払ってその能動的・積極的な担い手になろうとは考えられない。（福武 1954: 450）

福武が目を背けられずにいるのは「住民」の多様性に他ならない。ここで問題はふたたび中田に接続する。「農民」も「通勤者」も、また可能的には無限に多様な主体をその内部に含みうるはずの、「生活の場」に居住する主体たる「住民」とは、いったいいかなるカテゴリーなのか?

前項で見た「地域コミュニティ」の空間的範囲問題は、主体に関する以上のような議論においては不問に付されたままである。そして地域空間を仮に画定したとしても、主体の設定は困難をはらんでいる。居住する人口＝「住民」は、存外に扱いづらい概念だったのである。住民が主体の類型として設定されていることは明らかであるが、主体の類型設定の問題に不用意に拘泥し、囚われてしまうとすれば、それは天下り的な階級論の轍を踏むことに他ならない。主体の類型に頼った社会の分析は、人びとの記述を一面的なものにしてしまう。主体の類型論はそうした意味で困難を運命づけられている。

1-3　もし「絶海の孤島」なら

以上では地域社会の研究において出来する「空間の範囲」と「主体の範囲」に関するそれぞれの困難を見てきた。

ところで、地域社会の研究がはらむ難問に直面してきたのは社会学者だけではない。文化人類学はフィールドワークを主要な方法として用いるが、そこで設定される「フィールド」において、文化人類学者は地域社会を研究する社会学者とよく似た苦境に立たされる。文化人類学者の船曳建夫によれば、文化人類学の古典において「絶海の孤島」がフィールドに選ばれていたことによって、以下のような問題が「秘密裡に処理」（船曳 1985: 77）されていたのだという。

> ある地域を調査し、その対象を名指す時、それを何という人々（people）、何という社会（society）、何という文化

> （culture）として提示するのか。簡便なる方法は「地域Aにおける人々（又は社会、文化）」とすることである。しかし、そもそも地域をどの様に、何を基準として限定するのか。地域が特定出来るのは、調査対象の地図上の広がりとしてであり、そのためには対象たる人々、社会、文化がその前に定められていなければならない。問題は一周して元に戻る。（船曳 1985: 56–7）

島がこの問題を秘密裡に処理すると言っても、それは便宜的で擬似的な解決にすぎない。絶海の孤島としてイメージされる南洋の島はしばしば現実には群島（トロブリアンド諸島、アンダマン諸島）であり、いわゆる「未開社会」を「分離された自立的な集団」とみなす「常識」は実は「民族誌の記述の、手法に属する事柄かもしれない」（船曳 1985: 58–9）。つまり、テクニックとして海に囲繞された「未開社会」を記述対象とすることは、論理的な問題（あるいは認識論的な問題）を不可視化し棚上げする認識枠組みとこそ親和的なのだ。

> 〔「未開社会」を「分離された自立的な集団」と見なす「常識」について〕
>
> この常識は検討の必要がある。先ず、前者〔マリノフスキーの『西太平洋の遠洋航海者』〕は、人々の一集団や一社会を扱ったものでなく、複数のそれらにまたがる社会・文化的システムであるクラ（kula）の研究であって、人々、社会、文化はそのシステムの中で区分され、入り組み合い、幸福な三者合一はどこにもない。（船曳 1985: 59）

ここでは文化人類学の探究対象として「文化」が挙げられているがこれをいったん括弧に入れて、「人びと」と「社会」のあいだに幸福な二者合一がどこにもない、と言い換えてみても問題の本質は変わらない。地域社会学において繰り返し指摘されてきた「住民のミドルクラス性」問題は、船曳が明瞭に提示している一般的な認識論的問題のマルクス主義的特殊例である。

> ここで私が明らかにしたことは、対象の限定に見られる恣意性と、対象である三つの実態の三すくみの関係、そして三すくみの関係を断つ際の手続きに「土地」を予め定まったものとして導入することが、便法としてしばしば用いられる、ということであった。「孤立した未開社会」というものも、程度の問題を別にすると、「複合社会」同様に、仮構された実体として対象化されている、ということである。（船曳 1985: 60）

この引用からは、ギャルピンと同様の、対象の空間設定がはらむ困難への鋭敏な自覚を読み取ることができる。船曳は、文化人類学が対象としてきた「未開社会」にせよ「複合社会」にせよ、それが仮構された対象であることを指摘している。言い換えれば、対象は研究者が構成し構築する図柄であり、実体視されてはならない。図柄を実体視することは、本来であればさまざまに組み合わさり、はみ出し得る、「人びと」と「文化」と「社会」の関係を固定化し、また研究者とそれらとの関係としての認識を硬直させるからである。

さて、以上のような明晰な定式化は、「未開（複合）社会」認識の柔軟化という点において大きな認識利得がある。しかしそこから本稿では船曳とは別の視点を提出してみよう。本稿が行おうとしているのは、「地域コミュニティ」の実体視を戒めることではない。「地域コミュニティ」の研究においては、幸か不幸か対象地域は「絶海の孤島」ではなかったため、それを実体視する罠からは比較的自由であった。むしろ、身近な対象であるだけに「地域コミュニティ」研究のうちには規範性が混入しやすく、「規範性を除去して純粋に経験的に対象化しなければならない」というような指摘こそがこれまで幾度となく繰り返されてきた。こうして規範性／経験性という軸で争われてきた地域コミュニティ研究に対して、その軸じたいを相対化しようとする本研究の立場は、実体視／仮構という区別とはまた別の位相にある。

そのため本研究では「地域コミュニティ」研究に内在する要素を分節化した上で、どのようにそれらの要素を対象化することが望ましいのか、という観点を提出しよう。こうした分節化を経ずしては、規範性に距離を取った経験的な探究すらも、際限なく論点先取の循環に閉じ込められてしまう。要素を分節化する観点を採用することで、はじめてそうした循環を理解し、相対化することができるようになる。

1-4　空間、居住、コミュニティ

ここまでの検討をもとに、「地域コミュニティ」に関する研究が分節化に失敗してきた要素として、「空間」、「居住」、「コミュニティ」の三点を指摘したい。

より正確に言えば、地域に関する社会学研究は、この三つの主題の重ね合わせのなかにこそ関心を集中させてきた、ということである。つまり、「ある地域における」「住民からなる」「コミュニティ」という重ね合わせのうちに、研究対象を構築してきたのである。この重ね合わせがきわめて強い前提を必要とすることは、ここまでの検討から既に明らかであろう。

日本において三つの概念の重ね合わせは急速な都市化や職住分離、郊外住宅地の造成、あるいは開発や公害などの現象によって裏打ちされていた（e.g. 蓮見・奥田 1993; 中田 1993; 布施・小林 1979）。これは何も日本特殊的な事態ではなく、欧米では都市におけるコミュニティの「発見」やカステル的「都市問題」、貧困とエスニシティのゲットー化といった個別テーマが、〈地域＝住民＝コミュニティ〉への着目を下支えしてきた（e.g. Venkatesh 2000; Gans 1962 → 1982＝2006; Castells 1977＝1984）。つまり、三つのテーマの重ね合わせがなぜ起こったのかについては、「実態」としての都市問題の展開と、学説史内在的な展開の両面からある種の必然として説明できる。いずれにせよ、日本でも欧米でもそれぞれの事情と来歴のもとで、「〈地域＝住民＝コミュニティ〉パースペクティブ」とでも呼ぶべき枠組みが強固に存在してきた。

そして日本においては、この三つの要素が充分に区別して論じられてこなかったがゆえに「地域社会」と「地域コミュニティ」、そして冠なしの「コミュニティ」がこだわりなく言い換えられてしまう事態が生じていた。要素の重合のうちに研究関心が集中していたにもかかわらず、重合している事態は認識において背景化していたがゆえに、語の言い換えの裏で構成要素が相互に密輸入されていたのだ。ここでは単に「地域」と言っただけでそこに「住民」と「コミュニティ」が含意され、以下同様に「住民」には「地域」と「コミュニティ」が、「コミュニティ」には「地域」と「住民」が、それぞれ含意されるという、循環的な三つ巴の論点先取とも言える事態が看取できる。

この重ね合わせのうちに指摘されるべき問題は何か。それは、それぞれの主題が持つ効果や意義が弁別的に把握されないことである（図1-1）。地域＝住民＝コミュニティを考察する際に、問題が「住む」という現象の規定力によるものなのか（「夜間の騒音問題」は「住む≒夜、そこで寝る」ことに規定される）、面的に広がる空間の共有としての「地域」に由来するものなのか（横断歩道を歩道橋に転換する政策の「問題」は、面的な広がりを持たないマンション住民コミュニティにとって、厳密な意味での内部的問題とはなり得ない）は、それぞれの主題が暗黙裏に重ね合わせられているかぎり分節化され得ない。

この図によって私が表現しようとしているのは、これまで地域社会に関する社会学研究の多くが、空間と居住とコミュニティが重ね合わされた、ある意味では狭い領域に関心を集中させてきた、ということに過ぎない。つまり関心の集中をここでは問題にしているのであって、現実に地域社会の研究者が行ってきた個々の考察のうちに、④に示された重合領域以外の要素がまったく含まれていなかった、というような極端な主張をする

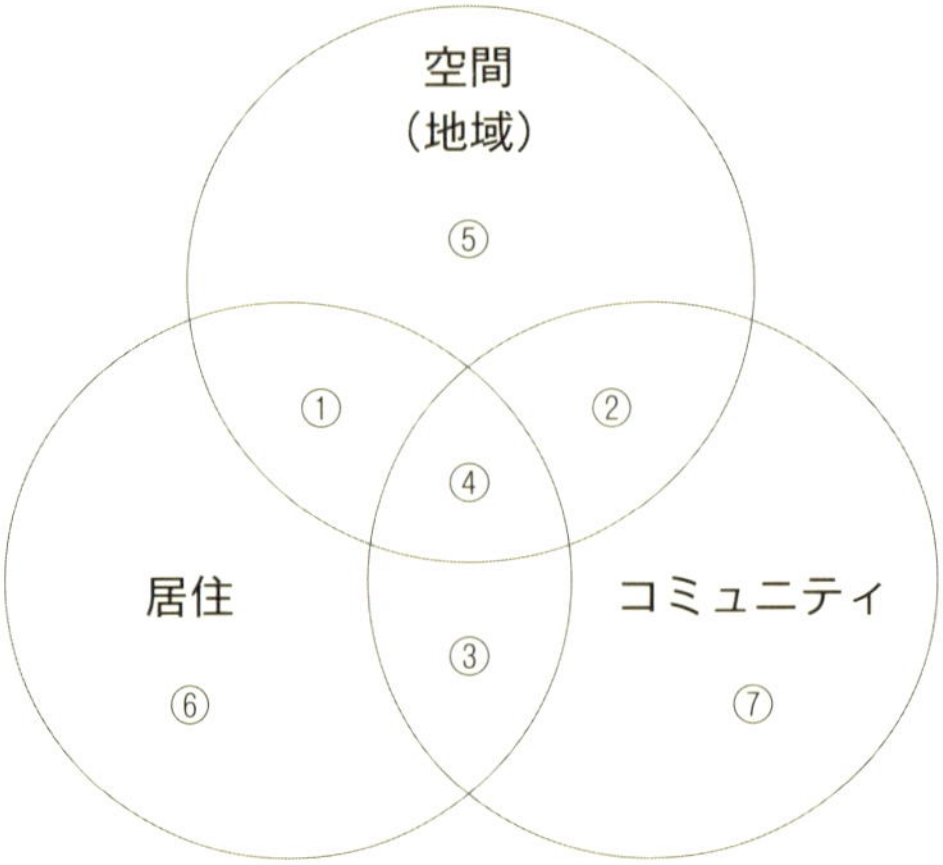

① （必ずしもコミュナルでない）住宅街の研究（有限責任＝出入り自由のコミュニティ等）

② 非住民の地域コミュニティ研究（商店街コミュニティ等）

③ 非地域的住民コミュニティ研究（マンションの住民コミュニティ等）

④ 地域住民コミュニティの研究（多くの地域社会学的研究）

⑤ （必ずしもコミュナルでない）非住民の地域研究（初期シカゴ学派等）

⑥ （必ずしもコミュナルでない）人間が「住むこと」についての研究（ハウジング研究等）

⑦ 地域住民以外のコミュニティ（企業コミュニティ、趣味のコミュニティ等）に関する研究

図 1-1　地域社会研究における 3 つの関心

つもりはない。

図中に例示したとおり、それぞれの主題を、重ね合わせから相対的に自由に扱っている研究蓄積は確かに存在している。たとえば図中で①として示した領域、つまり必ずしもコミュナルではない居住の空間に関する研究の例としてはモリス・ジャノウィッツの「有限責任」のコミュニティ the community of "limited liability" が挙げられる。以下ではジャノウィッツのこの著名な業績を本研究の視点から再記述することで、図1-1の意図を明確化しよう。

ジャノウィッツがローカルな「コミュニティ新聞」の調査研究を行うなかで見出したのは、ある程度の非官僚制的で個人的な愛着を地域のコミュニティに対して抱いている住民たちの姿であった。しかし住民たちはその反面において自分たちの投資以上の見返りを地域コミュニティに対して期待し、それが得られない場合には地域コミュニティから撤退しようとする——ここで言う撤退には、転居のほかに、居住を続けながら地域活動に参加しなくなることを含む——ような存在でもあった(Janowitz 1967)。アルバート・J・ハンターとジェラルド・D・サトルズが適切に要約しているように、そこにおいて地域コミュニティの一体感や責任感を維持していたのは、「用務員（あるいは管理人）としてのコミュニティ新聞」という、地域住民にとって外的な要因だったのである（Hunter and Suttles 1972: 48）。

> 現代の都市社会において都市の近隣 the urban neighborhood は存続しているのかどうか、という議論にかんして、ジャノウィッツの著作は重大な分岐点にたどり着いた。彼の著作が示すように、都市の近隣はより特殊化され、より自主的な、より部分的な団体 institution へと変化してきている。ローカルな近隣は、ひいては家族、企業、教会のような他の集団における変化についても適用可能な一般的な知的枠組みにおいて理解できる。ローカルな都市コミュニティは消滅したのではない。そうではなく、内部における分化と同時に、外部からのさまざまな影響にもまたさらされていたのだ。（Hunter and Suttles 1972: 48）

ここで「有限責任」のコミュニティについてやや詳しく紹介しているのは、それが「地域」と「コミュニティ」のあいだに横たわる重要な問題の理解に資するからである。地域における近代化のひとつのあらわれとしての都市化が、地域コミュニティを衰退させる要因として捉えられていたのが二十世紀前半の主立った見方であった。しかし二十世紀半ばごろ、都市にも地域コミュニティは存在する、とする「都市における地域コミュニティの（再）発見」が相次いだ。具体的にはウィリアム・F・ホワイトの『ストリート・コーナー・ソサエティ』やハーバート・J・ガンズの『都市の村人たち』が、そうした「（再）発見」の代表的な業績である（Whyte 1943→1993＝2000; Gans 1962→1982＝2006）。スラム街である「コーナーヴィル」のすぐれたエスノグラフィーとして有名な『ストリート・コーナー・ソサエティ』の序論には以下のような一節がある。

> 外部の中産階級の人たちには、スラム街が手におえないほど混乱した場所、すなわち社会的な混沌地帯と映るが、そこに住む内部の人間がみれば、コーナーヴィルにはすぐれて組織的で統合された社会システムが存在しているのである。（Whyte 1943→1993＝2000: 2）

ここではスラム街という「居住」の「空間」において、「コミュニティ」が見出せるか否かが論点となっている。そしてこれは欧米において「インナーシティ」が問題化され、スプロール現象が取り沙汰され、エスニック集団の凝離 segregation が取り上げられるたびに何度も噴出してきた論点でもある。つまり、居住の空間においてコミュニティは存在するのか、しないのだとすればどのように組織化し、発展させていくことができるのか。Community organization や community development といった用語が長く命脈を保ってきたのは、地域コミュニティのさまざまに変奏されたこうした問題系においてであった。

　コミュニティを（再）発見したり、あるいはいかにして地域コミュニティを「再建」することができるのかを探ったりする、そうした研究者の手つきにおいては、「居住」と「空間」、そして「コミュニティ」はいつまでも重なり合った問題関心として観念され続ける。それはこれまで社会学において繰り返し指摘されてきたような「コミュニティ」という語の価値投射性ゆえのことではない。経験的で実証的な態度のうちにも、枠組みとしての「居住」「空間」「コミュニティ」の三位一体は入りこむことができるし、実際に入りこんでいる。

　「有限責任」のコミュニティ論は、「コミュニティ」の語を「居住」の「空間」に対して用いながらも、その内実において「十全なコミュニティ」という先入観から自由に、経験的な研究において限定された共同性を見出している点において、地域コミュニティの解体／発見という二分法を相対化することに成功しているのだ。

　ジャノウィッツの「有限責任」のコミュニティ論のこうした意義は、コミュニティの解体／存続／解放、という三つの議論の類型を提出したバリー・ウェルマンらの議論と比較することで容易に理解できる。よく知られているように、ウェルマンは初期シカゴ学派のような議論を「コミュニティ解体論」、続くホワイトらの議論を「コミュニティ存続論」として類型化し、それに続く第三の類型として「コミュニティ解放論」を唱え、トロントのネットワーク分析からは「解放論」が支持されたとした（Wellman 1979＝2006）。ウェルマンとレイトンは「コミュニティと近隣 neighborhood は二つの異なる概念である」（Wellman and Leighton 1979: 385）と主張しているが、その関心の主眼は「一見、近隣の連帯と見えるものは、都会人どうしのネットワークがまばらに緩く構造化されたものの集積にすぎないかもしれない」という点にある。つまり、ウェルマンは「コミュニティ」を「近隣」から分離して、ネットワークの構造として把握することに関心があった。そのため、先のジャノウィッツの「有限責任」のコミュニティ論はウェルマンらによればコミュニティ存続論に分類される。ウェルマンらから見ればジャノウィッツやそれに続く「有限責任」のコミュニティ論は「依然として都市における紐帯を空間によって規定されるローカルなものと見なしており、近隣概念に基礎を置いている」（Wellman and Leighton 1979: 376）ことになる。

　しかし本研究の立場から言えば、ウェルマンらがジャノウィッツに与えたこうした評価は不当に低いものだ。ウェルマンらのコミュニティ解放論は、地域コミュニティ以外のコミュニティのありように焦点を当てた（図1-1では⑦の問題関心）が、こうした問題関心の領域はウェルマンら以前から既に存在していた。これに対してジャノウィッツは「有限責任」のコミュニティとそこからの撤退までをも含めたダイナミクスを議論し、必ずしもコミュナルでない住宅街＝「居住」の「地域空間」という、それまでほとんど光の当てられていなかった問題関心の領域（図中の①）にアプローチすることに成功している。以上の事態を言い換えれば、以下のように評価することもできるだろう。つまり、ウェルマンらはコミュニティから近隣neighborhoodの空間を切り離すことには成功したが（⑦の提示）、近隣空間からコミュニティを切り離すことに失敗したのだ（①の見落とし）。

以上、本節では、本書における鍵概念である「地域社会」を概念化するために、先行研究における諸概念の分析を行ってきた。次節ではこれに基づいて「地域社会」研究の視点を提示し、その研究方法について述べよう。

2 「地域社会」の研究方法

前節で検討してきたように、〈地域＝住民＝コミュニティ〉パースペクティブの困難は早くから複数の論者に気づかれていた。そのため、困難に対する積極的な解決策もまた既に示されている。それら既存の解決策を批判的に検討することを通じて、本稿が「地域社会」をどのように概念化し、いかなる研究の実践を展開することが望ましいのか、その構想を提示することが本節の目的である。

こうした論述の目的上、以下で主に検討するのは「地域社会」に関する概念枠組みの錬磨を試みた論者たちである。しかし地域社会学においては、必ずしも概念枠組みの面からではなく、調査研究の実践の面から「地域コミュニティ」論を乗り越え、「地域社会」にアプローチしようとした、「構造分析」と呼ばれる業績群が存在する。本節の本格的な議論に入る前に、この構造分析についてごく手短に見てみよう。

地域社会学における構造分析とは、徹底的な「総合性」を志向した都市自治体研究である。その内実は多様であるが、いずれも一〇人以上の分担執筆者を動員した浩瀚な書籍として刊行されている。構造分析と呼ばれる諸研究は、この圧倒的なボリュームという共通点において、「総合性」志向を共有していた[4]。

こうした志向性は、前節で見たところの「地域コミュニティ」のミドルクラス性問題に対する直接的な回答である。構造分析はミドルクラスに限定されない「総合的な」対象把握を目指しているからだ。具体的には、地域住民「諸階層」の「生産・労働―生活史・誌」を追究した布施鉄治編（1982）、「労働者生活の把握」、「居住世帯の生活実態」、「住民生活の様相」等々から「巨大都市の実態調査」を試みた島崎稔・安原茂編（1987）、徹底的な行財政分析によって自治体が社会集団・団体に関わる「全体性」を捉えようとした似田貝香門・蓮見音彦編（1993）などがある。

ミクロレベルの「生活」に注目した布施や島崎・安原と、マクロレベルの行財政に着目した似田貝とは、それぞれに対象地域の「全体」にアプローチしながら、いずれもミクロあるいはメゾレベルの地域空間に焦点を当てることに失敗した点で共通していた。そうした点に関して構造分析は抽象的な都市自治体研究だったのである。とりわけ行財政分析の有効性はまさにその強力な抽象化の作用にある。抽象的な階級論から距離を取った中田の「地域コミュニティ」論の意義であった経験的な中範囲性については、「地域コミュニティ」論のある意味での乗り越えであった構造分析は手薄になってしまったのである。

もちろん、こうした問題はミクロやメゾ、あるいはマクロといったスケール区分の形式的な穴埋めによって解決されるものではない。つまり、ミクロやメゾレベルの地域空間を機械的に追加調査しても、構造分析はより「総合的」になれるわけではないのである。そうした各レベルに関する諸概念をどのように配置し、相互に関連づけるか、つまり概念枠組みをどのように整備するかが問題なのだということは、構造分析の諸業績をレビューした野呂芳明（1997）や中澤秀雄（2007）によっても明晰に指摘されているとおりである。野呂と中澤は構造分析の総合性志向を尊重し、その志向性が貫徹されるための方策としてメゾレベルの概念（「階級」あるいは「社会集団・団体」）への改めての着目を促している。

以下で見ていくのは、構造分析のように大規模な調査研究の実践とはまた別の仕方で、概念枠組みそれ自体を組み替え、更新することで、「地域コミュニティ」論の限界を克服しようとした取組みである。こうした取組みを批判的に検討することを通じて、本研究における「地域社会」の概念化とその戦略を構

4　具体的には、島崎・安原（1987: ii）、蓮見（1990: 8）、似田貝（1993: 1）などに「総体」や「全体」といった語が繰り返し表れている。

想しよう。

2-1　提示されてきた解決策とその問題点

最初に検討するのは都市社会学者の若林幹夫が提起した「二次的定住」概念である。若林は社会学における「都市」概念の検討を行ってきた日本の代表的な理論家であり、都市研究者が直面せざるを得ない認識論的困難を一貫して明示的に指摘し続けている。

「二次的定住」概念を理解するためには、それが解決策として機能する宛先である都市研究の困難を、若林がどのように把握しているのかを見ておく必要がある。それは都市社会学の歴史がこれまで直面してきた困難である。シカゴ学派の都市研究とそれに対するマニュエル・カステルらの論難、というよく知られた対立を、若林は「都市」における「空間」と「社会」の関係をどう見るかに関する考え方の違いとして整理する。

> 都市に関する社会学的な議論で「空間」が問題になる時、そこでは、都市という「場所としての社会」における、「空間」（あるいは「都市空間」）と「社会」との間の何らかの社会学的な連関が想定されている。（若林 1996: 1）

都市における社会集団や社会的諸活動の分布を、都市的属性をもった人口をめぐる生態学的プロセスによって了解しようとするシカゴ学派流のアーバニズム論と、都市空間の社会的構造を資本主義社会における空間の社会的生産の構造と過程によって分析するカステル（Manuel Castells）の新都市社会学とでは、都市における空間と社会の関係に関する異なる了解を前提にしており、そこには両者の「都市」に対する問いの立て方の差異が明確に示されている（若林 1996: 22）。

若林によれば、カステルが提起したのは「近代の都市をひとつの「社会」として捉えることの困難」（若林 1999: 41）であり、これはウェーバーの『都市の類型学』において既に示されていた論点だという。「それは近代以降の都市を、特定の地理的範域とそこに帰属する特定の成員の集団からなる社会として対象化することの困難である」（若林 1999: 41）。

> 近代以降の都市、とりわけ20世紀以降の大都市を、「市域」という地理的範域と、そこに存在する建築物、そしてそこに居住する「市民」という人びとの集団からなるものとして捉えようとする時、人は近代の都市がもつ実在感や現実性の、恣意的な還元や矮小化を見出さざるをえないだろう。（若林

空間と社会の関係はどのように捉えたらよいのか？　空間範囲とそれに対応する事物、そして人びとの集団、という単純な図式では都市が把握できないのだとすれば、いかなる枠組みで都市に向き合えばよいのだろうか？　このような問題構制のうちに、前節で取り上げた地域社会学や都市社会学における困難との類似を見て取ることは難しくない。

これに対して若林が提起するのが「二次的定住 secondary settlement」という概念である。都市とは空間に関わる概念であると同時に、定住社会とも無関係ではあり得ない。ここで若林が「二次的」というのは、社会の都市以外の領域を「一次的な位相にある社会」ないし「一次的領域」としたとき、それに対してそれら一次的定住の「交通諸関係の場」、つまり「それらに対して媒介的（＝二次的）な位相をとる」、という意味であるという（若林 1992→2013: 53-4）。

若林が別の論考において「共異体＝共移体」という概念で都市を捉えようとするのも、この二次的定住と無関係ではない（若林 1999）。「共同体」との対比を念頭に置いて、都市が共同性や定住ではなくむしろ差「異」性や「移」動によって特徴付けられることをイメージさせるタームが共異体＝共移体であり、

二次的定住を概念化して以来の若林の一貫した問題関心を示している。「それは人びとの集合体が共に在りながら異和的でありつづける社会、巨大な人びとの集合体が移動することを通じて共に在る社会である」（若林 1999: 113）。二次的定住の概念化においてマルクス、エンゲルスの『ドイツ・イデオロギー』から「交通諸関係」という特徴的な語を援用していたことにもよく表れているが、共異体＝共移体においても「移動」を考え入れるべき要素として重視していることが注目される。[5]

若林が注意深く――それゆえにこそやや難解な抽象性を伴って――提起した解決策と近しい論点に、都市における群衆を捉える枠組みの方から接近していたのが都市社会学者の中筋直哉である。中筋は、「定住集団」としての「住民」を、「都市」や「地域」を捉える際の主題として無批判に位置づけることに対して疑義を提起する。

中筋は、「有賀喜左衛門や鈴木榮太郎の古典的研究以来、日本の都市社会学は、近代都市において持続的に展開される集団活動を主要な対象としてきた」と指摘する。「家族集団や職域集団や地域集団の実態を調査・分析し、それらを存立させ編成1999: 41）

5　前節で言及した都市社会学者の奥田道大も、九〇年代以降に「コミュニティとエスニシティ」を主題化して以来、同様の「移動」に関する議論を展開しようと試みている。

する制度群――慣習や組織規則や地方行政機構などの論理を解明することが企図されてきたのである」（中筋 1996: 58）。中筋によればこうした集団論的偏向とでも呼ぶべき事態によって捨象されてしまう問題領域こそが「都市社会学の盲域」なのだ。つまり、「そうした集団的構成自体を存立させ編成する歴史＝社会的構造へのより広い視野を遮ってしまう」ような拘束として、集団論の自明視を問題化するのである[6]（中筋 1996: 59）。

中筋の主張は、都市社会学者の西澤晃彦による野宿者研究と関連づけることでよりよく理解することができる。西澤は、都市社会学研究における「貧困」というテーマの位置づけを考察する論文のなかで、バウマンの「リキッド・モダニティ」に関する議論を引きながら、都市社会学者や地域社会学者のうちには「定住民中心主義」とでも呼ぶべき偏向があると指摘する。

> 都市や地域の社会学についてであるが、私たちの中に定住民中心主義的な「反射」があるのだとすれば、それは克服しておくべきだと思う。（中略）私たちに必要な転換は、バウマンのように定住ではなく流動をこそ常態と見る見方を取り入れることかも知れない。少なくとも、定住はいくつかの条件のもとで選びとられ得るものであって、「あたり前」の現実ではない。（西澤 2012: 13）

ここで西澤は、前節で見たような「住民」概念の階級性という問題を、野宿者という視点から表現し直していると言える。西澤が社会学研究における「住民」概念が持つ偏りを一貫して指摘してきていることは、以下のような記述からも明らかであろう。「都市社会学においては、居住世界をのみ「地域」として抜き出して、「住民」のそこへの同一化を仮定してしまう。（中略）その対象からは職業生活がすっぽりと抜け落ちてしまう」（西澤 1996: 53）。「そこでの「地域」を、すべての（あるいはほとんどの）「住民」を統合・包括する地平へと敷衍させて発想するのは飛躍としかいいようがないのである。」（西澤 1996: 58）

6　もちろん、中筋自身が直後に留保をつけているように「すべての都市社会学が非集団的な社会現象に無関心であったわけではない」（中筋 1996: 59）。中筋はシカゴ学派を中心に、非集団的な社会現象が取り上げられてきたことも認めている。
　地域社会学者の蓮見音彦にいたっては、もっぱらシカゴ学派を念頭に置いて、「農村社会学が家族・同族団・村落といった集団に分析の手がかりをもとめるのに対して、都市社会学においては個人の行動が分析の単位とされる」（蓮見 1987: 67）とまで述べており、中筋の「都市社会学の盲域」という表現にはある程度の留保が必要かも知れない。

中筋と西澤に通底しているのは、都市社会学において支配的であった認識枠組みへの批判である。彼ら、そして若林にも共通している視点として、（1）対象に「共同性」を前提としてしまう視座への疑いと、（2）定住する主体にのみ着目してしまうことへの問題提起、という二点を指摘することが可能だ[7]。

実はこうした批判は、「盛り場」を扱った社会学の議論における重要な視点でもあった。家族や近隣の「第一空間」、職場の「第二空間」、この両者のいずれにも属さない盛り場などを「第三空間」として論じた磯村英一や、都市病理学者として稠密な繁華街における商店会等の機能を分析した大橋薫、そして時代はやや隔たるが、盛り場に集う人びとの「上演」のドラマツルギーを論じた吉見俊哉らは、いずれも定住者のみを主体の座に据えることには言うまでもなく批判的で、むしろさまざまに移動する多様な人びとと、空間にこそ探究の課題を設定した（磯村 1968; 大橋 1959; 吉見 1987）。彼らはいずれも盛り場という出入りの激しい、しかも居住という枠組みからは捉えづらい対象にアプローチするために、「住民コミュニティ」の定住性に関する前提から距離を取り、定住的でない共同性や移動性に着目したのであった。

以上に見てきたのはいずれも、共同性と定住性を相対化するという戦略であった。さて、この相対化とは正反対の解決策を示したのが社会学者の佐藤健二である。佐藤は「住む」ということへの徹底的な注目を提案する。これはかなり毛色の変わった議論であると言ってよいだろうから、かなり長くなるが引用しよう。

> 住むところを中心において生活が統合されているであろう、もしくはされうるはずであるという見方は、一方における労働を中心において生活をみようとする志向と、一定の対抗―相補の関係をもつ。その関係は、都市化の進展とともに対抗性をふかめ、相対的に独自の言説の領域を形成していった。すなわち、職―住の分離が空間的に明確なかたちをとる現代産業都市において、労働／居住の矛盾は生活局面で先鋭にあらわれざるをえない。そこにおいて、「会社人間」／「主婦」、社縁／住縁、仕事／ボランティア……等々の二分法的な理解が、リアリティあるものとして形成されてゆく。しかし、それを住むことの意味の分裂ととらえる道具だてが、コミュニティ論としては必要である。生活構造・生活様式・ライフスタイルといった、要素の構造的位置を記述し分析する概念に

7　そのような共通点の上に立って、若林は過不足ない定式化を、中筋は歴史的説明と想像力を、西澤は多様な都市的現実の認識を、それぞれに志向していると見ることができる。

期待された戦略的な位置も、そこにあった。

居住の中心性・統合力という問題設定は、しかしながら「人間関係」をとりわけ重視する社会学の背後仮説（人間関係中心主義）の影響を受けて、近隣ネットワークや地域制度としての町内会、また住民組織への関心のなかに一括して論じられてしまうということも多かった。しかし「地域」という枠を強調して、そのなかで漠然ととりあつかってしまうよりは、それぞれの人間個体がになう「住む」という契機の内部にはらまれる現実的な変容形態にもっとこだわってゆくほうが基本であろうし、生産的であろう。コミュニティという用語もまた、本来そうした変容にこだわるなかで形成されてきたものだと考えたい。居住する（住む・暮らす）ことという動詞が、どのような問題を引き受ける主体を予定し（もしくは生産し）、そのように予定された主体群の意識がどのような歴史的な変容を被っているのかまでふくめて、である。[8]

（佐藤 1993: 156-7、傍点原文）

佐藤による解決策は、一見すると前節で見た中田の立場に近い。しかし居住ということに注目することの戦略上の意味はかなり異なっている。佐藤は、あらかじめ地域とそれに対応する主体を設定するのではなく、「住む」という活動の方から「コミュニティ」を論ぜよ、と主張するからである。

実はこうした「活動」への着目は、いわゆる新都市社会学の諸著作にも共通して見られる戦略である。都市計画家による空間生産のモメントを「空間の表象」として強調したのがアンリ・ルフェーブルであり、そうして生産された空間や資源の分配と割り当てに携わる都市管理者 urban manager の役割を強調したのがレイモンド・E・パールであった（Lefebvre 1974＝2000; Pahl 1975）。ルフェーブルとパールはいずれもそうして空間に関わる活動の方から諸主体にアプローチしたのであって、逆ではない。そしてこの観点からは、空間に関わる活動を独自かつ大胆に理論化したのが、カステルの「集合的消費と都市社会運動」という概念枠組みであったと評価できる。彼らがいずれもあらかじめ主体を措定することをしなかった点は、目立たないが重要な工夫として改めて注目されて良い。

8　この佐藤の一九九三年の論文「コミュニティ調査のなかの「コミュニティ」」は、二〇一一年に「コミュニティ調査の方法的課題」と改題のうえ『社会調査史のリテラシー』に再録されている（佐藤 2011）。再録に際して細かい表現上の改訂がなされているが、本稿の議論との関連においては、初出時の表現の方が意味が通りやすいと判断し、初出時の文章を引用した。

さて、佐藤が生活に着目する仕方は、地域を住民という主体が問題に向き合って管理する場と捉えた中田の地域共同管理論とはやや距たりがある。佐藤の議論には「生活」概念とそれに関わる「生活学」とでも呼ぶべき領域の肥沃な可能性への接続が企図されているように読めるが、これは「コミュニティ研究」の方向性として興味深い。移動や差異、群衆や野宿者に着目する都市社会学の戦略にとっても、移動の可能性も含んだ多様な主体の活動としての「居住」、というテーマは魅力ある探究課題だろう。

しかし、佐藤のコミュニティ論は「住む」ことの分析が威力を発揮する空間（住宅街）に対しては有効な戦略であるかも知れないが、それに合わせて都市社会学や地域社会学の可能性が居住地に限定されてしまうとすればかなり窮屈であり、物足りない。それは前節で示した図に沿って言えば、居住の社会学やハウジングの社会学のようなかたちで、地域の社会学とはひとまず別の領域として構想されてよい。

居住の焦点化によって「コミュニティ」概念を生まれ変わらせ再生させる佐藤の戦略は無視できないが、これとは全く反対に、「コミュニティ」概念の廃棄も主張されている。最も明晰にこれを論じたのは都市社会学者の松本康だろう。

松本は前節でわたしたちも検討してきたようなコミュニティ概念の基本的な確認——地域性と共同性という要素——から議論を立ち上げるが、じつは地域性と共同性をセットにして考えるのは古い、と指摘する。実態上、両者は分離しつつあると言うのだ。

> 筆者の理解では、もともとコミュニティ概念は、地域性と共同性のいずれかもしくは双方によって定義されるものであった。とりわけ、共同性には、感情融合による結合というゲマインシャフト的特質が読み込まれることが多かった。そして、地域性と共同性をセットとしてとらえるコミュニティ概念には、地域社会においてのみ共同性が育まれるという前提が隠されていた。
>
> しかし、現実には地域性と共同性（親密性）は、すでに別の道を歩みはじめている。（松本 2003: 71）

ここで松本が提案するのは、コミュニティという言葉の使用をやめることである。そこには弁別的に考察されるべき二つの要素が含まれているからだ。松本によれば、コミュニティという語に含まれていた共同性の要素は「親密な絆のネットワーク」、地域性は「空間準拠系（システム）」と言い替えるのが適切だという。松本の「空間準拠システム」の概念化にはいくつもの工夫と狙いが込められている。それを併せて理解するために、やや長くなるが引用しよう。

> 「空間準拠システム」とは、「一定の空間を境界づけ、それに名称とイメージを与える空間言及感情と、その空間言及感情を支える社会組織からなる社会システム」と定義される。ちなみに、この定義は、ファイアレイの「空間に言及する感情」、A・ハンターの「集合表象としてのシンボリック・コミュニティ」、サトルズの「コミュニティの社会的構築」などの分析からヒントを得たものである（「想像の共同体」（B・アンダーソン）は、国民国家にかぎらないのだ）。
>
> （中略）
>
> そこには、つぎのような論点がふくまれていた。空間準拠システムは、社会的に構築される空間定義に準拠するものであること。それは、同一水準における相互に排他的な空間定義と、異なる水準における包摂関係をふくむ重層的で分節化された空間的秩序をもつこと。これを支える社会組織には、国家や自治体のような権威的な社会組織（「国家化された領域社団」）もあれば、町内会やコミュニティ協議会のような「民間」の社会組織もあり、コミュニティ新聞や自発的結社（NPO）のような「民間有志」の社会組織もありうること。さらには、空間定義は共有されているがそれを支える社会組織はもはや存在しない場合（たとえば、「尾張」や「三河」）さえあること等々。（松本 2003: 72）

松本の独自性は一見して明らかだろう。これまで検討してきた解決策には見られなかった、地名と言説による空間定義の強調が目を惹く。「空間言及感情」を枠組みに取り込んでいることなどはウォルター・ファイアレイを下敷きにしながらのオリジナルな工夫であり、他にあまり見られない試みである。

しかし、松本自身が「この概念のあまりの一般的性格にたじろいでしまった」と告白するように、「この過度に抽象的な概念は、その抽象性のゆえに、思わぬ一般性をもち、町内会・自治会はもとより、「自然村」、自治体、地方（≒くに）、国民社会（≒国家）、EU、さらには「世界システム」にいたるまで、領域性をよりどころとして成立する社会システムをすべて包摂する概念になる」（松本 2003: 72）。過度な抽象性は対象の拡大を可能にすると同時に、研究プログラムの焦点の曖昧化を帰結する。「空間準拠システムについて研究する」ことがいかなることなのかが、やや不明瞭になってしまうのである。

さらに、ここまでの議論から既に明らかなように、松本の依拠する「組織」や「感情」には回収されない対象――具体的には野宿者や群衆といった例が挙げられるだろう——は数多く存在する。空間準拠システムの概念化によって共同性の呪縛から解放されることは可能でも、都市社会学や地域社会学の蓄積の重要な部分が取りこぼされてしまうおそれがある。

以上のいずれの解決策にも共通していたのは、それぞれに固有の着眼点を含みながらも、それが包括的な研究プログラムの提供に失敗していたということであった。その工夫は後続の研究者に受け継がれていかなかったのである。[9]

次項で示す本研究の戦略的立場は、以上の三つの解決策のひとつの受け継ぎ方である。第一には松本の空間性の共同性からの分離に、第二には若林、中筋、西澤の移動への着目に、第三には佐藤の「動詞」への視座転換（佐藤の場合は「住む」という動詞）に、それぞれ着想を得た。空間と主体と社会構造は幸福な一致を見せず、それぞれにいずれも完結しない、そうした社会の記述がここでは目指される。

2-2　「地域社会」の概念化

本研究では、まずもって「地域社会」という語を「住民」と「コミュニティ」の両概念との暗黙の癒着から切り離す、という戦略をとろう。そのようにして「地域社会」を捉えることは、その探究において以下の三つの方向性を含意している。

・「地域」を、そこにおける主体とその活動の編成を成り立たせ、規定し、相互作用する「場」として捉え直すこと。
・そこに生活する人びととともに、出入りする人びとにも焦点を当てること。
・出入りする人びとの焦点化とも関連して、「地域」で実践される活動に着目すること。

そして、ある時間設定の区切りのなかでそうした「場」にお

9　必ずしも広く引き継がれていかなくともよかったのだ、という立場もあり得るかも知れない。しかし、研究実践が累積性を持たず、いつまでも個々の成果物がばらばらに散乱するばかりであるとすれば、研究者が行っている営みとはいったい何なのだろうか。「知識における最大限の一貫性と蓄積とが得られるようにわれわれの研究を整序しようとするこの努力こそ、なによりも肝心な仕事かと思われる」（Merton 1957＝1961: 1）という立場、あるいはその「仕事」への取り組み方に、万人が完全に賛同はしないかも知れないが、しかしわれわれが望んでいるのは単に個別的に「物知り」になっていくことではないはずである。

ける人びとの活動の構造を捉え、そのメカニズムを解明することに、地域社会の社会学の課題を設定しよう。時間設定に言及したのは、そうした構造やメカニズムの不安定性や変動可能性をも分析の射程に入れるためである。

この戦略のうちには三つの視点の拡大が含まれている。

第一に、「場」に着目することである。ここで「場」とは物理的空間の社会的な側面を指している。第二、第三の点とも関わるが、これまで地域社会の研究においてはどちらかと言えば主体や集団への着目が先に立つ一方で、他方それらの編成を成り立たせ、規定し、相互作用する「場」としての空間は等閑視され、むしろ前節で見たように、地域空間は便宜的に設定される領域という性格が強かった。建築や街路を含む具体的な空間へと分析を拡張するのは、そうした場への視点の導入としてである。これは第二の移動への着目に支えられながら、出入りされる空間の特徴を分析の俎上に載せることを可能にする。

第二は、「出入りする」ことの明示化による、定住の相対化である。これは定住を対象から排除することを意味しない。ただ、ある空間の範囲を考えたときに、そこにおける共在のありようが定住に限定されない点は強調されねばならない。「出入り」の間隔については、通勤のように一日単位のものから、住所や店舗の入れ替わりなど数年単位以上のもの、あるいは盛り場への来街者のように不特定多数による入れ替わり立ち替わりの訪問までが含まれ得る。いずれにせよ分析者の関心に応じて、定住者に限定されない多様な主体が分析に組み込まれてよいし、組み込まれるべきである。これは「場」への着目の要請するところでもある。地域を「場」として捉え直すことで、そこにおいてさまざまな「入場」と「退場」が行われていることもまた、浮かび上がってくるからだ。

第三は、第二点と関連して、活動の焦点化である。これは分析を主体に定位することの相対化であり、むしろ活動を主題化することによって、その活動を担うさまざまな主体を議論に繰り込むことを可能にする。「場に出入りする人びと」と「そこにおける活動」をふたつながら同時に視野に入れることが、いずれにとっても必要なことなのである。出入りする人びとについては、その空間に身体を置いていかなる活動を行い、それが人びとの再生産にどう関わるのかが問われる。活動については、その空間で当該活動を担う主体がどのように交替し、補充され、活動の再生産に寄与するのかが問われる。そしてこの二点は相互に支え合う[10]。

以上のような視点の拡大は、これまで誰も気づかなかったしたる取組みもしなかったポイントを提起するものというよりは、むしろ研究実践としてはさまざまに取り組まれてきた試みを改めて明確に定式化しなおし、相互に関連づけたものである。

　さて、ある空間設定に対応した研究対象として、どのような主体を取り上げることが適当なのかは決して自明ではない。構造分析において設定された「階級」や「地域諸集団」による自治体と住民の媒介、という枠組みについても、その妥当性については既に疑義が呈されてきた（中筋 1997; 野呂 1997）。文化人類学の古典は、海に囲まれた「島」を対象とすることでこの難問を不可視化したが、問題自体は解決されないまま残されていた（船曳 1985）。地域社会学、都市社会学にも深く関わるこの問題は、しかし原理的な解決を性急に求めるべきものではない。前節で詳しく見たように、人びとの移動という点ひとつを取り上げても、空間と主体の対応をつける作業は不可能ではないにせよきわめて困難であることが明らかだからだ。

　前節で見たように、初期の農村社会学においては対象である農村社会の側にいまだ一定の空間的まとまりがあり、それゆえにこそ空間について問う視点が保持されていた。しかし農村においても「近代化」とともにさまざまなアソシエーションや制度が高度に利用されるようになり、その進み行く先の極限的なありようとして都市がある。都市は、人びとが織り成すネットワークの結節点であり特異点である。空間的なまとまりはなく、むしろ境界をはみ出して伸びるネットワークの網の目が、極端に集中する様相こそが都市の姿とされるのである[11]。このネットワークに注目する視点においては当然ながら空間の論点は潜在化し、周縁化する。代わって前景化するのが関係論や集団論といった視点であり、これは良くも悪くも社会学に適合的な成り行きであった。本研究における空間、移動、そして活動を強調する「地域社会」の概念化は、農村社会学と都市社会学のあいだに横たわっていたこうした断絶を背景としており、その乗り

10　空間に対応する社会的単位として主体の代わりに活動を設定する工夫については、地域社会学者の阪口毅が本稿とはやや異なる問題意識から発して異なる意味内容を盛り込みながらも「「都市コミュニティ」研究における活動アプローチ」という似た表現にたどり着いている（阪口 2013）。阪口が本稿と軌を一にしているのは、既存研究に対して地域社会の均質性の前提を批判し、成員設定の困難さを認識する点においてである。しかしながら本稿が重視する「ある空間に出入りする人々が形成する一定のパターン」としての地域社会において生起する、空間において隣り合うことによって否応なく生じる相互作用に注目する視点は阪口において強調されておらず、それは彼が「コミュニティ」という表現を温存していることの上にもよく表れている。つまり、阪口のアプローチは空間性よりも共同性に強調点を置いているのに対して、本書のアプローチは共同性よりも空間性（とそれに由来する「薄い」共同性）に焦点を当てるものである、と言える。

越えを企図している。「地域社会の社会学」の可能性は、ネットワークという人間関係論に地域社会を解消してしまうのではなく、むしろ地域社会を通じて社会の空間性にアプローチできること、このことにこそ見出したい。

空間、移動、活動という着眼点については、一義的にその内容が決定されるようなものではない。すなわち、いかなる空間、いかなる移動、いかなる活動が対象となるかは、研究者の関心に応じて決められるという他ない。むしろ、研究者の関心に応じて空間、移動、活動の内容が異なる組み合わせにおいて論じられ得ることが強調されるべきである。現象の性質に内在する構造としては、それらの組み合わせは堅固な対応関係を見せない。曖昧で流動的、相互嵌入的な三者の組み合わせを仮構し、「対象」としての地位に据えることは、分析者が自覚的に引き受けるべき作業なのである。

それでは、例えば歌舞伎町を歓楽街として／盛り場として／等々……の他の視点から見ることと比較して、歌舞伎町を地域社会として見ることにはどのような優位性があるのか。

簡潔に言えば、本稿が提示する「地域社会」の視点は、経験的研究がもたらす認識生産の可能性を拡大するものである。歌舞伎町なら歌舞伎町という具体的な対象地域について、実際に調査され、分析されなければならない要素は事前に同定することが困難である。それは、歌舞伎町についてその歓楽街性を重要な構成要素だと見なした上でもなお、そうなのだ。歓楽街性を歌舞伎町において下支えしているローカルな文脈は、歌舞伎町に固有なものとしてあり得る。そして何より重要なことに、そうした文脈は、「歓楽街」や「盛り場」といったある意味で機能的な空間カテゴリーに還元されない側面のうちに求められなければならないかも知れないのである。

この文脈を具体的にいかなる方針において探究すべきかは、現時点では未決の問題であると言わざるを得ない。とりわけ歌舞伎町のように外から見通しづらい、統計のテクノロジーも手

11　この点は、前近代ヨーロッパ型の明確な境界性を有する城塞都市を主題化したM・ウェーバーの議論よりは、むしろ自然発生的に曖昧な輪郭をもつ、シカゴを典型的な対象とするようなアメリカ都市社会学に共鳴する（Weber 1956＝1964）。鈴木榮太郎のいわゆる結節機関論は、境界性なき都市のネットワーク性を指摘した点においてきわめて適切で先駆的な議論であった（鈴木 1957）。特異点というポイントに関しては、ネットワークの濃密な重なり合いが人びとの精神や認識に与える影響を主題化した業績として、G・ジンメルの「大都市の精神生活」やL・ワースの「生活様式としてのアーバニズム」を挙げられることも指摘しておこう（Simmel 1903＝2011; Wirth 1938＝2011）。

を焼くような地域においてはなおさらである[12]。

歌舞伎町を歓楽街として／盛り場として成立させることに寄与しているローカルな文脈を、オープンなまま経験的に探究することを可能にするのが、「地域社会」の視点である。上述の通り、この視点は探究の内容を先取りしないよう注意深く構想されている。「場」との相互作用を強調しこそすれ、そこにおいて探究されるべき活動の種類やその担い手については事前に制限しない。以下では手短に先行研究の視点を紹介することによって、以上のような本稿の視点の特質を明確化することとしたい。

新宿歌舞伎町は学術的に取り上げられることの少ない地域であるが、その歌舞伎町を研究対象とした論文が最も多く執筆されているディシプリンは、都市工学や都市計画学、地理学などである[13]。これらの領域における業績は、いずれも店舗を業態別にカテゴライズして把握し、地図上にプロットするなどしてその分布を記述している。業態とその構成によって対象地域を記述するこうした手つきは、歌舞伎町を「歓楽街として」あるいは「盛り場として」把握することと相即する。地理学者の服部銈二郎がその研究において盛り場の機能を「文化的機能」、「商業的機能」、「飲食的機能」、「社交的機能」、「レジャー的機能」、「性的享楽的機能」などと分類したことは、地図上に業態をプロットする視点の裏にある機能論的枠組みの典型例である（服部 1977）。

こうした枠組みは、やはり業態構成や人びとの来街目的などを主な着眼点として盛り場調査を行っていた、社会学者の磯村英一によっても部分的に共有されている。そもそも磯村の著名な議論である第三空間論は、世帯や近隣の第一空間、職域集団の第二空間、そして流動人口の第三空間というかたちで、空間を機能的に分類していくやり方を採用していた（磯村 1968）。社会学の盛り場研究における代表的業績となった『都市のドラマトゥルギー』において吉見俊哉が磯村の盛り場研究を批判したのはまさにこうした機能論的な視角に関してであった（吉見 1987）。

吉見自身は盛り場を「〈出来事〉」として捉える視点を打ち出しており、それからすれば磯村の機能還元主義的とでも言うべき調査研究は不充分であると言わざるを得ない。つまり磯村は、

12　歌舞伎町における統計ないし統計調査の困難については付論を参照。

13　具体的には李東毓らのもの（李ほか 1999）や桜田ゆかりらのもの（桜田ほか 1985）、朝賀繁らのもの（朝賀ほか 1985）など建築学系のもののほか、都市地理学では松澤光雄のもの（松澤 1987）がある。

吉見が重視する「盛り場」の「盛《さか》り」そのものを研究対象に取り込むことに失敗しているのだ。

　しかしこうした吉見の議論は、実は吉見自身にもはね返る。『都市のドラマトゥルギー』で、吉見は「〈出来事〉としての盛り場」をきわめて強い意味での共同的なものとして捉えている。その序章では西洋史学者である喜安朗の『パリの聖月曜日』から「関の酒場のどんちゃん騒ぎ」に関する箇所が引かれ、村落共同体に由来する共同性の感覚が都市においてより広範に醸成され、「村祭りを思い出させる情景」が繰り広げられると語られる（吉見 1987: 25-7; 喜安 2008: 11-4）。吉見が論じていく東京の盛り場もまた、こうした集合的心性の発露たる〈出来事〉としてあると同時にその〈場〉としてもあるような、祝祭の時空間として捉えられる。

　これはユートピアとして盛り場を見る幻想である、と批判したのが中筋直哉であった（中筋 1995）。中筋の批判において最も重要なのは、「「盛る」主体が成年男性であることを暗黙の前提にしてきた」ことによって吉見の研究が「「売買春の差別性の隠蔽」とか「資本制下の労働力再生産過程の忘却」といった、もっとも素朴なフェミニズムの批判にさえ耐えられない」としている点であろう（中筋 1995: 96）。

　この論点が重要なのは、吉見が磯村らに対して行った形式性批判が、吉見にもはね返らざるを得ないことを浮き彫りにしているからである。吉見もまた、「盛り場」の「盛り」を対象化することについて不充分さを残しているのだ。

　「盛り場」についての先行研究を以上のように整理したとき、歌舞伎町を歓楽街として／盛り場として、ではなく、「地域社会」として見ることの利点が浮かび上がってくる。言うまでもなく歌舞伎町にとって歓楽街性や盛り場性は無視できない重要な側面である。しかし、その歓楽街性を構成する店舗の分布や、盛り場性を構成する「盛り」の内実を理解するために、歌舞伎町という具体性において何が着目されるべき要素であるかは、アプリオリには決まらない。歌舞伎町の「性的享楽的機能」（服部）を成り立たせている背景や具体的な社会関係、あるいは「幻想としての〈家郷〉」（吉見）たる新宿において歌舞伎町の風俗産業がいかなる役割を果たしているか、などは先行研究においては意外なほど見落とされている。[14]

　如上の意味で、「地域社会」の視点は、磯村や吉見が志しながらも充分に果たすことのできなかった盛り場研究を、より拡充したかたちで可能にするものであると言うことができる。[15]

14　こうした点は「住宅街」や「工業地帯」、あるいは「郊外」や「倉庫街」など、多くの機能論的空間カテゴリーの便宜性についても当てはまるものであろう。

2-3 問題設定

以上を踏まえて、本研究の目的を「現代日本においてなぜ「地域社会」歌舞伎町は安定的に存続することができているのか?」を説明すること、としよう。二十一世紀に入ってからの一斉取締りによって一帯のすべての売春宿が閉鎖するに至った横浜市黄金町や、周辺地域経済の退潮とともに衰退した熱海の歓楽街の例は序章で述べたとおりである。歓楽街が、一定の街区に存在し続けることは、むしろ意外なことであると言える。

このことは、本研究における地域社会の概念化の仕方とも関わる。居住とコミュニティの両概念から切り離されたものとして地域社会を見ると、定義上、不安定で非定常的な性質を有することが予想される。居住という、しばしば世代を超えて持続するような行為の安定性や、コミュニティという共同性の共有による定常性が含意されないからである。

前項までで提示した「地域社会」の探究戦略は、空間、移動、活動に焦点を当てることであった。この戦略においては、同一の主体が地域に根付かずとも、交替していく主体によって活動が再生産されることをもって「地域社会」の再生産と捉えることが可能である。こうした「地域社会」の概念化を踏まえたとき、本研究の問いは以下のように再定式化することができる。つまり、「なぜ「地域社会」歌舞伎町は安定的に存続することができているのか?」という問いは、「歌舞伎町における諸活動はなぜ再生産に成功しているのか?」と言い換えられる。

地域社会における活動の再生産という論点は、これまで地域社会の社会学であまり問われることがなかったものと言ってよい。〈地域=住民=コミュニティ〉パースペクティブのもとで取り上げられる主体は住民や自治体、あるいは大企業等が主立ったものであった。住民の居住という活動は比較的安定的に営まれるものだし、自治体や大企業という高度な官僚制組織が担う活動もまた一定の持続性を備えていた。それらの活動は基本

15 もっとも、本稿の視点は人びとの特定空間内における共在co-presence に注目するという、ある意味では強い制約条件を設けている。磯村にせよ吉見にせよ、視点のスケールは「東京」などの大都市圏、あるいは「都市社会」であって、その内部におけるさまざまな機能の連関や、いくつもの盛り場によって立ち現れる抽象的な「東京の盛り場」というカテゴリーを扱うことは、そうしたスケールによってこそ可能になっていた。本稿においても六本木など他の歓楽街に関するインタビューイーの語りは重要な意味を持つが、磯村や吉見が行ったような直接的なパラディグマティックな比較対照は行わない。

的には滞りなく再生産されていたのである。

ところが一度こうしたパースペクティブの軛を離れれば、地域社会の社会学はより幅広い活動や主体を扱ってよいし、扱うべきであることが分かる。そこで新たに視野に入ってくる活動のうちには、アプリオリに安定しているとは言えないものが含まれてくるだろう。日本各地で社会問題化した商店街の「シャッター通り」は、地域社会の内部で特定の諸活動が少しずつ再生産に失敗していたことをまざまざと見せつけている[16]。

諸活動の再生産という論点は、活動の担い手ごとに異なる説明が与えられるべきものである。たとえば自治体や警察が、内部の構成員が交替してもなお安定的に一定の行政活動を担い続けることはほとんど自明のことと見なし得るが、商店街組織や個別の店舗などに関しては必ずしもそうではない。そこで本書が取り組むべきサブ・クエスチョンとして、以下の三つを導くことができる。

（1）それぞれの活動毎に存続の条件はどのように異なるのか？

16　商店街の「失敗」については新（2012）を参照。限界集落やコンパクトシティといったテーマからも分かるように、今日の日本においては居住という活動の再生産もまた、改めて問われるべき論点であると言えよう。

（2）諸活動はどのように連関しながら再生産しているのか？　仮に特定の活動が再生産に失敗したばあい、他の活動にどのような影響を及ぼすのか？

（3）諸活動の再生産に「場」の作用はどのように関わっているのか？

2-4　素材と技法、調査倫理

本書では以上の問題を論じるために、フィールドワーク、インタビュー、各種資料（新聞、統計、記録、地図等）の検討を行う。対象に歌舞伎町を取り上げる選択は、日本における最も有名な歓楽街として取締り対象の中心に据えられていることによる。先述した黄金町の一斉取締りは、これに先立つ歌舞伎町での一斉取締りの成果を受けて全国の歓楽街における摘発と同時期に実施されたものであり、歌舞伎町は全国の「繁華街対策」という警察政策のパイロットケースとして位置づけられている。このような位置づけにある歌舞伎町を取り上げることは、日本の他の歓楽街にとっても示唆的な知見をもたらしうる。またこれに関連して、対象とするのは主に二〇〇〇～二〇一二年ごろの歌舞伎町とする。これは警察政策に一定のまとまりを見出すことのできる期間として設定されるが、それ以前の事柄についても、二〇〇〇年以後の説明に必要な部分は多く、これを前もって除外するものではない。

既に述べたように、従来の盛り場研究が固定的で二項対立的に（そしていささかユートピア的に）捉えていた「盛り場」と「客」の関係は、実は内部にいくつもの分断線と多面性を抱え込んでおり、曖昧で複合的な役割を各々が担うなかで動的な社会過程を展開するものとして捉え直される必要がある。本研究が参与観察を含むフィールドワーク、ならびに多様な主体に対するインタビューという方法を採用したのは、こうした動的な社会過程にアプローチするためである。統計調査から歓楽街に接近することの難しさもまた、フィールド調査が歌舞伎町という対象に対して相対的に有効である可能性を示していると言える。本研究が対象とする期間を前記のように区切ったことは、このフィールド調査という方法による制約でもある。二〇〇〇年ごろには言うまでもなく歌舞伎町は「歓楽街化」を完了している。この「歓楽街化」のプロセス、あるいは「歓楽街化」にいかにして成功したかという点は、本研究の中心的な課題ではない。本研究が課題とするのはひとたび地域社会として成立した歌舞伎町の維持、再生産の構造とメカニズムである。

すべてのインタビューは、（1）調査者である筆者の素性を明らかにし、（2）研究目的について説明した上で、（3）匿名化の手続き、（4）調査はいつでも拒否できること、（5）事後的に聞きとり内容の使用について差し止めることは被調査者次第でいつでも可能であること、等を事前に説明し、被調査者の同意を得てから行われた。参与観察についても本論文内で言及したものに関してはすべて同様である。[17] インタビューの録音は行ったときと行わなかったときがあったが、録音に際しては常に許可を求め、拒否された場合は録音を行わなかった。[18]

本研究では、空間における諸活動の担い手として諸主体に注目する、という視点を採る。この活動の場となる空間は、歌舞伎町においてはそれぞれ、

17　店舗での接客を行った参与観察では、店舗側の調査協力者の協力によって、客に対しても調査者の素性等が説明された。また、プレ調査として行った参与観察では、手続き上趣旨説明などを行うことが困難であったため、本書中での言及はいっさい行っていない。

18　インタビューの多くは紹介者を通じて実施されたため、インタビュー自体が拒否されることはなかった。しかしながら、「オフレコ」、つまり語りの一部については研究に用いたり公表したりしないこと、を要求される場合は少なくなかった。こうした指示には当然全面的に従い、本書中でそうした内容に言及したり示唆したりすることはしていない。

（1）自治体やビルオーナー、不動産業者の活動領域である「雑居ビルと〈地域〉」、

（2）風俗産業の活動領域である「雑居ビル内部の部屋＝店舗空間」、

（3）民間パトロールや客引き、スカウトの活動領域である「ストリート」

の三つに大別できる。ここで、三つの「活動領域」はひとまず便宜的なものとして設定される。領域内部に相対的な活動のまとまりが見られる一方で、領域間を横断する活動は比較的まれである。この領域間を横断する活動は特別な意味を持つため、特に最終章で取り上げることとしよう。

「活動領域」とは、必ずしも物理空間における明確な境界をもった領域性を含意しない。むしろ、諸活動にとっての関心の焦点を規定しているような認識枠組みに着目する戦略としてこれを用いたい。特定の活動はさまざまな主体に担われると同時に、特定の主体はさまざまな活動に携わるだろう。ここでは主体を軸にしてそのさまざまな活動を見るのではなく、活動を軸にしてそれに関わるさまざまな主体を見ていく。そしてその活動に携わるに当たって、主体は特定の認識枠組みのもとで、空間に関して一定の視座を据えるであろう。ある認識枠組みのもとで主体が焦点化して関与しようとする限定された場を、本研究では「活動領域」と呼ぶのである。

歌舞伎町における「活動領域」を上記のようにさしあたり三つに区分することは、他の地域にもアプリオリに妥当するものとは限らない。むしろ、本文中で見ていくように、歌舞伎町における諸活動が相対的にこのように区分され得ることは、歌舞伎町の固有性に関わっている可能性がある。この便宜的な区分の妥当性はあくまで本論文全体から判断されるほかないだろう。

用語の説明

日本において風俗産業を法的に位置づけるもっとも基本的な枠組みは「風俗営業等の規制及び業務の適正化等に関する法律」（以下「風適法」と略）である。風適法の枠組みでは、本稿の対象となる風俗産業――性的好奇心や性的欲望に関わるサービスを提供する業態――は大まかに「接待飲食等営業」と「性風俗特殊営業」に区別される。法律上の区別は下に示すような階層構造を取っており、もっとも基本的な区別は「（接待系の）風俗営業」と「性風俗関連特殊営業」ということになる（傍線が本研究で取り上げる業態）。

風適法の枠組み
- 風俗営業
  - 接待飲食等営業（第一～六号、キャバクラやバーなど）
  - 麻雀、パチンコ、スロットなど（第七、八号）
- 性風俗関連特殊営業
  - 店舗型性風俗特殊営業（ヘルス、ソープなど）
  - 無店舗型性風俗特殊営業（デリヘルなど）
  - 映像送信型性風俗特殊営業（アダルトサイトなど）
  - 電話異性紹介営業（テレクラなど）

風適法はいわゆる「飲む、打つ、買う」のすべてを対象としており、なかには麻雀屋やパチンコ屋、あるいは映像送信型性風俗特殊営業など、本研究の関心とは必ずしも合致しないものが含まれている。さらに同法にはこのほかに「深夜における飲食店営業」、「興業場」、「特定性風俗物品販売等営業」、「接客業務受託営業」などに関する規制も定められているが、これらについては煩雑になるため省略する。

本研究に関連する風適法上の分類は主として「接待飲食等営業」と「店舗／無店舗型性風俗関連特殊営業」の二つのカテゴリーであり、本書の付論で統計資料を検討する際にも主としてこれら二つのカテゴリーに関するものを取り上げる。本論文の記述においては「接待飲食等営業」のことは単に「風俗営業」と、「性風俗関連特殊営業」は単に「性風俗」と呼ぼう。[19]これまで用いてきた「風俗産業」の語は、この意味での「風俗営業」と「性風俗」の両者を包含している。

2-5　インフォーマント

章別の主なインタビューイーとしては、3章の空間管理のアクターとして警察関係者、自治体関係者、商店街組織、ビルオーナー、不動産会社等を、4章の店舗については風俗営業、性風俗特殊営業それぞれの経営者、従業員等を、5章のストリートに関しては客引き、スカウト、民間パトロール参加者を、それぞれ取り上げる。

相互行為場面の調査が必要な場合には、参与観察、非参与観察を実施した。参与観察としてはホストクラブ、キャバクラでの短期間の勤務や民間パトロールへの参加を行ったほか、非参与観察としては路上での客引き場面やスカウト場面の観察、風俗店や事務所への訪問等を行った。

インフォーマントの一覧は本書末尾に付したとおりである。原則として、本文に登場する順にアルファベットを振って匿名化して言及する。語りの引用に際しては可能な限り発言者を明示するように努めたが、発言が「違法」な内容に関わる場合、他者を誹謗中傷している場合など、特に配慮が必要であると判断した際には単に「インフォーマントの語り」などとした。また、とりわけ個人が特定されやすい一部のインフォーマントについては、匿名化に厳密を期すためにリスト中の一部情報を実際とは異なるものとして記載してある。

2-6　本書の構成

本章第1章に続く本書の構成は以下の通りである。

次章の第2章では歌舞伎町に関して、一九四八年の成立から二〇〇〇年ごろまでの「歓楽街化」の歴史を記述する。

第3章から第5章までは、二〇〇〇年以降の歌舞伎町について、フィールド調査に基づいて論じる。まず第3章では自治体や警察、ビルオーナー、不動産業者の活動領域である「雑居ビルと地域」の分析を行う。

第4章では風俗産業の店舗に関して四つの類型を設定し、それぞれの店舗における経営と労働について記述し、その地域社会との関連を明らかにする。

第5章では歓楽街の路上空間で活動する客引きやスカウト、民間パトロールなどを取り上げ、われわれの認識においてしば

19　風適法で定められているところによれば、接待飲食等営業は都道府県公安委員会から営業許可を得なければならず、性風俗特殊営業は同じく公安委員会に営業の届出をしなければならない。ここで、風適法の詳細なコンメンタールである蔭山（2008a）に基づいて、許可制と届出制の違いについて簡単に説明しておこう。まず許可制であるが、これは「善良な風俗」が危険にさらされるようなことがないように国が特定の要件を定め、その要件をクリアしているかを審査することを意味するとされる。一般に許可制という制度に関しては、欠格要件に該当しない限りは原則的に必ず許可を出す、という側面がクローズアップされることが多い。例えば道路交通法に基づいた道路使用許可に際しては、風適法で禁止されている風俗営業の広報活動であっても道路使用許可に関する欠格要件に該当しないため、風俗営業のビラ配りに関する道路使用は必ず許可される（これについては第5章で改めて取り上げる）。

これに対して届出制は、性風俗関連特殊営業が原則的に「非公然のもの」であり、「本質的な不健全性」を有すると認められることから、許可制のように要件を設けて営業の許可を与えることはそぐわないために採用されている、とされる。許可制にはなじまないにせよ、厳しい立地制限や広告規制等の対象である性風俗特殊営業の実態把握と監視のために、少なくとも届出をさせる、としているのである（蔭山 2008a: 26-34）。以上の義務に関して過怠があれば、それぞれ無許可営業、無届営業として風適法違反となる。

しば背景化しがちなストリート空間が、どのような活動の場として成り立っているのかを分析する。

最終章の第6章では、それまで3章から5章で三つに分けて取り上げてきた活動領域それぞれについて、いかなる相互の連関と断絶があるかを論じ、そのことから歌舞伎町という地域社会の維持、再生産構造について結論を述べる。

第2章

歌舞伎町の形成と問題化

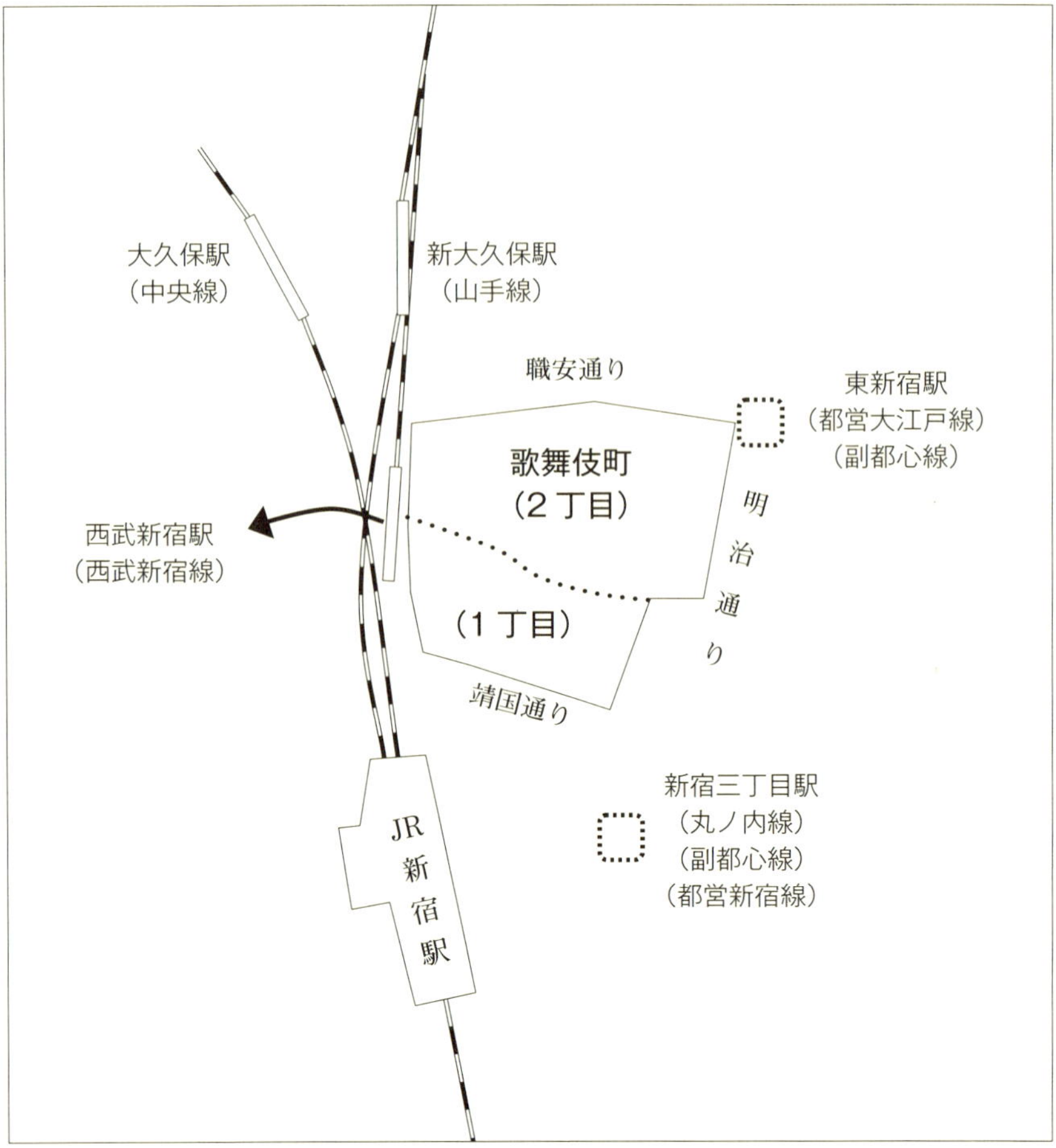

図 2-1　歌舞伎町 1、2 丁目と周辺駅ならびに周囲の幹線道路名

前頁で図2-1に示したのは歌舞伎町一、二丁目の輪郭ならびに周辺駅、周囲の幹線道路の位置関係である。歌舞伎町はほぼ南側半分が一丁目、北側が二丁目に当たる。歌舞伎町は一丁目と二丁目を合わせておよそ六〇〇メートル四方の正方形に近いかたちで、北を職安通り、東を明治通り、南を靖国通り、西を西武新宿駅と各鉄道路線によって囲まれている。職安通り、明治通り、靖国通りはそれぞれ片側三車線前後の幅をもつ幹線道路であり、歌舞伎町を周辺地域から明確に分離している。

周辺駅として最大のものは言うまでもなくJR新宿駅である。JR新宿駅の東口改札から歌舞伎町の南端までは徒歩で約三分かかる。そのほかに、歌舞伎町の西辺に接する西武新宿駅や北東角にある東新宿駅なども、歌舞伎町への来街者のアクセスを容易にしている。道路、鉄道のいずれにおいても交通の便はきわめてよい。

本章では、本研究の対象である歌舞伎町について、その歴史を記述、分析する。はじめに、第1節で歌舞伎町の歓楽街としての成立過程を見る。次に第2節で、次章以降で取り上げる警察、自治体、商店街組織などの諸主体がとくに一九八〇年代以降、歓楽街化した歌舞伎町においてどのように主体としての性質を変容させていったのかを見る。次章以降で取り上げるのが主として二〇〇〇年以降の内容であることから、本章では二〇〇〇年前後までの時期についてを記述することとする。

1　歌舞伎町の形成と成長

1-1　黎明期

歌舞伎町の建設は戦後の事業であるが、その歌舞伎町を擁する「新宿」自体が比較的新しい地名である。新宿は、かつて内藤家が拝領していた土地に作られた甲州街道の新しい宿場町、「内藤新宿」として一六九八年に幕府により正式に開設が許可された[1]。日本橋から一つ目の宿場である第一宿は、五街道のいずれにおいても旅人の宿泊のためというよりも歓楽街としての性質が強く、内藤新宿も例外ではなかった。そのため開設後には風紀の問題から宿場の廃止や再開などを経たが、江戸時代後

1　この辺りは内藤家の江戸における下屋敷、つまり別邸のような存在であり、広大な庭園があった。その一部が現在でも新宿御苑に遺構として残る。以上の記述は金井（1980）を参照した。

期には非公認の遊所である岡場所として明治に至るまで繁栄した。また、明治以降も細かな出入りはあったものの、基本的に新宿二丁目地域を中心とした「新宿遊郭」は戦後の売春防止法施行まで存続した。

太平洋戦争の空襲により、新宿一帯は焼け野原と化す。戦後この「復興計画に苦しんで」いた東京都建設局に、「実に珍らしい「計画」が「出願」された」[2]。それが鈴木喜兵衛による歌舞伎町の建設計画である（鈴木 1955: 3）。歌舞伎町という地名は、戦後復興当時、鈴木が歌舞伎劇場の誘致・建設を企図していたために、東京都建設局の石川栄耀によって命名された。行政区画としての新宿区歌舞伎町は一九四八年に成立する。ところで、この当時の「歌舞伎町」とは現在の「歌舞伎町一丁目」の部分であって、「歌舞伎町二丁目」は一九七八年に新設される。そのため、一九七八年以前の記述については現在の「歌舞伎町一丁目」を範囲としたものである点には注意を促しておきたい。

歌舞伎町の建設計画は、鈴木喜兵衛という民間の一個人が立案した、しかも繁華街の構想である、という特徴的なものであった。さらに単なる計画にとどまらず、終戦後間もなく「復興協力会」を設立して借地権を一本化し、区画整理を行って土地の再割当を実施するなど、かなりの程度まで計画が現実化されたことは特筆に値する。

この時期のできごとのうち、後年の歌舞伎町に決定的な影響を与えたのは以下の二点であると言えよう。第一に、おおむねひと区画が三〇坪ていどと小ぶりな区画割りとなった（ただし中央の劇場街用地を除く）こと、第二に、戦前の借地人、借家人に加えて戦後からの営業者も土地を所有するようになり、土地所有が大規模化せずに細分化したことである[3]。この二点によって、土地と建築物が細分化されたものになっただけでなく、その権利者もまた個別的であるような状況が生まれたのである。空間と権利者の複雑な細分化状況は、歌舞伎町の「場」としての特質にかかわる特徴であり、その淵源が歌舞伎町建設の最初期段階にあることはここで重ねて強調しておきたい。その後の歌舞伎町におけるいくつかの論点は、この「初期条件」の意図せざる帰結という側面を有するからだ。

さて、鈴木喜兵衛が「道義的繁華街」として構想した歌舞伎町は、当初劇場や映画館を中心に娯楽の街として栄えた。歌舞

2　引用箇所は石川栄耀により寄せられた序文。

3　この間のプロセスについては建築史学者の初田香成の研究が、様々な史料を組み合わせて具体的な土地所有状況を明らかにするなどしており詳しい（初田 2012）。

伎町中心部に存在した映画館街については、映画館に「入場しようとする観客の行列が新宿駅まで続いたというエピソードが残されている」という（歌舞伎町商店街振興組合 2009: 36）。「演歌の殿堂」として有名なコマ劇場の竣工は一九五六年であり、一九五八年のＮＨＫ紅白歌合戦は同劇場で開催されている。

そしてこの頃には既に今日に連なる歌舞伎町の「危険な」イメージも頭をもたげ始めていた。『新宿警察署史』によれば、一九五七年には「歌舞伎町界隈を根城とする暴力団の一斉摘発」が行われている（警視庁新宿警察署警務課 2000: 84）。続いて一九五九年には「当時マンモス交番と呼ばれた「新宿地区警備派出所」」が「歌舞伎町、新宿駅周辺繁華街の地域浄化取締りを目的として」開設され、一九六一年には「歌舞伎町、新宿三丁目など盛り場地区の環境浄化運動が実施された」（警視庁新宿警察署警務課 2000: 85-6）。これらの「浄化」という文言は、その具体的内容までは明らかではないが、暴力団を典型とする何らかの治安悪化がすでに歌舞伎町でかなりの程度まで持続的に見られたことを窺わせる。

歌舞伎町がいつ頃から歓楽街としての性質を帯び始めたのか、言い換えればいつ頃から風俗産業が歌舞伎町において一定の規模をもって営業するようになったのか、については必ずしも明らかではない。巷間に流布している説明として最も一般的なのは、売春防止法（以下「売防法」と略）が完全施行された一九五八年に、新宿二丁目あたりの「赤線地帯にいた業者や娼婦たちが売春を禁止されたことで、歌舞伎町区域に流れ込んできた」（歌舞伎町商店街振興組合 2009: 38）というようなものであろう。

ところが、歌舞伎町の「売防法による新宿二丁目からの流入起源説」とでも言うべき説明は、厳密にはどうやら不正確なようである。たとえば売防法施行時に新宿区福祉事務所の婦人相談担当職員であった兼松左知子によれば、売防法施行以前から「区役所から花園神社にかけた一、五〇〇坪ほどに、店舗二四八軒、従業婦六〇三名をかぞえる特飲街が密集していた」（兼松 1973: 98）。兼松はその一帯の具体的な地名として「花園歓楽街、花園小町、新宿センター、歌舞伎小路、新天地、歌舞伎新町」といった名前を挙げているが、これらの地名が現在のどの辺りに対応するのか、正確な所在は不明である。参考に現在の町名の境界を下に掲げる（図2-2）。

一九四八年当時から区役所周辺は既に「歌舞伎町」であり、当時のゴールデン街付近が「三光町」という住所であったことは確かである。また、区役所が牛込から歌舞伎町に移転したのは一九五〇年であり、一九五八年当時には既に現在と同じ位置にあった。兼松が「歌舞伎小路」とか「歌舞伎新町」とかの名

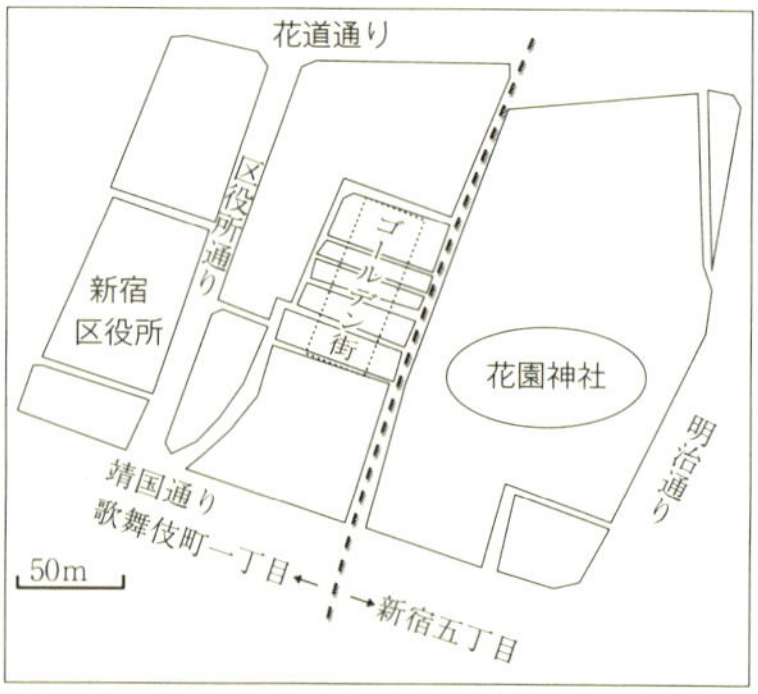

図2-2　2014年の歌舞伎町1丁目、新宿5丁目の境界

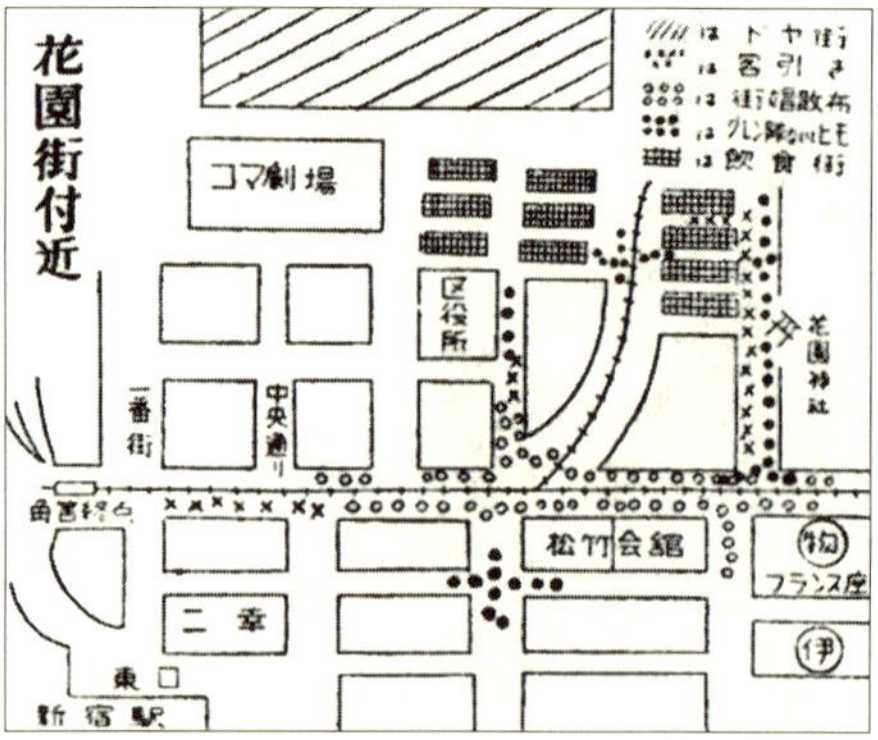

図2-3　『週刊大衆』掲載の地図「花園街付近」(1959年)

称を挙げていることからも、一九五八年の売防法施行前に既に「歌舞伎町」には性風俗が一定程度存在していたことになる。

ただし、当時の雑誌記事においては、新宿区役所と花園神社にはさまれた一帯は「花園元青線街」として名指されている(『週刊大衆』一九五九年八月十七日号一九-二〇頁)[4]。同記事に掲載された、この一帯が売防法施行後も「街娼」を多数擁する地帯であることを表す地図(図2-3)も、タイトルは「花園街付近」となっており、「歌舞伎町」の影は薄い。記事中にも「歌舞伎町」の語はほとんど登場せず、警察の関心も「花園街」に向けられているとされる。

以上を整理すればこのように言えるだろう。売防法施行とともに赤線であった新宿二丁目から流出した性風俗が歌舞伎町に歓楽街としての性格を付与した、という表現は半面において正しい。というのも、以下で見るように、確かに歌舞伎町の歓楽街化はこの時期から急速に進行していくからである。しかし、売防法施行以前に歌舞伎町に性風俗が全く存在しなかったわけではなく、区役所周辺を中心として既に下地があった。とはいえ当時の歌舞伎町はいまだ性風俗の街とは見なされておらず、

4　ここでは『週刊大衆』の性風俗関連記事がページ単位で縮刷、転載されている伊藤(1987: 18)を参照した。

むしろ非公認売春地帯「青線」としての「花園街」の方が局所的にクローズアップされて認知されていた。

現在、花園神社にほど近い一帯を指す「花園街」の名を知り、歓楽街としてイメージできる者がどれだけいるだろうか。もはや歓楽街のイメージは色濃く歌舞伎町の上にのみ投げかけられている。以下で見ていくのは、歌舞伎町が歓楽街になる、その過程である。

1-2　歓楽街の商店街振興組合

『商店街名簿』のなかの歓楽街

歌舞伎町が太平洋戦争終戦後の復興計画において建設されたことは既に述べた。この際設立された「復興協力会」は、とちゅう「新宿第一復興土地区画整理組合」（一九四七年）、「協同組合歌舞伎町振興会」（一九五六年）などと名前を変えながら、一九六三年の商店街振興組合法の施行とともに「歌舞伎町商店街振興組合」（以下「振興組合」と略）となり、二〇一六年現在も活動を続けている。

振興組合は一九六三年の設立直後に『歌舞伎町商店街名簿』を制作している[5]（歌舞伎町商店街振興組合 1964）。この『名簿』は一九六三年十二月時点での「組合員氏名」、「商店名」、「業種」、「住所」、「電話（番号）」が番地順に列挙される形式で、筆者が数え上げたところ七九〇人の氏名が掲載されている。「組合員氏名」という項目名ながら、掲載名のすべてが組合員というわけではないようで、名前の上に「〇」がついているのが組合員、無印は非組合員であると註記がある。また、すべての個人名に商店名が付されているわけではなく、人によっては商店名と業種の欄が空欄になっている。

表 2-1　『商店街名簿』掲載の業種別件数（1963 年 12 月時点）

総数[6]	飲食・喫茶[7]	バー・クラブ	キャバレー	トルコ
790	380	125	7 (0)	3 (3)

＊特にキャバレーとトルコについては括弧内に組合員による営業の数を掲げた。

業種には実にさまざまなものがあり、とりわけ当時の歌舞伎町において一定規模の居住者が生活を営んでいたことを窺わせる「書籍業」（書店）、「古書籍商」、「牛乳販売業」、「豆腐製造販売業」、「荒物小売業」、「ミシン販売業」などの存在は興味深い。ここで、特に歓楽街に関わる業種を数え上げたのが上記の表2-1である。業種のカテゴリーについては筆者がコーディングし直しており、『名簿』掲載上のカテゴリーを直接に採用してはいない。

右端に「トルコ」とあるのは名簿中「トルコ風呂業」とか「トルコ浴場業」などと表記されている業種である。単に「トルコ」と呼ばれる場合や、「個室付浴場業」、「特殊浴場」などの名称が用いられる場合もある。現在に至るまで、風適法上の店舗型性風俗特殊営業の筆頭には、浴場業の施設として個室を設けて性的サービスを提供する業態が挙げられる。現在ではソープランドと呼ばれるこの店舗型性風俗の一号営業が「トルコ風呂」である。

表2-1の数字を見ると、飲食・喫茶が全体の半分程度を占め、その数の多さが際立っている。また、バー・クラブの一二五軒も、率にして全体の一五%程度と、決して小さい割合ではない。

本稿で後述するような振興組合の変遷からすれば、驚くべきは「キャバレー」だけでなく「トルコ」までもが掲載されていること、そしてトルコの三店がいずれも組合員によって営業されていることである。[8] キャバレーとは客にダンスをさせ、なおかつ接待サービスを提供する業態で、現在であれば風俗営業の一号営業に当たる（キャバクラ等はダンスをさせないため二号営業に該当）。のちに振興組合はこうした風俗営業や性風俗特殊営業との関係を変化させていくことになるが、これについてここでは差し当たって予示するに留めておこう。

この一九六四年発行の『名簿』は上記の情報のほかには特段の記述がなく、「組合員」と「非組合員」の区別の意味や、歌舞伎町全体の「非組合員」のうちで情報が掲載されているものはどういった基準で選定されているのか、等々の不明な点がある。二〇〇八年に振興組合のA副理事長（当時）に行った聞きとりによれば、振興組合は「振興組合本体」とその基盤組織である「町会」の二重構造となっており、「町会」に所属する会

5　『歌舞伎町商店街名簿』各年版については歌舞伎町商店街振興組合事務局で閲覧させて頂いた。ここに改めて記して謝したい。

6　正確には七九〇は組合員名簿に掲載された組合員の人数だが、組合員と事業者は一対一対応しており、ひとつの事業者からふたり以上の組合員が掲載されていることはほぼない。なのでここでは事業者の総数も七九〇であるとしておく。

7　ここでは「飲食店」等と「喫茶」を同カテゴリーに分類したが、これにはやや問題があるかも知れない。というのも、当時「喫茶」には風俗営業に分類されるような営業実態のものも少なくなく、接待サービスが提供されたり、男女のカップル客が利用する個室が用意されていたりしたからである。これら風俗産業に連なる「喫茶」から、単にコーヒー等を提供する店を区別するための名称がいわゆる「純喫茶」であるが、名簿上は単に「喫茶」としか表記されておらず区別がつかなかったため、ここではこれ以上立ち入ることができない。

員のすべてが「本体」の組合員であるわけではない、とのことであった。ここからは、一九六四年『名簿』中の「非組合員」が現在の「町会員」に該当する可能性が推測される。近年の振興組合の性質については改めて後述するが、いずれにせよ、一九六〇年代当時、『名簿』がどういった枠組みのもとで制作されたものなのかについて、ここでは明確なことは分からない。

『歌舞伎町商店街名簿』は、二〇一四年現在までに六回発行されている。この名簿については以下の歴史記述において適宜参照していくが、ここで六冊の特徴を大まかに説明しておこう。六回の発行年はそれぞれ一九六四年、一九六七年、一九七〇年、一九八〇年、一九八八年、二〇〇〇年である[9]。これらは内容の体裁について三種類に分けられる。第一の種類は六四年、六七年、七〇年の三冊で、挨拶文などが一切なく、ひたすら名簿情報が続く。内容面で特筆すべきは、組合員と非組合員の別が既述の通り「〇」印の有無で明記されていることである。この特徴はそれ以降の版では見られない。第二の種類に属するのは八〇年、八八年発行の二冊で、紙面はそれまでの三冊に比べて大幅に拡充され、巻頭言や業種別、店名別、経営者名の索引が付されている。「商店街名簿発行にあたって」という巻頭言によ

8　トルコ風呂がこの当時、ほぼ例外なく性的サービスを提供していたかどうかについては、厳密には議論の余地がある。社会学者の永井良和が指摘するように、例えば一九六四年には自治大臣が国会答弁において自身もトルコ風呂に行ったことがあると述べており、一般の風呂屋等にスチームバスが設置されたものが存在したことは確かである（永井 2002: 120）。しかしながらその後、例えば一九八〇年に発行された日弁連による報告書『個室付浴場業に関する調査報告書』では、トルコ風呂の語が一貫して売買春と同一視されている（日本弁護士連合会 1980）。同報告書ではトルコ風呂に関する調査を一九七五年に開始したとしているから、遅くともその頃までにはトルコ風呂がほぼ例外なく売買春と結びつくようになっていたものと考えられる。後述するように歌舞伎町では一九六三年名簿だけでなく一九六九年の名簿においても六軒のトルコ風呂が掲載され、うち三軒は組合員であった。一九六三年に関する判定は微妙なところがあるが、本書では歌舞伎町においてトルコ風呂が基本的には売買春と結びついていたものであったという仮説的な立場を取ることとする。

9　一九八〇年発行の『名簿』の冒頭、「商店街名簿発行にあたって」という挨拶文中に「旧名簿発行より一〇年経過したことでもあり」とあり、七〇年代の情報については名簿が制作されなかったことが分かる（歌舞伎町商店街振興組合 一九八〇）。同様に、八八年発行、二〇〇〇年発行のものにも巻頭言に前回発行からの年数がそれぞれ記載されている。これらの記述から、二〇〇〇年までに六冊の『名簿』が発行されており、その間には更新されていないことが分かる。

表 2-2 『名簿』発行年別キャバレー、トルコ

	1963（再掲）	1966	1969
キャバレー	7（0）	15（10）	14（10）
トルコ	3（3）	10（9）	6（3）

＊括弧内は組合員による営業

れば、掲載されている情報の件数も一九六四年には七六〇であったものが一九八〇年には「二〇〇〇になんなんとする」とあり（歌舞伎町商店街振興組合 1980）、八八年の名簿もほぼ同程度のボリュームである。第三の種類は二〇〇〇年発行のもので、八八年までに随所に差し込まれていた広告が一切なくなり、また索引も省かれた、コンパクトに事業者の情報だけが列挙された形式となっている。二〇〇〇年の巻頭言「商店街名簿発行にあたって」には「約一〇〇〇軒余の店舗」が掲載されているとあり、八八年まで一貫して拡大し続けていた記載件数が、縮小している。このことは、次節に示す振興組合の盛衰と対応している。

八〇年代以降の『名簿』については追って言及することとして、六〇年代に発行された三冊の『商店街名簿』についてまずは見てみよう。上で見た一九六三年時点の情報に続いて、一九六六年十二月と一九六九年十二月の情報が掲載された『歌舞伎町商店街名簿』が制作されており、その後はやや間があいて一九八〇年の発行となっている。キャバレーとトルコのみについて数えれば、六六年の『名簿』ではキャバレー一五軒とトルコ一〇軒の記載があり、六九年はキャバレー一四軒とトルコ六軒である。これをまとめたのが表2-2である。

一九六三年から一九六六年にかけてキャバレーは二倍、トルコは三倍に数が増え、一九六九年にはやや落ち込むもののそれでも一九六三年を基準とすれば倍増している。歌舞伎町商店街振興組合が歌舞伎町の成立六〇周年を記念して発行した『歌舞伎町の六〇年』には、一九六五年前後から「ソープランド、ストリップ劇場、キャバレーなど次々と誕生」とある（歌舞伎町商店街振興組合 2009: 119）。また、『新宿警察署史』によれば、一九六六年ごろから歌舞伎町には各種劇場や歌声喫茶、ジャズ喫茶のほかに「深夜営業喫茶店が続々と登場し、新宿の繁華街の中心は、新宿通り周辺から歌舞伎町に移っていった」（警視庁新宿警察署警務課 2000: 88）。深夜喫茶は、当時「フーテン族」と呼ばれた、「定職に就かずぶらついたり、たむろしたり」する「無気力な若者集団」が宿代わりにしていたもので、「新宿では深夜スナックが約二四〇〇店に達し、フーテン族にとってねぐらとなる店には事欠かなかった」（歌舞伎町商店街振興組合 2009: 66）。彼らは「シンナーなどを吸い、しだいに恐喝やゆすり、暴行などの犯罪を行う」ようになったほか、「フーテン族にシンナーなどを売る暴力団まで出没」するに至って強く問題視され、警察の取締りが強化されることとなった。

歌舞伎町商店街振興組合

以上で見てきたのは一九六〇年代に振興組合の『名簿』に掲載されていた業態数の素描である。では、組合員に風俗産業の業態が含まれていた当時の振興組合は、いかなる活動に携わっていたのだろうか。振興組合がその設立当初から発行していた広報紙『歌舞伎町ニュース』では、例えば一九六五年十一月発行の第二八号において、振興組合が中心となって「流動人口」調査の行われたことが報じられている。それによれば歌舞伎町の「流動人口」は一日約一八万人であった[10]。

本論の観点から重要なのはこうした数字の大きさそのものというよりは、むしろ歌舞伎町内の通行人の数を計数したこの調査が、歌舞伎町内「全ブロックの経営者や従業員」のべ「四九五の協力」によって実施されたという点である（『歌舞伎町ニュース』一九六五年十一月二十一日、第二面）。これは、当時の振興組合が歌舞伎町内の各商店や事業主を把握し動員する一定の能力を保持していたことを示している。

さらには、振興組合は自らを街灯の設置や道路の保全、美化や消防などの「自治」活動の担い手として位置づけていた。「自治の組織活動活発化す」（『歌舞伎町ニュース』一九六三年十月二十一日、第二面）の見出しのもとに、振興組合が下部部会を通じて各種「事業や活動を徹底」させる気運が高まってきた、と報じられていることのうちにも、自治への自負を読み取ることができる。振興組合が精力的に各種活動を行うためには、歌舞伎町全体の商店や事業者を把握することが必要だった。既に言及した『歌舞伎町商店街名簿』の発行はこのことを端的に示している。そこには組合員の氏名、住所、業種および商号、電話番号などが詳細に記載されているのである。

また『歌舞伎町ニュース』では、警察関係の表彰や行政関係のキャンペーンへの協力なども大々的に報じられている。例えば一九六三年九月二十一日発行の第二面には「新生活運動「モデル地区」活動」の大見出しのもとに以下のような記事が見られる。

10　歌舞伎町の外部に通ずる各地点に調査員を配置し、午前十時から午後十時までの十二時間にわたって「歌舞伎町内から町外へと出て行く人びと」の人数、男女の別、年齢（二五歳以上またはそれ以下）が調査された（『歌舞伎町ニュース』一九六五年十一月二十一日、第二面）。一九六五年十月二十三日（土）に、この人数は十三万人あまりであった。振興組合ではこれに調査時間帯以外の人数や、町内人口、従業員人口などを推計で加算し、歌舞伎町の「流動人口」を一日約一八万人と見積もっている。

新生活運動「モデル地区」の実践活動として内外ともに大好評を拍《ママ》している〝街の美化デー〟は、去る八月十日第三回目を迎えて組合総動員で実施された。今回は恰度、国および東京都、新宿区等が共催の首都美化推進デーに合致したため、この実践活動は官民一体態勢《ママ》で行われ、日本テレビ、毎日ニュース等のジャーナリズムも「モデル地区」の当町に取材にくるなど、また今回は自治部会交通部が淀橋署交通課と連携し初の交通取締りを強力に実施し大なる成果を収める等、この「街の美化デー」実践に更に意義を深めることが出来た。

本稿では「新生活運動」について詳細に論ずる用意を持たないが[11]、しかしここでは「官民一体」や「連携」が非常に強調されていることを指摘すれば充分だろう。「淀橋署」とは現在の新宿警察署の旧名であり、当時の振興組合が警察と協力しながら交通取締りを行っていたことを示している。行政へのこうした積極的な協力のうちにもまた、振興組合が「自治」活動の担い手として自らを位置づけていたことを読みとることができる。振興組合は発足翌年の一九六四年に、東京都から払い下げられた四二坪あまりの土地に地上五階地下二階のビルを建設しており、このビルの一階部分を派出所と公衆便所として、それぞれ警視庁と新宿区に寄贈している。

一九六〇年代には振興組合の組合員がトルコ風呂を経営していたことは既に述べた。『商店街名簿』において、組合員の経営店のみならず、非組合員のキャバレーやトルコも同様に掲載されていたことは、こうした業態への寛容な態度を表している。少なくとも、名簿にも載せられないような、不倶戴天の敵とは見なされていない。後年の歴史を踏まえて振り返れば、風俗産業に対するこうした態度と、「自治」への志向性とがいまだ鋭い対立に発展していなかった時代として、一九六〇年代を評価することができるだろう。

1-3　歓楽街としての爛熟

一九六五年に実施された「流動人口調査」は、歌舞伎町の「流動人口」を一八万人と見積もった。それから五年後、一九七〇年に再度同様の方法で調査された「流動人口」は午前十時から午後十時に限っても二六万人、歩行者天国実施時には推計四七万人に達したという（歌舞伎町商店街振興組合 2009: 68–9）。ここから、「流動人口」が五〇万人に及んだ一九八〇年前後の

11　新生活運動については近年に入って研究が進展してきた。書籍のレベルでまとまったものとしては大門編（2012）や田中編（2011）などを参照。

ピーク時までの様子は、「人が怒濤のように押し寄せ、通りでは肩と肩がぶつかり合い、背伸びをしても人の頭しか見えず、道を横切ることさえ難し」いという有様であった（歌舞伎町商店街振興組合 2009: 74）。『商店街名簿』の掲載数が、一九六四年には七九〇件であったものが、一九八〇年には二〇〇〇件近くにまで増大したことは既に述べた。歌舞伎町は、一九七〇年代を通じて歓楽街としての爛熟へと向かっていたのである。

風俗産業の営業数にかんして、一九七三年に振興組合によって編まれた『歌舞伎町実態調査報告書』という冊子によれば、歌舞伎町全体での全業種一一一〇店に対しキャバレー二五店、トルコ一一店となっている（歌舞伎町商店街振興組合 1973: 137）。この店舗数は調査の方法等が全く記述されておらず、そのため単純な比較はできないが、既に見た一九七〇年発行の『商店街名簿』におけるキャバレー一四店、トルコ六店よりはかなり多い。

こうした当時の状況を伝える記述を、『新宿警察署史』から引用してみよう。

昭和五〇年代には風俗産業が様変わりした。特にヌードスタジオやトルコ風呂（ソープランド）に加え、ノーパン喫茶、のぞき劇場、ビニ本などの新種の商売が登場した。このような性の安易な商品化は、歌舞伎町、新宿三丁目で目立つようになり、昭和五七年三月にはトルコ風呂（ソープランド）三一軒、ストリップ劇場六軒、ポルノ映画館一二軒等が営業し、さらにノーパン喫茶等の新種の風俗店が加わることにより、日本一のピンクゾーンなどという不名誉な評価を受けるようになったことから、町会、ＰＴＡ協議会、区商連など二八団体による「明るい地域環境づくり推進会議」が結成され、性関連法及び都条例の改正要望を決議し、一九万七千人の署名が集まり、都知事に請願書が提出された。

また、歌舞伎町商店街振興組合も「新宿区環境浄化に関する宣言」を決議し、意見書を総理大臣、関係大臣及び都知事に提出した。（警視庁新宿警察署警務課 2000: 98）

新宿三丁目地区と併せて歌舞伎町が「日本一のピンクゾーン」と言われるようになったのが、一九七〇年代以降のことであった。先に見た一九五九年の『週刊大衆』において、「花園街」が旧青線地帯として歓楽街のイメージを独占していたことに比べれば、歌舞伎町がいかに歓楽街としての地歩を固めたかがよく分かる。このことのさらなる傍証として、一九七五年の国会におけるモーテルに関する規制の議論で、歌舞伎町がどのように言及されているかを見てみよう。

それから、先生御指摘のような、新宿の歌舞伎町とかそういったところに、モーテルでなくて、いわゆる逆さクラゲと申しますか、連れ込み旅館というものが多数集まっておって、それが大変風俗上問題があるということについては、私どももよく承知しております。ただ、そういう盛り場の一部の地域に連れ込み旅館などが集まっていていろいろ弊害があるということは事実なんですけれども…（後略）（一九七五年五月二十二日衆議院内閣委員会一七号、警察庁刑事局保安部防犯少年課長鈴木善晴の発言）

ここで話題になっているモーテルはそれ自体興味深いテーマではあるが、ここでは立ち入らない[12]。重要なのは、しばしば売春行為に場所を提供するなどとして問題視される「連れ込み旅館」[13]が集中する場所として、歌舞伎町が名指しされていることである。「歌舞伎町とかそういったところに」とか「そういう盛り場」とかの言い方からは、例示としての「歌舞伎町」が聞き手に一定のイメージを喚起できることを示している。

12　モーテル規制が風俗営業取締りの歴史上どういった意義を有するかについては永井（2002: 145-7）を参照。

13　「先生御指摘のような」とあるのは、前の発言者である日本社会党和田貞夫が「たとえば新宿かいわいを見ても」と言っていることを受けている。

一九七三年の『歌舞伎町実態調査報告書』ではキャバレー二五軒、トルコ一一軒が数えられていたことは既に述べた。これに対して一九八〇年に発行された『歌舞伎町商店街名簿』の掲載数は、キャバレー三〇軒、トルコ一〇軒のほかに「ピンクサロン」[14]一軒、アダルトグッズショップ[15]四軒、ヌード劇場一軒、ディスコ一七軒等であった。この『名簿』が歌舞伎町内のすべての営業を網羅できているとは考えられないが、それでもたしかに業態が多様化している様子がうかがえる。

このように、一九七〇年代から一九八〇年前後にかけて、歌舞伎町は歓楽街として爛熟と言うべき状態を迎えていた。それは同時に振興組合が歌舞伎町の歓楽街としての性格に対してアンビヴァレントな立場を取り始める時期でもある。例えば一九七八年の朝日新聞には「暴力・ピンク追い出そう／歌舞伎町飲食業者が結束／毎夜自主パトロール」との見出しで、振興組合の活動が報じられている（『朝日新聞』一九七八年八月二十九日、東京朝刊、二〇面）。記事によれば、問題視されたのは「ピンク

14　業種名の欄に「ピンクサロン」とあった。店舗はキャバクラのような店構えであるが、実際にはフェラチオなどの性的サービスが提供される業態である。

15　業種名の欄に「大人のおもちゃ」等と表記してあった。

キャバレー」の強引な客引きや、「法外な勘定をふっかける暴利バー」であり、「このままでは歌舞伎町の悪名が天下に鳴り響いて、まじめな業者まで商売ができなくなってしまう」と三五〇人が集まって「歌舞伎町防犯町民決起大会」が開かれた[16]。三五〇人は振興組合に加盟する「バー、キャバレー、飲食店の経営者ら」で、対策を「警察だけにまかせておくべきではない、という声が多く出され」、パトロールが見回りをすることになったという。

ここで興味深いことは、「ピンクキャバレー」や「暴利バー」のふるまいが問題視されるなかで、振興組合に加盟するキャバレーの経営者もまた「決起大会」に参加し、パトロールに加わっていることである。既述の通り、キャバレーは客にダンスをさせかつ接待サービスを提供する業態で、まぎれもなく風俗営業である。

つまり当時の振興組合は、そうした営業内容そのものを問題視していたわけではない。それ以外の、強引な客引き行為やぼったくり行為などの特定の側面に対して懸念が持たれているのである。ここで先に引用した国会の議事録を想起してみよう。そこでは「連れ込み旅館」が多数集まっていることをして「大変風俗上問題がある」とされていた。このように、その場に風俗産業が集中していることだけで問題視する立場と比較すれば、振興組合のそれは対照的である。

しかし、振興組合が発行していた『名簿』には、キャバレーだけでなく「ピンクサロン」やヌード劇場、それに多数のトルコ風呂が名を列ねていた。これらの営業がどれひとつとして「強引な客引き」や「法外な請求」をしていないと、振興組合は確認していたのだろうか？　振興組合は、ここにいたって歓楽街の商店街組織が抱え込まざるを得ない問題に直面していると言える。そうして直面した問題がどのように調停され、あるいは迂回されていくのか、以下で続けて見て行こう。

1-4　「盛り場の〝毒〟」

一九八〇年には歌舞伎町のキャバレー内で殺人事件が起きたほか、キャッチバーで法外な請求をされた大学生が逃れようとして転落死した。特に後者の事件は新聞等で大きく取り上げられて世間の耳目を集め、振興組合のパトロールと新宿警察署の「緊急一ヶ月作戦」が並行して行われた（『朝日新聞』一九八〇

16　「暴利バー」に類似した事例としては、既に一九七二年にも「新宿の暴力スナック手入れ」という見出しで、高額な料金を請求した歌舞伎町のスナックの摘発が報じられている（『朝日新聞』一九七二年八月十八日、東京夕刊、九頁）。

年八月十九日、東京朝刊、二二面）。翌年には「歳末特別警戒」の視察として警視総監が夜の歌舞伎町を訪れた（『朝日新聞』一九八一年十二月十二日、東京朝刊、二二面）。警察や政府の要人による歌舞伎町の視察としてはおそらくもっとも古い部類であろう。こうした視察が行われるようになったことは、すでに歌舞伎町が治安の焦点として象徴的な意味合いを持つに至っていたことを示している。

　これを裏書きするように、一九八三年には歌舞伎町の「浄化作戦」がスタートする。新聞記事には、「日本一の盛り場、新宿・歌舞伎町を明るい町にしようと」「新宿署内に『新宿地区環境浄化推進取締本部』を発足させた」とある（『朝日新聞』一九八三年一月十一日、東京朝刊、二〇面）。ここで、警視庁の防犯部長は以下のように訓示したという。

> 最近、都内の風俗環境は、享楽的風潮を反映して悪化に拍車がかかっている。とりわけ新宿は、相次ぐ取り締まりにもかかわらず、ビニ本店、ゲーム喫茶、トルコぶろ、のぞき劇場など、一向に衰えない。善良な風俗を害する違法行為は、組織を挙げて取り締まらなければならない（『朝日新聞』一九八三年一月十一日、東京朝刊、二〇面）

一九八三年は、その後非常に一般的な業態となった「テレホンクラブ」（テレクラ）の第一号店が歌舞伎町に出現した年でもあった。テレクラは店舗内で電話を用いて異性を紹介する営業であり、もっぱら「性的好奇心を満たすための交際」を目的とするものとして、のちに風適法で規制対象となる。

　やや時期は前後するが、一九八二年一月、高田馬場に所在する新宿区立戸塚第二小学校のすぐそばに一軒の「のぞき劇場」が開業した[17]。同小のＰＴＡは一万一〇〇〇人の署名を集め、「のぞき劇場」の営業停止を求めて区長への請願と区議会への陳情を行った。規制権限を持たなかった新宿区は、二ヵ月後の一九八二年三月、強権を発動し、建築基準法を援用して「のぞき劇場」に対して使用禁止を言い渡した。しかしこれに対して、権力の濫用であるとして業者が新宿区を提訴する動きも現れた。そのため新宿区は同年六月に「新宿区興業場、旅館業及び公衆浴場の営業に関する指導要綱」を作成し、これを遵守する業者には新規開店を認める方針に改めた。

　しかし、指導要綱は、罰則条項もなければ強制力もない、実効性のないものであった。区はこれに先立って都や国に条例や法の改正を要望しており、都条例やさらにその大元の風俗営業

17　以下の記述は新宿区総務部（1998）による。

等取締法による抜本的な風俗営業取締りの実現を企図していた。そのため、実効性に乏しい指導要綱は、それまでの「当面の対策」であった[18]。同時に、町会や青少年対策委員会、ＰＴＡ連合会や商店連合会などから成る「新宿区明るい地域環境づくり推進会議」は、大々的な「ポルノ反対署名」活動を展開し、一〇万人の署名を集めることを目指して活動を始めていた。

しかし風俗産業の実態には変化が見られず、一九八四年に区議会は再度意見書を提出、また歌舞伎町の「住民」は独自に五〇〇〇人余りの署名を集め、「歌舞伎町環境浄化推進町民総決起大会」を開くなどして「ポルノ反対運動」を展開した。結局、風俗営業等取締法が改正されたのは一九八四年、施行は翌一九八五年のことである。これによって、当の法律の名称も「風俗営業等取締法」から「風俗営業等の規制及び業務の適正化等に関する法律」へと大々的に変更された。

ところで、小学校付近への「のぞき劇場」の進出に対する地元の反対、自治体の対応、運動の展開、立法への反映……という一連の出来事のなかで開催された「歌舞伎町環境浄化推進町民総決起大会」は、その内にある重要な転換点を含んでいた。

18　一九八二年七月五日発行の新宿区広報では、大見出しに「当面の対策として〝指導要綱〟できる」と題して、指導要綱の内容を紹介している。

大会においては、「ビルオーナーは性風俗業者に対する賃貸を自粛するという決議」が行われていたのである（歌舞伎町商店街振興組合 2009: 75 傍点引用者）。

後の節で改めて見るように、当時振興組合の組合員はほとんどがビルオーナーであって、小売業や飲食店を営む者は一部に限られていた。つまり、「ビルオーナーは性風俗業者に対する賃貸を自粛するという決議」の意味するところは、実質的には振興組合と性風俗との縁切りであった。

この決議の約一五年前、一九七〇年にはいまだ組合員がトルコ風呂を営業しており、それを『名簿』にはっきりと掲載もしていた振興組合のこうしたふるまいは、どのように理解すればよいのだろうか？　ここには性風俗営業の悪質化とともに、振興組合の変質が関わっている。以下では「盛り場の〝毒〟セックス産業」という見出しで一九八三年当時、朝日新聞に掲載された振興組合理事長（当時）のインタビュー記事を引用しながら要約しよう。この記事の一部は前章でも歓楽街の一般的な特徴を示す例として引用したが、ここでは特に振興組合という具体的な組織を描き出すために、異なる角度から再び取り上げる。

まず、新宿は「セックス産業の中心」といったイメージを持たれているが、とインタビュアーが水を向ける。そもそもそれが間違いなのだ、とインタビューイーの理事長は否定する。曰く、歌舞伎町一丁目には約一八〇〇の店があるがいわゆるセックス産業の店は八〇軒ほどしかない、それを「〔歌舞伎町は〕日本の下腹部」などと言われるのは「心外」である、と。インタビュアーはさらに、しかし「そういった所目当てに集まる客で、商店街全体がかせぐ」というような構図があるのではないか、と続ける。理事長の答えは再び否、である。なぜなら、第一に「安定した購買力のある家族連れや、まともな若い人たち」が来なくなる、第二にセックス産業の料金は高いので目当ての店に直行するだけで周辺の店舗には寄らない。そして第三に、セックス産業は「すべて外の資本で」あり、「短期間荒稼ぎして、さっと変わっちゃう」。

インタビュアーは最後の追い打ちに、「なるほど。ですが、セックス産業の店は、ほとんど借り店舗でしょう。そして、持ち主は、大半が、地元の人と聞いていています」とたたみかける。理事長はそれに「残念ながら、それは事実です」と答えながらも、その原因を田中角栄内閣（一九七二—四）時代の土地ブームに求める。土地ブームで地価が上がり、小売店の商売が成り立たなくなったためにみなビルを建てた。建てたビルの部屋は賃料が高く「果物や米屋が、借りられるわけがない」ので、「勢い、喫茶店だ、バーだ、ゲームセンターだ」というテナントが多かった。そうしたなかで、「一〇坪そこそこの店で、三ヶ月間に一〇〇〇万円もうけた、なんて話が流れる」。それがセックス産業だったというのである。

このインタビューは、理事長の以下の語りで締めくくられている。

セックス産業が盛り場をうるおす、などという考えは、大変な間違いです。信じられなければ、いつでも、わたしたちの町の闘いぶりを見にきてください。（以上、『朝日新聞』一九八三年五月九日、東京夕刊、三面）

以上のインタビュー記事を詳しく紹介したのは、この時期に振興組合が性風俗に対してどのような態度を取るに至ったのか、その態度転換について理解するための鮮やかな手がかりを与えてくれるからである。まず理事長が主張したのは、歌舞伎町全体に占める性風俗の割合の小ささであり、次に性風俗とその他の商店街は「共存共栄」の関係にはない、という認識である。ここには、性風俗を徹底して他者化し、また予想される経済的な共同関係をも切断して見せるパフォーマンスが読み取れる。

一九八八年に発行された『商店街名簿』の巻頭言は、ここでのインタビューイーである理事長の署名がある。そこには「歌舞伎町は、昭和60年前後におけるピンク産業のばっこの混乱を見事に克服し」とあり、その事実妥当性はともかくも、ピンク産業＝性風俗の他者化は明らかである。

インタビュー記事に戻ろう。優秀なインタビュアーは最後に場所の提供の問題について切り込んでいる。理事長のそれに対する答えは、かならずしも明瞭ではない。しかし、「地元の人」、つまり振興組合の組合員が歌舞伎町に関わるその関わり方を変容させていくなかで、性風俗との関係も必然的に変化してきた、という構図を示唆している点において重要な語りであると言える。つまり、繁栄し、地価が高騰する歓楽街において、組合員がビルオーナー化する、という変化こそが、振興組合の性風俗との関係を方向づけているのである。

ここで示されているのは、歓楽街として歌舞伎町が爛熟し、さまざまに性風俗が問題化されるに至る過程と、振興組合の変容過程が不可分に結びついている可能性である。振興組合の内部的な変容についてはここまで踏み込んで論じてこなかったため、改めて次節でこの結びつきについて探究しよう。

本節では、歌舞伎町が戦後の新しい町として誕生し、歓楽街としてどのように形成され、発展してきたかについて見た。歌舞伎町は当初から「道義的繁華街」として計画されてはいたものの、風俗産業を中心とした歓楽街としてはむしろ「新宿遊郭」として知られた近隣の赤線地帯である新宿二丁目や、青線地帯である「花園街」などが知名度で勝っていた。そうした旧来の歓楽街に取って代わるようにして歌舞伎町が求心力を増していったのは、一九七〇年代半ば以降のことである。しかしこの間の発展のペースはめざましいものがあり、一九八〇年代に入ると既に歌舞伎町は日本における「セックス産業の中心」とまで言われるようになる。それは風俗産業の量的な増大だけでなく、質的な変容を伴う過程でもあった。「自治」の担い手を自認する振興組合が風俗産業を包摂していた一九六〇年代から、「セックス産業」が「盛り場の〝毒〟」と言われるに至る一九八〇年代までは、風俗産業が徐々に社会問題化されていく期間であったとも言えよう。以上が、本節で見てきた歌舞伎町の歓楽街としての形成史であった。

次節では、こうして日本を代表する歓楽街となった歌舞伎町が、西暦二〇〇〇年時点でどのような構造を持つに至ったのかを浮き彫りにした出来事「雑居ビル火災」について詳しく見ていく。

2　雑居ビル火災
——出来事と構造

本節では、歌舞伎町一丁目の雑居ビルで大規模な火災が発生した二〇〇一年までの、振興組合、自治体（新宿区）、警察の活動の変遷を記述する。歌舞伎町を統計的に把握、記述することにまつわる困難については、本書末尾の付論で論じた。歌舞伎町の把握、記述が困難であることは、歴史的な側面においても同様である。その歴史記述の困難性そのものをもまた、本節の説明の対象としよう。

本節では、歌舞伎町のそうした把握困難性、記述困難性の様相を象徴的に暴露した出来事として二〇〇一年の雑居ビル火災を捉える。二〇〇一年の火災を理解するためにまず必要な作業として、振興組合、新宿区、警察の各組織についてその来歴を概観しよう。それらの主体の歴史的脈絡において雑居ビル火災という出来事を捉えることが、歌舞伎町の構造を読み解くことにつながる。

2-1　振興組合員の三つの「退出」

持ちビルの意図せざる効果

前節で見たように、振興組合の前身は終戦直後の復興と歌舞伎町建設を担った「復興協力会」にまで遡ることができる。民間団体ながら土地整理と都市計画を実施、実現し、多くの来街者を集める繁華街を作り上げた自負もあってのことであろう、振興組合は「自治」の担い手として自らを位置づけていた。それは単なる自認に留まらず、公衆便所や派出所を行政に寄付するほかに、街灯の設置や道路の保全、美化や消防などさまざまな活動を担当する「部会」を組合内に設置し、「新生活運動」への参加をはじめとする各種の具体的な活動を伴うものであった。各種の活動は、振興組合が加盟の各商店を動員して実施する側面を有しており、組合設立の当初、頻繁に『商店街名簿』が更新されていたこと（三年に一度のペース）はこうした動員と無関係ではないだろう。

しかし、このように活発に活動を展開していた振興組合にも、のちに組合員が減少し、その規模が縮小していかざるを得ないような性質が、構造として既に備わっていた。発足翌年の一九六四年、振興組合は東京都から払い下げられた四二坪あまりの土地に、地上五階地下二階のビルを建設したことは前節でも触れた。このビルの一階部分は派出所と公衆便所として、それぞれ警視庁と新宿区に寄贈されており、振興組合の警察や区との関係の一端をうかがい知ることができる。[19] 振興組合の建造したビルは当初から現在まで、その五階を振興組合の事務局とする

19　交番と公衆便所の寄付は、これ以前にも一九四九年に既に振興組合の前身である「復興協力会」によっても行われている（鈴木 1955: 119–20）。

ほかは、テナントに貸し出しており、後年建設されるもう一つのビルの賃料と合わせて、歌舞伎町商店街振興組合の主たる収入源となっている。このように、振興組合名義でビル二棟を資産として持ち、またそこに入居するテナントからの収入がある点が、歌舞伎町商店街振興組合の特徴であると言える。

さて、歌舞伎町商店街振興組合は、商店街振興組合法で定められたところの法人（商店街振興組合法人）である。同法第三五条で作成を義務づけられている定款によれば、歌舞伎町商店街振興組合の組合員資格は、第八条で以下のように定められている。

（組合員の資格）

第八条　本組合の組合員たる資格を有する者は、次の各号に掲げる者とする。

（1）組合の地区内において小売商業を営む者

（2）組合の地区内においてサービス業を営む者

（3）組合の地区内において前二号以外の事業を行う者

ここで「組合の地区内」とされているのは振興組合設立当時の歌舞伎町全体（現在では歌舞伎町一丁目全体）におおむね一致する区画である。つまり、歌舞伎町で小売業やサービス業に限らず何らかの「事業」を行っている者であれば、組合員になる資格を有するということになる。その意味で振興組合の成員資格はきわめて緩やかであり、組合員数が減少する理由はない。組合員数が減少し、振興組合が縮小するに至る原因は別の点に求められる。ここでは、のちの振興組合の縮小に親和的であった内在的要因を二点に分けて指摘しよう。

第一は共有資産の存在である。振興組合への新規加入者は慣習的に組合員三名の推薦を受けて理事会で承認されることになっているが、遅くとも二〇〇〇年ごろ以降、実質的に組合員を新たに受け入れてはいない（振興組合事務局長B氏への聞きとり）。その理由を、振興組合のA副理事長（当時）は、「生きてる資産があるから。要は家賃収入。資産を持ってるから」と説明する。歌舞伎町に二つのビルを持つ振興組合にとって、新規組合員を受け入れることは、その資産を分有する人数が増えることを意味する。この状況下では、基本的にはビル建設当初の出資者だけに組合員が限定されることになるだろう。同様の理由によって、新規組合員の受け入れはないが、組合員の名義変更は——例えば親から子へと——行われることは現在でもある。

第二の要因は、歌舞伎町の商店街振興組合が組合員から会費を徴収していない、という点に求められる。既に述べたとおり、組合の運営資金は、組合が所有しているビルからのテナント収入で賄われている。[20] よって、振興組合は組合員が少ないことが資金面での困難に直結することはないのである。組合員からの会費をいっさい徴収していないにもかかわらず、振興組合の予算額は年に三〇〇〇万円ほどにもなる（事務局長B氏への聞きとり）。

つまり、組合名義で所有しているビルの存在が、ビルの資産価値とテナントからの収入という二つの側面から、振興組合の運営を経済的に容易にすると同時に、また拘束してもいる。このことは、組合員減少の「原因」とまで言うことはできないにせよ、その「背景」として、組合員が減少することを妨げないような状況を作りだしたと言える。それは、振興組合がビルを所有したことの意図せざる効果であったと言えよう。

二〇一四年現在、振興組合は下部組織として一二の町会を持つ。それを図にすると以下の図2-4のようになるが、入れ替わりの激しいテナントは町会員として掌握し、振興組合の組合員を相対的に安定したメンバーとするような組織構成となって

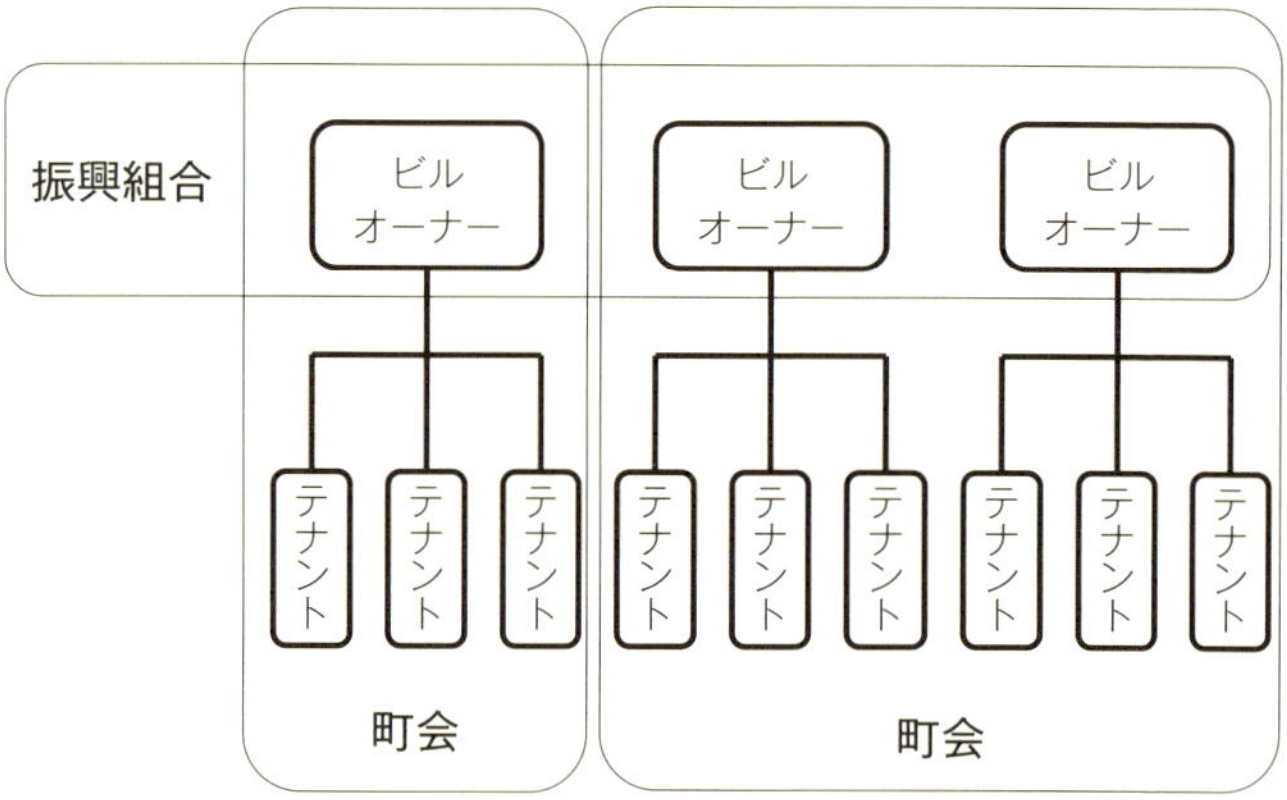

図 2-4　振興組合と町会の関係（模式図）

いることが分かる。

新規の組合員を受け入れていない振興組合とは対照的に、町会では新しい町会員を積極的に受け入れている。それぞれの町会には「町会長」という役職が置かれており、これは組合員が

20　実際にはこの他に、振興組合の下部組織である「町会」からの「賦課金」という収入がある。いずれにせよ、「賦課金」は町会の会員から徴収されるものなので、組合員を増大させるインセンティブとしては機能しない。振興組合と町会の関係については図2-4を参照。

務める。町会長は、自らの町会内で新しい店舗が営業を始めると、そこを訪ねていき、町会への加入を打診する。

町会が果たす役割は主に街路灯の維持管理である。町会は、「中央通り」や「さくら通り」などの通りごとに「中央通り町会」、「さくら通り町会」といった名称で設置されており、各々の街路沿いの店舗がそこに帰属する。各街路には夜間に点灯し続ける街路灯が設置されており、その電気代の支払いや保守などは各町会の負担とされている。

テナントが営業をやめるごとに町会費が徴収できなくなっていけば、各町会では街路灯の電気代をまかなうことができなくなってしまう。そのため、新しいテナントが入居すれば訪ねていき、町会への加入を打診するのである。ところが、テナントが町会に加入して町会員になることには、歌舞伎町で営業を行うに当たっての義務ではない。そのため、現実には新規町会員のリクルートはあまり順調ではないという。

経済発展による組合員の漸次的退出

二〇〇六年に、振興組合は組合員名簿に名前を連ねていた八〇〇人の組合員を「精査」したという（B事務局長への聞きとり）。その結果、電話や郵便で連絡を取ろうとした「組合員」のうち、六〇〇人と連絡がつかない、という状況が発覚した。つまり二〇〇六年時点で確認を行うまでは、名簿上にある多くの組合員の所在を把握できていなかったのである。こうした「音信不通」の組合員に対しては再度確認のための郵便物を送付し、「宛先不明」で返ってきた組合員は脱会の処置を執った。この結果残った組合員は二三〇名ほどであったが、この二三〇名も「連絡は取れるというだけ」で、歌舞伎町で事業を営んでいるなどして組合の会合にも顔を出し、行事にも参加するような組合員は八〇名ほどにすぎない（B事務局長への聞きとり）。

振興組合はその発足当初には「自治」活動を活発に展開していた。そこからこのような変化が起きるまでの過程は、前項で述べた振興組合に内在的な背景要因のほかに、歌舞伎町の変容とともに理解されるべき事柄である。ここでは組合員のライフヒストリーに沿って歌舞伎町の変容過程を見てみたい。

歌舞伎町はその建設の際に「復興協力会」が土地を買い上げ、一括して大規模な区画整理事業を行っている。この区画整理は、敷地を非常に小さい面積にまで細分化して、大資本による独占を防ぎ、多くの人びとが土地を所有できるようにした。そこで地主になった人びとの多くは、自らの土地に住みながら各々が様々な商売を営んだ。やがて歌舞伎町の発展とともに、商売は歌舞伎町で続けながらも、住居を他所に移す動きが現れ始める。振興組合のA氏は自身の転居について以下のように語った。

〔A氏が通った〕幼稚園、小学校は地元で、中学から、これは家族でもみんな言ってたんだけど、やっぱり商売と住むところが、夢として、違うところがいいと。まあ歌舞伎町っていうのは、その頃はもっともっとにぎやかだったんですよね。そうですね、やっぱり十一時十二時くらいまでにぎやかにしてた町で。それでやっぱり子どもの環境としても、色んな形でちょっと引っ越そうかっていう〔話になった〕。それで住まいは引っ越したんですよ。僕も中学高校はここの地元じゃなくて違うところに行きましたから。

ここで「地元」と言われているのは歌舞伎町のことである。引っ越し先は練馬区の西武新宿線沿線であった。A氏が中学生になったのは一九六一年のことであるが、その当時すでに歌舞伎町はにぎやかな盛り場であり、家族は子どもに配慮して引っ越しをしたという。

さらに続けて、住居だけでなく自らの家業も歌舞伎町の外に移転させる動きが現われた。これについてもA氏のライフヒストリーを見てみよう。

それで酒屋がね、これが昭和四六年か何かだと思うんですけど、歌舞伎町がファミリータウン地区っていう風に警察で指定されて、車の夕方三時以降の出し入れができなくなったんですよ。うち酒屋で車を使ってやっていたので、酒屋の部分を、高田馬場に越したんですよ。

A氏の家業は酒屋であり、二〇一四年現在も高田馬場で営業している。「ファミリータウン地区」指定は一九七二年〔昭和四七年〕末に行われたもので、これは当時一日四〇万人と推定された歌舞伎町の歩行者の安全を守るために、警視庁および新宿警察署によって実施された交通規制である。

以上、A氏の語りに見たのと同様の過程は、振興組合元理事長のC氏への聞き取りでも確認できる。C氏の家業は飲食店であり、現在も歌舞伎町内に店舗を構えている。この家業を興したのはC氏の父であり、一九五一年に歌舞伎町で取得した土地で親族が経営していた卸商を他所に移転させて一九六一年にとんかつ屋を始めた。一～二年ほどは店舗の二階で寝起きしていたが、その後住居は町外に移したという。

歌舞伎町の組合員の中には、A氏のように店舗を移転したりあるいは廃業したりして、土地を貸し出し、あるいは自らビルを建ててビルオーナーとなる者が多かった。振興組合の編纂した『歌舞伎町の六〇年』によれば、「そこに住んで商売を営んでいた人たちの代替わりが進み、二代目となると商売から離れビルオーナーに転身する者が増加した。その数は歌舞伎町全体で八割ほどに高まっていた」（歌舞伎町商店街振興組合 2009: 74–5）。先に語りを引用したA氏やC氏がちょうどこの「二代目」に当たる世代である。そのビルのなかで自身の家業を続ける者もあったが、どのような経緯であるにせよ、歌舞伎町にある雑居ビルの多くは二〇一〇年時点で築三五年以上の建物が六割以上を占め（本書末尾の付論を参照）、歌舞伎町の歴史のなかで比較的早い段階で建てられたものであることが分かる。

ここまでの記述の内には、組合員が歌舞伎町から退出していった二つの段階を見て取ることができる。第一段階は狭義の「住民」としての退出であり、第二段階が「商店主」としての退出である。「住民」としての退出とはそこに住居を構えることをやめる段階で、職住の分離と表現することも出来る。A氏の場合、「子どもの環境」としての望ましさから一九六一年に引っ越しをしたことがこの第一段階に当たる。第二段階は、歌舞伎町で商業を営むことをやめ、不在地主、あるいはビルオーナーとなっていく段階である。A氏の場合、一九七二年のファミリータウン地区指定に際して酒屋を引っ越した段階がこれに当たる。つまり、一九六一年から一九七二年までの期間は、住居は別の所にありながら酒屋は歌舞伎町で営まれていたのだが、一九七二年以降は酒屋の営業も歌舞伎町から退出し、それ以後現在までA氏は「住民」でも「商店主」でもなく、「ビルオーナー」として歌舞伎町に関わっているのである。

C氏の経営するとんかつ店は歌舞伎町ではよく知られた老舗であり、当時総理大臣であった小泉純一郎が歌舞伎町を視察に訪れた際にはC氏が振興組合理事長を務めていたこともあり、C氏のとんかつ店で食事をしたほどである。現在でもこのように家業を続け、「商店主」として歌舞伎町に関わる組合員は非常に少ない。

バブル期の第三の退出

こうした二つの退出過程を経てなお、七〇年代ごろには振興組合の活動はいまだ活発だったとA氏は語った。ここで語られている「青年会」と振興組合は、下部組織とその「親会（おやかい）」という関係であるという。

その頃歌舞伎町の青年会はけっこう活発で、四〇人くらいの、名前だけじゃなくて手伝ってくれる人たちがいたんですよ。その頃歌舞伎町の祭りっていうのを、その若手が、いまの親会の振興組合からやらされて、それで実行は我々がやってたんですよ。手作りのお祭りをやったりね。特にあそこの広場を使って色んなイベントをやったんですよ。あと通りで物産市をやったりね。あと植木市をやったり。露店で。

つまり、住居と家業が歌舞伎町の外にあっても、これら各種イベント開催の活動等は行われていたのである。

ここからさらに、第三の退出の段階を作ったのがバブル経済であった。A氏によれば、青年会の活動は「平成入って、少しのところで先細り」したという。バブル経済と共に日本各地で問題化した「地上げ」は、歌舞伎町でも猛威をふるった。振興組合の下部組織としての「町会」については既に触れたが、この「町会」のうちのひとつは、「地上げ」で消滅してしまったとA氏は語る。

昔は一五あったが、今は一二町会。ひとつは地上げの時になくなっちゃったのとかがある。バブルの時、二〇年近く前。センター通りというのはいまウェスタンホテルが出来た〔区役所通りの〕辺りで、今は地上げされて駐車場になっちゃってる。当時の地上げの圧力はすごかった。

この間の様子は、『商店街名簿』の各年版に生々しく表れている。以下の図2-5に示すのは、一九八〇年、一九八八年、二〇〇〇年に発行された『商店街名簿』のなかで、A氏が言及している、駐車場になってしまったという第三部会の地図である。

かつて「第三部会」としていくつもの店舗が路地の両側に軒を連ねていた区画は、現在ではひとつの土地に合筆されて立体駐車場が建設されている。ここで「部会」とはこれまで「町会」と呼んできたものと同一である。このように、地上げによって「消滅」してしまった町会は「第三部会」のほかに二つあり、それまでに一五あった町会は一二に減少してしまった。

もっとも、第三の退出段階は地上げのみによってもたらされたものではない。すでに歌舞伎町建設からバブル期までに四〇年近くが経過しており、歌舞伎町建設当初からの地権者が死亡するなどして、相続が行われる「世代交代」の時代にさしかかっていた。しかしバブル期の異常な好況も相まって歌舞伎町の地価は高騰しており、高額の相続税を忌避して土地やビルを売却する動きが優勢になった。この過程について振興組合事務局長のB氏は以下のように語った。

昔はビルのオーナーの人でもお店をやってたんですよ。二、三階建ての、平屋かも知れないけれど、そう言う人たちがビルのオーナーになった瞬間に、歌舞伎町に関わらなくなっちゃうでしょ。そこで商売してないし、子どもたちもそこで商

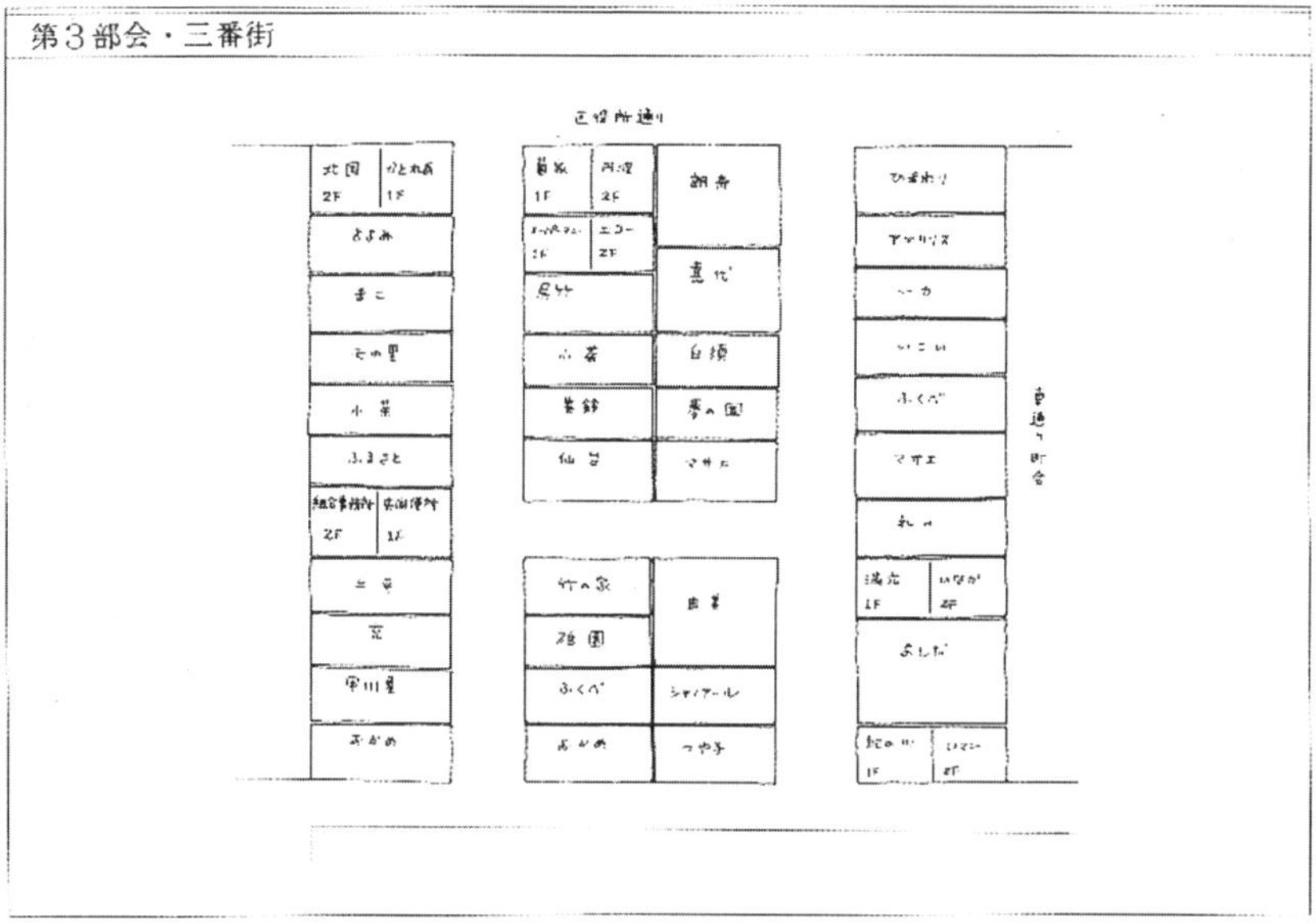

（1980年、左が北。細かく店舗名が書き込まれている。歌舞伎町商店街振興組合（1980: 30）より転載。）

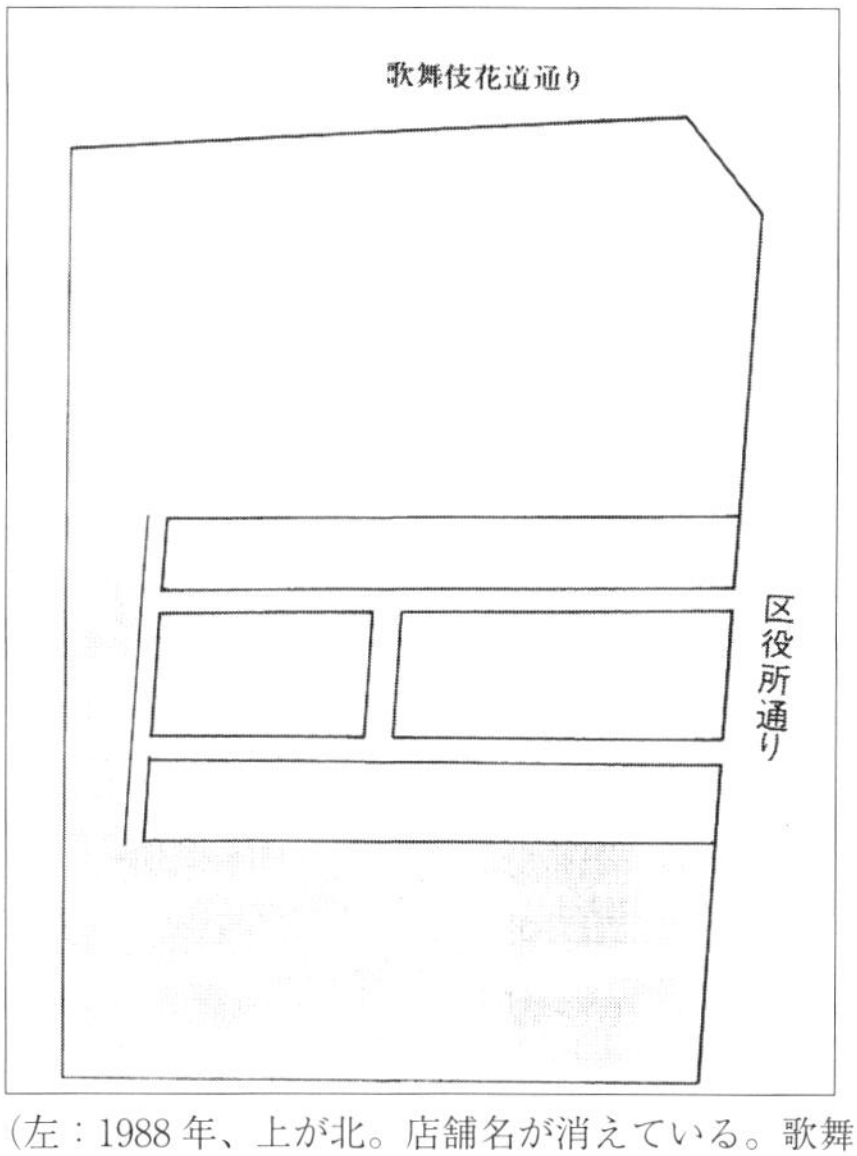

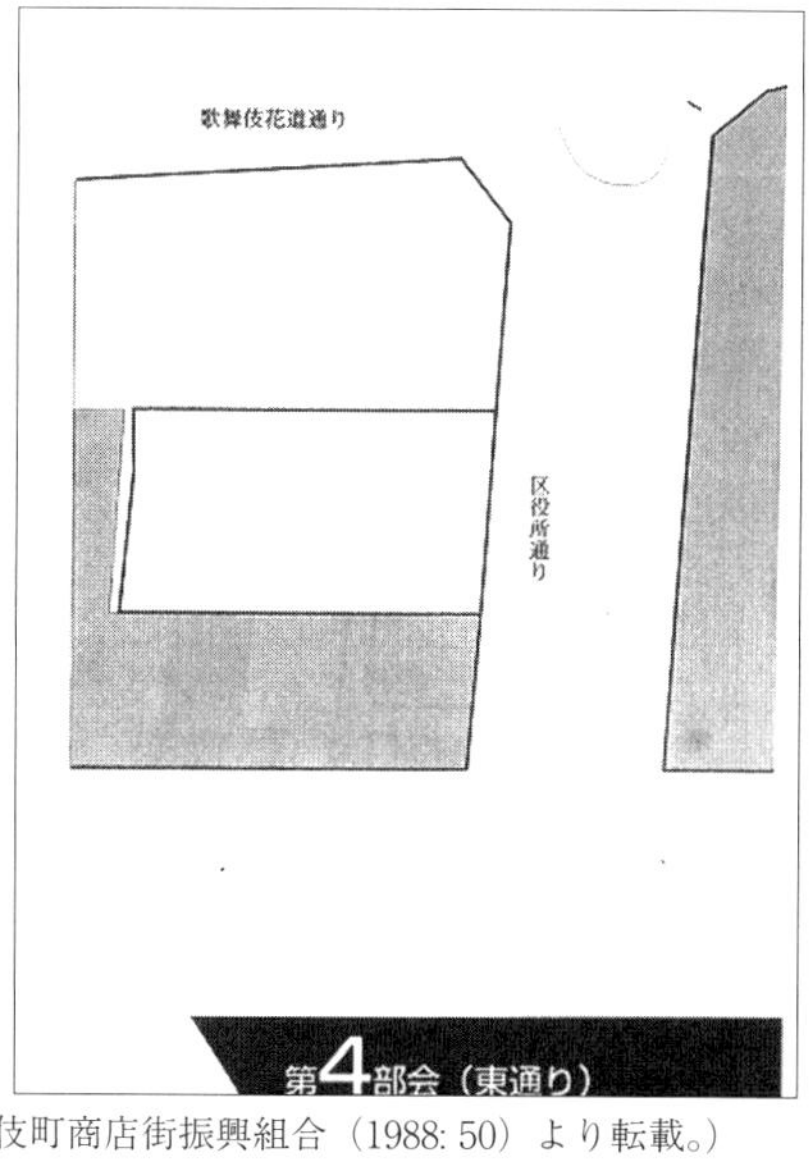

（左：1988年、上が北。店舗名が消えている。歌舞伎町商店街振興組合（1988: 50）より転載。）
（右：2000年、上が北。区画割りも消失している。歌舞伎町商店街振興組合（2000: 23）より転載。）

図2-5 『商店街名簿』中の「第三部会」の変遷（1980, 1988, 2000）

売させることも必要なくなっちゃったから、二世がいないんですよ。だから自分の世代が終わった瞬間に、相続が発生したら売っちゃえばいいっていう感じ。だから売るときは資産価値が高い方がいいんだけれども、それだったら今の内に出て行っちゃった方が早いわけですよ。

振興組合が組合員を減少させていった背景には、端的に言って歌舞伎町の経済的な繁栄がある。それは一方でバブル期の地上げという外圧として現象し、他方で高額の相続税を払うよりは出来るだけ資産価値の高い時点で売却する、という戦略に帰着した。つまり歌舞伎町が経済的に繁栄した（＝地価が上昇した）結果、組合員にとっては歌舞伎町から退出するという選択が選好されやすいような構造が成立したのである。

もちろん、第二段階までの退出を行ったビルオーナーのなかにも、A氏やC氏のように歌舞伎町において振興組合に関連した活動に精力的に取り組み続けた人びとがいる。しかしこのような組合員の数は、既に述べたように歌舞伎町一丁目においては八〇人程度という、極めて少ない人数であった。これは歌舞伎町地域の規模からすればいかにも心許ない数字であると言える。

振興組合の置かれたこのような苦境は、組合員をして「歌舞伎町の地価を下げたい」と吐露せしめるほどのものであった。振興組合は歌舞伎町経済の活性化を組織目標としており、本来であれば地価の上昇こそがその指標となるはずであり、「地価を下げたい」というのは一見すると振興組合の組織目標に反する。地権者としての個人的利益に鑑みても、地価の下落は資産価値の目減りを意味するため、通常であれば選好されるとは考えづらい。しかし、既に述べたように、地価が高騰すれば高額の相続税を忌避して歌舞伎町から完全に退出してしまう組合員が増加するほかに、テナント料の高騰によって「違法営業」を含めた場当たり的な営業が増え、歌舞伎町の経済を持続的に発展させるようなテナントが入居しにくくなる、という問題認識が振興組合にはある。地価が下がれば資産価値が目減りすることなどは組合員もじゅうぶんに承知しているが、その上でなお「歌舞伎町の地価を下げたい」という意見が表明されることは、振興組合員の「退出」がいかに深刻な状態にあるかをよく物語っていると言える。

複合的後退——衰退する「業界」

『商店街名簿』は最初に発行された一九六四年の版から、継続して「キャバレー」という業態の店舗を掲載していた。ダンスと接待サービスを提供するキャバレーという業態においては、

「キャバレー協会」という業界団体が作られるなどして、単にその「業態」に分類される店舗が個別に存在する以上のまとまりを有していた。キャバレー業界では「料飲税」廃止のロビー活動を行ったり、あるいは従業員組合が雇用者に賃上げを要求したりするなど、今日の「風俗営業」のイメージからはやや想像しづらい種類の活動が展開されていた（福富 1994）。その業界団体は改組改編を経て、二〇一六年現在、「新宿社交料理飲食業連合会」として「クラブ」や「バー」などの業態の加盟を得て活動を続けている。

キャバレー協会はその設立当初から現在に至るまで、振興組合との協働関係を継続している。とりわけ業界団体という枠組みにおいて「遵法」の営業を謳っていることから、振興組合にとって地域経済活性化のためのパートナーとして適合的である。しかしキャバレー協会（新宿社交料理飲食業連合会）も今日では加盟店舗数が非常に限定されており、業界団体として保持している影響力の程度も大きいとは言えない。これについてA氏は以下の様に語った。

〔振興組合とキャバレーの業界団体のかつての関係について〕

結構うまくいったんだよ。（中略）つながりっていうのは凄い強かった。キャバレーの業界団体と組合はつながっていた。ただその枠から離れていくのね、バブルの時から。特にあの性風俗とか色んな形で出てきちゃってやはり大型キャバレーが、すたれてきた時代に入って。

ここで「業界団体」の「枠から離れて」いったと語られているのは、業界団体に加盟しない風俗営業店が増加したということである。前節（第2節）で見たように、一九八〇年の『商店街名簿』には三〇軒のキャバレーが掲載されていた。これは振興組合の活動する歌舞伎町一丁目のみの数字である。警視庁の情報公開請求資料として付論で提示した二〇一四年時点での業種別の許可数において、「キャバレー等」に分類される店舗は一丁目が三軒、二丁目が七軒の、合わせて一〇軒に過ぎなかった。現在の新宿社交料理飲食業連合会は参加資格をキャバレーに限っているわけではないが、キャバレー協会を結成していた当時の凝集力は、現在のキャバレー業界からは失われていると言ってよい。

こうした凝集力の低下は、他ならぬ振興組合じしんの活動の内に如実にあらわれている。一九八〇年に、「キャッチバー」で高額の請求をされた大学生が逃げようとして追い詰められ、ビルの三階から転落して死亡するという事件が起き、これに対して振興組合が約半年にわたって「暴力追放浄化運動」として、客引きに対するパトロール活動を行ったことについては既に述べた。このパトロールという活動形態は、不特定で匿名の悪質な営業を対象としている点に特徴がある。キャッチバーにせよその他の悪質な営業にせよ、歌舞伎町内のビルのどこかに店舗を構えて営業しているはずであり、路上を自由に遊動できる客引きなどとは根本的に性質が異なる。一九八〇年に振興組合が取った手段がパトロールであり他の行為レパートリーでなかったということは、歌舞伎町内の個別の店舗が振興組合にとっていかなる存在であったかを物語っているのだ。

つまり、それまで振興組合にとって「キャバレー協会」などのかたちで把握可能だった風俗営業の各店舗は、業態の多様化と業界団体への加入率の低さなどによって、交渉と把握が困難な存在へと変化していたのである。風俗営業が把握の難しい存在になっていたからこそ、「キャバレー協会」を通じて営業の適正化を求めるというような、組織や中間集団を通じての間接的な対応を振興組合は取ることはできなかった。その代わりに、把握も交渉も困難な相手に対してするように、直接的なパトロール活動を選択したのである。

「キャバレー協会」の時代から現在に至る、「キャバレー」という業態における変化は、このように、「業態」内の「業界」の衰退として理解することができる。それは、店舗にとっての上位組織が店舗を包摂する能力の衰退を意味する。そして、衰退した上位組織は業界団体に限定されない。本項でこれまで見てきた振興組合組合員の退出や、町会の消滅といった事態もまた、個別店舗を包摂する上位組織の能力低下という点において通底している。店舗を包摂する上位組織同士は互いに支え合う側面を持つから、「業界」が衰退することは振興組合が店舗を把握する能力にも影響を及ぼさずにはおかない。振興組合は自ら直接はたらきかけることはおろか、もはや業界団体を通じて店舗を把握することもままならないのである。

2-2 自治体と警察

風俗営業の展開と風適法施行

1982年、新宿区立戸塚第二小学校の付近に開業した「のぞき劇場」をめぐって、新宿区がどのような対応をとったかは前節（1-4 「盛り場の〝毒〟」）で述べた。規制権限を持たなかった新宿区は、建築基準法を援用して「のぞき劇場」に使用禁止を言い渡し、さらには「新宿区興業場、旅館業及び公衆浴場の営業に関する指導要綱」を作成してこれを遵守する業者には新規開店を認める方針を採った。ところが指導要綱は罰則条項もなければ強制力もない、実効性のないものであった。

区はこれに先立って都や国に条例や法の改正を要望しており、都条例やさらに風俗営業等取締法の改正による抜本的な風俗営業取締りの必要性を認識していた。そのなかでは、新宿区長が警察庁に「盛り場のセックス横行は限界に来ている。法整備をしてなんとか解決を」と「直訴」する一幕も見られた（『朝日新聞』一九八四年二月八日、東京朝刊、二二面）。そのため、実効性に乏しい区の「指導要綱」は、それまでの「当面の対策」であった（注18を参照）。風俗営業等取締法が大幅に改正され、「風俗営業等の規制及び業務の適正化等に関する法律」として施行されたのは一九八五年のことであった。

この施行に先立つこと一ヵ月前、一九八五年一月には、新宿区立中央図書館の分室が新宿区役所に設置された。これは、改正風営法によってはカバーされない風俗営業の業種について、学校・図書館・病院の周囲二〇〇メートル以内に新規営業できない条項を適用するための苦肉の策であった（永井 2002）。こうした強引とも言える手法まで採用したところに、新宿区の風俗営業統制に対する関心の高さがうかがえる。

ところがこの時期を境に、新宿区の風俗営業に対する取り組みは退潮していく。それは、風俗営業の実態が大幅に「改善」されたからではない。一九八五年施行の風適法は、状況を劇的に変えることはなかった。法改正まで活発に風俗営業対策に取り組んできた新宿区が、そうした取り組みから手を引いてしまった理由について、直接的な説明を与えてくれるような資料に、筆者は現在のところ出会うことが出来ていない。しかしながら、ここでは暫定的な回答として、以下のように述べるに留めておこう。すなわち、「区は風適法の成立によって、もはや問題が自分たちの手を離れ、警察が担当すべきものとなった」と解釈し、風俗営業対策から手を引いたのである。

これについて傍証となるのは、新宿区が取り組んできた歌舞伎町の「環境浄化」にかんして区の担当者が語った内容である。新宿区に設置されている「歌舞伎町担当副参事」というポストに就いていた元職員のD氏は聞き取りのなかで以下のように語った。

［「環境浄化」には］風俗的な面での浄化という側面と、地域の環境美化という両方があるんだよね。浄化という側面は、犯罪とか、風俗営業だとかを抑制する警察マターというか、警察が主体的に取り組むような内容なんですよ。一方、新宿区の環境土木部などの取り組みは、地域の環境美化ということで、看板やゴミなどを片付けてキレイにしましょうと。

ここでは、風俗営業取締りなどの「浄化」と、ゴミ拾い活動などの「美化」が、それぞれ警察の行うべき活動と区の行うべき活動に割り振られ、対比的に語られている。実はこのインタビューイーは両者を相互に関連性をもったものとして認識している。

破れ窓理論、割れ窓理論、それを活用して地域を綺麗にしていく。タバコのポイ捨てだとかゴミだとか放置自転車とか、放置看板とかね。そういったものを片付けてキレイにすることで、環境を美化して犯罪を抑止するような考え方だったと思うんだよね。だから犯罪防止と環境美化っていうのがセットにされてたっていうのが「環境浄化」っていうネーミングなんだよね。

つまり、割れ窓理論に則れば、行政はもっぱらゴミ拾いや違法看板の撤去など、歌舞伎町の「美化」の側面にもっぱら活動の重点を移しても、「犯罪を抑止」することに貢献していることになる。それに対して直接的な風俗営業取締りは警察の行うべき活動である、と意味づけられている。

割れ窓理論がニューヨークで治安の向上に貢献したとして有名になったのは一九九〇年代後半から二〇〇〇年頃にかけてのことである。区の担当者が二〇〇八年にこのように語ったことを併せて考えれば、一九八五年施行の風適法にかんする傍証として捉えることはいささか強引であるかも知れない[21]。

とはいえ新宿区が風適法の成立に向けて精力的に署名活動を展開したことなどは、風俗営業が「警察マター」であると考えられていたことの示唆としても捉えられる。建築基準法を援用しての「のぞき劇場」対策に、業者が「権力の濫用だ」と声を上げれば、区は即座に対応を改めていた。当初から、直接的対応について区は消極的だったのだ。区議会が風営法の改正に向けて意見書を提出するなどしていたことは、「自治体マター」と「警察マター」の区別を鑑みれば理に適っている。

つまり、一九八四年の風営法改正によって、新宿区は無事に問題を警察に手渡したと見なしたからこそ、風俗営業対策から手を引いたのだと考えられる。これが一九九〇年前後に区が風俗営業対策に消極的になったことの、本書の仮説的な説明である。

それでは、新宿区がそう目論んだように、根拠法である風営

21　割れ窓理論は通常、ゼロ・トレランス政策（些細な逸脱も積極的に取り締まる方針）と結びついて、公権力による公共空間への介入の強化として捉えられることが多いから、自治体職員が風俗営業対策から自治体業務を切断する文脈で言及していることは興味深い。

法が改正されたことによって、警察は風俗営業取締りを強化することができたのだろうか。答えは否である。

当時を知る振興組合関係者に行ったインフォーマルな聞き取りによれば、一九八四年の風営法改正に先立って歌舞伎町では署名活動が行われた。これは、「これに署名すれば違法な営業はすべてなくなるから」と警察に言われて行ったものだと言う。しかし、この「風俗営業等の規制及び業務の適正化等に関する法律」(以下「風適法」と略)の成立・施行によっては、「違法」な風俗営業が歌舞伎町から排除されることはなかった。

ここで、元新宿警察署長である原哲也による回想を見てみよう。これは、原が強いリーダーシップを発揮して二〇〇三年に歌舞伎町の風俗営業に対して立入りを行った際のものである。

> 中には、「いつもちゃんと三時には閉店している」と営業時間を全く理解していない店、「一〇年も来ていないのに何で今頃来るのか」と食ってかかる店、警察官を客と勘違いして「警視庁さん四名ご案内」と叫ぶ、立入りそのものを全く理解していない店もあり、笑ってはいられない実態が明らかになった。(原 2006a: 44)

警察による立入りが行われなければ、風俗営業に対する規制を実行することは不可能だろう。氾濫した風俗営業を規制するため、一九八〇年代前半に新宿区は国に要望書を提出し、署名活動も行われたことは既に述べた通りである。それに引き続いて成立した風適法によって、なぜ風俗営業は規制されなかったのか？　少なくとも二〇〇三年に実施された立入りの時点では、多くの店舗が警察による立入りを経験していないか、基本的には行われないものと高を括っていたことが、上記の引用から読み取れる。

こうした事態を理解するためには、風適法の施行が「法の執行」に与えた問題点について検討する必要がある。

先行研究においては、一九八四年の風適法の成立は、第二八条にある性風俗特殊営業の新規出店禁止区域の設定などによって「規制強化」と解釈されてきた。例えば都市社会学者の永井良和はこの一九八四年の法改正について、「性産業への規制が強化されたこと」の重要性を指摘している(永井 2002: 171)。具体的には、性風俗特殊営業の新規出店禁止区域についてそれまで都道府県の条例にゆだねられていたものが、この改正によって法律のレベルで明記されるようになり、また対象業態も拡大されたことがその内容である。

しかし、永井自身が先の引用とは別の論文で述べているとおり、「現実には法令を遵守しない者が常に存在する」ため、法制史をたどる作業が「社会生活のうち法にしたがって営まれている部分についての記述に偏ること」は避けられない（永井 2005: 187）。本稿で特に注目したいのは、法令を遵守させる権力として作用する警察の査察という実践が、法改正によって大きく制限されたことである。それによって「法にしたがって営まれている部分」は歌舞伎町において縮小したのだと解釈できる。以下では立入り権限がどのように制限されたかを風適法の本文のみならず、その「解釈運用基準」にも着目しながら見てみよう。

まず法文の本文について注目すべきは、風適法第三七条第二項にある、警察職員の立入り権限に関する規定である。それによれば、「警察職員は、この法律の施行に必要な限度において」風俗営業等の営業所に立ち入ることができる。「ただし」「営業所に設けられている個室その他これに類する施設で客が在室するものについては、この限りでない」。また同第三項では「前項の規定により警察職員が立ち入るときは、その身分を示す証明書を携帯し、関係者に提示しなければならない」とされ、同第四項には「第二項の規定による権限は、犯罪捜査のために認められたものと解してはならない」とある。

ここから、警察職員の立入りに関してこれらの条項によって権限が与えられると同時に、他の犯罪捜査のため等の行き過ぎた立入りが行われないよう配慮されている様子がうかがえる。コンメンタールによれば、とりわけ第四項「犯罪捜査のために認められたものと解してはならない」などは「当然のことを定めた規定」であって「改めて規定するまでもない内容であるが、あえてこのような規定があるのは、権力の濫用を戒める趣旨を貫いたものである」（蔭山 2008a: 467）。しかし、「その身分を示す証明書」など、条文だけではその意味するところが必ずしも明確ではない箇所がある。

「その身分を示す証明書」について規定しているのが、「風俗営業等の規制及び業務の適正化等に関する法律等の解釈運用基準」の第三一の三「立入り」の項目である[22]。第三一の三「立入り」の（二）「立入りの手続及び方法」のアには、「立入りを行う警察職員は、別紙の立入証を携帯し、関係者に提示するもの

22　「立入証」について記述があることが確認できたのは二〇〇二年の解釈運用基準のみであった。他に手元にある二〇一〇年、二〇一三年、二〇一六年の解釈運用基準では、二〇〇二年に「立入証」について言及していた項目がまるごと削除されている。この間の経緯については明らかではないが、本章では差し当たって二〇〇〇年前後までに時期を区切った上で、警察に課せられた制限を見ている。そのため、少なくとも二〇〇二年時点では「立入証」が必要とされていたことを確認するに留めよう。

とする。」とある。この「別紙の立入証」を解釈運用基準から転載したものが図2-6である。

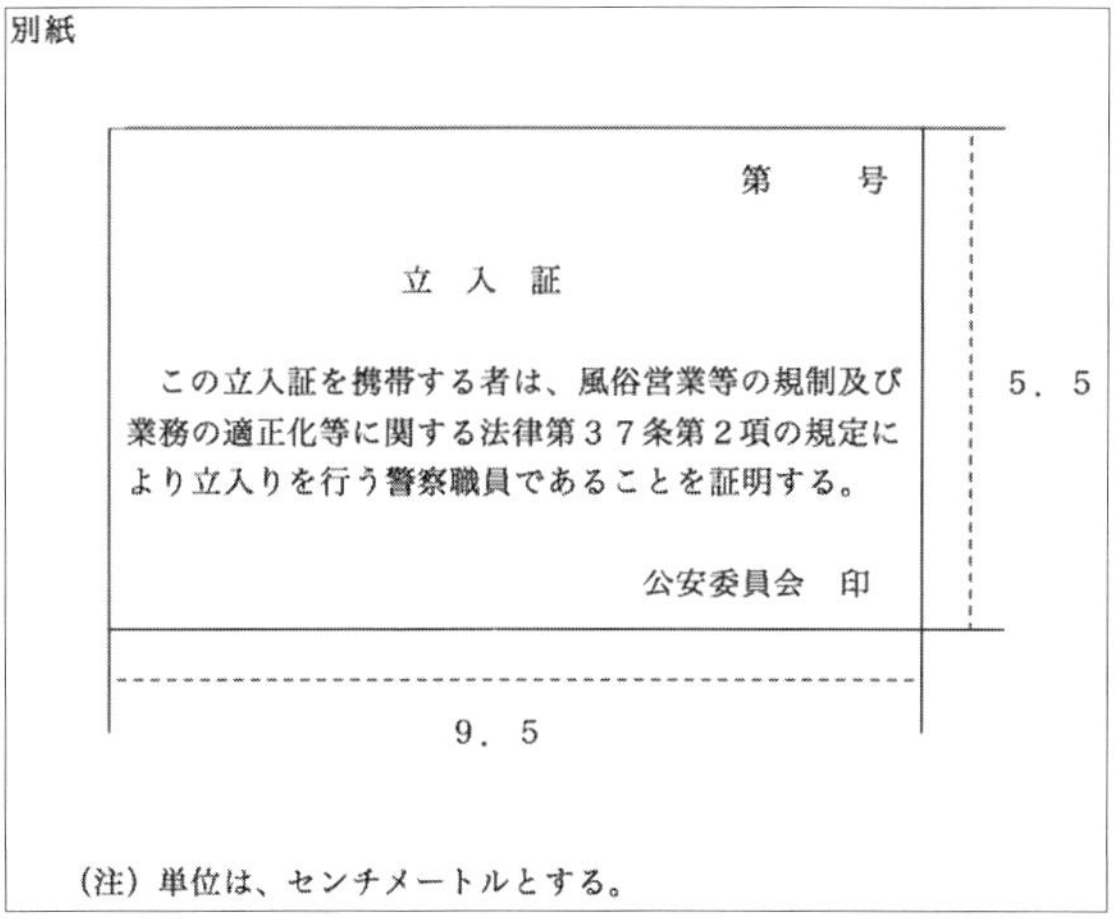
別紙

第　　号

立　入　証

この立入証を携帯する者は、風俗営業等の規制及び業務の適正化等に関する法律第３７条第２項の規定により立入りを行う警察職員であることを証明する。

公安委員会　印

（注）単位は、センチメートルとする。

図2-6　立入証（解釈運用基準（2002：57）から転載）

図中で「法律第三七条第二項」とあるのは、二〇〇五年の法改正により「第三項」にずれ込んだ部分であり、これまで言及してきた箇所と同一である。ここで定められた「立入証」を見る限り、単なる警察職員ではなく、公安委員会から風俗営業等への立入りを行う職員であると認められた者に限られていることが分かる。

二〇〇三年に歌舞伎町の風俗店に対して立入りを行った警察官（当時）の原哲也は、「風俗環境の悪化」は一九八四年改正の風営法に「『警察職員が立ち入るときは、その身分を示す証明書を携帯し、関係者に提示しなければならない』と規定されたときからじわじわと始まったのではないかと思っている」と述懐する（原 2006a: 44）。「これにより、立入りは防犯関係の専務員が行うこととなり、警察官の半数を占める地域警察官の立入りには厳しい制限が加えられた結果、圧倒的な店舗数の前に指導し切れなくなった[23]」（原 2006a: 44）。

つまり、法改正が歌舞伎町に影響を与えたのは、法の制定すなわち規範の設定という局面においてではなく、法の執行すなわち取締りの実践の局面においてであった。法の執行を担う人員が制限された結果、大量の店舗に対する取締りは現実的に不可能となったのである。

以上では一九八五年前後の歌舞伎町に関連する範囲で、自治体と警察について見てきた。新宿区は法改正以後、自らの歌舞

23　解釈運用基準においてこうした制限が設けられた理由を理

解するためには、国会での附帯決議を参照することが有効である。風適法は、一九八四年七月六日の衆議院本会議で、一二の附帯決議とともに議題とされた「風俗営業等取締法の一部を改正する法律案」の可決によって成立した。その前日、七月五日の衆議院地方行政委員会にて議決された附帯決議では、警察職員の立入り権限についても規定が設けられていた。関係する箇所は以下の通りである。

風俗営業等取締法の一部を改正する法律案に対する附帯決議（案）

政府は、本法の施行に当たり、次の事項について善処すべきである。

（中略）

十　警察職員の立入りに当たっては、次の点に留意して、いやしくも職権の乱用や正当に営業している者に無用の負担をかけることのないよう適正に運用すべきであり、その旨都道府県警察の第一線に至るまで周知徹底すること。

1　報告又は資料の提出によってできる限り済ませるものとするとともに、報告又は提出書類等については、法の趣旨に照らし必要最小限のものに限定すること。

2　本法の指導に当たる旨を明示する特別の証明書を提示するものであること。

3　本法の運用に関係のない経理帳簿等を提出させ又はみることのないようにすること。

4　立入りの行使は個人の恣意的判断によることがあってはならず、その結果は必ず上司に報告してその判断を仰ぐものであること。

他の項目との位置関係からも、この「特別の証明書」は解釈運用基準における「立入証」に対応していると考えられる。風適法第三七条の条文と比べて、立入りに関してさらに強い制限を示す文言が並んでいることも目を惹く。この附帯決議は基本的には立入りの過剰を制限しようとする意志に貫かれているのである。

実は附帯決議にはいかなる法的根拠もない。憲法や国会法、議院規則には根拠を持たず、単に慣習として行われているにすぎない。そのため、当然ながら法的拘束力もない。附帯決議案冒頭に「政府は、本法の施行に当たり、次の事項について善処すべきである」とあるのは、附帯決議の位置づけをよく物語っている。つまり附帯決議とは、主として野党が政府与党に対して、法案に賛成することと引き替えに留意事項を述べ添える、一種の取引材料であるとされる。

ところが、それがひとたび解釈運用基準という「通達」に反映されれば、それは行政職員（ここでは警察職員）の解釈、行動の基準として、実質的な効力を発揮する。通達の行政法上の位置づけについては第5章で客引きの取締り法令に関連して改めて言及するが、ここでは上位機関から提示された基準によって現場の警察官が手足を縛られるに至った点だけを確認するに留めておく。いずれにせよ、附帯決議一般の意義や効力、またそれが通達に反映されるまでのプロセスなどに関するさらなる研究が待たれる。

伎町に対する役割を「美化」などに限定した。法改正も成ったのであれば、「違法」な風俗営業などは警察が対処すべき事柄である、という立場である。ところが当の警察は、かえって法改正で査察権限を制限されてしまった。立入り査察という実践に携わるには「特別の証明書」を呈示する必要があり、査察に動員することのできる警察官の数は大幅に制限された。こうした状況下では、条文はあっても執行が為されない法環境が営業者にとっても自明視されてしまう。

　前節と本節では、振興組合、自治体、警察が、いずれも歌舞伎町への関与をさまざまな局面において縮小させていく過程を見てきた。そのことを象徴的に暴露した出来事として二〇〇一年の雑居ビル火災を分析するのが次節の課題である。

2-3　雑居ビル火災

　本項で取り上げるのは、二〇〇一年に歌舞伎町で起きた大規模な雑居ビル火災である。消防関係者などによって「歌舞伎町雑居ビル火災」と呼称される[24]この火災は、二〇〇一年九月一日の午前一時頃に発生し、同日六時頃鎮火された（近代消防編集局 2001a: 17）。火災としては戦後五番目の数となる四四名の死者を出し、同日の夕刊で「新宿・歌舞伎町のビル火災で四四人死亡　爆発音、三・四階焼く」（『朝日新聞』二〇〇一年九月一日夕刊、一面）、「東京・歌舞伎町のビル火災　客や従業員、四四人が死亡——放火、ガス漏れで捜査」（『毎日新聞』二〇〇一年九月一日夕刊、一面）などとこぞって報じられた。延べ床面積五〇〇平方メートルというきわめて小規模なビルにおいて戦後五番目という多数の死者を出したことが、世間の耳目を集めたひとつの要因であろう。

　火災現場であった「明星56ビル」（歌舞伎町一丁目一八番四号）は、靖国通りから映画館街へ抜ける歌舞伎町のメインストリートのひとつである「歌舞伎町一番街」[25]（図2-7）に面した地上五階地下二階建ての雑居ビルである。二〇〇六年に火災後の廃ビルが取り壊された後、二〇一六年二月現在に至るまで再建されていない。

　四四人の死者の内訳は、火災発生当時三階にいた一九名中一六名、また四階にいた二八名全員である。火元とみられる三階

24　他に「明星56ビル火災」や「歌舞伎町ビル火災」などの呼称もある。

25　左地図は筆者作成、右写真はフリーライターの寺谷公一氏から提供を受けた。写真はちょうど明星56ビルの前の辺りから、靖国通りの方向を向いて撮影されている。

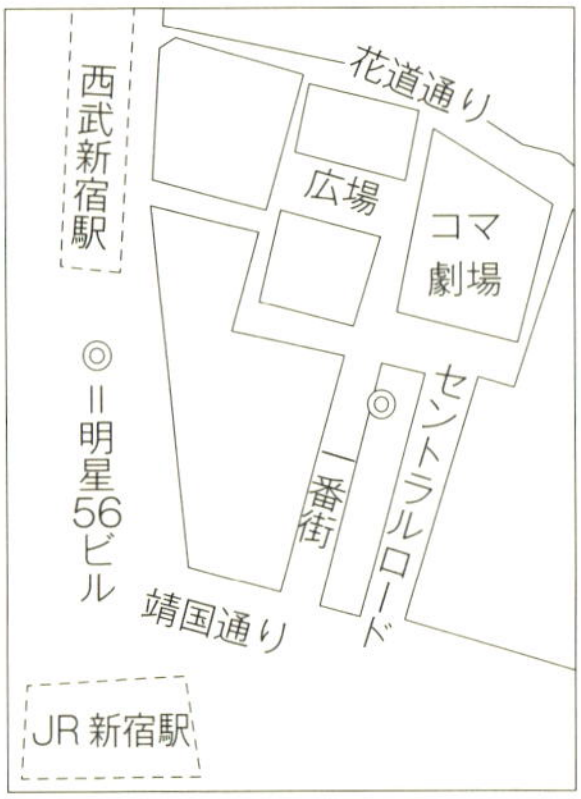

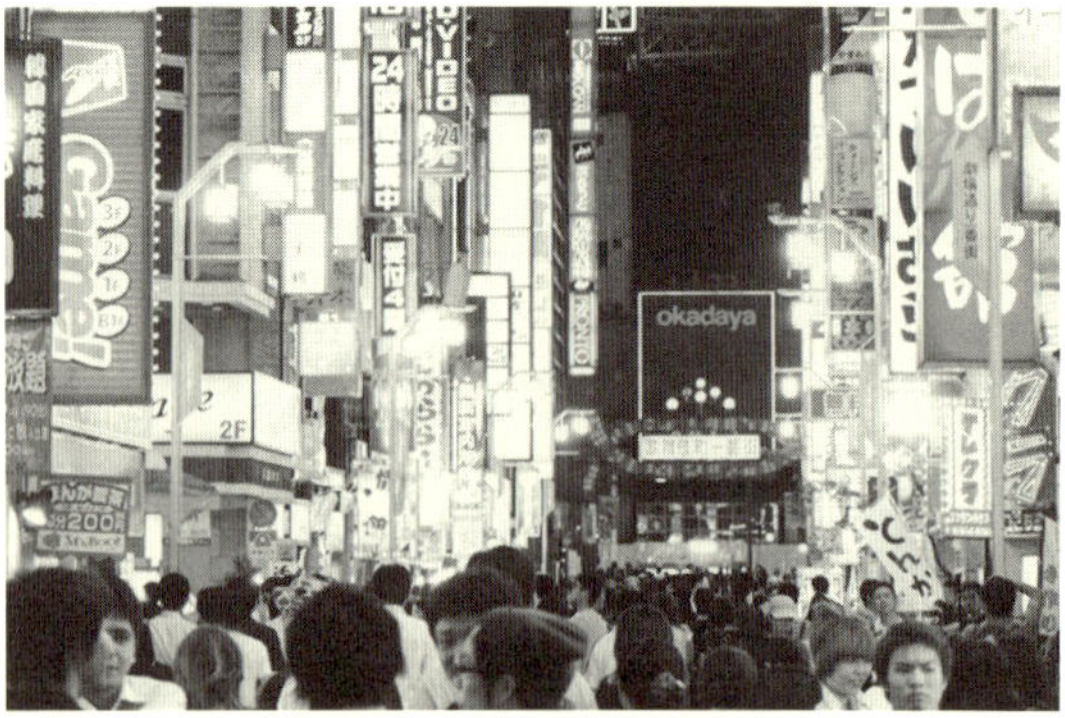

図 2-7　歌舞伎町一番街

のテナントはマージャン店、四階は「セクキャバ[26]」であった。出火原因は放火と見られているが、二〇一六年二月現在も犯人は検挙されていない[27]。

新宿区の区役所本庁舎が繁華街歌舞伎町の中心に立地していることはよく知られている。この火災現場からも本庁舎（歌舞伎町一丁目四番地一号）までは直線距離にして二〇〇メートル足らずしか離れていない。新宿区は、火災発生から約五ヵ月後、二〇〇二年の二月に『歌舞伎町雑居ビル火災」対策会議最終報告書』というタイトルの報告書をまとめている[28]。この報告書はタイトルからも分かるように、新宿区が火災直後の九月三日に立ち上げた「歌舞伎町雑居ビル火災」対策会議が、その活動の総括としてまとめたものである。報告書の構成は、火災の経過の概要ならびに火災発生から対策会議が立ち上げられるまでの庁内の動き、そして立ち上げ後の対策会議の活動内容報告、という体裁を取っている。ページ数にして三〇ページほどのこの報告書の大部分を占めるのは活動内容報告の部分であるが、全体としてそれは、行政諸機関がいかに歌舞伎町の雑居ビルの内実を把握し損なっていたか、を物語るものとなっている。

歌舞伎町の雑居ビルの内実――つまり、どのようなテナント

26　キャバクラに類似した業態であるが、接待サービスだけでなく性的サービスも提供される。

27　他に、二階はイメクラ（イメージクラブ：セーラー服や白衣などのコスチューム等を着用して性的サービスを提供する）、一階は無料案内所（性風俗店、風俗店などの情報を提供する）、地下一階はゲームセンター、地下二階はキャバクラであった。歌舞伎町の一等地における雑居ビルのテナント構成としては、一般飲食店が含まれておらず、相対的に風俗営業に特化したものとなっている。

28　この報告書は新宿区立図書館で閲覧することができる。

がどのような営業を行っているのか、またそのテナントの「実質的な」経営者（「雇われ店長」などではなく）が誰で、そこでどのような契約関係が結ばれているのか――は、新宿区や消防、警察といった行政機関によって、全くと言ってよいほど把握されていなかった。このことが、報告書中で端なくも明らかにされている内容である。以下では新宿区によって「歌舞伎町雑居ビル火災」対策会議内に組織された五つの調査活動班ごとに詳細を見ていこう。各班の名称は（1）総合調整班、（2）商店街連絡班、（3）衛生調査活動班、（4）占用調査活動班、（5）建築調査活動班、である。

（1）総合調整班

まず総合調整班報告には警察、消防、新宿区のあいだでの相互連携が不十分であったことへの反省が読み取れる。総合調整班の活動内容は、「各調査活動班及び警察署・消防署との連絡調整」とされる（新宿区 2002: 5）。火災発生後の警察・消防との連絡はスムーズだったとしているが、今後の方針として総合調整班が報告するのは以下のような内容である。

警察署と消防署との連絡調整のための会議として、歌舞伎町雑居ビル火災三者連絡会を立ち上げ、各機関の調査活動の状況報告や三者で効果的な対策を行うためにはどのような連携ができるかなどについて議論した。この中で、今後の情報連絡体制のあり方など事務処理の仕組みについてまで議論された。本年に入ってからは、警察署主催による「歌舞伎町地区関係機関・ビルオーナー等連絡協議会」が開催され、歌舞伎町地区の安全・安心の取り組みも始まっている。今後も、三者の協力関係は強化していく必要がある。（新宿区 2002: 6）

雑居ビルに風俗営業が入居している場合、風俗営業許可を下ろす警察と飲食店の営業許可を下ろす新宿区、そして防火計画や管理権原者の届け出を受ける消防が、互いに協力し合うことが「効果的な対策」となる。この報告書の文言からは、雑居ビルに入居するテナントが、警察、消防、区によってそれぞれの関わり方で個別の対応を受けてきたことが分かる。

（2）商店街連絡班

歌舞伎町商店街振興組合が「会員数六〇〇余りの大きな法人組織ではあるが、会員以外の店が多数を占め、組合としても実態をつかみきれない状況である」、と指摘されている（新宿区 2002: 6）。しかし近年では振興組合は「安全で安心なまちを作っていこうと」取り組んでおり、「商工課としては、組合との連絡を密にとりながら、できる限りの協力をしていくことにしている」（新宿区 2002: 6）。

（3）衛生調査活動班

歌舞伎町の飲食店の営業許可は新宿区の衛生課の管轄である。衛生調査活動班は、この飲食店の営業実態について、いくつかの「困難」ゆえに把握できていなかったことを告白している。衛生調査活動班が行う調査の目的は以下のように述べられている。

> 火災により罹災したビル内の店舗には、飲食店営業の許可を取得していたが、実際上の経営者は変更されていたと思われる施設もある。
>
> 歌舞伎町地区においては、飲食店等の許可件数が四〇〇〇件を超える上に、時間帯により営業者が変わる二重許可や、風俗営業を主とする飲食店等、特殊な営業形態もあり、営業者の交代が頻繁に行われるなど実態を把握する上で困難な面も多い。
>
> そこで、営業施設の実態を再度確認し、施設の適正管理等を推進するために、歌舞伎町地区の飲食店の屋号や営業者が台帳と一致しているかどうか等について緊急に調査を実施した。（新宿区 2002: 7）

この記述からは、テナントの頻繁な交代や名義と実態の乖離などによって、自治体がテナントを把握することが困難になっていることが確認できる。これに加えて、査察活動を行うことを困難にするような性質として、歌舞伎町の「危険」も無視できない。上記の引用箇所に続いて、衛生調査活動班が調査に当たって留意した事項が以下のように記述されている。

> 特に夜間監視の際には、実施の都度に実施計画書を新宿警察署歌舞伎町交番に提出する等、新宿警察署との連携を強化し、職員の安全について万全を期した。（新宿区 2002: 8）

ここで「監視」とあるのは単に監督のための視察という程度の意味である。つまり、警察に計画書を提出するなどしない限りは、夜間の査察が「安全」には行えない場所として、歌舞伎町の雑居ビルは認識されている。

衛生活動調査班が台帳に基づいて調査を行った結果、台帳に記載されていた飲食店数は歌舞伎町一丁目と二丁目を合計して四〇六一件であり、そのうちの三％に当たる一四一件については申請や変更届が必要であり、二六％に当たる一〇三七件については廃業届を要することが判明した。また、そもそも台帳に記載すらされていなかった（つまり一度も届出をしていなかった）店舗数は一一〇件であった。

つまり、台帳上は四〇六一件の店舗が営業していることになっていたが、そのうちの一〇三七件は実際には既に廃業しており、営業していなかったということである。同時に、台帳に記載されていて実際に営業していた店舗三〇二四件のうち、台帳と異なる営業をしていたものは一四一件、またこれに未届出店舗を足して、何らかの申請、届出の必要な店舗数を合算しても二五一件に過ぎなかった。これは、変更届や営業届の提出に比べて、廃業届の提出がいかに少ないかを物語っている。

廃業届については特に過怠による罰則規定もなく、また営業者には届出をするメリットもないことから、多くの廃業が届け出られていないことはいかにもありそうな事態である。飲食店の営業許可の取得は比較的容易であり、新宿区衛生課職員への聞き取りによれば、「合法」な営業であれ「違法」な営業であれ、営業者は「取れる許可は取っておきたい」という心理を共有しているという。こうした心理のもとで許可を取った営業が、廃業に際して廃業届を出さないことは想像に難くない。

廃業届を要する一〇三七件については、廃業を届け出るよう勧告したところ、それに応じたのは九八件、また連絡が取れないなどしたために衛生課が職権により廃業処理をしたものが九三九件であった。これは、台帳記載総数四〇六一件のうちの約四分の一に当たる実に九三九件が、実際に店舗に出向いても、また台帳によって把握されている住所や電話番号からも、全く連絡が取れない状態であっていたことを意味する。この数字は、歌舞伎町におけるテナント把握の困難さを如実に示している。

（4）占用調査活動班

占用調査活動班が調査対象とする屋外広告物は、広告であるがゆえに外部から視認することは容易であるが、設置主体などを把握することは困難である。下の写真（図2-8）は、解体直前の明星56ビル（歌舞伎町雑居ビル火災の発生したビル）であり、屋外広告物が多数設置されている。

占用調査活動班は、「本火災発生ビルにおいて、当該建築物の壁面を利用した屋外広告物が開口部をふさいでいたことを受け、繁華街のビル壁面における屋外広告物の安全性について、一斉点検を実施した」（新宿区 2002: 14）。その結果、「他に開口部分が無いにも係わらず、公道に面する三階以上の開口部に広告物を設置しており、火災発生時などにおける避難、消防隊進入に支障があると思われる」ものが、歌舞伎町一丁目に一三棟存在することが確認された（新宿区 2002: 14-5）。

図 2-8　解体直前の明星 56 ビル

（写真はフリーライターの寺谷公一氏から提供を受けた。撮影は 2006 年 5 月 9 日）

この調査の結果、既に他の調査班でもなされているのと類似の、以下のような問題点が指摘された。

> 屋外広告物の掲出において、許可が必要との認識が低いことに加え、テナントの契約関係が複雑でテナントの変更が頻繁であるという特性から、その実態が把握しきれていないため、危険性が高い等の違反広告物が無審査で設置されている例が多い。（新宿区 2002: 15）

この記述には、広告物自体は目につきやすい場所に設置されていても、違反の是正や許可届出を求める相手方となる設置主体の把握が困難であることが読み取れる。

（5）建築調査活動班

二〇〇一年の雑居ビル火災において死者が多数にのぼったことの一因として、機能しなかった防火扉など、建築基準法の観点からは違反であるような、避難や安全に関わる問題が挙げられた。そのため建築調査活動班は、新宿区内全域の「三階以上の階をキャバレー、ナイトクラブ、飲食店、遊技場、その他これらの類似用途に供する建築物で、階段が一か所のもの」を対象として、「建築基準法の規定のうち、避難階段、階段の防火区画、非常用照明、非常用の進入口など避難・安全に関する事項」を点検するために、消防署と合同で査察を行った（新宿区 2002: 16-7）。ここで対象建築物の条件に「階段が一か所のもの」とあるのは、明星56ビルと同じように火災時に避難経路となる階段が一ヵ所しかないものが、最も火災に際して危険で、調査が緊急に必要であると判断されたためであると考えられる。

建築基準法をはじめとした日本の法令に「雑居ビル」を規定するものはない。そのため、事務所などの入居しているオフィスビルと区別して、特に歌舞伎町ビル火災が発生したような商業向けの小規模雑居ビルを対象とするため、「三階以上の階をキャバレー、ナイトクラブ、飲食店、遊技場、その他これらの類似用途に供する建築物で、階段が一か所のもの」という文言が採用されたのだろう。

上記の条件で建築調査活動班が調査した結果、新宿区内の全対象建築件数三九二件に対して、違反は二七％に当たる一〇五件あった。歌舞伎町内に限定すると、全件数一〇四件に対して、違反は三四％に当たる三五件であった。

ここで建築調査活動班は「建築行政における問題点」を指摘して、雑居ビルについて建築法の観点から「適正」さを追求することの困難が記述されている。ところがこの内容は実は建築基準法に限定されない、歌舞伎町の全体に関わる論点に触れている。そのため、長くなるがこれについて全文を引用しよう。

建築行政における問題点

①法令の運用

建築基準法では、「キャバレー・カフェ・ナイトクラブ・バー」の用途については二以上の直通階段の設置等を義務付けているが、これらは、営業形態により判断される用途であるため、建築物の形態だけでは、飲食店との区別が困難である。また、特に歌舞伎町地域では、テレクラ・イメクラ等の新しい風俗関連用途が出現しており、現行の建築基準法の用途区分では判断が難しい。

②困難な行政指導

所有者・テナントの移り変わりが激しく、文書を送付しても宛て先不明で返送される事例が多い。権利関係が複雑で、所有者・店舗の責任者等を特定し、継続的な行政指導を行うことが難しい。

③限られた執行体制

区内における雑居ビルは膨大な数があり、確認審査等、経常業務を抱える中では、立ち入り調査等を十分講じることができなかった。

④不十分な関係機関との連携

風俗営業の許可に関しては、警察署と建築行政の間で、従前から意見照会・回答というかたちで情報交換があったが、消防署が実施した査察に基づく情報や、保健所への営業許可の届けに基づく情報については、建築行政との情報交換が必ずしも十分でなかった。（新宿区 2002: 19-20）

ここでは①営業実態の把握の困難さ、②営業主体をはじめとした諸社会関係の把握の困難さ、③査察主体の人的資源の不足、④関係機関との連携の不足、がそれぞれ指摘されている。建築調査活動班はこれを「建築行政」についての困難さとして記述するが、前節で見た、警察が風俗営業の査察に関して抱えていた問題もこれと同型のものであったと言ってよい。警察にとってもまた、外形的な届出等よりも実態としての営業形態が規制の対象であり（①）、名義上の店長ではなく実質的な経営者を取り締まらなければならないが（②）、立入りに携わることのできる人員は限られており（③）、関係する行政機関との連携も不十分であった（④）。

その意味で、上記の「建築行政における問題点」は建築行政という特定分野にのみ限定される問題であったと言うよりは、風俗営業や飲食店が多数入居する雑居ビルによってほとんどの建築物が構成されているゆえに歌舞伎町が有する性質について記述されたものであったと言える。

『「歌舞伎町雑居ビル火災」対策会議最終報告書』において繰り返し登場する「複雑な権利関係」という文言は、この「建築行政における問題点」でも「②困難な行政指導」に登場する。ここでは「ビルオーナー」と「テナント」以外に、「不動産業者」というアクターの介在を指摘しておくことが必要だろう。不動産業者については次章の第3節で改めて大きく取り上げるが、ビルオーナーの「不在地主」化を可能にしているのは不動産業者の存在である。ビルオーナーは不動産業者に手数料を支払ってビル管理を委任し、入居テナントとの契約から家賃徴収までを行わせている。歌舞伎町では、こうした不動産の仲介業者がビルオーナーとテナントの間に何人も介在し、何重もの「又貸し」関係が成立していることがある。[29]

本節冒頭で、雑居ビル火災という出来事が歌舞伎町の把握困難性、記述困難性を暴露した、と述べた。それは、火災というな事件が発生しなかったならば問われなかったであろうさまざまな事柄が、多数の死者を出した惨事の実態解明や責任の追及といった過程でまざまざと表面化したためである。そこで問われるようになった事柄は、営業実態や実質的な経営者から、査察の実行可能性、関係機関との連携にまで及ぶ。

雑居ビル火災が暴露した困難は、把握や記述の主体と客体の両面に関係している。ここで一例として、把握する主体を新宿

29　このほかに、名義を貸すことで報酬を得る「名義貸し」といった「職業」も存在するとされ、さらに雑居ビルにおける契約関係を複雑にしている。「名義貸し」については歌舞伎町を題材にしたルポルタージュで「逮捕要員」という別称とともに登場する（橋本 2000: 122-4）。つまり、名義を貸して報酬を得る「名義貸し」とは、その店舗の「違法」営業行為が発覚した際などに「逮捕」されるための身代わり「要員」なのである。

区、把握される客体をテナントとしよう。把握の困難性は、査察に割ける人員の数といった把握主体に関わる問題と、複雑な権利関係などの把握対象（客体）に関わる問題の、両者の相乗効果としてあらわれていた。

客体の効果にのみ論点を限定すれば、それは主体の如何にかかわらない、一般的な意味での歌舞伎町の把握困難性であると言える。権利関係が錯綜しているとか、次々と新業態が登場するとかの性質は、一般的な意味で歌舞伎町の把握を困難にしている。これについては「営業形態により判断される用途であるため、建築物の形態だけでは、飲食店との区別が困難である」という「建築行政における問題点」の一節が、簡潔な要約である。建築物の形態といった外形的な特徴によっては判断できない営業実態を把握することは、雑居ビルという物理的に見通しづらい建築物に入居していることによってもまた、困難なものとなっているのである。

ここで仮に、強力な査察能力を有する行政機関や、組織率の高い業界団体などの主体が存在したとしよう。そうした主体にとっては、歌舞伎町の把握は容易ではないにせよ可能であったかも知れない。ところが、現実には振興組合、業界団体、新宿区、警察という主体はそれぞれに歌舞伎町を把握する能力を著しく低下させていた。つまり二〇〇一年の雑居ビル火災までに、把握する主体の側がはらむ問題としても、把握困難性は高まっていたのである。

雑居ビル火災に関連して「関係機関との連携」の必要性が唱えられたことからも分かるとおり、把握する主体どうしは相互に関連し合っている。それは、各主体が把握能力を低下させることが、他の主体にとっても悪影響を及ぼすことを意味する。警察や自治体は、組織率の低下した振興組合や業界団体を通じては、もはや個別の店舗の情報を得ることもできず、振興組合や業界団体も、査察能力を低下させた警察を通じて網羅的な統計を得ることができない。区の衛生課は、視察のたびに警察に実施計画書を提出するほどに歌舞伎町の治安に不安を感じていた。これでは自治体が歌舞伎町への関与を控えるのも無理はない。警察が歌舞伎町への査察能力を低下させたことは、自治体が歌舞伎町に関与できる程度を強く制限したのだ。各主体の抱える困難は、このように関連し合っている。

前節で論じた歌舞伎町の形成史は、風俗産業の問題化の歴史でもあると述べた。風俗産業の問題化は、把握困難性の増大と相関している。問題化の過程で店舗の把握は困難になり、把握が困難になることでよりいっそう強く問題化される。西暦二〇〇〇年前後までに歌舞伎町が有するに至った構造とは、そうした相関の関係であった。歌舞伎町の把握、認識ならびに歌舞伎町への関与を制限された振興組合、業界団体、新宿区、警察と、一九六〇年代以降徐々に変容してきた風俗産業の、それぞれの二〇〇一年の姿を暴露したのが、雑居ビル火災という出来事であった。

第3章

「地域イメージ」と雑居ビル

本章第3章から、本格的にインタビューや参与観察といったフィールド調査を記述の素材として取り上げていく。本章では西暦二〇〇〇年以降の歌舞伎町における諸活動が記述される。「地域」と「雑居ビル」における諸活動が記述される。「地域」と「雑居ビル」は、第4章で取り上げる「店舗」、第5章で取り上げる「ストリート」とは相対的に区別される活動領域である。空間の物理的な包含関係としては、「地域」が雑居ビルとストリートを、雑居ビルが店舗を、それぞれ包含しているが、諸活動にとっての関心はこうした物理的な包含関係と必ずしも一致しない。具体的に言えば、「地域」や雑居ビルを舞台に活動している行政機関やビルオーナー、不動産業者らは、店舗空間にまで入り込むわけではないし、ストリートに深く関与する場面は限定されている。活動領域としての「地域」や雑居ビルは、店舗やストリートとは相対的に独立した空間の枠組みなのである。

改めて確認しておけば、ここで言う「活動領域」とは、必ずしも物理空間における明確な境界をもった領域性を含意しない。むしろ、〈諸活動にとっての関心の焦点を規定しているような認識枠組み〉に着目する戦略のためにこの語を用いたい。諸活動にはさまざまな主体が関わり得るが、第1章以来強調しているように、本書では活動に焦点が当てられている。その活動に携わるに当たって、主体は特定の認識枠組みのもとで、空間に関して一定の視座を据えるであろう。ある認識枠組みのもとで主体が空間の特定の位相に焦点を当ててそこに関与しようとする、そうした局面に着目するために、本研究では主として三つの「活動領域」を区別するのである。歌舞伎町でさまざまな主体が展開する諸活動が依拠する枠組みは、「地域と雑居ビル」、「店舗」、そして「ストリート」に相対的に区別される。この三つの活動領域において、それぞれに活動の焦点は異なっているのだ。

このことから、歌舞伎町における活動領域としての「地域」の語は、第1章で本研究のキー概念として提示した「地域社会」や物理的空間の（括弧なしの）地域とは注意深く区別されなければならない。第1章で詳述した「地域社会」概念は、主として先行研究の検討の上に組み立てられたものであるのに対して、活動領域としての「地域」はむしろ諸活動の担い手たちが用いる当事者カテゴリーと結びついている。人びとは「地域」とほぼ同一の意味づけを込めて「この町」や「歌舞伎町」、などといったカテゴリーを用いながら様々な活動を展開する。それと同時に、「地域」、「この町」、「歌舞伎町」といったカテゴリーは、様々に展開される諸活動を複数の主体同士のあいだで了解可能なものとするためにも機能している。「今度の区長さんはこの町のことをずいぶん考えてくださって」や「地域全体を良くしていくためにも」、「歌舞伎町のイメージが悪くなっちゃって」などの表現が、いずれも活動領域としての「地域」がいかなる認識枠組みとして機能しているかを例示している。これは次章で取り上げられる「店舗」が「お店」や具体的な店名として、また「ストリート」が「通り」や「道《みち》」、「路上」などと言い換えられながら、活動の焦点を特定化する認識枠組みとして機能している事態と同型である。

以下では、やや紛らわしいが、こうした活動領域としての用法については鉤括弧つきで「地域」と表記し、第1章で述べたような物理的空間としての地域（鉤括弧なし）と区別しておきたい。

本章で扱う「地域」と「雑居ビル」という活動領域に参与しているのは主に警察、自治体、ビルオーナー、不動産業者などである。彼らの活動領域は互いに重複しているから、当然ながら相互に密接な関係を持っている。しかし利害は必ずしも一致しない。本章の作業は、彼らの活動の記述、分析を経て、諸活動の相互作用のなかで生まれるパターンとそのメカニズムを解明することである。

1　警察と自治体

本節では、歌舞伎町に関わる行政機関のうちで特に重要なものとして警察と自治体を取り上げる。これら行政機関が歌舞伎町に関連して展開した諸活動のうち、ここでは二〇〇〇年から二〇〇五年ごろまでの時期を中心に焦点を当てよう。これは本研究が対象とする時期区分（二〇〇〇年から二〇一一年ごろ）のなかで行政の「歌舞伎町対策」がもっとも盛り上がった時期に該当する。第1章で論じたように、歓楽街における空間管理の活動として「繁華街対策」のような一連の政策が有する意義は大きい。それは横浜市黄金町においては歓楽街としての性質を失わせるに足るほどの効果を上げたのであり、「歌舞伎町対策」がもっとも盛り上がった時期を取り上げる意義はそこにある。ただし、行政による一連の活動を歓楽街の再生産を妨げるだけのものとして理解するのは適切ではない。行政の選択する一定の不作為は、歓楽街の再生産を放任するものだからである。本節では、何が行われ、何が行われなかったのか、という作為と不作為の両面から行政機関の作用を理解することを目指そう。

1-1　警察による暴力団・盛り場対策

新宿区が歌舞伎町における問題を「警察マター」、つまり主として警察が関わるべき問題と意味づけ、自らは風営法改正に向けた大規模な署名キャンペーンの成功をもって歌舞伎町から後退したことについては前章で述べた。風営法の改正によって成立した風適法の施行は一九八五年のことであるが、それから二〇〇〇年ごろまで、このような新宿区の立場は基本的に変わることがなかったと言ってよい。それでは「警察マター」を掌るところの警察は、歌舞伎町に対してどのように関わっていたのだろうか。

二〇〇〇年代に新宿警察署の署長を務め、歌舞伎町対策にもたびたび関わったE氏への聞き取りによれば、歌舞伎町対策の背景には全国ならびに東京都の「刑法犯認知件数」と「検挙率」の悪化があったという。

犯罪の発生件数が軒並みどんどん上がって、もう全国でいえば二八〇万件、もうちょっとで三〇〇万件、東京でいえばもう三〇万件突破、だいたい東京一割見てますからね〔全国の〕。そういう状況があったわけですよ平成十四年十五年ね。だからそういうなかでここでストップかけなきゃいけないという話になったわけですよね。ストップかけるにはどうしたらいいか。犯罪っていうのはやっぱり住宅街でも起きるけれども、やっぱり一一〇番にしても何にしてもやっぱり盛り場は多い訳よね。そうするとやっぱり盛り場対策もその大きな一つですよね。（E氏への聞きとり）

ここで、刑法犯認知件数の推移を具体的に見てみよう。一九九〇年代、全国的に刑法犯の認知件数が増加していき[1]、それまで一〇〇万件台で推移していたものが一九九八年に二〇〇万件を突破、二〇〇〇年代に入っては三〇〇万件になんなんとする勢いであった。同様に、東京都の犯罪件数はおおむね全国の一割程度であり、二〇〇二年にはとうとう三〇万件を上回ってしまう。このような情勢の中で、二〇〇二年八月に着任した警視総監は、「平成一五年から三年間で一〇年前の治安水準を取り戻すことを目標」にすると述べた（原 2006a: 42）。

一九九九年から二〇〇八年までの、刑法犯の認知件数と検挙件数をまとめたものが次の図表（図3-1・表3-1　全国刑法犯

1　警察統計における「認知件数」とは、例えば警察庁の『平成十六年の犯罪情勢』においては単純に「警察において発生を認知した件数をいう」と定義されている。

全国 2

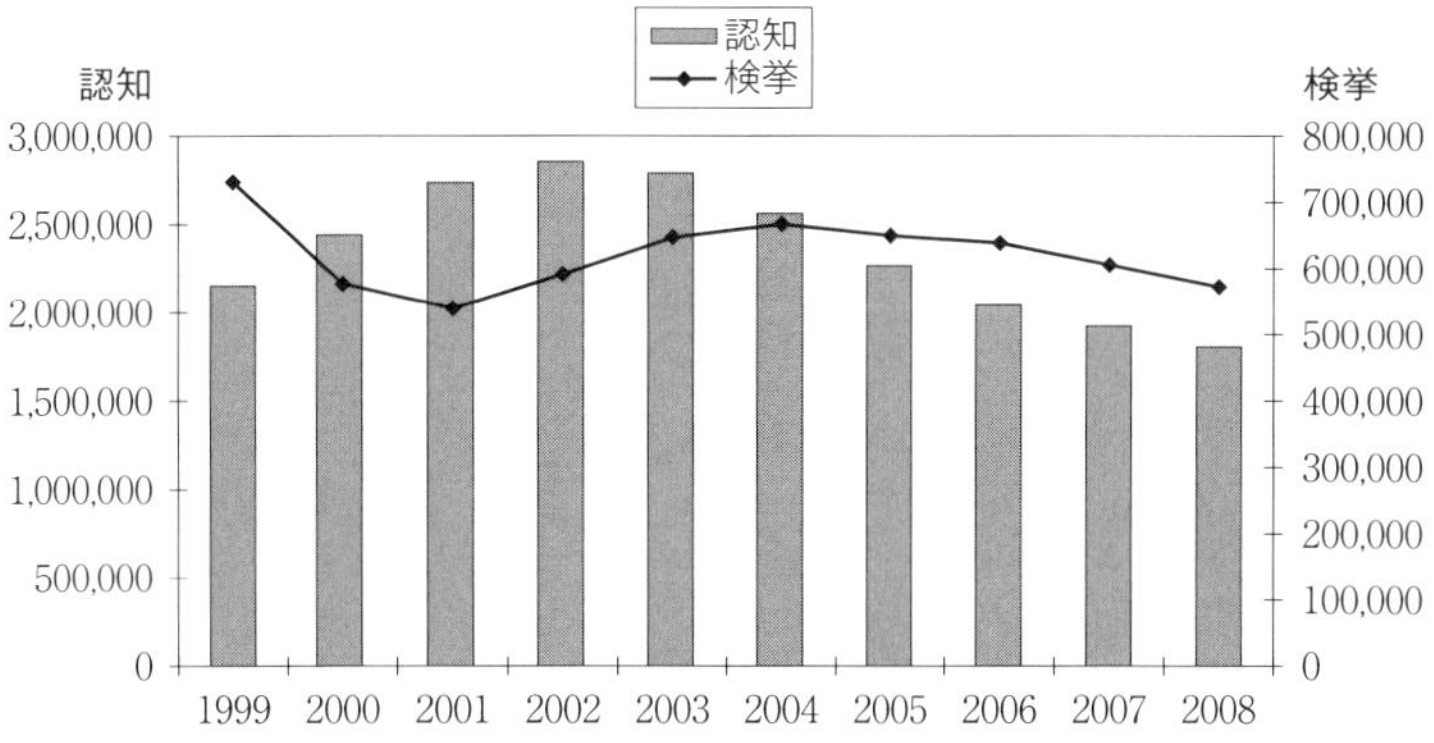

図 3-1　全国刑法犯認知・検挙件数

表 3-1　全国刑法犯認知・検挙件数

	1999	2000	2001	2002	2003
認知	2,165,626	2,443,470	2,735,612	2,853,739	2,790,136
検挙	731,284	576,771	542,115	592,359	648,319
（率）	（0.34）	（0.24）	（0.20）	（0.21）	（0.23）

	2004	2005	2006	2007	2008
認知	2,562,767	2,269,293	2,050,850	1,908,836	1,818,023
検挙	667,620	649,503	640,657	605,358	573,392
（率）	（0.26）	（0.29）	（0.31）	（0.32）	（0.32）

認知・検挙件数表、図3‐2・表3‐2　東京都刑法犯認知・検挙件数）である。二〇〇一年には、全国の検挙率が戦後初めて二〇パーセントを下回っている。また、東京都の検挙率も二五・七パーセントと過去最低（当時）となった。

このような「治安悪化」の情勢を受けて警察によってなされた施策のうち、本稿との関係で重要なのは「暴力団対策」ならびに「盛り場対策」の二つである。これは、「治安悪化」の認識に際しては、盛り場が「犯罪の温床」として、暴力団組織等がその「元凶」として問題化されることと無関係ではない。前章でも言及した内容を確認のため繰り返せば、歌舞伎町において暴力団が問題化されてきた歴史は古く、一九五七年の段階で淀橋警察署（現在の新宿警察署）に、「歌舞伎町地区における盛り場暴力追放対策として」「暴力団取締地区本部」が設置され、「淀橋署、四谷署、機動隊など二七〇名を動員し、歌舞伎町界隈を根城とする暴力団の一斉摘発をおこない、暴力団幹部三三人を強盗、傷害、恐喝、暴行で逮捕」している（警視庁新宿警察署警務課 2000: 84）。「歌舞伎町界隈」はここで暴力団の「根城」とされており、改めて言うまでもなくその結びつきは深い。

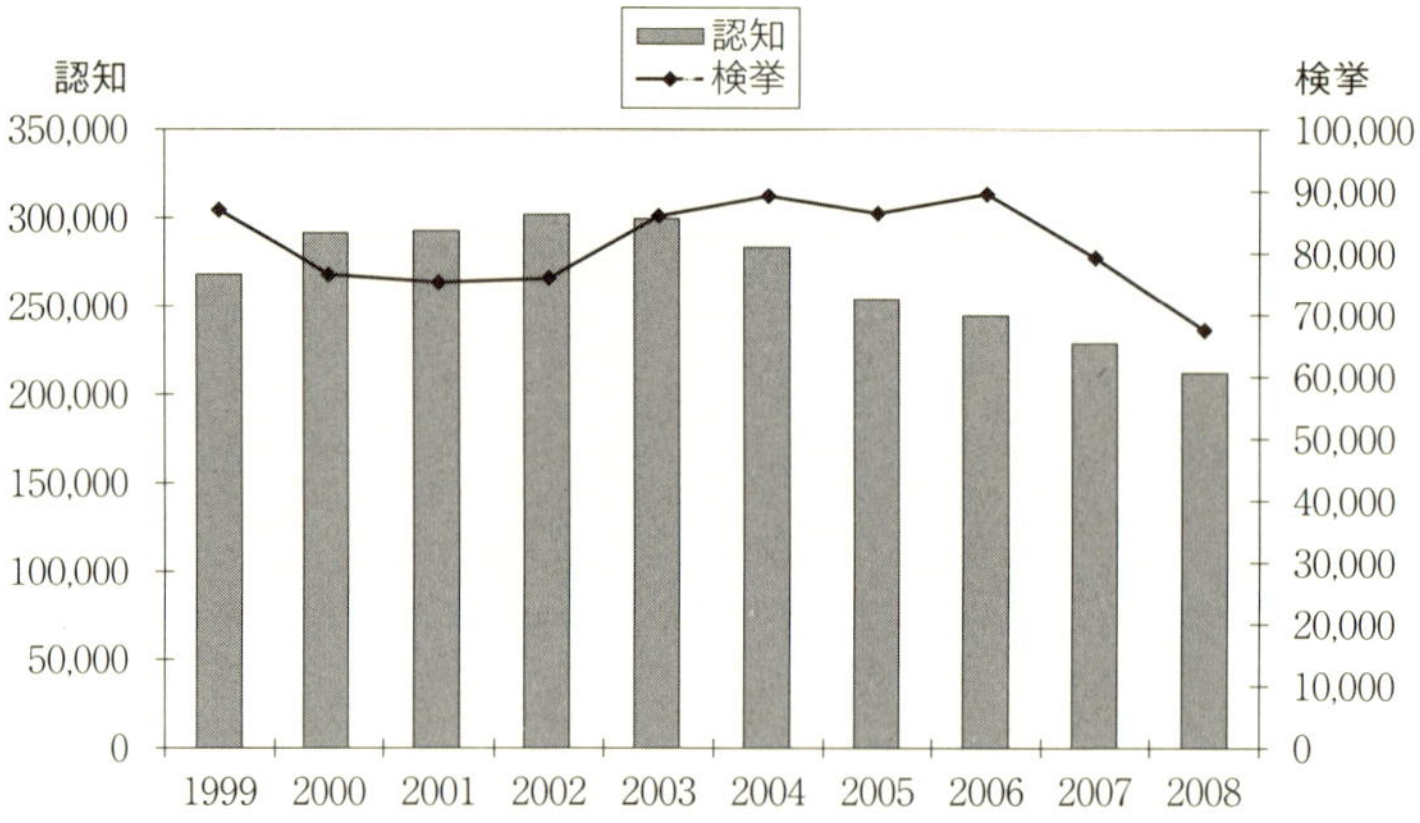

図 3-2　東京都刑法犯認知・検挙件数

表 3-2　東京都刑法犯認知・検挙件数

	1999	2000	2001	2002	2003
認知	268,006	291,371	292,579	301,913	299,406
検挙	87,021	76,585	75,288	75,952	85,995
(率)	(0.32)	(0.26)	(0.26)	(0.25)	(0.29)

	2004	2005	2006	2007	2008
認知	283,326	253,912	244,611	228,805	212,152
検挙	89,252	86,444	89,549	79,277	67,496
(率)	(0.32)	(0.34)	(0.37)	(0.35)	(0.32)

また、例えば二〇〇二年から始まった警視庁の盛り場対策を説明した文章では以下のような記述が見られる。

> 当庁では、都内における粗暴犯の発生件数や暴力団員・来日外国人の検挙人員、一一〇番入電件数、違法駐車取り締まり件数等を総合的に分析・検討したところ、それらの取扱件数等の多いところがいずれも飲食店や風俗店が集中するいわゆる盛り場と呼ばれる地区となっている実態が浮き彫りになった。(後藤 2005: 31)

犯罪認知件数の増加を受けて警視庁が行った盛り場対策としては、二〇〇二年七月に警視庁本部内に「盛り場総合対策推進本部」が設置されたものが最初期のものであるが、具体的にどのような活動を行ったのかは明らかではない。盛り場地区における犯罪発生状況も[4]、二〇〇一年から二〇〇二年に四・四%増加し、「犯罪の発生傾向を鈍化させたにとどまり、これを食い止めるまでには至らなかった」(後藤 2005: 36)。

この二〇〇二年の盛り場総合対策推進本部の設置よりも実質的に盛り場に影響のあったのは、二〇〇三年四月一日に警視庁における「組織犯罪対策部」の発足だろう。これは、それ以前には警視庁内の「各部がそれぞれの主管法令によって、それぞれが不良外国人、暴力団による組織犯罪を取り締まっていたところを」統括するために設けられたものであり（原 2006a: 42）、「都内の治安情勢」について「犯罪の凶悪化、国際化、組織化等が一段と進展している中で」「組織犯罪の解体、壊滅」に向けて設置されたものであった（二〇〇二年九月二十五日、東京都議会第三回定例会第一二号、石川重明警視総監の発言）。またこれを承けて、新宿警察署では警視庁本庁の組織犯罪対策部に対応する形で「組織犯罪対策課」が設置された。

このように新規に暴力団対策に専従する部を設置したところに、警視庁の強い意欲が読み取れる。この発足したばかりの組織犯罪対策課（新宿署）は、同二〇〇三年七月に早くも「新宿繁華街犯罪組織排除協議会」なる組織の結成を「支援」した。これは、長く歌舞伎町商店街振興組合理事長を務め、また新宿区議でもあった下村得治を会長として、「歌舞伎町、新宿駅東口、西口、大久保百人町の各地区商店街などが参加」し、「暴力団や国際犯罪組織排除を目的に」結成されたものであった（歌舞伎町商店街振興組合 2009: 92）。警察関係者が「街ぐるみの環境浄化活動の展開」（西方 2005: 53-5）と表現するこうした動きは、組織犯罪対策部の設置に連なる、警察による暴力団対策の一環と見ることができる。

この間の暴力団対策の強化を示す傍証として、下に暴力団犯罪の検挙件数を、警視庁全体と新宿署におけるものに分けた図表、ならびに新宿警察署の刑法犯認知・検挙件数の図表を掲出しておこう[5]（図3-3、表3-3、図3-4、表3-4）。暴力団犯罪については、警視庁全体においても二〇〇三年に検挙数が高い値を示しているが、特にこの傾向は新宿署において顕著であ

2　図・表ともに警察庁『平成二十年の犯罪情勢』より作成

3　図・表ともに警視庁『警視庁の統計』平成十一年～二十年より作成

4　「盛り場地区における犯罪発生状況」というような数値は、通常の警察統計の数値や分類区分からは再構成することが不可能であるが、引用文献の著者である後藤清孝は警視庁勤務の警察官であるためこの数値を出すことが可能であったと考えられる。

5　図・表ともに警視庁『警視庁の統計』平成十一年～二十年より作成。警察統計において、特に歌舞伎町における認知・検挙の件数は挙げられていない。ここでは歌舞伎町を管轄する新宿警察署の数値を掲出した。

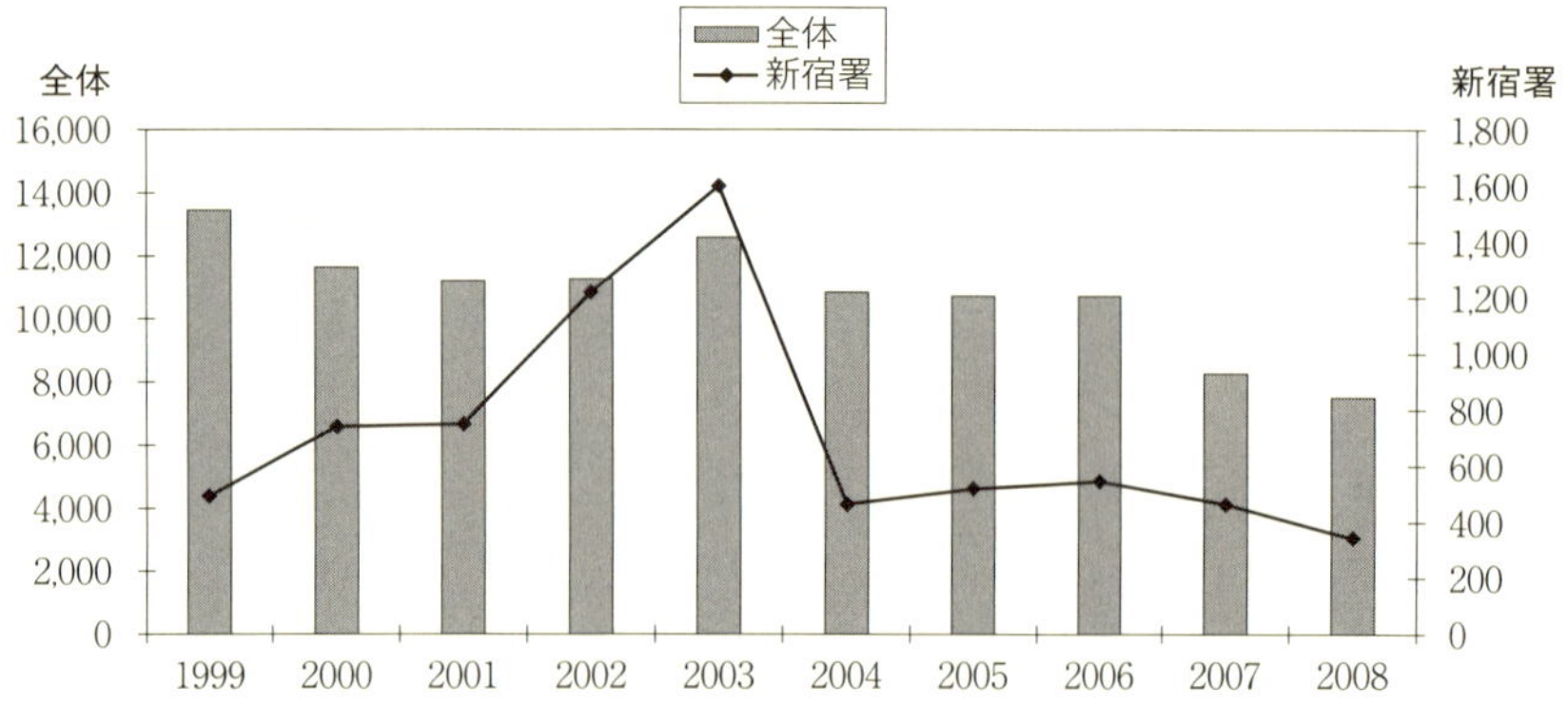

図 3-3　暴力団犯罪の検挙件数（警視庁全体・新宿署）

表 3-3　暴力団犯罪の検挙件数（警視庁全体・新宿署）

	1999	2000	2001	2002	2003	2004	2005	2006	2007	2008
警視庁全体	13,365	11,577	11,115	11,235	12,581	10,720	10,668	10,554	8,112	7,399
新宿署	488	734	739	1,213	1,586	450	508	541	469	331

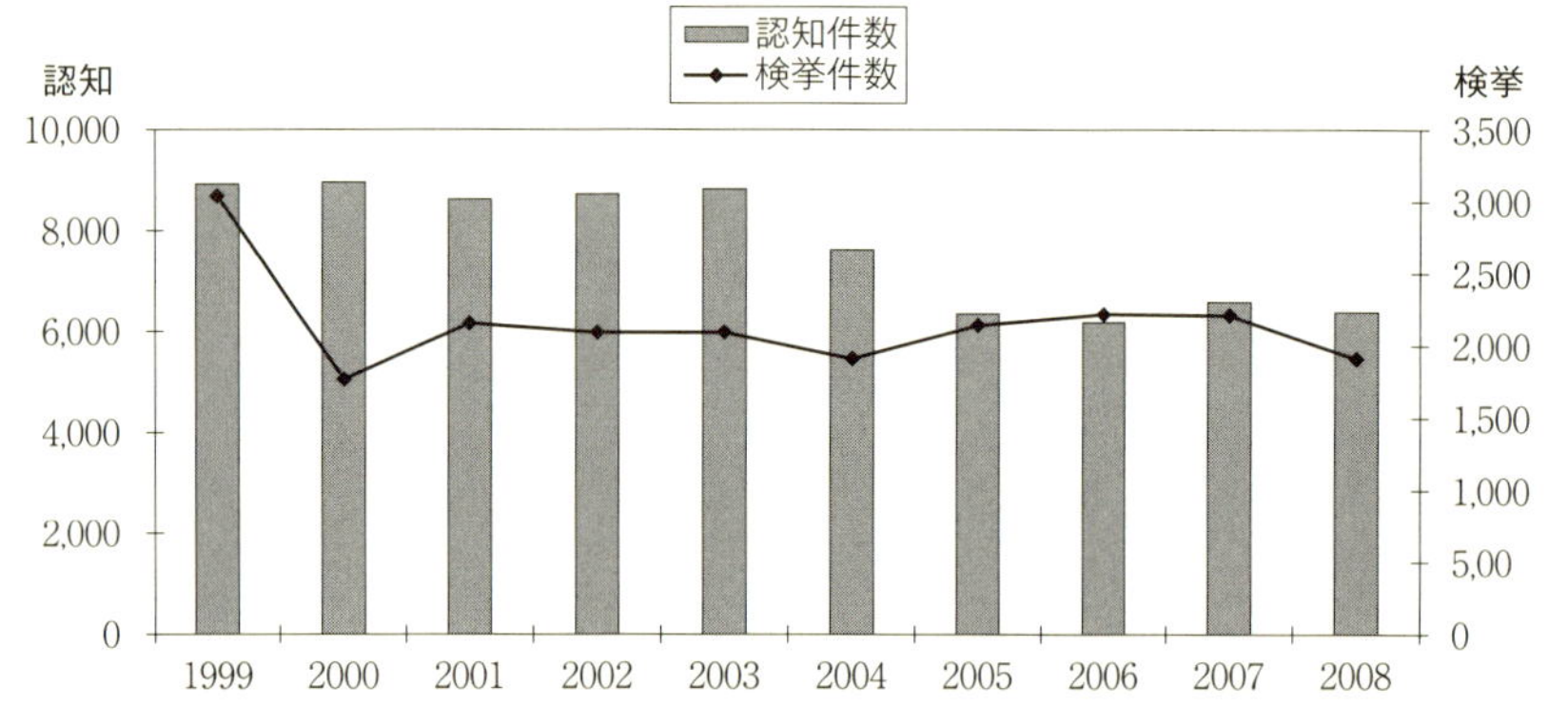

図 3-4　新宿署の刑法犯認知・検挙件数

表 3-4　新宿署の刑法犯認知・検挙件数

	1999	2000	2001	2002	2003	2004	2005	2006	2007	2008
認知件数	8,951	9,008	8,675	8,679	8,853	7,561	6,382	6,222	6,615	6,328
検挙件数	3,036	1,747	2,150	2,080	2,079	1,904	2,145	2,221	2,204	1,901
（率）	（0.34）	（0.19）	（0.25）	（0.24）	（0.23）	（0.25）	（0.37）	（0.36）	（0.33）	（0.30）

る。二〇〇三年以後にも暴力団対策は継続され、歌舞伎町においては二〇〇四年の七月に、暴力団の「地回り」が確認されなくなる。「地回り」とはそれと分かる風体をした数人以上の暴力団員が通りを練り歩くことであり、それまで歌舞伎町では「暴力団が週に一、二度地回りをして迷惑をかけている」（竹花 2006: 16）と言われていた。二〇〇四年の七月に歌舞伎町においては数ヵ月にわたり毎週金曜日の二十一時から翌午前二時まで機動隊の警邏が行われた結果、「地回りの発生を見なくなった」（原 2006b: 76）とされる。この後、二〇〇五年の四月に施行された「改正迷惑防止条例」では、「公共の場所で多数でうろつき暴力団の威力を示して不安を覚えさえるような言動をしてはならない」として、特に地回りが念入りに禁止されている。

図3-3、図3-4に顕著に示されているとおり、二〇〇二年から二〇〇四年ごろにかけて、新宿署における治安対策はピークを迎え、その後の検挙件数、認知件数はいずれも低下したのち安定して推移している。こうした数字の移りゆきは、以上で見た暴力団対策の動向と軌を一にしている。

1-2　行政による「歌舞伎町対策」

暴力団対策以外に、近年歌舞伎町においてなされた警察による取り締まりのうちでも最も大がかりなものが、二〇〇三年十月一日から実施された「新宿歌舞伎町地区を中心とした組織犯罪特別集中取締り及び風俗環境等浄化特別対策」である。

この「特別対策」において重要な点は、歌舞伎町の雑居ビルに対する立ち入りが一定の規模を伴って行われたことである。立ち入りの専門部隊三〇名を編成し[6]、一ヵ月に同一ビルへ三回立ち入るなどしたとされる。店舗単位では、風俗営業の届出・許可店約二八〇〇と無届・無許可店約一四〇〇を加えた約四二〇〇店に立ち入りが実施された。その際の立ち入りの様子は、以下のようなものであったという（再掲）。

> 中には、「いつもちゃんと三時には閉店している」と営業時間を全く理解していない店、「一〇年も来ていないのに何で今頃来るのか」と食ってかかる店、警察官を客と勘違いして「警視庁さん四名ご案内」と叫ぶ、立入りそのものを全く理解していない店もあり、笑ってはいられない実態が明らかになった。（原 2006a: 44）

6　一九八五年の風適法施行により、特別な証明書を持たない者が立ち入り査察を行えなくなったことは、前章で重ねて指摘したとおりである。そのため、このような専門部隊の編成が必要であった。

この立ち入りによって、許可申請・届出を指導した店の約半数は閉店した。また、翌年、二〇〇四年四月十六日には警視庁によって歌舞伎町、池袋、六本木の「三地区特別対策」が開始される。これによる成果は当時の警視総監によって都議会で「違法マッサージ店など風俗営業関係事犯を一六二店、人数にいたしまして約五〇〇人、また暴力団員を約二〇〇人、それから不法滞在等の不良外国人約七〇〇人をそれぞれ検挙いたしておりまして、その結果、違法風俗店等は相当数廃業するに至っております」と報告されている[7]。

上記のような警察における暴力団対策、盛り場対策の活発化の背景としては、東京都による意欲的な治安対策についても指摘しておく必要があるだろう。二〇〇三年四月十三日には、当時現職の石原慎太郎が都知事選において再選（初当選は一九九九年四月）し、同年六月二十四日に治安対策担当副知事のポストを新設した。このポストには竹花豊元広島県警本部長が着任し、警察官僚からの異例の抜擢となった。「安心な暮らしと安全なまち東京を実現するため、治安の分野に精通している竹花豊氏を選任いたしたい」（二〇〇三年六月十七日、東京都議会議会運営委員会第二四号、櫻井巖財務局長の発言）と言われたとおり、竹花は広島県警本部長時代に暴走族対策で実績を上げた人物であった。竹花治安対策担当副知事の就任を受けて、約一ヵ月後の二〇〇三年八月一日には東京都緊急治安対策本部が発足した。

当時を回想して竹花が「歌舞伎町を変えずして東京の治安を改善したとは言えない、というのが当時の私の心境だった」（竹花 2006: 13）と述懐するように、この東京都治安対策本部は歌舞伎町対策に強い意欲を示した。二〇〇四年二月には、東京都治安対策本部から新宿署に「ビルオーナー対策」の要請が出されることになる（原 2006a）。これについて、当時新宿警察署の保安課長であった原哲也は以下のように回想している。

> 東京都治安対策本部でも具体的活動が始まった。年が明けて平成一六年二月、久保木統括課長[8]から要請があった。「善良なオーナー等が事実を知らされずに、不動産業者任せにした結果「違法な風俗店」に占有・開業されることを可能な限り阻止したい」との要請である。これが、正しく、保安課が[9]

7　東京都議会平成十六年第四回定例会十二月八日 代表質問における警視総監奥村萬壽雄の発言。

8　（引用者注）ここで統括課長とあるのは治安対策本部治安対策担当課長なるポストであり、所属は東京都である。

やろうとしていた「ビル・オーナー対策」であったので、二つ返事で了解し、五月、六月の総会時期での実現に向けて動き出すこととした。（原 2006a: 45）

このビルオーナー対策は、風俗店に場所を貸し出すビルオーナーへの対策を行うことが、「違法」風俗店を成立させる源を断つことだ、との認識から着手された。背景には、「違法」風俗店をいくら取り締まっても、次々と新しい店が開業し、また経営者の交代や店舗の入れ替え等のペースも早く、把握が困難で取り締まりも効果が上がらないという問題意識がある。介在する不動産業者まで含めてのビルオーナー対策が、東京都治安対策本部から新宿警察署に「要請」されたのはこうした背景のもとにおいてであった。

新宿警察署はこれを承けて二〇〇五年三月三十日に「歌舞伎町地区関係機関・ビルオーナー等連絡協議会」を「再開」した。この「歌舞伎町地区関係機関・ビルオーナー等連絡協議会」は、実は二〇〇二年の二月に設立されたものであり、その背景には二〇〇一年九月の雑居ビル火災があった。詳しい事情は不明であるが、これがいつしか休眠状態になってしまっていたのを、二〇〇五年四月一日に、ビルオーナーに入居テナントを確認させるような条項を盛り込んだ改正条例（都条例）が施行されることを期に、その施行直前の三月三十日に「再開」させたのだった。これについては当時新宿警察署長であった原哲也の回想が文章として発表されている。本章の後の節で取り上げるビルオーナーと不動産業者に関わる部分でもあるので、長くなるが引用しよう。

> 歌舞伎町一、二丁目には六六〇棟のビルがあり、約七〇〇〇店舗、内約二八〇〇の風俗店舗が入っている[10]。平成十六年四月一日、客引き、客待ち、ピンクチラシ配布を規制する「改正迷惑防止条例」と、客の立ち入らせを規制し、訓示規定ではあるがビルオーナーに「風俗店に貸し出す際の確認義務」を規定した「改正ぼったくり防止条例」が施行されることとなったので、ビルオーナー、宅建業者、行政書士の三者に対して同条例改正点等の周知徹底を図り、違法風俗営業と

9　（引用者注）新宿警察署生活安全部保安課。風俗営業・不法就労・賭博などを取り締まる。このとき（二〇〇三年九月から二〇〇四年二月まで）原は保安課長だった（二〇〇四年二月からは新宿署長）。

10　（引用者注）前節で挙げた数字と異なるのは年代が異なるためである。

「歌舞伎町地区関係機関・ビルオーナー等連絡協議会」を目覚めさせ、開催にこぎ着けた。暴力団等の犯罪組織を排除するため、休眠状態にあった「歌舞伎町地区関係機関・ビルオーナー等連絡協議会」を目覚めさせ、開催にこぎ着けた。施行直前、三月三十日のことである。私と小島生活安全課長の執念であった。本部からは条例改正を担当した管理官が出席し、内容を説明をするわけだが、先だって署長として挨拶をした。「自分にとって悲願の規定であった……」と言って、不覚にも声を詰まらせてしまった。

訓示規定とはいえ、関心は極めて高かった。特に、宅建業界からは、「これまでは客の求めるままに手続きをしてきたが、今後は、適正な客を紹介するようにしたい」との決意表明があり、効果のほどを実感した。エステやアダルトビデオ店、カジノ、違法風俗店にしても、この協議会が機能して、適正に貸し出しを行えば〝場所〟という根元の要素が一つなくなることになる。

また、現実に取締りを行うと、サブリース業者が四、五人介在している事案もあり、この一年半後には、千野生活安全総務課長のプロジェクトにより再度条例が改正され、「ビルオーナーらが借り主と契約を結ぶ際、違法店舗に使用した場合の解約条項を義務づけ、さらに違法店舗とわかっても解約措置を取らない場合に、オーナーらに罰則を科す」こととなり、性風俗店に対するビルオーナー対策の完結を見た。（原 2006b: 78–9）

この原の記述には補足が必要だろう。既に述べたビルオーナーとサブリース業者以外にも、「宅建業者（宅建業界）」、「行政書士」という新たな主体が登場しているからである。これが長い名称の、「歌舞伎町地区関係機関・ビルオーナー等連絡協議会」という語の指示する内容である。

「宅建業者（業界）」は、ビルオーナーと風俗営業のあいだに立ち、空間の提供を行う仲介者として存在する。「行政書士」は、行政への届出等に関する業務を制度上独占的に担う資格であるため、風俗営業が営業を開始する際に不可欠な存在である。サブリース業者は、雑居ビルの賃貸に関する権利を保持する人間に対して一定の料金を支払うことによって、その空間を貸し出す権利を獲得し、さらに別の顧客に対して金額を上乗せした賃料で貸し出して利益を得る業者のことである（ただしこれらの語はここでは便宜的に使い分けられており厳密な区分ではない。詳しくは本章第3節の不動産業者の分析に譲る）。つまり、雑居ビルのテナント契約においては、サブリース業者の数だけ「又貸し」が行われている状態なのである。歌舞伎町においては特にこの「又貸し」が常態化しており、権利関係が複雑で、届け出された書類とはかけ離れた空間利用が行われているケースや、書類上のオーナーと実質的なオーナーが異なるケースなどが生まれることになるのである。

ところで警察のこうした活動は、当時の国政や区政などの動向とも共鳴し合うものであった。二〇〇四年十月には小泉純一郎首相（当時）が施政方針演説において「新宿歌舞伎町など犯罪の頻発する繁華街を安全で楽しめる街にします」と宣言し、翌二〇〇五年五月には実際に歌舞伎町を視察に訪れた。二〇〇五年一月には、新宿区が中心となって、警察、消防、ビルオーナー、テナント等のほかに建築家の安藤忠雄などの著名人をも加えた大規模な地域活性化の取組みである「歌舞伎町ルネッサンス」が開始された。さらに歌舞伎町の中心を東西に貫く目抜き通りである花道通りの改修工事が完了したのも同じ時期である（二〇〇五年三月）。当時、花道通りは路上駐車をする暴力団員の車両がひしめいていたため、暴力団排除の取組みとして、新宿区の予算により（一部は警視庁予算）歩道が拡幅整備され、車道が狭隘化された。こうした一連の動きは官民を問わないさまざまな組織の連携として、内閣官房都市再生本部の文書において「歌舞伎町における先駆的な取組みを踏まえ」各地の繁華街対策を実施する、と評価されることとなった。

ここで、自治体を中心とした「歌舞伎町ルネッサンス」の記述に移る前に、警察の取組みについて改めて整理し、要点を指摘しておこう。

警察の活動には大きく分けて二つの種類があった。ひとつは「組織犯罪対策部」や「ビルオーナー等連絡協議会」など、部署や会議、組織体を組織することであり、いまひとつは「立入り」の査察や警邏、道路の改修など、対象に直接働きかける諸活動である。二〇〇〇年から二〇〇五年ごろにかけての歌舞伎町においては、この二つの動きがいずれも活発であった。以下ではその内容面について二点を指摘したい。

第一に、暴力団対策が非常に強化され、二〇〇四年には地回りが歌舞伎町で確認されなくなった点は非常に重要である。既に見たように「週に一、二度」暴力団員が路上を示威行進するようでは、第5章で見るような民間パトロールの取組みはあり得なかっただろう。区や振興組合といった主体が歌舞伎町に対する取り組みを行うために、何よりも重要なのは、少なくとも路上からは暴力団が後退している状態である。

第二に、ビルオーナーの責任の析出である。特に、ビルオーナーが入居テナントを「違法」と知りながら入居させた場合の罰則規定が条例に追加されたことの意義は大きい。これは、それまで一面においてビルオーナーの歌舞伎町からの後退を助長してきた、ビルオーナーの法令上の不在状況から、一転してビルオーナーを析出した転回として理解できる。

この点については消防行政に関しても同様である。二〇〇一年九月に火災の起きた明星56ビルのオーナーや三・四階の店舗経営者らはそれぞれ民事・刑事の両方において被告となった。どちらについても有罪判決となり、二〇〇八年七月に最終的に結審したが、放火による火災であると見られる事案において、放火犯不在のままビルオーナーや店舗経営者らのみが裁かれる結果となった。重大な火災を契機とした法改正のありうる選択肢としては、例えば放火に対する厳罰化などを考えることもじゅうぶん可能だが、しかし二〇一六年現在まで、そのような展開には至っていない。その代わりに、歌舞伎町雑居ビル火災をうけての消防法と火災予防条例（都条例）の改正は、ビルオーナーの管理責任を強化する内容で行われた。

このように、二〇〇〇年以降の警察や消防、そして法令の枠組みにおいて、ビルオーナーは空間の提供者＝責任者として立ち現れるに至った。次節以降で見るのはそうしたビルオーナーや彼らから成る組合であり（第2節）、また実際の空間供給の局面において媒介者として活動する不動産業者である（第3節）。

ここではビルオーナーや不動産業者といった民間の主体について述べる前に、歓楽街に関わるいまひとつの行政機関として自治体を取り上げ、本節の記述を結ぼう。

1-3　新宿区と「歌舞伎町ルネッサンス」

以下では日時や固有名詞についてやや煩雑な記述が続くため、次頁に挿入した年表（表3-5）を適宜参照されたい。

先に簡単に説明したように、「歌舞伎町ルネッサンス」は新宿区が中心となって二〇〇五年一月に立ち上げた取組みであり、「歌舞伎町のまちづくり」というテーマのもとに警察や消防、地元組織、著名人等の多様な主体が参加したことに特徴がある。この取組みの淵源は、二〇〇三年に東京都の治安対策担当副知事というポストに元広島県警の竹花豊が就任したことに遡る。既述のとおり、竹花副知事はその「治安対策」という職務に関して繁華街対策、とりわけ歌舞伎町対策を非常に重視していた。再掲すれば、「歌舞伎町を変えずして東京の治安を改善したとは言えない」（竹花 2006: 13）というのが竹花の姿勢であった。そのためその就任当初から歌舞伎町でのゴミ拾い活動を主導したほか、二〇〇四年二月には歌舞伎町商店街振興組合と会合を持ち行政への要望をヒアリングするなど、歌舞伎町への関与は概して積極的であった。

竹花副知事は就任直後に新宿区長の中山弘子と「意見交換」

表 3-5　行政、振興組合関連年表

<table>
<tr><th></th><th></th><th>警察</th><th>自治体</th><th>振興組合</th><th>その他の情勢</th></tr>
<tr><td>1994</td><td>春</td><td>歌舞伎町に特化した環境浄化対策実施</td><td></td><td>快活林事件をうけて「歌舞伎町環境浄化パトロール」開始</td><td></td></tr>
<tr><td></td><td>9月</td><td>新宿地区環境浄化総合対策現場推進本部の発足</td><td></td><td></td><td></td></tr>
<tr><td>1998</td><td>12月</td><td>警視庁国際組織犯罪特別捜査隊の発隊</td><td></td><td>「歌舞伎町タウンマップ」製作</td><td></td></tr>
<tr><td>2001</td><td>4月</td><td></td><td></td><td>「よくしよう委員会」発足</td><td></td></tr>
<tr><td></td><td>9月</td><td></td><td></td><td></td><td>歌舞伎町雑居ビル火災</td></tr>
<tr><td></td><td>10月</td><td colspan="3">歌舞伎町雑居ビル火災三者連絡会議の設置</td><td></td></tr>
<tr><td>2002</td><td></td><td></td><td></td><td></td><td>(2001 年度)
全国の刑法犯認知件数が 273 万 5612 件と過去最高、検挙率も戦後初めて 20%を下回る
都内でも認知件数 29 万 2579 件と過去最高、検挙率も 25.7%と過去最低</td></tr>
<tr><td></td><td>2月</td><td colspan="3">歌舞伎町に 50 台の監視カメラを設置
(振興組合は「安全で安心できるまちにするための宣言」)</td><td></td></tr>
</table>

	警察	自治体	振興組合	その他の情勢
7月	警視庁本部内に盛り場総合対策推進本部を設置			
11月		中山区長就任		
12月	街頭・侵入犯罪抑止総合対策推進本部を設置			
2003				(2002年度) 都内で認知件数30万1913件、検挙率25.2%といずれも最悪を更新
4月	東京入国管理局との合同摘発を皮切りに歌舞伎町地区特別対策を実施（～7月）			
6月		竹花副知事の就任 区「新宿区民の安全・安心に関する条例」		
7月		新宿繁華街犯罪組織排除協議会の結成（クリーン作戦の一環として）		
8月		竹花副知事を本部長とした東京都緊急治安対策本部が発足		

	警察	自治体	振興組合	その他の情勢
10月	新宿歌舞伎町地区を中心とした組織犯罪特別集中取締り及び風俗環境等浄化特別対策の実施 歌舞伎町地区風俗環境浄化特別対策プロジェクトによる重点的な立入り査察	「東京都安全・安心まちづくり条例」施行		
2004				
3月	歌舞伎町地区関係機関・ビルオーナー等連絡協議会の再開、開催			
4月	三地区特別対策	区、「歌舞伎町対策推進会議」設置		
5月		歌舞伎町クリーン作戦総合推進協議会		
	（時期不明）機動隊による警邏			
7月	「地回りの発生を見なくなった」			
10月				小泉首相、施政方針演説で「新宿歌舞伎町など犯罪の頻発する繁華街を安全で楽しめる街に再生します」と発言
2005				
1月		歌舞伎町ルネッサンス推進協議会第1回会議		

	警察	自治体	振興組合	その他の情勢
3月	花道通りにポラード設置工事完了（警視庁予算と区費）			
5月				小泉首相、歌舞伎町を視察
6月				都市再生本部方針に「歌舞伎町における先駆的な取組みを踏まえ」の文言
12月			「歌舞伎町オフィシャルタウンマップ」製作	
2006 3月		区議会で「マップ」が問題化、撤去		
6月		東京都､「歓楽的雰囲気を過度に助長する風俗案内の防止に関する条例」施行	「よくしよう委員会」にホストクラブ等の参加	
2008 7月		歌舞伎町タウン・マネージメントが組織される		
12月				コマ劇場閉館

をしており（中山 2006: 39）、二〇〇四年から中山区長の主導で新宿区としての歌舞伎町対策が活発化したことは、竹花副知事の積極性に後押しされてのものだと見ることができる（振興組合関係者への聞きとり）。その新宿区としての歌舞伎町対策は、二〇〇四年二月から四月にかけて「歌舞伎町対策推進会議」が設置されたことに始まる。これは新宿区のさまざまな部局が横断的に歌舞伎町に関する課題解決を志向して連絡や調整を行うためのもので、特にその担当者として特命担当副参事などのポストが区内に新設された。

この「歌舞伎町対策推進会議」は新宿区の内部的な連絡会議という位置づけだったが、設置から一ヵ月後の二〇〇四年五月には早くも外部の主体を巻き込む協議会の設立を主導した。それが「歌舞伎町クリーン作戦推進協議会」である。新宿区の歌舞伎町対策推進会議が主導して設置した「クリーン作戦推進協議会」は、「地元商店街振興組合、二丁目町会、警察、消防、入国管理局、東京都、新宿区など」が参加するものであった（香西 2006: 90）。二〇〇四年当時、歌舞伎町担当のポストに就いていた新宿区職員のF氏は、こうした多様な外部主体の参加を求めたのは中山区長がつねづね「参加と協働」を区政の基本方針として掲げていたためである、と説明した。

新宿区の「参加と協働」の方針は一貫しており、新宿区におけるもうひとりの歌舞伎町担当職員であるD氏は、二〇〇四年から二〇〇五年にかけて、毎月のように振興組合の理事会に出席し、区の取組みを説明したり振興組合に協力を求めたりしていたという。「地元組織」たる振興組合の参加を求める姿勢は、二〇〇五年一月の歌舞伎町ルネッサンスへと結実していく。

歌舞伎町ルネッサンスの立ち上げに際しては、「歌舞伎町ルネッサンス憲章」なる宣言文が、歌舞伎町商店街振興組合の名義で発表された。そこでは「（1）新たな文化の創造を行い、活力あるまちをつくります。（2）アメニティ空間を創造し、魅力あふれるまちをつくります。（3）安全で安心な美しいまちをつくります。」という三つの基本方針が示されている。この「歌舞伎町ルネッサンス憲章」について当時の振興組合理事長は「これは、街が作った街からの宣言であったことに価値があります」と述懐し、そのボトムアップ性を重要視している（歌舞伎町商店街振興組合 2009: 102）。

ところが、当時の歌舞伎町担当であったD氏はルネッサンス憲章について以下のように語っている。

〔区や振興組合などが作った〕色んな案を集めて、まあ最終的には私がまとめたものが今のあれ〔ルネッサンス憲章〕になってるんだけど、恐らく地元は自分たちで作ったという意識、区も自分で作ったという意識、そういうお互いが作り上げた合作したものだと〔いう意識でいる〕」。

区の担当者が「合作」だと語るものを、振興組合では「街が作った街からの宣言」であると見なしている。そしてこのD氏は「地元は自分たちで作ったという意識」を持っていることまで認識している。これは巧妙な「参加と協働」の達成であると見てよいだろう。

実態としての歌舞伎町ルネッサンスという取組みは、具体的にはゴミ拾い活動や空き部屋対策のテナント募集事業などを担う様々な下位部会に、関係する行政組織の部課と民間主体が参加する構成であった。煩瑣な記述はここでは省略するが、ルネッサンスにおける部会の編成は新宿区の所掌部課と対応しており、加えて新宿区予算によって運営されている点において、明らかに新宿区主導のものである（図3-5）。

こうした歌舞伎町ルネッサンス事業全体のなかで、実現した暁にはもっともインパクトを持ったであろうものとして、歌舞伎町の映画館街の一体的再開発がある。「シネシティ広場」と呼ばれる広場の四方には、かつて四館で総計一五スクリーン七六〇〇席にもなる映画館が営業していた。これらの映画館はすでに老朽化が進んでおり、中山区長は区議会での質疑において映画館街に触れながら「まちの更新の動きをとらえて、積極的にハードのまちづくりを支援していきたい」と述べている（二〇〇四年六月八日新宿区議会議事録）。

これら映画館四館の経営主体である企業四社は、私的な会合として「四葉会」という連絡会を持っていた。一九九〇年前後にはすでに四葉会において、建物の老朽化を見越して一体的再開発の可能性が議論されていたという。歌舞伎町のなかでもとりわけ大きな存在感のあるこのエリアが一体的に再開発されたならば、地域イメージに大きな影響を与えたであろうことは想像に難くない。四館の事業者のみならず中山区長もまた、映画館街の再開発を模索していた。歌舞伎町ルネッサンスに関するインタビュー記事のなかで区長は以下のように語っている。

コマ劇場や映画館街が、ちょうど建設されてから四〇年くらい経って、建物の更新の時期に来ています。そこで再開発を願っていましたら、事業者の方から再開発に自分たちの課題として取り組んでいきたいという話があり、今、区で「まちづくり誘導方針」づくりを、地域・地元と一体となって進めています。歌舞伎町ルネッサンスでは、犯罪インフラを徹底して除去していくことと併せて、誰にでも楽しんでいただける町への構造改革、まちづくりにトータルに取り組んでい

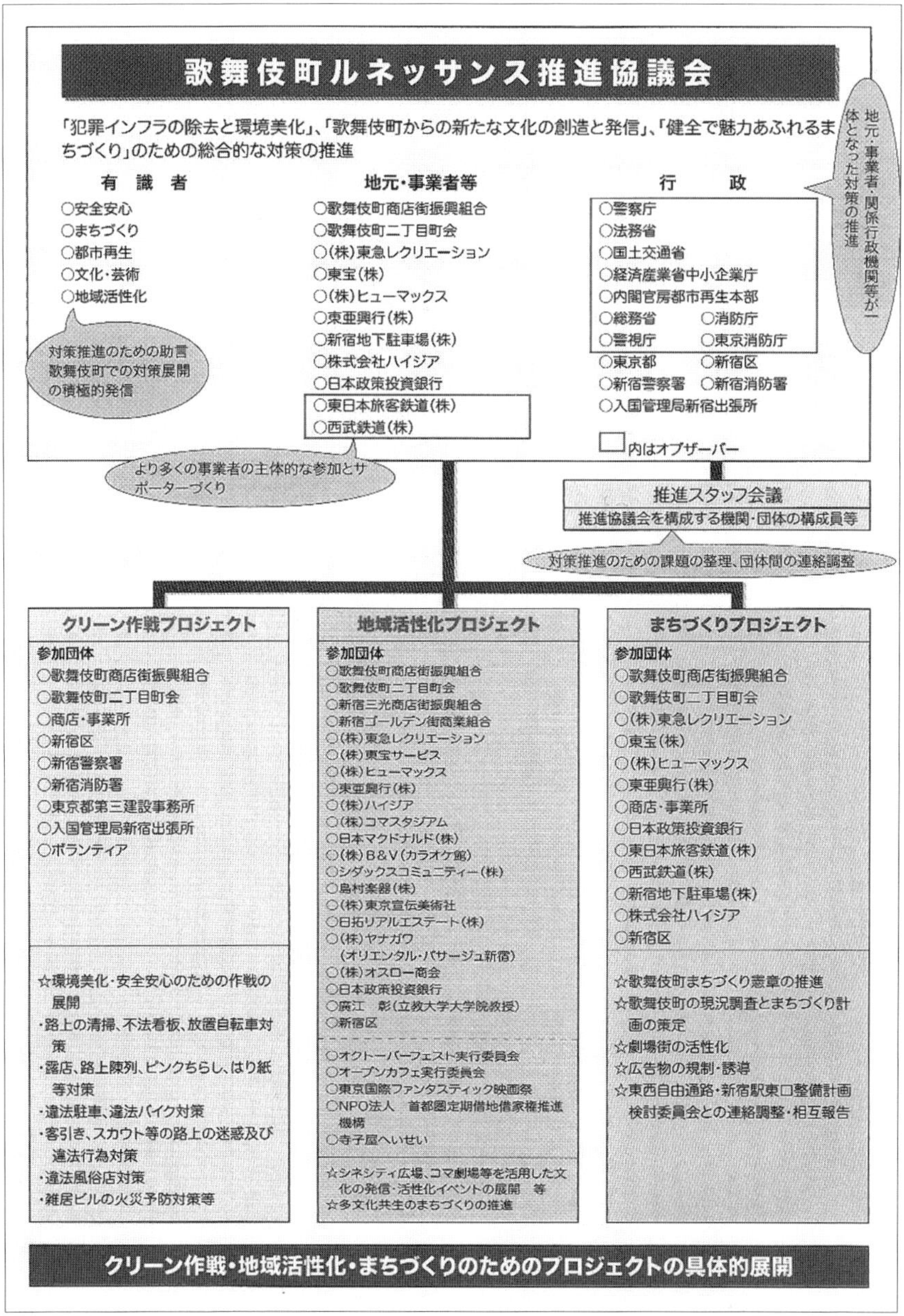

図 3-5 歌舞伎町ルネッサンス組織図

(「歌舞伎町ルネッサンス」の広報紙『るねっさんす』第二号より転載)

るのです。（中山 2007: 36）

引用文中の「まちづくり誘導方針」とは都市計画の前段階の素案であり、「地元」の民間主体と協議、折衝する際の叩き台として機能するとされる。

ところが、けっきょく映画館街の一体的再開発は各経営主体の足並みが揃わず頓挫し、各社各館が個別的に改築を行うことになった。その先陣を切ったのがコマ劇場である。コマ劇場は二〇〇八年末に閉館し、解体後、二〇一五年四月にシネマコンプレックスを併設したホテルとして開業した。コマ劇場以外の三社についても、二〇一六年現在、それぞれ単独での改築が進行中である。

映画館街の一体的再開発という区政の夢は、経営主体の事情により実現を見なかった。それは歌舞伎町ルネッサンスという区主導による「官民一体のまちづくり」の夢の限界でもあった。区が民間主体をも糾合し、歌舞伎町に働きかけることは、しかし机上の空論であったわけでは必ずしもない。繰り返し指摘しているように小泉総理大臣は施政方針演説で歌舞伎町を名指しで「再生」の対象として言及したし（翌二〇〇五年には現職の首相として歌舞伎町を視察）、歌舞伎町ルネッサンスの第一回会議には建築家の安藤忠雄や作家の堺屋太一、国政レベルのフィクサーとされる初代内閣安全保障室長佐々淳行などが出席し、著名人や実力者の動員にも成功していた。そこでは確かに多様な主体を包摂したシンボリックなまちづくりの夢を見させるに足る背景が揃っていたのである。「歌舞伎町のまちづくり」という、それまで公的には誰も取り組むことのなかったテーマには、なにか人びとを惹きつけるものがあったに違いない。

結果として映画館街の一体的再開発は成らなかったが、歌舞伎町ルネッサンスの限界は何もその点にのみ存在したわけではない。「歌舞伎町ルネッサンス憲章」という宣言文の起草に際して、新宿区と振興組合がそれぞれに自らがその起草者であると考えていたこと、そして振興組合のそうした認識がある意味で区の担当者によって仕組まれていたとも言えること、は既に見たとおりである。こうした構図は、振興組合と新宿区のあいだに穏やかな協働関係が成立しているあいだは、主体的な参画による協力体制を演出することに成功するだろう。

ところが振興組合はすべての事柄に対して区と同じスタンスを取っていたわけではない。そして、異なるスタンスを取らざるを得なかったトピックは、風俗営業の処遇如何という、「歌舞伎町のまちづくり」というテーマに関しておよそ無視できない重要性を有するものだったのである。

端的に言って、新宿区は一貫して風俗営業を無視する態度を取っていたのに対し、振興組合は部分的ながらも風俗営業を包摂しながらの地域経済振興を目指していた。振興組合のこうしたスタンスは前章で見たような、終戦直後からの来歴に基づいており、何十年もそうしたスタンスが取られ続けてきたのだと言って良い。さらに次節で詳しく見るように、振興組合の組合員はビルオーナーとして風俗営業のテナントを入居させているなど、既に風俗営業との関係を何らかのかたちで取り結んでおり、無視するという態度は現実的ではない。風俗営業に対するこうした態度のちがいが明確化するのは時間の問題であった。

振興組合は二〇〇六年はじめに、「歌舞伎町オフィシャルタウンマップ」という歌舞伎町の店舗を紹介する地図を作成した。二〇〇六年以前にも何度か作成されてきたこのマップは、カラー印刷されコンパクトに折りたためるサイズで、振興組合関係の飲食店のほか、業界団体を通じて以前から交流のあったキャバクラ等の情報（店名、地図上の位置と住所、電話番号）が掲載されていたのである。この「マップ」が区役所一階の区政情報センターに設置、配布されたところ、これが区議会で問題視された。「キャバクラというのがだーっと載っている」ようなものは区長の目指す「歌舞伎町のルネッサンスということ」とは相容れないのではないか、それを「あそこに置いてあるということは、区政情報の一つとして区がお墨付きを与えているようなものだというふうに思う」というのがその趣旨であった[12]。これに対する区長の答弁は以下のようなものであった。

> そのキャバクラという営業が今の風営法の中で適正に認められているものであるとしても、歌舞伎町振興組合という一定の公共性を持っているところがオフィシャルガイドブック、それでかつ今、区が国もそれから関係の地元の方々、それから関係の方々一体となって歌舞伎町をどういったイメージ、どういうビジョンを持とうかというところで一定のコンセンサスができてきている中で、わざわざこういったものを載せるようなガイドブックをつくるというのはいかがなものかと思っていますし、またそのガイドブックが残念ながら十分に精査されないまま、歌舞伎町ルネッサンスのフリーペーパーと一緒に置かれていたということは、私としては非常に残念であります。

この発言中に指摘しなければならない重要な点は二つある。第一に、「風営法の中で適正に認められている」営業であっても、それを載せたマップを振興組合のような「公共性を持っ

12　新宿区区議会議事録「平成十八年三月予算特別委員会ー〇三月〇三日ー五号」の、日本共産党笠井つや子区議の発言。

ているところが」作るのはいかがなものか、という観点が提示されていることである。さまざまな論点を捨象し事態を単純化して言えば、法令以外の明文化されない予断と偏見によってこうした処遇を取ることは、風俗産業に対する公正さを欠く差別的な取扱いである可能性がある。もちろん、そうした取扱いを規範的に糾弾することは本論の目的ではない。ここで指摘しておきたいのは、法令に則っていようとも自治体が風俗営業に対する忌避を公的に表明する、ということの特殊性であり重要性である。これについては本章末で改めて取り上げよう。

第二には、区長が振興組合をどういった主体として歌舞伎町ルネッサンスに包摂しようとしているのか、という点である。「一定の公共性」を持った組織として、国や区に連なってクリーンな歌舞伎町というビジョンを共有する主体——これこそが区が振興組合に期待した役割だったのである。

ところが振興組合がそうしたスタンスを取ることには無理がある。むしろ振興組合が「まちづくり」をどのようなものとして構想していたかは「マップ」にこそよく表れていたのだ。「マップ」には飲食店やキャバクラと同じフォーマットで、新宿区役所の電話番号と住所もまた掲載されていた。振興組合が見た夢とは、歌舞伎町ルネッサンスという官民協働の取り組みにおいて、「安心して遊べる」風俗店を保護し応援しながら、ぼったくりなどの悪質な営業を排除する、そうした「まちづくり」だったのである。

そのためこのマップ撤去という出来事は、振興組合の組合員にとってひとつのショッキングな事件として受け止められた。「地元組織」からのアリバイを得たい新宿区も、こと風俗産業に関しては振興組合に妥協せず、強い拒否反応をあらわにするということは、これ以前には必ずしも明らかではなかった。つまり振興組合は新宿区の硬直した保守的態度にこのとき初めて直面したのだ。

この意味で、歌舞伎町ルネッサンスは新宿区と振興組合のまさに同床異夢とも言うべき取組みであった。

次節では、振興組合の組合組織としての活動と、個別の構成員のビルオーナーとしての意味づけに焦点を当てて分析することで、区から見た振興組合とはまた異なる、内在的な理解を試みよう。

2 商店街振興組合と雑居ビルオーナーたち

2-1 ビル火災と歌舞伎町の「イメージ」

歌舞伎町の商店街振興組合について前章までで見たのは、設立当初の「歌舞伎町の大部分のビルや商店を把握できている」という状態から、それとは対照的に「大部分について把握できていない」状態への移行過程であった。組合員はバブル期までに不在地主化するか、あるいは土地を売って退出してしまい、構成員を大幅に減らし、歌舞伎町を把握できなくなっていったのである。

もっとも、歌舞伎町で商売を続けたり、振興組合の役職に就いたりして、歌舞伎町への関与を継続してきた組合員が一定数いたことも確かである。本節ではそうした組合員によって運営される振興組合の活動と、組合員であると同時にビルオーナーでもある彼らの、特にビルオーナーとしての活動を取り上げる。

振興組合は既述の通りバブル期までに大きく力を削がれていたが、組合員は一九九〇年代においても単発的であったとは言え活動を続けていた。例えば、一九九四年に歌舞伎町の中華料理店「快活林」において中国人男性三人が五人組の男に青竜刀で切られて殺傷されたとする、いわゆる「快活林事件」[13]の直後には、振興組合は「歌舞伎町環境浄化パトロール」を開始する集会を開き、その場で以下のような宣言文が読み上げられた。

宣言文

歌舞伎町は昭和二三年の創立以来街づくりの基本理念を、健全娯楽街として皆さんに安心して楽しめる憩いの場所を提供することに置いて努力してまいりました。

盛り場の環境浄化については、或いは百年河清を待つのきらいはありますが、たゆまぬ努力を重ねる所存であります。折しも警視庁では、九月二日「新宿地区環境浄化総合対策本部」が設置され本格的な動きを見せております。

私共は去る八月三〇日、盛り場環境について防犯、交通、そして暴力団等について、その浄化に対する要望を取り締まり当局に差し出し、ともども決意を伝えてまいりました。

そして本日、ここに歌舞伎町が愛され親しまれる街として、

13 新聞記事でも「五人組は、青竜刀などで武装。」(『毎日新聞』一九九四年八月十一日朝刊、二三面)と報じられ、その猟奇的な表象から当時注目を集めた。

これを阻害するありとあらゆる諸原因を排除するため環境の浄化にまい進することを街の総意にもとづき宣言します。

平成六年九月九日

歌舞伎町商店街振興組合

理事長　下村得治

（歌舞伎町商店街振興組合 2009: 79）

また、一九九八年には来街者に「優良店」を紹介する目的で、「歌舞伎町タウンマップ」[14]が振興組合によって作成され、映画館や店舗等で配布された。上記の「宣言」における「街の総意にもとづき宣言します」という文言や、あるいは「マップ」の作成、配布といった活動には、バブル期に著しく歌舞伎町に対する把握能力を減衰させた振興組合が、なお歌舞伎町の「地元」組織を代表するように努める様子を見て取ることが出来る。

さて、これらの単発的な対策を超えて振興組合が再び活動を活発化させる契機となったのは、前章の最後に見た雑居ビル火災以降であったと言える。火災の発生したビルは組合とは無関係だったものの、組合は火災に対して無関心でいることはできなかった。なぜならば、火災が歌舞伎町という街全体のイメージの決定的な悪化をもたらすと考えられたからである。ただでさえ暴力団やぼったくり、「中国人マフィア」などの危険なイメージを持たれていた歌舞伎町が、四四名を死亡させた火災によってさらに客足を遠のかせるのではないか、という危惧が振興組合にはあった。

つまり、雑居ビル火災は振興組合によって「歌舞伎町のイメージダウン」と意味づけられたのである。例えば二〇〇五年から二〇〇七年まで振興組合理事長を務めた町田靖之は、歌舞伎町における暴力団排除の取り組みを振り返って、二〇〇七年に以下のように述懐している。

なぜ、今、犯罪組織排除なのかというと、今から約五年前、四四名もの尊い命を失った火災事故により、歌舞伎町のイメージが大きく損なわれてしまったことに始まります。

我々は何とかこの負のイメージを回復すべく、様々な活動をしてまいりました。（町田 2007: 49）

あるいは、振興組合の設立六〇周年記念誌には以下のような記述がある。

14　前節末で、二〇〇六年に区議会で「マップ」が問題化された過程を見たが、それはこの一九九八年に作成された「マップ」が情報を更新して改訂されたものである。

平成一三（二〇〇一）年九月一日未明、歌舞伎町で雑居ビル火災が発生し、四四人もの尊い命が奪われた。東京消防庁は消防車両一〇一台を出動させるなどして消火にあたった。出火原因は放火と推測された。テナントとオーナーはともに振興組合員ではないものの、歌舞伎町で多数の方が犠牲となられたことは、振興組合としては痛恨の極みであった。
（中略）
このビル火災の惨事はまたたく間に全国に伝えられ、歌舞伎町は危ない街という印象をさらに強め、歌舞伎町を避ける人が増え、これまで振興組合の努力によって堅実に積み上げられてきた街のイメージは一挙に崩壊した。その後、この火災を教訓として数々の対策を早急に立て歌舞伎町は大きく変化したにもかかわらず、火災事故のダメージはなかなか払拭できず、振興組合は苦慮を強いられた。（歌舞伎町商店街振興組合 2009: 83）

振興組合によるこのようなビル火災の意味づけに対して、振興組合事務局長[15]のB氏は次のように語っている。事務局長を始めとして振興組合の事務局職員は公募であり、組合員がビルオーナーや営業者によって構成されるのとは異なる。

今でもそういうことを言う人っているんですが、組合の人って被害者意識なんですよ。（中略）あんな事故起こしやがって、っていう。だけども、それを許してたのは、街の責任なんですよ。この感覚のズレがね、当初ありましたよ。要するに自分たちは迷惑を被ってしまったと。

火災の発生した明星56ビル跡地の前で毎年行われる慰霊行事に、振興組合はまったく関与していない。振興組合事務局の城克はこのことを、岐阜経済大学の公開シンポジウムでは以下のように語っている。

商店街の人たちは自分たちもこの火災事件の被害者だという感覚を持っていたのです。つまり歌舞伎町の悪いところがこの事故によって露出してしまったという被害者意識を持っている人が九割でした。何ということはない、そういう違法営業を許していたこととか、それを規制しなかったこととかを考えると加害者なのですが、加害者という意識を持っているまちの人は一人もいませんでした。ですから、その事故に

15　事務局長は振興組合によって雇用されている事務職員の長であり、歌舞伎町による地権者あるいはビルオーナーなどではない。つまりいわゆる「地元の人間」ではない。

対してどうしていこうかといったときに、マイナスのイメージを取り戻そうということしか当時はみんな考えていませんでした。悪いものが入ってきたってそれは当たり前なんだよ、それでまちは成り立っているんだよ、という感覚が当時は横行していました。被害者意識があったのものですから、事故の後、最初にやったのは、まちは悪いんじゃないんだ、いいんだよというPRから始めました。（城 2007: 73）

「違法営業」の横行によって、それが所与の状態として受け入れられていたということについては、聞きとりのなかでE元新宿警察署長も以下のように語っている。

本当にキレイにするんだったら、やっぱり違反なくさなきゃダメですよと。でもここはね、街の人が、いまはもう完全にそう言う〔違反をなくす〕方向に一つにまとまってるけれども、当時〔二〇〇一年ごろ〕は正直言ってまとまってなかったんです。歌舞伎町はこれでいいんだと。それでキレイにしてくれって言うんだ。たとえば違反をなくすなら佐々淳行氏なんかは[16]、機動隊一個中隊入れればいいんだと言うけれども、それじゃ〔街の人は〕困るんだ、客が来なくなるから。だから商売もやりながらキレイにもしたい。

振興組合の組合員らがビル火災という事件をどのように受け止めたかについては、上で引用した複数の発言から以下のような少なくとも三つの見方を読み取ることが出来る。

- ●ビル火災は歌舞伎町のイメージダウンをもたらした。
- ●ビル火災は振興組合とは無関係の人間が起こしたものである。
- ●ビル火災でクローズアップされたような「違法営業」などについてはメディアに深入りされたくない。街のイメージアップを図りたい。

それでは、雑居ビル火災を承けて振興組合は実際にどのような活動を行ったのだろうか。

実は、振興組合はちょうど火災発生の直前に、歌舞伎町を「楽しく安心できるまちにするための『歌舞伎町宣言』を発表しようとして」いた（新宿区 2002: 6）。先に触れたように、一九九四年にも振興組合は宣言文を発表しており、二〇〇一年にはさらに拡充された内容が発表されようとしていたのである。

16　「東大安田講堂事件」や「あさま山荘事件」などに関わり、要職を歴任した警察官僚であるが、本論文で扱う範囲での歌舞伎町との関わりとしては、歌舞伎町対策としての機動隊の運用を提言したものが重要である。

その矢先に火災が発生し、「タイミングを失した」として二〇〇一年中に発表されることはなかったため、その当初の意図していた内容は正確には分からない。ただ、振興組合が対外的に何らかの発信を行おうとしたことは確かである。そしてこの「歌舞伎町宣言」は結局、火災の翌年、二〇〇二年の二月末に、「新宿歌舞伎町を、楽しく、安全で安心できるまちにするための宣言」として振興組合によって発表された。

「新宿歌舞伎町を、楽しく、安全で安心できるまちにするための宣言」

（中略）

近年、歌舞伎町は「こわいまち」として知られるようになり、昨年は残念なことに火災が発生して、多くの尊い人命が失われています。歌舞伎町で起こる事件・事故の原因はさまざまであり、簡単には解決できないことが多いのも、私たちは充分に承知しています。歌舞伎町がこのようなまちとなったことは、私たちの築き上げてきた歴史、また来町された多くの方々にとっての大切な「思い出」を、壊すことにも繋がり、さらにそうした「思い出」を次の世代に伝えることを難しくしています。何よりも、現在の歌舞伎町が、このまちを訪れる方々にとって安全で安心して楽しめるようなまちでなくなったことを、私たちは大変残念に思っています。（後略）（歌舞伎町商店街振興組合 2009: 87）

ここにはすでに見たような、ビル火災に対する振興組合のアンビヴァレントな意味づけの一端が垣間見える。この宣言が発表された二月二十六日は、報道等によっても大きく話題になった、歌舞伎町の五〇台の監視カメラが稼働する前日であった。宣言は、その際の記者会見の場で発表されたものである。つまり、この宣言の発表自体が、既にして歌舞伎町のイメージアップのための取り組みであったと言える。人びとの歌舞伎町にまつわる「思い出」に訴求するほか、引用箇所の後略部分では警察や消防等との協力と合わせて振興組合の自助的な取組みについても強調され、「楽しく、安全で安心できるまち」がアピールされた。

五〇台の監視カメラについては、警視庁生活安全部が地元商店街や区の要望を受けて設置したと公表されている。ただし、監視カメラの設置に関してはビル火災のあった二〇〇一年九月に先立って、以前から議論のあったことには注意が必要である。二〇〇一年六月六日には新宿区議会総務区民委員会にて歌舞伎町に五〇台の監視カメラを設置する計画について質疑があり、区長と振興組合理事長が新宿署に要請した旨が明らかにされている。五〇台という具体的な台数も既に言及がなされており、火災の半年後に監視カメラが設置されたからと言って、「ビル火災の影響によって監視カメラが設置された」として巷間に流布している説明は端的に誤りである。

　このように、振興組合は意欲的な宣言文を発表するなどして、歌舞伎町の負のイメージの払拭を図っていたが、それと同時にポジティブなイメージの発信も行おうとしていた。それは主として映画に関連したイベントを開催することであった。これについて振興組合事務局の城は以下のように述懐している。

> 　先ほどの四四名の犠牲者を出してしまった事故をきっかけに、失われた歌舞伎町ブランドを回復するためのPRイベントを始めたのがきっかけで、それが将来的にルネッサンスに発展していくわけですけれども、その間にやったことというのは、先ほどお話ししましたように、とにかくばかでかいものを誘致すれば新聞が取り上げてくれて、歌舞伎町とのミスマッチをうたってくれれば歌舞伎町がPRできるのではないかと思いまして、映画の興行会社の方の協力を得て、ハリウッドからスターを呼んでイベントをやったり、映画にちなんだイベントをコマ劇場の前の広場《マ》させ《マ》ていただいたりということで対応してまいりました。（城 2007: 73）

　ここで言及される「ルネッサンス」とは前節でも簡単に触れた「歌舞伎町ルネッサンス」という地域活性化の取組みのことである。先程の宣言文の発表にせよ、このような映画関連イベントの発信にせよ、いずれも歌舞伎町の「イメージ」を巡って活動が行われていることに注意しよう。

　もちろん、振興組合は商店街の「振興」のため、来街者が歌舞伎町に対して抱く「イメージ」に関して、ネガティブイメージは払拭し、ポジティブイメージは強化していく戦略をとるのは当然のことである。しかし、前章で見た設立当初の振興組合の姿のなかには、地権者から商店や各種営業者までを媒介する集団としての特質があった。この媒介は共同行為や継続的コミュニケーションを含み、単なるイメージ戦略以上の実践であった。

　次項で見るのは、振興組合から徐々に失われていった媒介集団としての性質を取り戻そうとする活動である。それは、映画に関連したイベントの開催とは異なり、来街者に何らかのポジティブなイメージを直接的に与えるものではないが、商店街振興組合という組織であればこそ可能な、歌舞伎町における包摂の試みである。そしてこれは、単に排除された社会集団へのアプローチというだけではない、相対的に異質な二集団のあいだの架橋としての性質をも併せ持った試みなのである。

2-2　振興組合による把握と包摂

「よくしよう委員会」

二〇〇一年四月、歌舞伎町商店街振興組合に「よくしよう委員会」という内部委員会が発足した[17]。この会議体は、振興組合理事の個人的な活動に端を発する。歌舞伎町を活性化し人を呼び込むために、シンボルとして巨大なワニの像を建設したい、という情熱を抱いたA理事（当時）が、その立役者である。その意味では、上で見たような歌舞伎町の「イメージアップ」戦略の延長線上に生まれた活動であると理解できる。

巨大ワニ像建設は費用などの問題から理事会で全く賛同を得られないアイディアであったが、これを推進するA理事の情熱の強さにより、当時の振興組合理事長が、広く歌舞伎町をよくするための意見を募り協議するための諮問委員会の設置を認めた。その諮問委員会の名称が「よくしよう委員会」である。

結局、巨大ワニ像の設置には八〇〇万円の費用が必要であることが明らかになり、A氏が会長を務めるよくしよう委員会においてすら賛同は得られなかった。立ち上げ当初のよくしよう委員会についてA氏は以下のように語った。

ワニじゃなくていいでしょっていうことで、もっとやること違うことがいっぱいあるよねっていう話の中で、よくしよう委員会が主導を取ってね、僕は組合員って言われる人たち以外に、歌舞伎町でその商売やってる人たちをどうやって一緒になって仲間に入れてやっていくか、やりたいなーって常々思ってて、出来るだけそういう人たちも来てもらうようにして、やってたんですよ。

以下ではA氏の発言をつなぎ合わせながら、この間の事情について確認しよう。A氏によれば、一九九〇年代ごろまで、振興組合は組合員で行く旅行についての相談などが主な話題となる「仲間意識の振興組合」であったという。それが、一九九五年に理事長が交代した頃から、「やっぱそうじゃなくて、街の何か、街のためにやろうよっていう機運が生まれて、今まで歌舞伎町の振興組合に出てこなかった人たちも、どうやって入れるかっていうこと」を考えるようになったという。一九九〇年ごろまでに、振興組合は組合員数を大きく減少させてきたなかで、「結局地元の人だっていう人たちが、だいぶ減って」きた。

17　振興組合の定款には第四七条に「事業の執行に関し理事会の諮問機関として」組織を設置できる、とされており、「よくしよう委員会」はこの諮問機関に当たる。

以前からいた「地元の人」がいなくなる一方で、歌舞伎町では商売をする「新しい人が出てきた」。彼らは「地元の人」ではなく、それゆえ振興組合の組合員でもなかったが、A氏には、もはやその「新しい人」が歌舞伎町における多数派であるという認識があった。それゆえ、そのような非組合員の、「歌舞伎町で商売やってる人」を「仲間に入れる」ことを企図したのであった。

よくしよう委員会の設立「当初は」、そのメンバーシップについて、「まったく区と変わらないスタンスで、風俗は駄目、何は駄目、ああいう人たちは入れちゃ駄目、ああいう人たちと付き合っちゃ駄目」としていた。既に見たように、新宿区は歌舞伎町ルネッサンスなどの取り組みの全てにおいて、風俗営業の参加をいっさい認めていない。A氏の発言は区のこのような「スタンス」のことを指している。

風俗営業関係者をメンバーに迎えたよくしよう委員会の活動に振興組合の資金を投入することに関しては、組合員からも「振興組合のお金をそんなところに使うな」などの非難、批判があった。つまり、風俗営業関係者の参加に対する抵抗感は、新宿区だけでなく、振興組合の組合員によっても抱かれていたのである（個別の組合員の風俗営業との関わり方については後述）。

しかし、よくしよう委員会は映画関連イベントやその他各種の企画を実行する中で、振興組合から徐々にその必要性を認められていった。「必要性もあるし、一番活動してるのも」よくしよう委員会だということについては、他の振興組合の組合員にも「分かっていただいて、まぁいま、理解はしていただいている」状態である。振興組合本体の活動はこの時期にはかなり不活発であり、それと対照的なよくしよう委員会の行動力や実行力が、一定の評価を得たものと見られる。

振興組合の活動が不活発であったことは、組合員名簿の管理の遅滞としても表れていた。既に言及したように、二〇〇六年にこれが問題視され調査が実施された際には、名簿に名前のあった八〇〇人の組合員（法人を含む）のうち、六〇〇人に連絡すら取れないことが判明した。また連絡が可能だった残りの二〇〇人の中でも、振興組合の会議等、実質的な活動に参加する者はその中でも半分以下である。この数字は歌舞伎町で営業する数千に及ぶ店舗に対してあまりに少なく、A氏はかねてよりこのような状況を打開したいと考えていたという。

こうした状況からは、よくしよう委員会に風俗営業の事業者を参加させるのではなく、振興組合の組合員として加入させてしまう方が理に適っているとも考えられる。しかしながら振興組合そのものに組合員として風俗営業を加入させることは、「暗黙の了解」によってできない、とA氏は語る。

組合っていうのは行政とかそういうのの窓口じゃないですか。そこには入れられないっていうのが暗黙であるんですよ。だから活動としては、振興組合の組合員のために今まではやってたんだけど、やっぱり組合員が激減してね、それはそのままでいいのかっていうなかで、やっぱりそうじゃなくて新しいひとたちを入れて、それで歌舞伎町の良さを出そうよっていうのがよくしよう委員会。それが業種はこれとこれは駄目だよっていうのはしてますけど、それ以外の業種は歌舞伎町一丁目二丁目問わず、入ってきてっていう。

ここで「駄目だ」とされている業種とは風適法上の性風俗特殊営業であり、各種の「ヘルス」や「イメクラ」、「ソープ」などの業態のことである。よくしよう委員会は、性風俗にこそ参加を呼びかけなかったものの、接待系の風俗営業（キャバクラ、ホストクラブなど）に関しては委員会への参加を受け入れた。

実際に数人のホストクラブ経営者らがよくしよう委員会の会議等に参加し始めたのは二〇〇六年ごろからであった。よくしよう委員会に参加したホストクラブ経営者G氏への聞きとりによれば、当初は「なんで〔ホストが〕来てるんだって、やっぱり白い目でしか見られなかった」し、「どうなのホスト事情は」と委員会参加者に尋ねられては「ホストいまこういう状況で街はこういう状況ですっていうのを何度も聞かれたり喋っていた」という。このように、G氏は必ずしもその最初期からスムーズに包摂されたとは感じていなかったようであるが、二〇一六年現在に至るまで、よくしよう委員会の後継会議や関連する取組みに参加する状態は継続している。

振興組合の内部諮問機関として設置されたよくしよう委員会に、風俗営業関係者を参加させることに、組合員の反対があったのは既に述べたとおりである。そうした反対のもとでホストクラブの参加が可能になったのは、ひとつにはよくしよう委員会が活発に映画関連イベントなどを実行していった実績への評価があったが、これに加えて、それまでの振興組合の活動に既に下地があったことも指摘されなければならないだろう。二〇〇五年十二月に、振興組合は、二〇〇二年にも作成した『歌舞伎町オフィシャルタウンマップ』を、改訂して再び制作、発行している。これはよくしよう委員会ではなく振興組合の事業として行われた。この中では、未だホストクラブの店舗案内は見られないものの、多くのキャバクラの情報が並び、（「違法」なものでない限りは）風俗営業を無視せず、むしろ引き立てていこうとする意図が見られる。つまり、よくしよう委員会のみならず、その母体である振興組合にとっても、風俗営業は完全な排除の対象ではなかったのである。よくしよう委員会によるホストクラブの包摂はこうした姿勢の延長線上にあったものと評価できる。

よくしよう委員会と「ホスト協力会」

風俗産業は、その店舗が空間的に外部から切断されているだけでなく、主体としても細分化されており、他の諸主体との交流をほとんど持たない。とりわけ、警察や自治体といった行政機関からは規制の対象として位置づけられ、歌舞伎町の主要産業でありながらも行政の「まちづくり」などに参与する余地は与えられていない。警察は風俗産業に対する査察の権限を有し、現に行使してもいるが、現実には立入査察はきわめて限定的なものに留まっている。警察による立入が限定的であることは、自治体が風俗産業を不透明なものとして意味づけることにも貢献している。警察が充分に査察を行っていれば、現行の営業している風俗産業は一応のスクリーニングを経た、多少なりとも信頼に足る事業体と見なされ得るだろう。しかし現実の風俗産業は充分に査察も行われていない得体の知れない存在であり、自治体は「見て見ぬふり」の態度を貫いている。このように、行政機関は風俗産業にまったく関与しないか、関与するとしても警察が限定的に介入するといった程度の接触に留まっている。

その意味では、「よくしよう委員会」への風俗産業の参加は、歌舞伎町において基本的には散発的に介入される客体の地位に留まっている風俗産業が、「地域」に主体として介入する例外的な場面であったと言えよう。

これに関連して注目すべきは、警察の主導で組織されたホストクラブの団体である「ホスト協力会」である。ホスト協力会は、新宿警察署の主導で毎年、新宿駅周辺の商店街関係者らの参加を得て開催されている「みかじめ料不払い宣言大会」に合わせて、二〇〇六年十二月に結成された。名称には細かな変遷があるが、ここでは一括して「ホスト協力会」としておく。

前節で見たような暴力団対策の一環として、新宿警察署は二〇〇六年に歌舞伎町のホストクラブに対して暴力団との関係を断ちきるように働きかけた。警察によるこうした働きかけに応じた店舗によって結成されたのがホスト協力会である。結成当初、加盟店舗は二七あったという。当時も歌舞伎町のホストクラブは約二〇〇店が営業しているとされ、組織率は低かったが、現在に至るまでに加盟店舗数はさらに減少している。ホスト協力会の「最高顧問」(当時)である愛田武氏は雑誌のインタビューに応えて、設立の経緯を以下のように語っている。

「今年の八月、新宿警察署暴力団対策本部に頼まれたんだよ。「ヤクザを排除したいから、手を貸してくれ」ってね。

石原（慎太郎）都知事の歌舞伎町浄化作戦の一環だろ。オリンピックの立候補都市にも決まったし、「二四時間眠らない街」の歌舞伎町をクリーンにして国際社会に通じる街にしようとしてるんだよ。」（『週間朝日』二〇〇六年十二月一日、一六〇頁）

ホスト協力会に加盟するためには、ホスト協力会による審査・承認の他に、それとは独立して警察によって行われる審査――営業が「遵法」かどうかの――をクリアしなければならないという[18]。これは、ホスト協力会が警察によって主導的に組織され、警察との関係を保持しながら存続していることを意味している。

ホスト協力会は、「遵法」の風俗営業を支援したいと考えていた振興組合の「よくしよう委員会」メンバーにとって、うってつけの枠組みであった。「遵法」であることは警察によってお墨付きが与えられている上に、組織化されており、コミュニケーションの相手方とすることが容易だったからだ。ホストクラブのよくしよう委員会への参加は、このホスト協力会の枠組みのもとで実現したものであった。

ホストクラブは、よくしよう委員会の会合に参加し、地域活性化イベントについて風俗営業の立場から発言するなどしていたほかに、第5章で取り上げる振興組合のパトロール活動にも参加していた時期があった。ホスト協力会の加盟店舗が持ち回りで担当日を決め、担当日にはその店舗から何人かのホストをパトロールに参加させる、というかたちでの参加であった。

そこでホスト協力会からパトロールに参加したホストらは、来街者に対して図3-6に示すような紙片の封入されたポケットティッシュを配っていた。

二〇〇八年にホスト協力会の関係者に対して行った聞き取りによれば、このティッシュは警察によって提供されているものであり、またそのティッシュを配るために必要な道路使用許可も、ホストクラブ側が申請せずとも「警察が用意してくれる」という。つまり、ホスト協力会の活動はその設立の経緯からして、警察に主導されたものという性質が色濃い。パトロールへのホストクラブの参加は、遅くとも二〇一四年には行われなくなった[19]。しかしながら、既述の通り、風俗産業の事業者が、こ

18　二〇〇八年五月十四日のフィールドノートより、よくしよう委員会におけるホスト協力会関係者の発言による。

19　いつ頃から、どういった経緯で参加が中止されたのかについては不明。

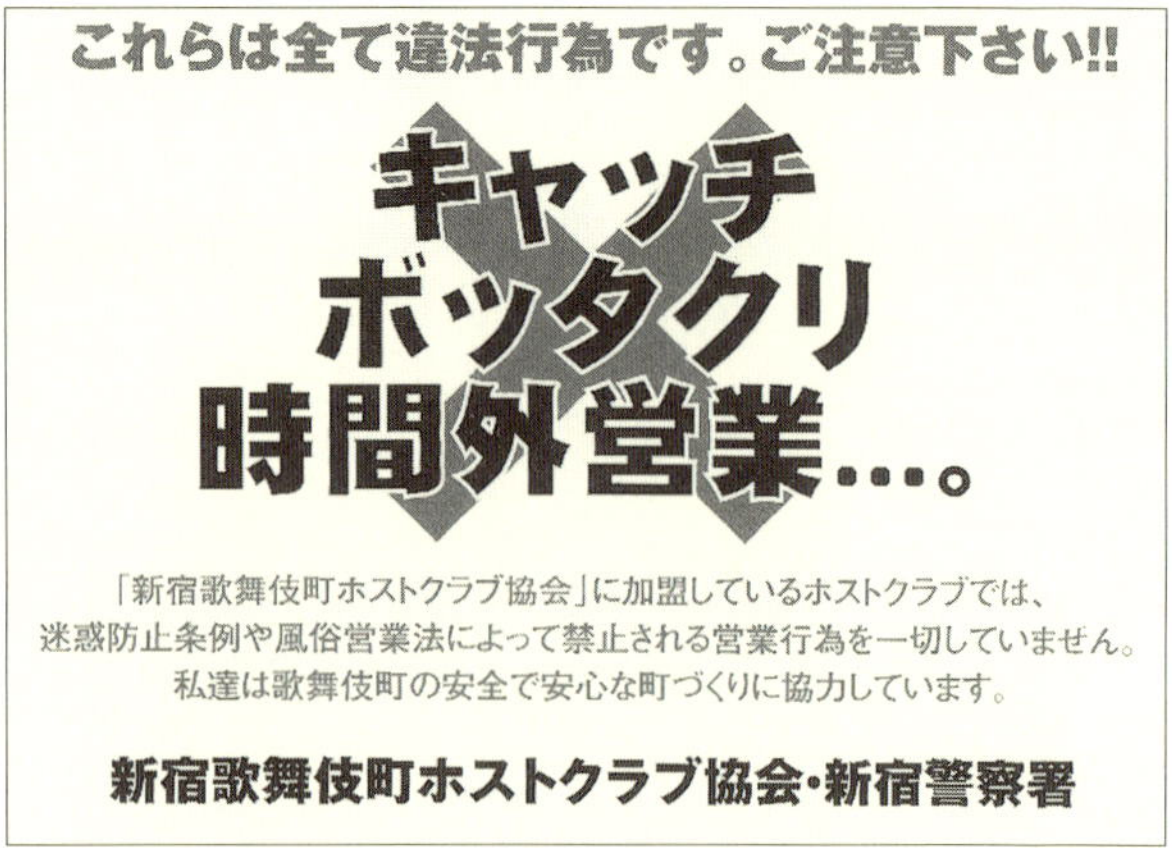
これらは全て違法行為です。ご注意下さい!!
キャッチ
ボッタクリ
時間外営業….。
「新宿歌舞伎町ホストクラブ協会」に加盟しているホストクラブでは、
迷惑防止条例や風俗営業法によって禁止される営業行為を一切していません。
私達は歌舞伎町の安全で安心な町づくりに協力しています。
新宿歌舞伎町ホストクラブ協会・新宿警察署

図 3-6　ホスト協力会の配るティッシュ

のように「地域」という活動領域に関わった数少ない例外的な事例として、ホスト協力会の活動は評価されてよい。

「遵法」のホストクラブ自身が違法営業を告発するような行動を取り、しかもそれは警察や振興組合との協働として実践されている。よくしよう委員会の活動は、風俗産業とも協力した経済の振興というユニークな方針のもとで展開された。そしてこうした方針はよくしよう委員会の後にも様々に名称を変えて、A氏を中心とした振興組合の内部委員会のなかで機能していくこととなる[20]。

以上で見てきたように、振興組合は二面性を有する。一面において「行政との窓口」として活動しながら、他面において風俗産業まで含めた民間主体の糾合とも言うべき包摂的な活動をも展開しているのである。この点において、振興組合は風俗産業と行政とのあいだに立ち、ネットワーク上のブリッジの役割を果たしていると言える。振興組合が「〈振興組合本体〉とその諮問委員会としての〈よくしよう委員会〉」という二重構造を有していたことは、このような風俗産業の「地域」への参与を受け入れるために適合的であった。

ところで、元来、振興組合は主として地権者によって構成さ

20　二〇一四年以降は、コマ劇場跡地を始めとしてホテルの新規開業が歌舞伎町で相次ぐことから、そうしたホテルと飲食店、風俗店等を媒介する「歌舞伎町コンシェルジュ委員会」が振興組合の協賛のもとで立ち上げられた。このなかではキャバクラ、ホストクラブはもちろんのこと、ソープランドやヘルスといった店舗型性風俗も会議に参加している。コンシェルジュ委員会の活動が軌道に乗るかどうかについては今後の様々な条件に依存するものの、包摂的な方針は依然として維持されていることが分かる。

れてきたため、今日においても主要な構成員が地権者であることに変わりはない。歌舞伎町において地権者とは多くの場合ビルオーナーでもある。ビルオーナーとしての組合員個人の活動は、組織としての振興組合の活動とは区別して記述されるべき論点であり、以下ではこれについて見ていく。

2-3　ビルオーナーとしての振興組合員

本節ではビルオーナーとしての振興組合員を、主としてテナントに対する態度に関連づけて分析する。既に見たように、一九五〇年代から六〇年代にかけて、組合員の多くは歌舞伎町で家業を営んでいた。しかし、「二代目となると商売から離れビルオーナーに転身する者が増加し」（歌舞伎町商店街振興組合 2009: 75　再掲）、一九八〇年代終わりには組合員の約八割がビルオーナーであった。このなかには持ちビルのなかで「商売」を続ける者もあったが、いずれにせよ組合員の八割は「ビルオーナー」という属性を共有しているのである。

次節で見るように、ビルオーナーはテナントとの賃貸借契約を、ほとんど例外なく不動産業者を通じて結んでおり、「ビル経営」の活動は全面的に不動産業者に委託されている場合が多い。ビルオーナーは、当然、どのようなテナントに部屋を貸すのか、どの程度の家賃を設定するのかについて最終的な決定権をもつが、テナントの募集から契約締結に至る実務は不動産業者が担う。つまり、ビルオーナーがビル経営に関わる局面は、大まかな方針を決定するという程度の限定されたものである。

ところが、ビルオーナーが決定するこの大まかな方針のうちには、風俗産業の入居を認めるか否か、という歓楽街にとってきわめて重要なポイントが含まれている。風俗営業の許可申請ならびに性風俗関連特殊営業の届出には、オーナーの承諾（使用承諾書）が必要だからだ。つまり、不動産経営の実質をいかに不動産業者が担おうとも、少なくともこの点についてはビルオーナーに関する記述がなされる必要がある。許可、届出のなされている風俗産業のすべては、ビルオーナーの承諾を得ているのだ。

そのため以下では、ビルオーナーを、自ビルに風俗産業の入居を認めているオーナー（風俗産業容認派のオーナー）と、認めていないオーナー（風俗産業否定派のオーナー）とに区別して分析を行うこととする。

■風俗産業容認派のオーナー

ここでまずもって確認されるべきは、組合員としての活動とビルオーナーとしての活動の区別である。既に見てきたように、組合員のなかには風俗産業に肯定的な人びとが一定数存在していた。彼らは歌舞伎町経済の活性化という目的には風俗産業を応援することが有効であると考えているのである。ところが、風俗産業に対して肯定的な組合員も、自らが所有するビルに風俗産業を入居させる者ばかりではない。チェーン店のようなテナントが入居する、メインストリートに面したビルのオーナーは、組合の活動として風俗産業を応援していても、わざわざ自らのビルに風俗産業を入居させることはしていないのである。つまり、「風俗産業でない借り手がつくのであれば、好きこのんで風俗産業に貸すわけではない」という態度がここにはある。この点については次節で不動産業者の活動の分析において詳述するが、基本的にはこうした態度はオーナーらに広く共通して見られるものである。

さて、自らが経営するビルに風俗産業が入居することを認める、風俗産業容認派の組合員のなかには、暴力団についてすらも警戒する必要はないと考える者もいる。自らが所有するビルに風俗産業の入居を認めているI氏は、暴力団は「必要悪」だと語った。I氏の持論はこうである——風俗産業は一番の稼ぎ時である深夜の営業を風適法によって禁止されている。しかし実態としては深夜一時以降の「時間外営業」は常態化しており、その意味で風俗産業は「違法」営業であることが通例である。こうした状況下で脛に傷持つ風俗産業は、客とのトラブルなどに際しても警察を頼りにすることができない。そのため、トラブル解決のために暴力団のニーズが生まれる——こうした自説に続けて、I氏は以下のようにも語った。

歌舞伎町では暴力団の存在感があることによって、トラブルが未然に防がれている側面もある。それに、みかじめ料はそんなに高くない。遵法にやっていれば〔風俗産業であっても〕排除する必要はない。全部の店を調べられるわけがない。共存共栄していければいい。

もちろん、このI氏も暴力団の介入を全面的に容認しているわけではない。I氏は自ビルに事務所を構え、そこに毎日出勤してくることによってテナントとの「つながり」の維持に努めている。仲介業者に対しては当然、「違法」な風俗産業は入居させないようにと注文はしているものの、結局のところは仲介業者まかせにすることはできず、テナントと「共存共栄できるかどうか、自分で見極める必要がある」と言う。そこで、「トラブルが起こる前に〔テナントと〕つながっておきたい」ため、毎日自らのビルに出勤するのである。テナントとビルは「運命共同体」であり、「水清ければ魚住まず」の歌舞伎町においてビルオーナーは「清濁併せのむ」側面を持つべきだ、とI氏は主張する。

同じく風俗産業の入居を認めているJ氏は、通りごとに設置されている街灯の電気代をまかなう「町会費」を、歌舞伎町のビルに多数入居している暴力団事務所からも徴収すべきだ、と組合の会議で主張したことがある。この主張は他の組合員の反対にあって実現しなかったが、J氏が暴力団を交渉の余地のない相手とは見ていないことをこのエピソードはよく物語っている。ただしJ氏は、風俗産業を入居させるに際してもテナントが暴力団と関係してトラブルが起きたりするような事態は未然に防ぐ必要がある、とも語っており、暴力団を何らかのトラブルの種と見なす見方は根強い。とりわけ、オーナーとテナントのあいだに不動産業者が二社以上介在すると、自分が直接知らない不動産業者（テナント側）が暴力団関係のテナントをつけてしまうおそれがあるため、自分が依頼した不動産業者に直接テナントも見つけてもらうようにしていると語った。

■風俗産業否定派の組合員

一方、風俗産業に対して否定的な組合員も多い。ビルオーナーのK氏に対して風俗産業に関する態度をたずねたところ、「ダーティなものは一切ダメ」という返事が返ってきた。つまりK氏は風俗産業をすべて「ダーティなもの」として捉え、自らのビルにはいっさい入居させない方針を採っている。風俗産業否定派の組合員もほとんどが仲介業者を介してテナントと契約しているが、こちらは仲介業者に対して風俗産業を入居させないように指示している。風俗産業は暴力団とのつながりが懸念されており、暴力団といったん関わり合ってしまったらビルが「乗っ取られて」しまうのではないかという警戒心が持たれている。

この警戒は根拠のない憶測ではなく、実際に起きた暴力団とのトラブルから得た教訓である、とK氏は語る。K氏によれば、あるビルオーナーが仲介業者を介して暴力団のフロント企業を入居させてしまい、それがきっかけでついにはビルを「乗っ取られて」しまったという。このエピソードには細部で不明な点もあるが、結局、ビルオーナーは裁判を起こして何とかビルを取り戻したのち、歌舞伎町に「いられなくなり」地方に転居してしまったという。前章で述べたように、バブル期の地上げの激しさは、歌舞伎町に一五あった町会の数を一二に減らしてしまうほどのものだった。それに加えてこのような組合員の事例は、暴力団とのトラブルがビルオーナーにとっては他人事でないことを示している。

とりわけ、歌舞伎町においては極めて稀なケースであるものの、ビルに家族が居住しているビルオーナーが暴力団に対して抱く警戒心は強い。現在でも歌舞伎町に居住しているのは、ビルオーナーである現役組合員の親世代、つまり戦後復興当時からの「歌舞伎町第一世代」とでも言うべき高齢世代であり、オーナーは老親の入居しているビルの治安維持に強い関心を持っている。自ビルに親が居住しているK氏は、テナント一軒一軒がビルと「運命共同体」であると表現した。この表現は風俗産業容認派のI氏が用いていたものと全く同じだが、しかしその意味するところはI氏と対照的であり、K氏は「運命共同体」であるからこそ風俗産業を入居させていない。そればかりか、暴力団からみかじめ料を要求された際にどう対処すればよいかのシミュレーションを、新規の入居があるごとにテナントに対してオーナー自ら講習し、所有するビルが暴力団と関係を持たないように徹底して注意を払っている。どこか一ヵ所でもテナントが暴力団につけいる隙を与えれば、他のテナントにも害悪が波及してくるだろう、というのがK氏の言う「運命共同体」の意味なのである。

ビルオーナーがテナントに対して選好を働かせると、空き室に入居する店舗が見つかりにくくなる場合も出てくる。とりわけ大通りに面しているわけではなかったり、空き室が地下階にあったりした場合には、仲介業者を介してもなお借り手を探すのが困難になる。風俗産業をテナントの候補から除外することは、空き室のリスクを高めることに直結する。

振興組合のなかには、建て替えに際してわざとビルを低層のままに留めたり、あるいは自らの営む家業のみが入居するようにしたりして、このような面倒とトラブルを回避しようとする組合員もいる。組合員のL氏は、「既に中層のビルを建てた近隣のビルオーナーの苦労を見ていたら、自分はテナントを入れるビルを建てる気にはとてもならなかった」、と語った。テナントからの家賃収入を諦めて、自ビルを低層に留めるというこのL氏の事例は、風俗産業の入居を容認しない組合員たちが共有するリスク認識を、もっとも鮮やかなかたちで示している。

以上、本節では振興組合の組合としての活動と内部委員会である「よくしよう委員会」による包摂の取組み、そして組合員のビルオーナーとしての風俗産業への態度を見てきた。自治体からは歌舞伎町でほぼ唯一の「地元組織」のように扱われる振興組合であるが、前節で見たように実際の協働は限定的なものであった。区議会で「マップ」が問題視され、振興組合の「一定の公共性」が取り沙汰されるに至ったのも、本節で詳述したような振興組合の内実を見れば、避けられないことであったと言えよう。振興組合の経済活性化に対する立場は風俗産業をも包摂しようとするものであり、自治体の共闘の全面的なパートナーにはそもそも成り得なかったのである。

しかしながら、振興組合は単なる私的な営利主体ではない、という点もまた、見逃されてはならない。歌舞伎町という地域全体のイメージを憂慮する態度は、個別の店舗にはあまり見られない。振興組合の組合員が地域イメージに対して抱く関心は、振興組合の構成員の八割以上が共有する「ビルオーナー」という属性と密接に関連しているだろう。ビルの経営においては、各店舗の個別の経営とは相対的に独立した位相が立ち現れる。

既に簡単に言及したように、実際のビル経営は多くの場合不動産業者に一任されており、ビルオーナーが直接に関わるわけではない。歌舞伎町の雑居ビルにおいては所有と経営が基本的には完全に分離している。オーナーは依然として利害関係者ではあるが、ビル経営の具体的な諸活動は専門家たる不動産業者への外注に依存している。

このビル経営の具体的な活動こそが、本章で焦点を当ててきた雑居ビルという活動領域と、次章で取り上げるビル内部の店舗空間という活動領域をつなぐ重要な役割を果たす。次節ではその不動産業者の活動について検討しよう。

3　不動産業者の空間管理

振興組合のほとんどの組合員は、所有するビルにテナントを入居させる際には不動産業者を介して賃貸契約を結ぶ。不動産業者は契約の仲介の他に幅広くビルの管理業務を担うこともある。不動産業者が介在すれば中間マージン（仲介手数料）が発生し、ビルオーナーにもテナントにも負担となるが、後に本節の第三項で見るように、不動産業者は業界内での相互扶助的なネットワークを持つことによって、ビルオーナーとテナントの円滑な契約を可能にしている。彼らはネットワーク内で相互に空き物件の情報を共有すると同時に、多くの窓口で入居希望者と接することで、広くテナントを募集することができるのである。ビルオーナーにとっては不動産業者に仲介や管理を委託することで、しばしば短期で退去してしまうテナントの次の入居者を速やかに見つけることができるし、家賃の遅滞や未納をはじめとした様々なトラブルに直接関わらなくて済むという大きな利点がある。

本節で不動産業者を注目すべき主体のひとつとして取り上げることは、歌舞伎町という対象の固有性に関わっている。歌舞伎町以外の地域においては、不動産業者は単なる仲介者として、地域社会研究において取り上げるべき主題のリストから除外されてしまうかも知れない。しかし本章の第1節で見たように、歌舞伎町における不動産の仲介契約に関して警察が懸念していたのは、「善良なビルオーナー」が不動産業者にテナント選定を一任してしまった結果、違法な風俗店にビルを占拠されてしまうような事態が発生することであった。こうした警察の懸念が示唆するのは、不動産業者はビルオーナーとテナントのあいだの中立的な仲介者、あるいは単なる代理人ではなく、独自の対象として分析されるべき主体だということである。本節ではまずもって、単に「仲介」と抽象的に表現されたときには取りこぼされてしまう、オーナーとテナントとのあいだに立つ不動産業者の多様な活動を記述することに力を注ごう。その記述の内容から、歌舞伎町において注目すべき対象としての不動産業者を浮かび上がらせたい。

　不動産業が関わる商行為は多様であり、日本標準産業分類（二〇〇七年十一月改定）の「不動産業」には、「主として不動産の売買、交換、賃貸、管理又は不動産の売買、貸借、交換の代理若しくは仲介を行う事業所が分類される」と説明されている。また不動産業界に関する概説書では、開発、分譲、賃貸、仲介、管理の五部門に分類されるという説明が通有である（磯村 2007; 矢部 2009; 山下 2010）。不動産業を規制する法律である宅地建物取引業法（宅建業法）の第二条第二号には、「宅地若しくは建物（建物の一部を含む。以下同じ。）の売買若しくは交換又は宅地若しくは建物の売買、交換若しくは貸借の代理若しくは媒介をする行為で業として行なうもの」として「宅地建物取引業」が定義されている。上記の概説書における五分類のうちの開発、分譲、仲介に関わる不動産業者は宅建業法で定められるところの宅建業に当たると言える。宅建業に携わるためには国家資格である宅建免許を取得する必要があり、宅建免許取得者は東京都都市整備局のホームページ[21]で公開されている。ここで「主たる事務所（本店）の所在地」が「新宿区歌舞伎町」である業者を検索すると、結果は五九件であった。[22]この五九事業所について、検索結果に表示される「最初の免許取得年月日」を集計したのが表3-6である。

表 3-6　宅建免許の取得年別事業所数

取得年	1960 年代	70 年代	80 年代	90 年代	2000 年代	2010 年代
事業所数	1	5	13	9	23	8

　この五九社はいずれも歌舞伎町に主たる事務所（本店）があり、このうち歌舞伎町のほかに支店を持つ事業者は二社のみであった。いっぽう、本

店が歌舞伎町の外にあり歌舞伎町内に支店を持って活動している不動産業者や、歌舞伎町に営業所を持たずに歌舞伎町の物件を扱う不動産業者も存在するが、これらの情報は都市整備局のデータベースからは検索することができない。

このデータベースからは、少なくとも歌舞伎町に主たる事務所（本店）を置く事業者は中小規模で[23]、ほとんどすべての業者が地元に密着して他地域には業務展開していないことが読み取れる[24]。宅建免許の取得年別事業所数を見ると、一九六八年に最初の宅建免許を取得している業者が、歌舞伎町に主たる事務所（本店）を置く最古参である。

不動産業の携わる開発、分譲、賃貸、仲介、管理、という五部門のうち、近年の歌舞伎町では前章までで見たとおり開発と分譲は下火である。そのため、一九八〇年ごろから本論文の調査が終了した二〇一四年時点においても歌舞伎町における不動産業の主要な業務は賃貸、仲介、管理という三つの部門であると言える[25]。

不動産業と歌舞伎町におけるその事業の概要は以上の通りである。以下、本節では歌舞伎町における不動産業の分析を行う。

21　http://www.takken.metro.tokyo.jp/TIGV0200?MENUID=TIGJ0100（二〇一六年七月十九日最終確認）

22　二〇一四年二月十五日の検索。

23　データベースでは「免許申請時点の資本金」額も閲覧できる。五九社から外れ値の一社を除いた五八社の平均資本金額は約一二〇〇万円であった（外れ値は「東急レクリエーション」の約七〇億円）。

24　もっとも、こうした傾向は歌舞伎町に限らず不動産業界全体についても当てはまる。不動産業に関する手に入りやすい統計はマンションやオフィスビルといった一定の分野に限定されているものの、宅建業者全体についての統計は利用可能である。宅建免許は、単一の都道府県に事務所を設置するばあい知事免許が、二つ以上の都道府県に設置するばあい国土交通大臣免許が必要で、国土交通省の「平成23年度宅地建物取引業法の施行状況調査結果について」（http://www.mlit.go.jp/common/000228571.pdf　二〇一六年七月最終確認）によれば、二〇一一年度の宅建業者数全体のうち、大臣免許は二一三三二、知事免許は一二一七九〇で、大部分が複数の都道府県にまたがらずに事業を営んでいる。

25　ただし二〇一〇年前後から歌舞伎町内のビルは建て替えの時期にさしかかっており、二〇二〇年の東京オリンピック開催とも相まって、こんご歌舞伎町の不動産業のなかでも開発や分譲といった分野が存在感を増してくることはじゅうぶん予想できる。しかし同時に、建て替えが実際に可能となるかどうかはさまざまな条件（資金の調達、建築基準への適合、その上での採算の目処、等々）に依存する。

第一項（3―1）では不動産業の業務内容について確認し、第二項（3―2）で歌舞伎町という特殊な地域的背景の影響を記述した上で、第三項（3―3）で業界内における各業者間の関係を分析する。

本節の記述は主としてインタビューに基づいており、主なインフォーマントは不動産会社Nの支店長M氏と、不動産会社Pの社員O氏であるが、その他に適宜関連するインフォーマントからの聞きとりも参照する。

3―1　業務内容

賃貸、仲介、管理

歌舞伎町で不動産業者が行う賃貸、仲介、管理という業務は、実態としてはそれぞれに境界が曖昧なものの、いちおう以下のような内容として区別することができる。

「賃貸」とはビルの所有者（オーナー）がその物件（ビルの部屋）への入居を許可する対価としてテナントから家賃の支払いを受ける経済取引を指す。とりわけ歌舞伎町においては住居や事務所としてではなく、店舗として入居し営業が行われる場合が多い。「住居や事務所ではなく店舗である」という用途上の特徴はさまざまな重要な帰結を生むが、これについてはのちに各業務の記述の局面で述べることとする。

「仲介」とは歌舞伎町では主として賃貸について、代理人として契約を結んだり、借り主（テナント）と貸し主（オーナー）のあいだの交渉や仲立ちを行う業務である。仲介手数料は借り主と貸し主の双方から仲介者に対して支払われる。既に見たように仲介者はひとりとは限らず、何人もの仲介者が借り主と貸し主のあいだに介在する場合もある。二〇〇一年の雑居ビル火災においてはそうした多重の仲介者によって「実態としてのオーナー」の把握が困難であることが指摘されたのであった。しかし、後に見るように複数の仲介者が介在しないケースも多い。

「管理」は大きく分けて設備管理と事務管理に区別できる。設備管理とは、共用部の清掃やエレベーターのメンテナンスなど、物理的な建築物の保守管理を指す。これに対して事務管理は家賃の回収やクレーム処理などのテナント対応全般を指す。設備管理については広域で業務を展開している専門の企業に外注される場合が多く、本節で取り上げる管理業務は主として事務管理である。

収益の構造

以上の各種業務、つまり賃貸、仲介、管理はそれぞれに異なる経済構造を持っている。これらの各活動について以下で個別に見ていく。

■賃貸

繁華街における賃貸については、基本的に需給関係に応じて賃料（家賃）が変動する[26]。同じビル内でもひと部屋（いち物件[27]）ごとに個別の細かな間取りの違いや設備の違いなどがあり（共時的変動）、同じ物件でも時期によって家賃は上下する（通時的変動）。たとえば「路面」と呼ばれる一階の部屋の家賃は、「空中階」と呼ばれる二階以上に比べて極めて高いし、好況時と不況時では家賃は大幅に変動する。具体的には二〇一四年ごろの歌舞伎町の路面店の家賃はひと坪あたり一〇万円程度であるのに対して空中階は二万五〇〇〇円程度である（M氏、O氏への聞きとりによる）。歌舞伎町の物件面積は三〇坪程度が標準的なので、路面店では約三〇〇万円、空中階では約八〇万円が一カ月の家賃の標準額となる。もちろんこの金額は物件がどの「通り」に面しているかなどの細かい条件によって変動する。また、二〇一一年の東日本大震災直後には賃料が近年で最も落ち込み、路面店でも坪六万円程度の家賃であったという。インフォーマントによれば、家賃にはこのように概ねの相場があるが、それと同時に需給関係によって価格は大きく上下し、極端な例としては歌舞伎町内の路面店で二〇一四年の聞きとり時点にひと坪一〇〇万円で契約していた店舗もあったという。

こうした外れ値を生み出す、どこの通りの何階に店があるかといった細かい違い以前に、そもそも歌舞伎町に出店すること自体が独自の意義を有することは言うまでもない。一例として、フランスのある有名ファッションブランドの担当者は、歌舞伎町への出店を打診された際にブランドイメージへの悪影響を理由にこれを断ったが、同時に「もし歌舞伎町に出店すれば日本でいちばん売上の上がる店舗になるとは思います」と語ったという（O氏がブランド担当者に打診した際のエピソード）。このよ

26　より一般的に不動産価値について論ずるならば「不動産の鑑定評価に関する法律」や、国家資格である「不動産鑑定士」について見る必要があるが、後述の内容から明らかなようにこれらの法令や国家資格は歓楽街においてあまり関連性を持たない。既に何度も繰り返しているとおり、市場やフォーマルな制度が相対的に浸潤していない区画としての歓楽街という性質がここでも現れている。

27　「物件」は以下の本文においては賃貸借に供されるひと部屋のことを指す。もちろん、ビルの売買が主題となるばあいにはビルのひと棟ひと棟がひとつの「物件」と呼ばれるが、歓楽街を含めて繁華街において通常「物件」と言う場合、ビル内のひと部屋のことと考えて差し支えないし、本稿での記述はインフォーマントのそのような用語法に沿っている。

うに、歌舞伎町に店舗が立地すること自体が、売上を一定程度予測する根拠として機能している。家賃の相場はまずそうした地域特性によって形成されていると考えることができる。

他方で家賃の変動幅は共時的にも通時的にも極めて大きい。その理由の一端は、次項で詳しく見るように、繁華街という街区の特性に求めることができる。つまり、テナントが店舗であることによって物件ひとつひとつの個別性が大きな意味を持つのである。つまり、その物件が何階にあり、どの通りに面していて、どのような位置にあるのか（角地なのかなど）、といった点がそれだ。こうした微少な差異が意味を持つのは、繁華街が主として店舗によって構成される街区であることに起因する。M氏は「事務所ならば駅から五分歩いてもいいじゃないですか。店舗は通りの一本裏側だというだけでぜんぜん変わってくる」と語る。店舗の営業においては、客が実際に足を運んで消費行動を取ることによってはじめて利益が上がる。客の来店を必要とする店舗テナントの特質が、家賃の共時的な変動と通時的な変動の両者を説明する。共時的な変動については「通りの一本裏側だというだけでぜんぜん変わってくる」ということであり、通時的な変動については景気や自然災害の影響などが挙げられる。東日本大震災によって家賃が急落したのは、店舗が主なテナントである歌舞伎町の不動産が、客足という要因から直接的に強い影響を受けることを物語っている。

■仲介

仲介とは、仲介者が貸し主と借り主のあいだを仲立ちする見返りとして仲介手数料を得る、という経済交換である。仲介業者がさまざまな物件の情報を集約的に保持していることによって、借り主は自らのニーズに合った物件を見つけることが容易になる。借り主のニーズにきめ細かく対応できれば契約成立の率は高まると考えられるから、貸し主にとっても空き室の期間を短くできるメリットがある。

借り主と貸し主はこのような各々のメリットの対価として、仲介業者に対して仲介手数料を支払う。仲介手数料は家賃の一ヵ月分、などのかたちで家賃に応じて決められる。ひとりの仲介者が借り主と貸し主を直接媒介した場合、この仲介者は両者から仲介手数料を得られるという大きなメリットがある（これは不動産業界では「両手」と呼ばれる）。もし仲介者甲が借り主と、仲介者乙が貸し主と、それぞれ契約し、仲介者甲と乙によって借り主と貸し主のあいだが取り持たれた場合、借り主からの仲介手数料は甲に、貸し主からの手数料は乙に支払われることになる（これは「両手」との対比で「分かれ」と呼ばれる（図3−7））。

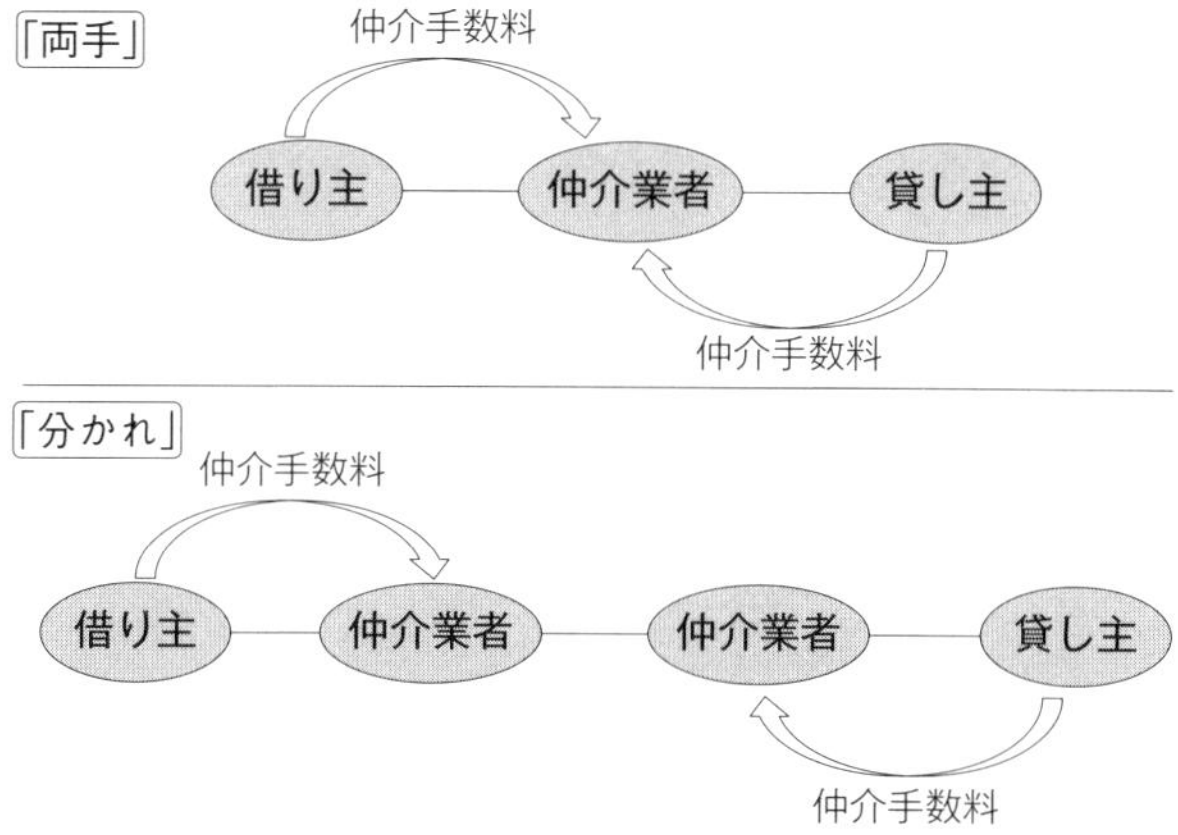

図 3-7　両手と分かれ（上段が両手、下段が分かれ）

■管理

最後に、すでに述べたとおり、管理は設備管理と事務管理に大別できる。設備管理についてはエレベーターの保守点検や共用部の清掃などであるから必ずしも部屋ごとの家賃や坪面積に対応せず、月々の固定の管理費となる。これに対して事務管理は家賃の一定割合（たとえば「家賃の八％」など）で管理費が設定される。円滑な事務管理によって家賃の滞納が起こらず、クレームは速やかに処理され、テナントが上首尾に営業を継続することができれば、家賃の一定割合の管理費が安定的に管理業者の収益となり続けるのである。歌舞伎町の標準的な路面店の家賃三〇〇万円であれば八％の管理費は二四万円、空中階の八〇万円であれば六・四万円の管理費が得られる計算になる。

店舗物件における内装の意味

これまで、単に「物件」として言及してきたビル内部の部屋空間であるが、空室として借り主を募集する際には、内装の有無が重要な特徴となる。住宅や事務所であれば床や壁がコンクリート打ちっ放しで配管がむき出しの物件というのは想像しづらい。退去する際にも、家具や設備で可動性のあるものだけを持ち出して部屋を引き払うのが普通である。しかし店舗に関しては元の入居者が解体業者に依頼して壁や床板を剥がし、調理設備や流しなどもすべて撤去した上で退去し、次の入居者はコンクリートと配管がむき出しになった物件に内装をつけるところから始めなければいけない場合が珍しくない。

このようにコンクリートむき出しの物件（またはそのような物件に入居し、退去時にもむき出しの状態に戻す契約）のことを「スケルトン」という。この場合、内装の所有者は借り主であるが、退去時にはそれを撤去する責任を負う。

スケルトンではなく、借り主が入居する際に貸し主によって既に新規の内装が入れられている物件があり、特にこのような物件（またはこのような物件についての契約）のことを「リース」と呼ぶ場合がある。言うまでもなくリースとは賃貸借を意味する英語“lease”のカタカナ表記に過ぎないから、この呼び方は不動産業界における慣習的なものであると言ってよい。この場合、内装の所有者は貸し主であり、借り主は退去時に内装の撤去を行わない。

スケルトンとリースの中間的な形態を表現する用語として「居抜き」がある。これは借り主甲が退去時に内装を撤去せず、その内装のついたまま新しい借り主乙が物件に入居すること、またはその物件のことを指す。この場合、借り主乙は退去時に内装を撤去する責任を負う、という契約がなされる場合が多いという（M氏への聞きとりによる）。

スケルトン／リース／居抜き、という区別は端的に内装を基準にしている。内装は施工のために最低でもひと坪あたり八〇万円かかると言われ、歌舞伎町における標準的な物件面積である三〇坪では二五〇〇万円程度となる。内装は個々の材質やデザイン等による価格幅が大きく、五〇坪を超える物件で一億円程度の内装費がかかる場合もあるという。また、解体にはおおむね坪あたり六万円、三〇坪では二〇〇万円程度の費用がかかる。[28]

このように、内装は施工にも解体にも大きな費用がかかるため、物件の借り主にとってはリースが、貸し主にとってはスケルトンが、それぞれ好都合な契約となることは明らかである。資金に余裕があればもちろんその限りではないが、フォーマルな融資が受けづらい歓楽街で資金に余裕のある事業者は少ない。その意味で、借り手と貸し手双方の対立する利害を調停するのが居抜きであると言うこともできるだろう。

貸し主が費用を負担して内装を施工したリース物件は、スケルトンの物件に比べて家賃が高い。バブル期前後にはリース物件は似た条件のスケルトン物件に比べて二倍の家賃が取れたというが、現在ではその差はずっと小さくなっているため、貸し主側は内装を施工しても採算の見通しがつかず、スケルトンへの傾斜を強めている。いっぽう借り主側も内装を施工できるほどの資金的余裕がない場合が多く、内装がないために契約締結に至らないことが近年では増えている。そのため、居抜き物件に細かいリフォームを加えて営業を開始するというケースが多

28　この際、質の悪い業者に安い価格で解体を頼むと、管理会社から「解体が不十分である」と指摘されて解体工事をやり直させられる場合があるという。

くなっているというが、基本的に貸し主と借り主の利害は対立している。この対立がどのように調停されるかについては、次項の地域的背景の説明を踏まえ、次々項において述べる。

3-2　地域的背景

　不動産業の業務内容がいかに個別具体的な条件付けに左右されているかについては前項で見たとおりである。しかし、前項の内容はそれでもまだ歌舞伎町に限らない多くの繁華街において通用する程度の一般性を有していた。本項で説明するのは、そこからさらに踏み込んだ、新宿歌舞伎町における不動産業を理解するための諸特徴である。

包括的な管理のニーズ

　前項では賃貸、仲介、管理という三つの部門を区別しながら説明してきたが、実態としてこれら三部門は一括して取り扱われることが多い。ビルオーナーがすべての業務を不動産業者に委託した場合、オーナーは、「〔業者が〕月に一回テナントさんからお金集めたのをぽーんと〔オーナーの〕口座に入れるので、その数字だけ見る」（M氏の語り）という立場になる。つまり、不動産業者はほとんどオーナーの代理人のように振る舞うのである。

　この包括的管理のニーズは歓楽街、とりわけ歌舞伎町という地域の特質によって生まれている。以下で具体的に説明しよう。

　入居するテナントにとって歌舞伎町という立地の意味は大きく分けて二つある。第一に、大手企業の場合は歌舞伎町における暴力団事務所の多さなどから、出店計画がそもそも社内で承認されない。小売店であれ飲食店であれ、社員ないしアルバイトがさまざまな客層に対応する際のマニュアルなどを作成し、その上で実際の対応に当たらせることは、近年のいわゆるコンプライアンスの厳格化に伴って歌舞伎町ではほとんど不可能となっている。接客マニュアルを含めた具体的な店舗運営のやり方を構築することを「オペレーションを組む」という言い方をすることがあるが、歌舞伎町の「現場は反社〔会的集団〕の人がいっぱいいる」ので「オペレーションが組めない」、とM氏は語る。第二に、歌舞伎町では金融機関によって融資を受けることが極めて困難である。金融機関は信用性をきわめて重視するため、風俗営業に対する融資は行わないし、そもそも歌舞伎町に立地するという時点で融資審査が通らない。

　このような事態を、インフォーマントは「世間じゃ相手にされないような人たちが集まるのが歌舞伎町」であると表現した。借り主によっては本人確認書類が用意できなかったり不法滞在の外国人であったりという事情によって銀行口座を作れない場合すらあるという。一般に信用が大きな意味を持つ不動産契約において、契約が歌舞伎町に関わるものであるということは独特の帰結をもたらす。ビルオーナーの多くはファミリーレストランなどの「名のあるテナントさんを入れたいので、〔入居しないかと打診する〕話はするんですけれど、「すみませんそれは社内通りません」と〔有名企業からは言われてしまう〕」（M氏の語り）。

そのような状況下で入居を希望する借り主に関しては、「連帯保証人も名前だけみたいなひとがいっぱい」いるので、家賃保証会社を利用することが多いという。連帯保証人は借り主が家賃を滞納した際の滞納家賃をはじめとするさまざまな債務の代理弁済を行う義務を負う。家賃保証会社とは、家族や親族を連帯保証人とすることが困難な借り主に対して家賃保証のサービスを提供するものである。信用度の低い入居希望者にとっては家賃保証会社を利用することで賃貸契約を結べるようになるというメリットがあるが、それゆえに家賃保証会社の利用がスティグマ化されている側面があり、「保証会社を利用しなければならないようなテナントとは一切契約しないというビルオーナーももちろんいる」（M氏の語り）。

M氏によれば、歌舞伎町においては連帯保証人が名義のみで連絡がつかないなど、実質的に連帯保証人としての機能を果たさない場合があるという。このため、本来的には連帯保証人の代行であるはずの家賃保証会社を、むしろ前もって連帯保証人とするよう求めることがある。家賃保証会社の利用を借り主に要求するかどうかは、借り主および保証人の資力、資産の裏付けを見るほかは、不動産業者の「勘」だという。借り主に家賃保証会社を利用してもらって賃貸契約を結ぶか、そのような信用度の低い借り主には貸さないという判断をするのか、という点に関する最終的な決定権はビルオーナーにあるが、実態としては専門的な知識とセンスを持った不動産業者が判断することが多い。

家賃保証会社は、仮にテナントが家賃を滞納しても立て替えて入金してくれる、不動産業者にとっては便利な存在である。また、既に述べたとおり信用度の低い入居希望者にとっては、不可能だった賃貸契約が可能になる場合がある。入居希望者は家賃保証会社を利用する場合、家賃の一定割合を契約時に保証会社に支払う（保証会社との契約は一定期間で更新される）。保証会社は入居者が家賃を滞納した場合、家賃を立て替えて入金してくれるが、同時に入居者に対する取立ても行う。

家賃保証会社によるこの取立ては、警告する張り紙で威圧したり鍵を交換してしまうなど、しばしばかなり強引で悪質な

（そして後述するようにこれらはいわゆる「自力救済」であり民法上認められない）ものであるとして社会問題化しており、こうした悪質な家賃取立てを規制するための法案が二〇一〇年に国会に提出された[29]。M氏は、「保証会社の取立ては、相当厳しいようです。現に取立てに耐えられなくて退去したテナントもいます」と語った。

　保証人の問題に加えて歌舞伎町の不動産業者がとりわけ気を配るのは、借り主が暴力団関係者でないかどうかだという。インターネットで借り主の氏名を検索することはもちろん、身辺調査（身元調査）のために調査会社を利用することもしばしばあるという。都内の繁華街に複数の支店を持つN社においても調査会社を利用することがあるが、その調査結果に基づいた入居可否の判断は、歌舞伎町において他の繁華街に比べもっとも甘い基準――「スレスレのところ」――にもとづいている。このように家賃保証会社や調査会社などが利用されるところに、歌舞伎町における借り主の特徴が顕著にあらわれている。

　しかし、家賃保証会社や調査会社が常に利用されるわけではない。こうした外部サービスを利用するかどうかを判断する際には、借り主に関するインフォーマルな知識が動員されるという。たとえばどういった店舗や会社がグループ経営であったり資金的なつながりがあったりするのか（とりわけ暴力団に関係しているのか）、という知識は、連帯保証人や金融機関の審査などのフォーマルな信用とは異なったかたちで、不動産業者がリスクマネージメントをする際の資源として機能する。そしてそうしたインフォーマルな知識の網の目にかからないような、まったく身元不明の借り主に対して、家賃保証会社や調査会社の利用が手段としての有効性を持つのである。

　テナントを入居させるかどうかという判断においては、最終的に家賃が支払われるかどうかがもっとも重要な基準となる。この判断を「スレスレのところ」で行う、ということが意味するのは、ときに支払いが行われないケースが生まれざるを得ない、ということである。

　情けない話なんですが昔に比べて保証金の額も小さいので、こういう〔信用できるかどうか曖昧な〕テナントさんの場合には最終的には足が出る覚悟は持って〔貸します〕。でなきゃこの辺〔歌舞伎町〕の街の賃貸業ってやれないと思いますね。覚悟の上で。裁判やっても弁護士使って何やってってするとけっきょく一年かかっちゃうわけですよ最近早くなった

29　法案は廃案となり、二〇一六年七月現在、家賃保証会社を規制する法は成立を見ていない。

とはいえ。費用かかりますしね。それだったら「いついつまでに全部まとめて出りゃあ全部チャラにしてやる！」とか。その交渉でばっと出させるとか。（M氏への聞きとり）

どういったテナントを入居させるべきか、家賃の支払いその他のトラブルに際してどのように振る舞うべきか、といったことを判断できるのはプロである自分たち不動産業者だけだ、とM氏は語る。「オーナーさんは素人なので、直接面と向かって〔テナントと〕会うと、都合の良いこと言われて丸め込まれちゃう。「まあしょうがないな」ってOKしちゃうんですよ」。

このような歌舞伎町の文脈が、ビルのオーナーが不動産業者に対して諸業務を包括的に委託するインセンティブとして働いている。続いて、不動産業務の包括的委託についてよりよく理解するため、以下では具体的な対テナント交渉の困難さについて説明しよう。

テナントとの接触

不動産会社はテナントとさまざまな場面において接触を余儀なくされる。前節で見たように、消防法上の防火管理について、二〇〇一年以降、防火管理責任者の責任の重さは明確化され、注意指導も徹底されるようになった。不動産業者の事務管理業務には、防火管理の一部である共用部分の管理、とりわけ防火扉付近や非常階段に物が置きっぱなしになっていないかのチェックなどが含まれている。不動産業者は非常階段に物が置かれていれば、テナントに張り紙をして注意したり、借り主の契約者に直接警告したりするという。

その他に、テナントが同じビルの別のテナントに関するクレームを出すことがあり、これに対応するのも不動産業者の仕事である。ほかのテナントが営業するなかで出るにおいが我慢ならない、他店がビル前に出している客引きが自店の客を遠ざけている、他店の路上看板の位置が邪魔、「うちの客を取られた」、等々の苦情が次々に寄せられ、不動産業者はこれらのクレームについて個別に対応し、なだめる必要がある。

もっとも重要なのは滞納家賃の督促であるが、家賃の滞納自体は繁華街の一般的な飲食店でも起こりうる。不動産会社P社のO氏によれば、百貨店の伊勢丹などが所在する繁華街である新宿三丁目のビルに入っていたレストランが、東日本大震災の直後まったく客足が途絶え、家賃を納めることが難しくなってしまった。その際にビル所有者のP社は家賃の値下げ交渉に応じたという。しかしこのエピソードは貸し主と借り主のあいだに一定の信頼関係（それはフォーマルな制度的信用にも裏打ちされている）が存在したからこそ成り立ったのであって、歌舞伎町のような歓楽街で同様の事態を期待することは難しい。

M氏が支店長を務めるN社では家賃を電話で督促するのはもちろん、訴訟の予備的警告を意図して内容証明郵便を送り、それでも駄目なら契約者の自宅に直接出向く場合もあるという。M氏によれば、家賃の督促をすると怒り出したり子どもじみた言い訳をしたりする借り主が歌舞伎町においては少なくない。

> 家賃入れないから督促するとキレまくる人〔借り主〕もいっぱいいますからね。逆ギレ山ほどいますよ。〔電話して〕「いつ入れるの?」「明日入れるよ。」「明日のいつ?」「入れるっつってるじゃねえかよテメエこの野郎!」みたいな。子ども以下かっていうときもありますよ。「銀行行こうと思ったら椅子から落っこちたから行けなかった」とか。

フォーマルな制度的信用に裏打ちされていれば保証人に弁済を要求することなども可能であろうが、歓楽街ではそれが常に可能であるわけではない。その際に、家賃滞納などの理由があるにせよ、不動産業者等の私人が鍵を勝手に交換するなどして強制的に入居者を退去させることはいわゆる「自力救済」であり、「例外的な場合を除き原則として違法とされている(民事上は不法行為となる)」(内田 2006: 364)。強制退去させる権限が認められているのは裁判所だけなのである[30]。

さらに、入居者が風俗営業を営んでいた場合、家賃が支払われるかどうか以上に不動産業者にとって重要なのが、入居者に風俗営業の廃業届を出させることである。熱心に家賃を回収し

30 法学者の内田貴は自力救済の「例外的な場合」として「侵害が切迫していて、あとで裁判所に訴えるのでは権利の実現が困難になってしまう場合」を挙げており、「このようなときは、権利行使の手段が必要な限度を超えない限り、違法ではないと解されている」としている(内田 2006: 364, 416-7)。

あるインフォーマントは、「繁華街独特」のやり方として「強引に鍵を変え」てしまうこともある、と語った。しかしこれはあくまで例外的な措置である、という語りであり、基本的には行われない。借り主に訴訟を起こされるリスクを負うことは不動産業者にとっても合理的ではないからである。

この論点は、暴力団の介在した強制的な立ち退きについての関心をとうぜん惹起するだろうが、本論文では深く踏み込む用意がない。ここでは包括的に日本の暴力団研究を行ったピーター・B・E・ヒルの研究を紹介するに留めておこう。ヒルは、フォーマルな紛争解決に非現実的なコストがかかるとき(不動産の立ち退きのほかに倒産整理や地上げ、債権取立、総会屋活動などの例が挙げられている)、暴力団の介在するインフォーマルな秩序形成のニーズが生まれる、と分析している(Hill 2003=2007)。

ようとした結果、廃業届を出さないまま入居者が夜逃げしてしまう、というケースは不動産業者にとって不都合であり、夜逃げを防ぐ配慮が必要とされる。以下で詳しく説明しよう。

風俗営業の許可は、都道府県の公安委員会によって特定の住所に関する許可として下ろされ、許可申請の際には建物のオーナーによる承諾も必要である。二〇〇〇年ごろまでは、以前に別の許可が下りていた同一の住所に対しても、許可申請に不備がなければ特にこだわりなく二重に風俗営業許可が下りていた。しかし二〇〇〇年ごろから同一の住所に対する許可は下りなくなり、以前の営業者が廃業届を出しているかどうかが確認されるようになったという[31]（M氏の語り）。

この変化は主として不動産業者にとって大きな問題となった。例えば、不動産業者が「風俗営業の営業可」として物件への入居を募集し、それに応じてテナントが入居して風俗営業許可申請をしたところ、その物件住所の以前の営業者がまだ廃業届を出していないので受理されなかった、という場合を考えてみよう。このとき、既に内装をととのえたり従業員を募集したりしていて費用が発生している一方、風俗店の営業を開始して得られるはずだった利益を逸失している、としてテナントが不動産会社に対して賠償を請求することが考えられるだろう。そのため、現在では不動産業者は前入居者の廃業届が出ていないかぎり次の入居者を募集できないのである。不動産業者としては物件が空き部屋のままでは仲介手数料も管理手数料も得られないため、廃業届が出されるかどうかに強い関心が持たれる。

風俗営業の廃業届は営業者が公安委員会に簡単な書式で届け出るだけであり、また廃業が認められないことは基本的にないため、手続き自体に困難はないという。問題なのは滞納家賃の請求をしたことによって夜逃げされてしまうことである。

> 極力、家賃滞納したりなんだったりでこちらも逃がさないということで接触して、ダメならダメですぐ〔廃業届を〕出せと。もしくは保証金をいっぱい預かってて、〔テナントが営業を〕やめるからっていうので保証金を返すときに、廃業届を出してもらってこちら側で確認しないとお金は返せません、という風にはやりますけどね。（M氏への聞きとり）

保証金は物件ごとに異なる設定がなされ、保証金がない賃貸契約も存在するが、その一方でときに家賃の一〇ヵ月分など高額の保証金が設定されている場合もある。

31　この点についての法改正はなされていない。そのため、現場の運用基準が変わったことが推測されるが、その原因は不明である。

実際に廃業届が出されておらず新規の営業許可が下りなかったケースは以下のようなものであったという。すでに退去済みの前の営業者に連絡がつかず、居場所を苦労して探し出したところ大阪にいることが判明した。そのため、不動産会社の担当者が大阪まで出向き、前の営業者に会って廃業届に捺印させる必要があった。

また既に引用した語りにもあったように、廃業届を出されずに夜逃げされてしまうリスクを回避するために、廃業届を出して期日までに退去すれば家賃の支払いについては不問に処す、というような対応をとる場合もある。

以上のようなテナントとの具体的接触の困難さは、ビルオーナーが個人で対応できる範囲を超えている。あらゆる業務を不動産会社に一括して委託することのニーズはこうした背景から生まれ、そのため歌舞伎町では不動産業務の一括管理が一般的になっているのである。

利害の代理調整

ここまでで見てきたとおり、不動産会社は基本的にビルオーナーの立場に寄り添い、その代理人としてさまざまなトラブルやクレームを引き受け、その対価として管理手数料を得ている。いっぽう、不動産会社は仲介業務を行うなかで、単にオーナーの利害を代表するだけでなく、テナントの利害にも配慮することが必要である。物件の空間を利用して営業利益を上げ、家賃を支払うのはテナントなのであって、空き物件が利益を生みだすことはない。M氏によれば、不動産業者の重要な仕事のひとつは、貸し主（オーナー）と借り主（テナント）、両者のあいだに立って利害を調整することだという。どういうことか、以下で具体的に説明しよう。

基本的な原則として、借り主はより安い家賃を望み、貸し主はより高い家賃を選好することは言うまでもない。しかも店舗空間に関してはひとつひとつの物件が全く異なる質を有しており、同一の商品が大量に供給されることで価格が決定する市場原理が働きづらい。不動産業者が借り主と貸し主のあいだを調停する必要があるのは、基本的には賃貸契約がこうした利害の構造を内包しているからなのである。

ところで前項で見たように、物件の家賃はリース（オーナーが内装を用意する）かスケルトン（テナントが内装を用意する）かによって異なる価格が設定される。このため、ある物件についてリースにするのかスケルトンにするのか、という判断は家賃の収益見通しと相まって、ビル経営上の重要な一局面を成す。言い換えれば、内装に数千万円の投資をした上でリース契約として割高の賃料を取り、投資が回収できるのかどうか、についての判断である。次項で見るように、コンサルタント的にビルの経営・管理を一手に引き受ける不動産業者は、こうした点についてもアドバイスを行うことがあるという。

われわれもアドバイスで、これはリースで作ってくれとかそういうのもあるし、この内装は前のテナントさんに置いていってもらったけどもここまで古いと要らないなとか、これだったらない方がましだとかいうのを言って壊させるとかいうケースもあります。そこは何ともやっぱりもう市場動向というか。（M氏への聞きとり）

ところが、既に述べたように、オーナーとテナントの利害は実は真っ向から対立している。この利害対立が調停されるN社の仕組みについて、M氏は以下のように語った。

あんまりビル側の都合のいいことばかり言っても、そこは通用しませんから。そこはテナントさんの借りる側の立場の意見として。そこで会社のなかでけっこうやり合う〔議論する〕んですようち〔N社〕は。調整をビルのオーナーさんとテナントさんがいないところで、それぞれの立場の者が社内でやり合うんです。それでテナントさんでもオーナーさんでも話を持って行くときに、うちのスタンスとして「これで」と決めて行く。それで折り合いつけてやっちゃおうという。

つまりM氏によれば、N社では事務管理を行う部署がオーナーの立場に、仲介を行う部署がテナントの立場にそれぞれ立って社内で「やり合う」、つまり議論して主張のやり取りをする、それによって利害の調整を行うのだという。オーナーとテナントにとって第三者である不動産業者が、「折り合い」がつくような妥協点を見つけて提示することによって、相対立する利害が代理的に調整されているのである。

もちろん、借り主と貸し主の利害調整を代行することは、何よりも不動産業者の利益になる。賃貸契約が成立して仲介料を得られたり、借り主が家賃を支払うごとにその一定割合が管理手数料となったりするのは、あくまで借り主と貸し主の対立が調停された上でのことである。そのため「社内でやり合う」とは言っても「ベースはどこかで話をつけようねという」ところにあり、「じゃあこの辺は〔条件を〕飲んじゃおう」とか、「そこくらいはちゃんと話をつけてきてくれよ」などのやり取りがなされる、とM氏は語った。

ただし、歌舞伎町の不動産業者はこうした綿密な事務管理業務を遂行する者ばかりではない。歌舞伎町には「テナントさん者がいっぱいいます」とM氏は語る。一般に繁華街では地元の小規模業者が多数営業しており、そのなかには宅建免許を持たず、不動産業者どうしのあいだをつなぐことで仲介手数料を得るような「ブローカー」と呼ばれる個人業者も多いという。M氏によれば、どういった業者であれ、不動産業界では物件と仲介業者の結びつきが極めて強く、自由競争の原理は働いていない。そのため業界全体として「市場的な競争に関してものすごい遅れている」。「地元」の小規模業者が多数営業を続けているのは、こうした「縄張り」とも呼ぶべき既得権が存在するからである。この点についてはP社のO氏も、不動産においては「つながり」の意義が大きく、「一回やった〔契約した〕業者さんっていうのは何度も何度も取引する。逆に新規は難しい」と語った。

不動産業界がこうした不完全競争市場としての特徴を持つことは、次章で引用するデリヘル業者の語りに表れているように、歓楽街への風俗産業の集積を、空間供給の面から下支えしている。テナントを仲介して手数料を得たのちはトラブル等も関知しないという態度の不動産業者が、一定数の物件に関して独占的に仲介を担っていることで、信用面において瑕疵のある事業者もまた、入居する先を見つけることが容易になっているのである。

3-3　業界内関係

本節では歌舞伎町における不動産業者の活動を理解するために、第一項で業務内容を、第二項で地域的背景を、それぞれ説明してきた。最後に、不動産業者が業界内でどのような関係を取り結んでいるのかについて分析し、本節の記述をまとめよう。

物件情報の共有ネットワーク

もし何らかの店舗の営業を歌舞伎町で始めようと考えた場合、どこに行けば空き物件〔空き部屋〕の情報を得ることができるのだろうか。またオーナーは、空き部屋が出た場合にテナントをどのように募集すればよいのだろうか。空き物件の情報はどのようにして入居希望者に伝わるのだろうか。物件情報が不動産業者を介してオーナーから入居希望者に伝達される仕組みを図にすると、以下の図3-8のようになる。

個人のビルオーナーが所有しているビルには、おおむねビルごとに「物元〔ぶつもと〕」と呼ばれる専任の不動産業者がいる。物元業者はそのビルへのテナント仲介を独占的に担っており、ビルオーナーは物元業者を信認して仲介を独占させている。

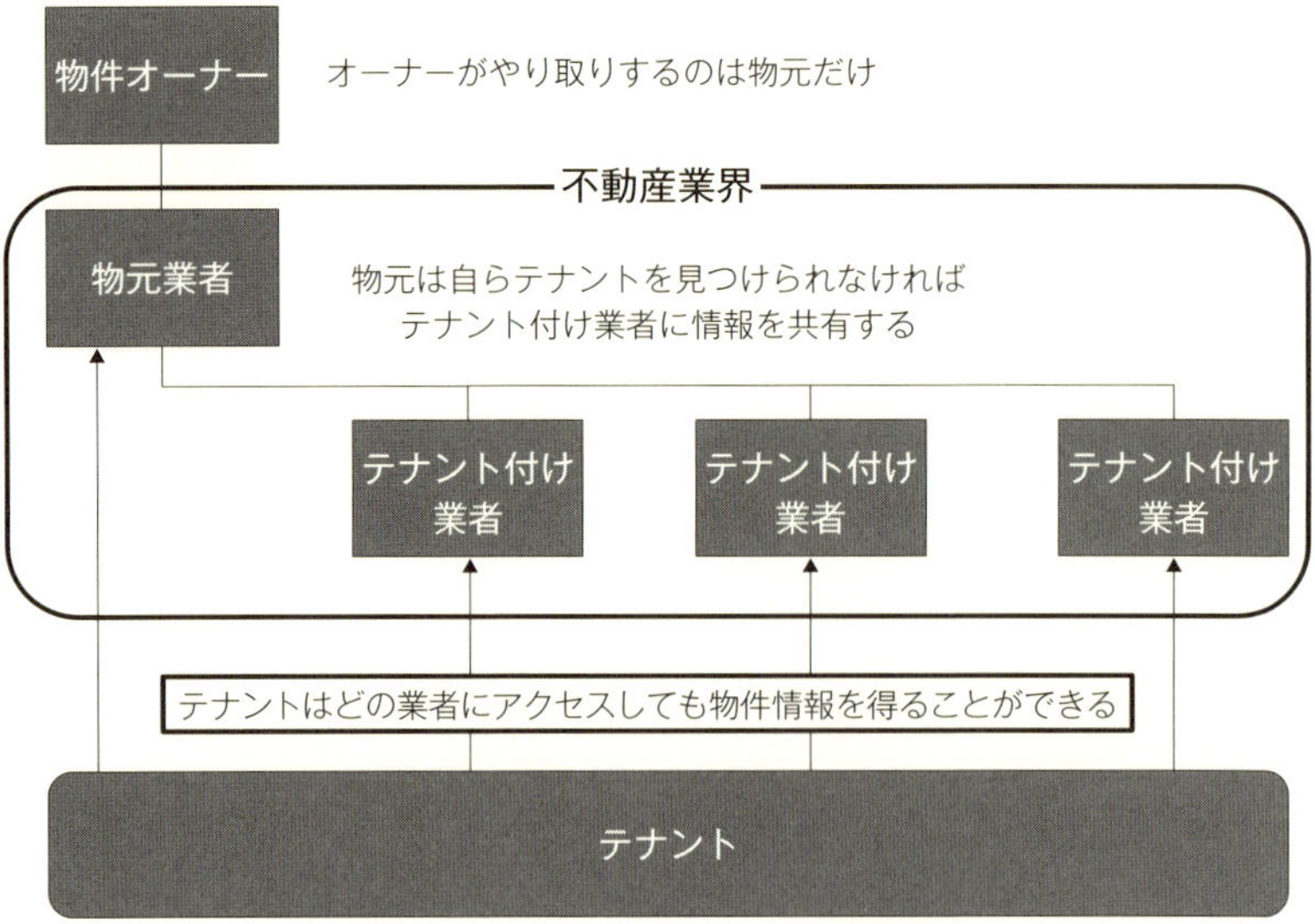

図 3-8　オーナー・テナント間関係模式図

オーナーと物元業者とのあいだに取り結ばれるこのような独占的関係の大半は、特に書面での契約によるものではなく、口頭の了解に過ぎないという[32]（M氏の語り）。しかし仮に物元でない業者が直接オーナーにテナント仲介を持ちかけようとしても、「うちは○○さん（物元）を通してじゃないと話はしないから」と言って交渉を断られてしまう。なぜなら既に前項までの記述で見たように、不動産契約にはさまざまなトラブルの可能性があり、素人であるオーナーが「丸め込まれ」ないようにするのが不動産業者の仕事だとされており、オーナーもそれを了解しているからである。

空き物件の情報は物元業者が「テナント付け」（主にテナント向けに物件情報を広報し、賃貸契約を仲介すること）をする不動

32　宅建業法は第三四条の二において特に不動産売買の媒介契約について書面作成を義務づけているが、賃貸借についてこうした義務の規定はない。この宅建業法第三四条の二の第三号では書面に盛り込むべき内容として「依頼者が他の宅地建物取引業者に重ねて売買又は交換の媒介又は代理を依頼することの許否及びこれを許す場合の他の宅地建物取引業者を明示する義務の存否に関する事項」が挙げられており、売買に関してはこの条件の組み合わせによっていくつかの独占性が区別されるが、本稿と直接関係しないためこれ以上ここでは触れない。

産業者に拡散する。テナントづけの業者はいわゆる「町の不動産屋さん」であり、物件情報を多数店頭に掲示するなどしておき、入居者を仲介して得られる仲介手数料が主な収入源となっている。これは管理業務を主として行う不動産業者が管理手数料を主要な収入源としているのとは区別される。もちろん、テナント付け業務とビル管理業務の両者を担う不動産業者も多い。

物元とテナント付け業者はそれぞれオーナーとテナントから仲介手数料を得る仕組みになっており、これを「分かれ」と呼ぶことは既に前項で見たとおりである（図3-7）。物元としてはテナント付け業者に頼らずに自分でテナントを見つけてくれば、オーナーとテナントの双方から手数料を得られる（「両手」）ので、それに越したことはない。じっさい路面物件などは入居希望者が常に空きを待っているような状態であり、テナント付け業者に頼らずに物元が直接仲介を行うという（M氏の語り）。しかし空中階（二階以上）の物件では必ずしもすぐに入居者が見つかるわけではない。そのため可能な限り早くテナントを見つけるために、物元業者はテナント付けの業者と物件情報を共有するのである。

ここで、空き物件の情報には大きく分けて二つのパターンがあることが分かる。ひとつは物元が独占せずに広く業者のネットワークに拡散している情報であり、いまひとつは路面物件のように希少価値があり物元が独占している情報である。これについてM氏は前者を「表の情報」、後者を「裏の情報」と呼んだ。「裏の情報」について、物元業者はテナントに対する事務管理を行っているため、現在営業しているテナントが店をたたむ予定がある場合などに、事前に物件が空室になることを知ることのできる立場にある。このような場合、物元業者は空室になる前から営業活動を行うことができ、うまく行けば「両手」の手数料を得られる。

物元業者としては自身で借り主と貸し主を直接仲介しようとするのは当然だが、実は借り主にとっても物元業者を通じて契約することにはメリットがある。不動産の賃貸契約には家賃のほかに保証金や敷金、礼金、管理費に加えて契約期間などさまざまな条件が存在し、これらは交渉の対象となることがある（家賃を下げる代わりに保証金を増やすなど）。借り主は物元と直接やり取りすることで、この交渉をスムーズに進めることができる。物元はビルオーナーと日常的にコミュニケーションを取っているため、ある程度までビルオーナーの代理として、事情や意向を忖度しながら借り主と条件交渉を行うことができるのである。そのため、テナントによっては不動産業者がビルオーナーと直接話ができる業者、つまり物元業者なのかどうかを確認する場合もある、とM氏は語った。

もちろん、空中階は路面物件と違い、物元業者が常にテナントを見つけられるわけではないため、空き物件の情報は広く不動産業者のネットワークで共有されることになる。業者同士は互いにテナントを仲介し合うため、業界内で孤立しながら営業することは実質的に不可能だという。

仲が悪くてというのは不動産同士では絶対に無理ですね。お互いが仲良くしておかないとやっていけないんですよ。情報が入ってこない。（M氏への聞きとり）

物元業者としては空き物件情報をネットワークにおいて共有することで広範囲に入居者を募集することが必要であり、テナント付け業者としては空き物件の情報をネットワークの中から広く収集してくることが必要である。このように、不動産業者のネットワークでは物件とテナントの情報が流通しており、その意味で相互扶助的である。同時に、ネットワークに組み込まれなければ「よほどの大手でない限りは」（M氏の語り）不動産業経営が成り立たないという意味では半強制的に加入しなければならないものだと言うこともできる。

もちろん、このネットワークは完全グラフ――すべての業者がすべての業者とつながっている状態――ではない。ネットワークのなかには疎密があり、業者同士の関係は親密なものである場合もあれば、関係が全くない場合もある。例えば、既に他社が物元となっているビルのオーナーに対して、自社を物元にするよう営業をかけてよいかどうか、という問題について考えてみよう。不動産業者にとってできるだけ多くのビルの物元となることは利潤最大化のために重要な戦略であるが、ビルが新築されないかぎりは既存のビルのなかでシェアを向上させるしかない。しかしシェアの向上とは、他社にとっても重要な収益源となる物元の地位を横取りすることに他ならない。

この「横取り」が許されるかどうかは、現在の物元業者と「付き合いがあるかどうか」で決まるとM氏は語る。場合によっては「横取り」は「遺恨を残す」ため、特に気を遣うという。不動産業者は、たとえビルのオーナーから物元業者の乗り換えを打診されたとしても、現物元と「付き合い」があれば、「その際は［オーナーの］話を慎重に聞いて積極的に動かず、裏で、現不動産会社に「実はこんな話相談されたんだけど……何かあった？」等と話を通して、一応、仁義を通します」（M氏の語り）。

本節ではやや記述的に歌舞伎町における不動産業の業務内容や地域的文脈、業者同士の関係などについて説明してきた。ここで改めて、歌舞伎町における不動産業の活動について簡単にまとめておこう。

歌舞伎町における不動産業の業務は基本的に賃貸、仲介、管理の三部門に分けられた。用途が住居や事務所ではなく店舗であるという特質によって、物件の家賃は通時的にも共時的にも変動幅が大きい。また、内装に関する契約内容の違いも家賃を左右していた。風俗産業の許可、届出についてはオーナーの許諾が必要であるが、オーナーはテナントと直接的な接触をほとんど行わず、契約やトラブル処理などについては不動産業者に全面的に委任している。不動産業者はこうしたニーズにトータルに応じるのみならず、テナントとオーナーの利害対立を内部的に代理調整する役割をも担っていた。またオーナーが空き物件の情報を流通させたり、反対にテナントが希望する条件の物件を探索したりするのは、不動産業者のネットワークにおいてであった。

こうした不動産業者の活動内容については、「地域社会」歌舞伎町に関連して、オーナーとテナントの双方に関わる以下のような二つの意義を指摘できる。

第一には、オーナーが歌舞伎町でビルを所有し、固定資産税を納める元手となる家賃収入を得るためには、不動産業者の存在が不可欠である。もし不動産業者が存在しなければ、オーナーは自身では入居させるべきテナントを適切に選定できず、トラブル対応や家賃の催促に苦慮し、最悪の場合は安定的に家賃を得ることに失敗するだろう。そうなれば歌舞伎町においてはとりわけ高額になる固定資産税を納めることはできず、ビルを手放さざるを得ない。

第二には、多様なテナントが歌舞伎町の雑居ビルに入居することを促進しているのもまた、不動産業者である。テナントを入居させることによるさまざまなリスクに対処する能力を不動産業者が備えているがゆえに、歌舞伎町では「世間じゃ相手にされないような人たち」（インフォーマントの語り）もまた、営業することができている。リスクを見積もり、採算の見通しも「スレスレのところで」（M氏の語り）立てる不動産業者が存在しなければ、テナントの入居審査の基準はより保守的なものとなる。

こうした保守的な審査基準によって、入居先を見つけられなくなる最初の業種が風俗産業であろう。風俗産業は金融機関から融資を受けることができず、一般的な社会的信用という点からはもっとも弱い立場に置かれているからだ。

以上のことからは、空間供給という観点から見た場合、歌舞伎町の歓楽街性は不動産業者によって維持されていると言える。

4 雑居ビルの不透明性と地域イメージ

本章では歓楽街の「地域」と「雑居ビル」という活動領域における諸活動とその担い手について記述、分析してきた。本節ではそれらの活動どうしを改めて相互に関連づけながらいま一歩踏み込んだ分析を試み、本章の結びとしたい。

前章では、警察、自治体、振興組合のいずれもが歌舞伎町への関与の度合いを低下させていった過程を見た。本章で扱ったのは、その後、各主体が再び活性化させた、歌舞伎町への関与の様相である。やや単純化して振り返れば、警察は刑法犯の認知件数増大によって、新宿区は都政の治安対策からの影響によって、振興組合はビル火災によって改めて呼び覚まされた危機感と「よくしよう委員会」などの取組みによって、歌舞伎町において活動する主体としての活発さを取り戻したのであった。

歌舞伎町という「地域」に関する活動について、陰に陽に関心の焦点となっていたのは風俗産業という存在であった。風俗産業は、警察にとっては取締りと「営業適正化」の、自治体にとっては「見て見ぬふり」の、振興組合にとっては選択的協働と悪質店排除の対象として、それぞれ関心を持たれていたのである。

自治体が「見て見ぬふり」の対象として関心を持つ、というのはいささかねじれた表現であるが、既に『歌舞伎町マップ』に関連した区長の発言に見たように、法令による許認可とは無関連に、風俗産業との関与は積極的に回避されている。風俗産業を忌避する態度が区議会において公的に表明され、それが議会中に望ましいこととして受け入れられる事態には、風俗産業が新宿区にとって特殊な位置づけにあることが明白に表れている。前章で見た「のぞき劇場」の事例でも、区が強権的に対処したのははじめのうちだけで、それも「当面の対策」としてはっきりと限定づけられたものであった。そして、風営法が改正されると風俗産業は「警察マター」だとして、区はあっさりと手を引いたのである。こうしたことから、西暦二〇〇〇年以降の新宿区が、歌舞伎町への関与を再び活性化しながらも風俗産業を無視することに積極性を示すのは、近年の区長や区議会の特質による帰結というよりは、自治体が持続的に保持している組織特性の発現として理解するのが適切である。

風俗産業に対して一貫して「見て見ぬふり」を決め込む一方で、新宿区は振興組合との協働に意欲を持っており、それは「歌舞伎町ルネッサンス」という取組みにおいて顕著であった。歌舞伎町におけるほぼ唯一の「民間」主体である振興組合を、官民協働のパートナーとして積極的に盛り立てていたことは、「歌舞伎町ルネッサンス宣言」の起草過程によく表れている。振興組合は振興組合によるものとして、区は区によるものとして、互いに認識しながら「宣言」が起草された、と区の担当者は回想していた。実際の「宣言」が振興組合の名義で発表されたことは、二〇〇二年に区長に就任した中山弘子が区政の基本方針のひとつとした「参加と協働」のスローガンとも適合的である。「民間」からの参加を得た取組みとして「ルネッサンス」を印象づけることに注意が払われているのである。

新宿区のこうした振る舞いを前提とすれば、振興組合について指摘した二面性は注目すべき意義を持つ。振興組合の二面性とは、振興組合本体が「行政との窓口」という役割を担う一方で、内部委員会であるよくしよう委員会が風俗産業の包摂を含む活動を展開する、というものであった。特によくしよう委員会による包摂によって、基本的には結合の困難な自治体と風俗産業という二つの相対的に異質な集団の架橋が可能になっていた。

雑居ビルの不透明性

本章では、「店舗」や「ストリート」とは相対的に区別できる活動領域として「地域」ならびに「雑居ビル」を取り上げてきた。しかしながら、「地域」と「雑居ビル」がいかにして「店舗」や「ストリート」と区別できる活動領域なのか、ということについてはこれまで論じてこなかった。いまやその準備が整ったので、これについて説明しよう。

第4章で扱う「店舗」と、第5章で扱う「ストリート」が、それぞれに異なる空間であることは直観的に理解可能である。本研究においてはその活動領域としての差異、つまりそこで行われる諸活動が依拠する認識枠組みの差異としてそれらを区別するが、まず店舗とストリートは物理的空間の上でも相互に重なり合わず、これを区別することは容易にイメージできる。これに対して「地域」や「雑居ビル」は、それぞれにストリートや店舗を包含する物理空間としてイメージされやすく、なぜ相対的に独立した活動領域だと考えられるのかは、自明ではない。

単刀直入に結論から述べれば、「地域」と「雑居ビル」を相対的に独立した活動領域たらしめているのは、狭小な雑居ビルが生み出す「整序されずに流動する細分性の集積」とでも言うべき性質である。

前章までで既に、歌舞伎町を把握することがどのような困難をはらむかについて、歌舞伎町の来歴を見ながら論じてきた。付論においても統計を作りだす主体にとっての問題として指摘したように、最も直接的な社会調査の方法のひとつである調査員による訪問調査であっても、歌舞伎町でこれを実施することには困難が伴う。その困難さの程度や種類は、把握の主体や把握しようとする対象事象ごとに異なるが、ひとつの重要な共通要因として、狭小な雑居ビルという建築上の特徴を指摘できる。

狭小な雑居ビルが隙間なく建ち並ぶことによって、細分化された店舗空間が狭い地域内に累積する。そうした空間で営まれる種々雑多な営業は、集合的な把握の枠組みに収まりきらない。社会に関するもっとも単純な集合のひとつである「人口」という観点からの把握すら、歌舞伎町では網羅的に実施することがおぼつかない（付論を参照）。そこでは何とか建築物の棟数だけが確かに数え上げられるという有様であって、「人口」よりもさらに高い分解能が要求される事業所調査等については、無視できない数字の食い違いが散見された。

狭小な雑居ビルの整序されない細分性とは、つまり、平面的かつ立体的に稠密な、多様な営業内容の不規則に入居する、いまだ秩序だったかたちでは把握されない諸活動のことである。そしてここにはさらに時間的な要素として、流動性の高さが付け加わる。頻繁にテナントが入れ替わることで、把握の困難性はいっそう強まっている。

さて、実はこうした「整序されずに流動する細分性の集積」は、自治体にとって風俗産業が抽象的な存在であったことのひとつの要因でもある。把握の困難性とは、何かがそこにあることは分かっても、それが何であるかは分からない、という状態である。この見通しの悪さこそが、自治体の目に映る風俗産業を抽象的なものに留め、店舗空間からは相対的に独立した「地域」を出現させる。

これまで「地域」と「雑居ビル」をやや並列的に述べてきたのもそのためで、個別の店舗空間のすぐ外側にあるはずの「雑居ビル」は、把握困難な店舗空間よりははるかに「地域」に近い位置づけを与えられるべき枠組みなのである。ここで枠組みとしての「雑居ビル」を「地域」に近づける役割を果たす主体として無視できないのが不動産業者である。不動産業者は、不透明なままにテナントを入居させることをオーナーに可能にしている。オーナーは不動産業者によってテナントから切り離されることで、「雑居ビル」と同時に「地域」に継続的に関わる主体たり得ているのである。

歌舞伎町の「地域イメージ」

以上から、歌舞伎町における「地域」という活動領域は、「地域イメージ」をめぐる相互交渉のアリーナとして捉えられる。どういうことか、以下で説明しよう。

「地域イメージ」は、その具体性においては各主体にとって微妙にずれながら重なり合っている。例えば警察にとって、歌舞伎町の地域イメージは犯罪の認知件数や検挙率などの「治安」の象徴である。副知事による「歌舞伎町を変えずして東京の治安を改善したとは言えない」という述懐は、このことをよく表している。警視総監がしばしば歌舞伎町を視察に訪れるのも、歌舞伎町に「治安」の象徴としての性能が備わっているからに他ならない。

「犯罪の多発する危ない街」としての歌舞伎町というイメージは、不動産業者の語りにも見られた。第3節で取り上げた不動産業者らは、歌舞伎町のイメージが家賃と直結していると語る。一方で繁華街として高額の賃料につながりながら、他方でフォーマルな投融資の対象となりづらいほどに危険なイメージが持たれているのが、不動産業者にとっての歌舞伎町である。またその危険なイメージゆえにこそ、不動産管理のニーズが高められてもいたのであった。

振興組合の活動もまた、一面においては「危険な歌舞伎町」のイメージに関連づけられていた。雑居ビル火災によって損なわれた歌舞伎町のイメージを、大がかりな映画関連イベント等によって回復する、というのが振興組合が打ち出した地域経済の活性化策であった。

「地域」に関わる諸主体が追求する地域イメージは必ずしも一致しない。そのことが端的に露呈したのが、風俗営業の情報が掲載された「歌舞伎町マップ」が、区役所から撤去されたエピソードである。区にとって歌舞伎町は「クリーンさ」を追求する区政の舞台であっても、振興組合にとっては風俗営業の「優良店」も営業している魅力的な歓楽街であって、これらは相互に食い違っている。

「地域」においてはそれぞれの主体にとって望ましい地域イメージが追求されており、それらは必ずしも排反ではないため、個別の局面においては協働が見られるが、全面的には決して一致していない。つまり、各主体はさまざまな活動によって「地域イメージ」を下支えすると同時に、それぞれにとって都合のよい方向性に誘導しようとする、微妙な、共犯的で共同的、補完的で対抗的な関係を取り結んでいた、と要約できる。

本来、「危険な街」、「クリーンな街」、あるいは「魅力的な歓楽街」という地域イメージは、ビルに入居している店舗、とりわけ風俗産業の店舗の内実と密接に関連しているはずである。ところが、既に述べたように外部から見た歌舞伎町の店舗空間はきわめて不透明で、内実の把握が困難な存在であった。ここから、店舗の空間内部とは相対的に区別される「地域」という独特の抽象的な枠組みが立ち上がる。そしてそこでは、映画のPRイベントや路上の美化活動などの、店舗空間からは遊離した「地域イメージ」に関する活動が展開された。既に述べたように、この遊離を成立させる重要なはたらきが、不動産業者による媒介の活動なのである。

つまり、歌舞伎町における「地域」と「雑居ビル」という空間における活動は、雑居ビルの整序されない細分性を背景とした、イメージをめぐる相互交渉であった。

第4章

風俗産業の労働と経営

本章では歌舞伎町の主要産業である風俗産業について、その店舗に関わる労働と経営の構造を分析する。前章で見たように、歌舞伎町という地域社会にとってはこの風俗産業こそがさまざまな局面において各主体の関心の焦点となる主題であった。そのことを極端なかたちで示したひとつの例が、キャバクラの情報を掲載した『歌舞伎町マップ』が振興組合によって制作され、区役所に設置されたものの、区議会で問題化されて撤去されたという一連の出来事である。

本章で把握しようとする「店舗」とは、歌舞伎町の再生産メカニズムについて問う本研究全体のなかで、前章で扱った「地域」、「雑居ビル」と、次章で扱う「ストリート」とのあいだに位置する活動領域である。既に前章の分析においても予示されていたとおり、各活動領域は互いに無関係ではなく、むしろ密接に関連し合っている。ただ、それらを一度に一括して取り扱うことは難しいので、本稿では便宜的に、人びとの活動領域としては相対的に独立していると考えられる三つの層に分けて記述を進めている。本章の記述もまた、店舗の空間に関わる労働と経営について、相対的に独立した側面に主に着目して行われるものである。

その相対的独立性の一部のメカニズムについては、前章末で雑居ビルの不透明性として既に述べたが、ここではとりわけ風俗産業の店舗が法によって空間的に切断されていることについて説明しておこう。

法による風俗産業の空間的切断

風俗産業の建築面における規制は、風適法上、本稿に関わる限りで二点が指摘できる。第一には、風適法第四条第二項第一号にある風俗営業の「営業所の構造又は設備」に関するもので、具体的な基準は風適法施行規則第八条に定められている。ここでは照明の照度や騒音に関する基準のほかに、「客室の内部が当該営業所の外部から容易に見通すことができないものであること」と定められている。この基準が満たされていない営業が風俗営業の許可申請を行ってきても、公安委員会は「許可をしてはならない」(法第四条第二項)。

第二には、店舗型性風俗に関するもので、風適法第二条第六項に定められた「店舗型性風俗特殊営業」のうち、第一号(ソープ)、第二号(ヘルス)についてはいずれも営業の様態に関して「個室を設け」と規定されている。ここで「個室」とは、風適法のコンメンタールによれば「使用者によって排他的に専有される室」のことで、「広い室をカーテン、つい立て等で仕切っているものであっても、その仕切った中を排他的に使用する場としているものは」「個室」であると見なす(藤山 2008a:

182-3）。

以上の様な、「外部から見通せない」や「個室」といった規定は、風俗営業取締りの歴史を研究した永井良和によれば大正時代に遊郭に関して設けられ、その後も連綿と受け継がれたものである（永井 2002: 42-9）。

つまり、前章末に述べたような、雑居ビルにおける店舗の不透明性の典型例である風俗産業の不透明性は、一面からはその規制のための法令に由来しており、上記のような法令の条文は、風俗産業の店舗空間をその外部と切断することを直截に要請しているのである。

本章における記述の位置づけ

本章では、インタビューや参与観察データをもとに、個別の具体的な店舗における労働と経営に関して、その具体性の記述がまずもって課題とされる。風俗産業に関する調査研究は非常に未発達で、各事業所がどのような経営を行い、従業員がどのような労働に従事しているのかは、まったく自明なことではないからである。であればこそ本章では閉鎖的な店舗空間における相互行為の背景にある（インフォーマルな）制度と、当事者たちの意味づけにまずは焦点を当てたい。

しかし、それと同時に、本研究の最終的な関心は個別の店舗にはない。前章までで繰り返し指摘してきたように、歌舞伎町の店舗はきわめて流動性が高い。歌舞伎町が歓楽街としての性質を維持しているのは、そうした流動性のただ中においてである。つまり、個別の店舗ではなく歌舞伎町という地域社会に焦点を当てる本研究の立場からは、開廃業が頻繁に繰り返されながらも、全体として見れば風俗産業の事業者が入れ替わり立ち替わり連綿と営業を続けている状態にこそ、解き明かされるべき謎がある。

この謎は、本章のみならず、本研究の全体をもって解明されるべきものである。個別の店舗とは相対的に独立した位相において風俗産業が再生産に成功している状態を、「地域」や「雑居ビル」、「ストリート」といった活動領域とも関連づけながら説明すること。これこそが本研究の主題であり、この説明を行うことは最終章に至ってようやく可能になる。本研究が風俗産業研究ではなく、地域社会研究であることは重ねて強調しておきたい。

かなり記述的なものとなる本章の内容は、本章の内部だけでは充分に歌舞伎町という地域社会に関連づけた分析を行うことが難しい。とはいえ、具体的な経営と労働のパターンとメカニズムを分析することは、統計的アプローチ等、他の社会調査の方法が困難である歌舞伎町においては必須の作業である。

そうしたことから、本章で以下に続く内容が最終的には地域社会に位置づけ直されるべきものであることに、ここでは注意を喚起しておきたい。

本章での業態区分

既に何度か言及してきたように風俗産業にはさまざまな種類のものがあるが、厳密には各カテゴリーのなかでも個別の店舗一軒一軒で異なる経営と労働が実践されているはずである。しかしそうした微細な個々の差異のすべてが、本論文の最終的な関心であるところの歌舞伎町の再生産メカニズムにとっていちいち決定的な意義を有するわけではない。本稿では、まず風俗産業の内部において「接待系の風俗営業店」と「性風俗特殊営業店」の区別を重視する。この区別はまず風適法上の「風俗営業」と「性風俗関連特殊営業」に対応しており、前者が許可制、後者が届出制であるほかに、新規出店が現在も認められているか否か、という決定的な違いがある。新規出店の可否については第3節で改めて触れるが、接待系風俗営業と性風俗特殊営業とでは行政機関による取扱いが異なる点を差し当たって指摘しておきたい。

具体的な営業内容としては、許可制の「風俗営業」はキャバクラやホストクラブといった業態が分類され、性的サービスを基本的に含まないのに対し、届出制の「性風俗関連特殊営業」というのはヘルスやソープといった性的サービスの提供を旨とする業態である[1]。この性的サービスの有無という点は、後に見るように従業員のリクルートに際して重大なポイントとなる。そして従業員のリクルートは歓楽街全体の存続を左右するため、風俗営業店と性風俗店の区別は本論文に関連して重要である。つまり、風俗営業店と性風俗店という区分は、行政機関が用いるカテゴリーであるのみならず、営業者や労働者たちにとって

1 「性的サービス」とは、風適法上は異性の「客に接触する役務」として規定されている（第二条第六項）。ところで条文上、ソープランドについての記述においては単に「当該個室において異性の客に接触する」とあるものが（第二条第六項第一号）、ヘルスについての記述においては「当該個室において異性の客の性的好奇心に応じてその客に接触する役務」（傍点引用者、第二条第六項第二号）となっている。これはヘルスにおいては特に浴場の設置がなく、通常のマッサージ店と区別するために特に「性的好奇心に応じて」と明記しているものであるとされる（解釈運用基準第五-二）。これに対してソープの「客に接触する役務」が性的なものに限定されていないのは、「同号に規定する要件を満たす営業は、当然に脱衣性・密室性を有するから、売春が敢行されるおそれ等定型的に風営法の目的を阻害するおそれが認められるからであると考えられる」（蔭山 2008a: 182）。

も一定の意味を付与される区別なのである。

さらにこの区別は、ジェンダーに関する分断線とも関連している。接待系の風俗営業店には主として男性客向けの業態（キャバクラ）と主として女性客向けの業態（ホストクラブ）[2]が存在し、いずれも一定の店舗数が営業しているが、性風俗特殊営業に関してはほぼ全てが男性客向けの業態であり、本研究の調査においては歌舞伎町で女性客向けの性風俗営業店は確認できなかった。ここでは、女性向け性風俗店が存在するのかしないのか、ということはさしたる問題とはならない。存在したとしてもそれは極めて小規模なものであり、歌舞伎町全体の大勢には影響を及ぼさないと考えられるからである。

風俗営業店に関しては性風俗店との対比において、男性客向けの業態と女性客向けの業態を区別して扱うことが、歓楽街においてどのようにジェンダー変数が作用しているかを見るのに有効であろう。性風俗店においては〈サービス提供者／消費者〉の関係が〈女性／男性〉の関係と重ね合わせられて固定されてしまうのに対して、風俗営業店ではそのそれぞれの組み合わせを観察することが可能だからである。一方で、性風俗店に関しては「店舗型」と「無店舗型」という、接待系風俗営業店には基本的に存在しない区別がある。一般的なヘルスなどが店舗型であるのに対し、サービスを提供するワーカーを客のもとに派遣するタイプのヘルスである、いわゆるデリバリーヘルス（デリヘル）などの業態は無店舗型である。後に見るようにデリヘルの事業所や待機所は歓楽街に所在する場合が多く、警視庁の情報公開資料の上にもそれは表れていた（付論参照）。これは前章で見たビルオーナーや不動産業との関わりから説明されるのだが、他方で接待系では派遣型はほとんど存在しない。接待サービスは性的サービスと異なり、店舗があってそこで提供されることが基本である[3]。つまり性風俗店に関しては、接待型風俗営業店には存在しない、〈店舗型／無店舗型〉という変

2　ここで「主として」としているのは、キャバクラにおいて女性客が、ホストクラブにおいて男性客が入店を拒否されることは基本的になく、また実際にしばしば客として訪れることがあるためである。

3　イベントや宴会などにおいて接待を行う「コンパニオン」を派遣する業態は風適法上の「接待業務受託営業」に当たる場合がある。これについては無店舗型の接待系風俗営業とでも言うべき性質を見出しうるが、許可や届出は必要とされない（ただし第三五条の三において規制事項は規定されている）。所在地については歓楽街に限らず広くどこにでも立地しうるため、本研究と直接的な関連はもたないと判断し、取り上げないこととする。

表 4-1　業種と各変数の対応

業種	許可／届出	サービスの種類	主な客層	店舗型／無店舗型
キャバクラ	許可	接待サービス	男性	店舗型
ホストクラブ	許可	接待サービス	女性	店舗型
ヘルス、ソープ	届出	性的サービス	男性	店舗型
デリヘル	届出	性的サービス	男性	無店舗型

数の分散を観察することができる。ここでは、実際のサービス提供が歌舞伎町の内部で行われるのかそうでないのか、という基本的な点について、その意義を分析することが可能になる。これは、サービスが店舗内の限られた部屋数の範囲内で提供されるのか、派遣先で提供されるのかという区別に関わることとなる。特に、後述するように歌舞伎町では店舗型性風俗の新規届出ができないため、店舗型における部屋数という条件は経営の根本に関わる制約である。

以上から、本論文では風俗産業について二つの大分類に二つずつの下位分類を設定し、計四つの分類に沿って分析を進めることとしよう。以上の区別は上の表のように整理できる（表4-1）。

風俗産業には次のとおり様々な種類の業態が内包されているとはいえ、対面状況で客に何らかのサービスを提供する従業員を必要とするという共通点をもつ。

- 風俗産業
  - 接待系風俗営業
    - 男性客向け（キャバクラ：第1節）
    - 女性客向け（ホストクラブ：第2節）
  - 性風俗特殊営業
    - 店舗型（ヘルス、ソープ：第3節）
    - 無店舗型（デリヘル：第4節）

本章では、特にそうした従業員のリクルートならびに風俗産業での継続的な勤務がどのように可能になっているのか、という点に特に焦点を当てて記述を行うこととする。それは、サービスを担う従業員の供給と定着こそが歌舞伎町における店舗空間の再生産にとって決定的な要素である、という視点に基づいている。この点については本章の最終節において分析を行う際に再度言及することとして、ここでは差し当たって男性客向けの接待系風俗営業であるキャバクラから論を進めよう。

1　男性客向け接待系風俗営業（キャバクラ）

本節では主として男性客向けの接待系風俗営業について取り

上げる。男性客向けの接待系風俗営業にはさまざまな種類があるが、本節ではそのなかでももっとも基本的な業態である「キャバクラ」について論じる。先に述べた風俗営業の下位分類における〈接待系風俗営業／性風俗特殊営業〉という区別において、前者は接待サービスを、後者は性的サービスを、それぞれ提供するという違いがあった。これに鑑みれば接待サービスのうちに性的サービスの要素を原則として含まないキャバクラを取り上げることが、接待系風俗営業という類型の事例としては適切である[4]。また、男性客向けの接待系風俗営業の種類の多さに比して、女性客向けの接待系風俗営業はホストクラブとそれとほぼ同一の業態に限定されている。風俗営業におけるジェンダーを考察するに当たっては、ホストクラブに対応するような男性客向けの接待系風俗営業を分析することが望ましく、キャバクラという事例選択はこの点からもリーズナブルである。つまり、本節の理論的対象は「女性従業員が主として男性客向けに接待サービスを提供する風俗営業の業態」であり、その経験的参照項としてキャバクラ店舗を取り上げることとする。

本節の記述は、主として調査対象店舗Qでのインタビューならびに参与観察に基づいている。インタビュー対象者は経営部門社員、広報部門社員、店長、男性スタッフ、女性スタッフ等で、一〇回程度で延べ一〇時間ほどのインタビューを行った（本書末尾のインフォーマント一覧を参照）。また、参与観察として二〇一一年十一月にひと晩、男性スタッフとして厨房ならびにフロアで勤務し、開店前（夕刻）から閉店後（未明）までの店舗での相互行為を観察した。Qは七〇席以上の席数があり、キャバクラとしては大規模な部類に入る。開店からの歴史も長く、歌舞伎町ではもっとも古いキャバクラのひとつである。

ここで簡単にキャバクラという業態について説明しておこう。キャバクラでは主として男性客が「女性従業員（＝キャスト）と会話をしながら飲食すること」に対して対価を支払う。詳しくは後述するが、この支払い対象は「接待」と呼ばれる特殊なサービスであり、また「接待」こそがキャバクラを風適法上の風俗営業たらしめる要件なのだ。つまり法的にも経済的にも、接待の売買こそがキャバクラを強く規定する中核的な要素である。

4　キャバクラの類似業態としては、「セクシーパブ」と総称されるような「ランジェリーパブ」（女性従業員が下着姿で接客する）、「おっぱいパブ」（女性従業員がトップレスで接客する）、「おさわりパブ」（客が女性従業員の身体に触れることができる）などがある。いずれも風適法上の位置づけが微妙で、また性的サービスの提供が当然行われる（あるいは当然行われない）と見なし得るかどうかについても確かなことは言いづらい。

1-1　組織構造と職務分担

キャバクラの従業員は基本的に男性の「スタッフ」と女性の「ホステス（キャスト）」によって構成されている。近年では風俗産業でサービス提供に携わる女性従業員の呼称としては「キャスト」が一般的であり、本書でも接待に従事する女性従業員をキャストと表記することとする。

大規模な店舗であれば、キャストのメイクやスタイリングを行う従業員、レジ係、終業後にキャストを自宅や寮に送るドライバーなどを擁する場合や、バックヤードとして「経理」や「広報」といった事務部門を、店舗とは別のビルなどに抱える場合もある。下に掲げる表4-2は調査先店舗Qの職種別従業員数である。

中核的な従業員として男性スタッフと女性キャストがいる点は、次節で取り上げるホストクラブと異なるキャバクラの特徴である。ホストクラブにも接待行為に従事しないフロア従業員は存在するが、すべて男性であり、またキャバクラにおいて男性スタッフの従事する内容とは異なる職務を担っている。詳しい異同は本章末での分析に譲るが、この点が接待系風俗営業におけるジェンダーの非対称性に関連することをまず予告的に指摘しておくに留めよう。

男性スタッフ

キャバクラにおける男性スタッフの主要な役割は、飲食物の給仕と「つけまわし」、それにキャストの「マネージメント」であるという（店長S氏への聞きとり）。飲食物の給仕は、キャストではなく男性スタッフが行う。ここで特に説明が必要なのは「つけまわし」と「マネージメント」だろう。

「つけまわし」とは、どのキャストがどのテーブルに着席すべきかを指示する采配のことである。キャバクラにおいては、客の入店から退店まで同じキャストがつきっきりで接待することもあるが、往々にして接待するキャストは部分的に入れ替わる。そのなかでも、人気のあるキャストは多くの客から「指名」されるため、ひとつのテーブルにいられる時間は短くなる（「指名」制度については後述）。人気のあるキャストをどのタイミングで別のテーブルに移動させる（テーブルに「つける」）のか、その穴をどのキャストに埋めさせるのか、といった判断を行うのが「つけまわし」である。店舗によっては複数の男性従

表4-2　職種別従業員数

男性スタッフ	17名
女性キャスト	70名
メイク	4名
レジ	2名
送りドライバー	4名
経理	7～8名

業員たちがインカム[5]を介して相互にスタッフ間で意思疎通しながらつけまわしを行う。

いっぽう「マネージメント」は明確な規定がなくさまざまな行為の組み合わせから成り、その内包は曖昧である。キャストには彼女たちひとりひとりを「担当」する男性スタッフがおり、この「担当」者の男性スタッフがキャストたちに対してなすべきこととして「マネージメント」という用語が使われる。一名のキャストに対して担当スタッフは一名であるが、スタッフはひとりで何人ものキャストを担当する（図4-1）。男性スタッフは担当キャストに対して、客への営業の仕方を指導したり、仕事の愚痴を聞くことで心理的なケアを行ったりすることを期待されているが、これらが一括して「マネージメント」であるとされる。マネージメント業務はキャバクラという店舗の経営と労働の特質に関わるため、詳細については後述する。ここでは、キャストの労働が男性スタッフによるある種のバックアップに支えられ、同時に管理の対象となっていることだけを確認しておこう。

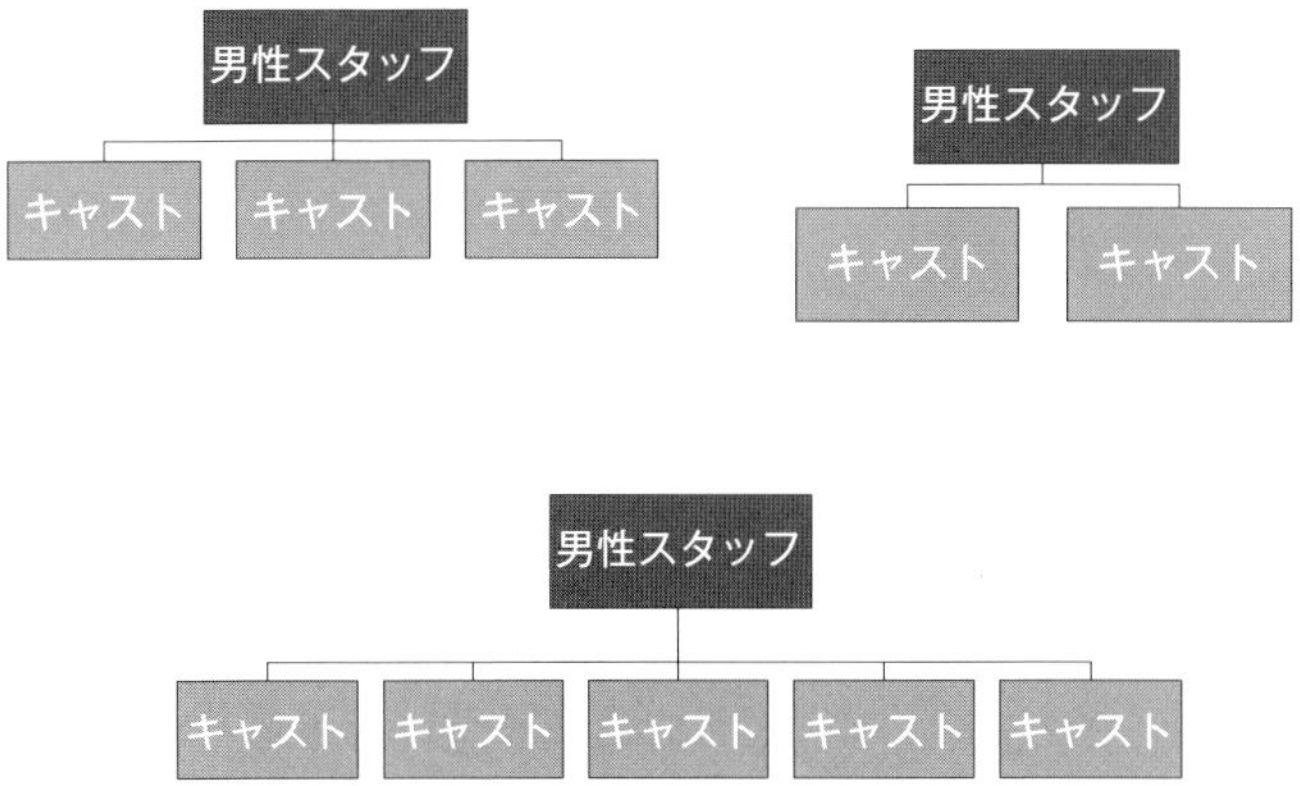

図4-1　男性スタッフとキャスト

5　相互通信式構内電話（インターコミュニケーション）のこと。多くはヘッドセットと無線機の組み合わせから成り、複数の端末の同時双方向通信のために利用される。つまり、いずれの端末から送信された音声も（そして同時に複数の端末から音声が送信されていても）全ての端末に届く点で、単方向交互通信のトランシーバーとは異なる。

女性キャスト

キャバクラにおける主要な従業員は女性キャストである。表4-2にあるように、他の従業員に比して多くの人数（七〇名）が数えられているのは、言うまでもなくキャストがキャバクラの営業にとって不可欠な存在であるからに他ならない。客は酒類を中心とした飲食に対して料金を支払っていると言うよりも、キャストが同席して接待してくれることに対して支払いをするのである。本節でキャバクラにおける労働として記述する対象は、もっぱらキャストの接待サービス提供を中心とした労働である。

メイク

キャバクラのキャストは一般的にドレスを着用して接客に当たる。そのほかに、手のかかったメイク（化粧）とヘアメイク（髪型のセット）を、客から期待されるとともに店からも要求される。ある程度以上の規模の店舗であればキャバクラは自店でメイク担当者を使用しており、調査先店舗Qにおいては四名のメイク担当者がいた。調査時点でメイク担当者は全員女性であり、求人においても「女性のみ」と限定されている。

メイク担当者のフォーマルな職務はキャストのヘアメイクを行うことである（顔のメイクはヘアメイクをされているあいだにキャスト本人が行う）。店側はキャストにヘアメイクを義務づけており、遅刻等の理由で自店のメイク担当者からの施術を受けられない場合、店外の美容室等で一〇〇〇～二〇〇〇円程度を支払ってヘアメイクを受ける必要がある。こうした服飾や身だしなみに関する厳密さは、本章の後の節で見る性風俗店における無頓着さとは対照的である。

そのほかに、インフォーマルな職務としてキャストの公私にわたる悩みを聞くことや、キャストに勤務態度の指導をすること（遅刻をたしなめるなど）もまた、メイク担当者に期待されているという（メイク担当R氏への聞きとり）。こうした職務は男性スタッフが「マネージメント」の一環としても担っていることは既に述べたとおりである。男性スタッフとメイク担当者の両者にこうした役割が期待されていることは、キャストが「マネージメント」の対象であるという側面を改めて浮かび上がらせる。

また、そうした相談相手的な役割が求められるのと同時に、店側はキャストとメイク担当者が個別に連絡を取り合うことを基本的に禁じている。これについてインフォーマントのメイク担当者R氏は、キャストとメイク担当者が個別に連絡を取り合って店外で安く契約されてしまうと困るからだ、と説明した。キャストは時間通りに出勤すればヘアメイクの費用を負担せずに済むが、もし一〇〇〇円以下の相対的に安い料金で店外でヘアメイクを受けられれば遅刻の抑止力が削がれる、という店側の危惧がここにはある。接待系風俗営業に限らず、歓楽街の風俗産業では遅刻や連絡なしでの無断欠勤、あるいは連絡なしでの失踪などは日常茶飯事であり、こうした事態を管理するためのひとつの装置としてもまた、ヘアメイクは機能しているのである。

レジ

店舗において料金の支払いをレジに常駐して受け取る。調査先店舗Qでは勤続の長いレジ専属の従業員がこれに携わっていた。

送りドライバー

既に簡単に説明したとおり、営業終了後にキャストを自宅や寮に送り届けるのが（送り）ドライバーの仕事である。歌舞伎町における風俗店の営業は二十五時までとされているので、キャストは電車で帰宅することが難しい。そのため、こうしたドライバーが雇用されているのである。ドライバーの勤務は営業終了後の一～二時間に限定されるため、車については持ち込み（ドライバーの所有している車両を使用する）で、アルバイトとしての勤務である。Qのドライバーは四名おり、全員が昼間の仕事を別に持っているという（店長S氏への聞きとり）。

経理

今回調査したQはキャバクラとしては姉妹店も含めたグループ全体の経営規模がかなり大きい。そのため、バックヤードに経理や事務を担当する社員が7～8人雇用されていた。また、広報を特に担当する社員もおり、広報業務に関する聞きとりを行うことができた。これについては後述する。

1-2　キャバクラにおける労働

以下の論述はキャバクラQのキャストを対象とした聞きとりを主な素材としている。ここで、Qにおいてキャストの聞きとりがどのような状況で実施されたかについて特に説明しておく必要がある。複合的な理由により、聞きとりは必ずしも十分な質と量を達成できなかった。

Qのキャストを対象とした聞きとりは計六名に対して二日間に分けて、すべて営業開始前の控え室で行われた。控え室は十畳ほどの部屋にソファやテーブル、椅子などが置かれているものの仕切りなどはなく、複数のキャストが同じ空間で食事や世間話などをしながらくつろげるようになっている部屋である。その控え室で筆者は店長から「取材に来てる大学院生さんだからみんないろいろ話してあげて」と、不特定多数のキャストに対して紹介された。

この状況のうちには、（1）始業前なので時間的にあわただしい、（2）フォーマルにセッティングされた聞きとりではないため、調査目的や趣旨などを説明してもなお、インフォーマントの調査者に対する猜疑心がほとんど払拭できていない可能性が相対的に高い、（3）多くのばあい何人ものキャストが同じ空間で声の聞こえる距離におり、他のキャストにも聞かれていることを意識した語りになる、など、調査法上の無視できない限界があった。また、こうした限界は一件一件のインタビューごとに異なる程度で発現していた（たとえばタイミングごとに異なる控え室の混み合い方）。

そのため、調査項目によっては聞きとりを行ったキャスト全員に対して質問できなかったものもある。また、特に他のキャストが同席していることによって、回答内容は注意すべきバイアスを含んでいる可能性がある。

以上のような点に注意しながら、本項ではキャバクラにおける労働のあり方について論じていくこととする。

入職経路と動機

一般にセックスワークはスティグマを付与される傾向にある仕事である。次章で見るように、歓楽街においては女性をキャストとして店舗に紹介することで高額の報酬を得るような職業＝「スカウト」の存在が可能になっている。こうした職業が成立するような、風俗産業における慢性的な人手不足の状況は、ホステス業がスティグマ化されていることと無関係ではない。しかし同時に、歌舞伎町においては、風俗産業は常に一定の従業員を確保し続けることに成功している。それでは、一般的には心理的に高い参入障壁の存在すると考えられる業態に、キャスト女性たちはどのような経路といかなる動機で入職するのだろうか。

まず、接待系風俗営業という業態に最初に参入した経緯について見ていこう。業態への最初の参入と、その後の業態内での店舗間移動とは、質的に異なる職業移動であると考えられるからである。今回インタビューしたインフォーマントはいずれも調査対象店舗Qが最初に勤務した店舗ではなかった。以下で接待系風俗営業を当事者カテゴリーに則って「水商売」と表記することがあるが、指示対象は同一である。

インフォーマントであるキャストのT氏は美容師をしていたがあまり熱心に働かず、お金に困ったので求人情報媒体の

『FromA』を見たのが、最初にキャバクラで働き始めたきっかけだという。キャバクラを選んだのは時給が高かったためである。このほか、学生時代に仕送りが足りずにバイトを探したU氏も、『FromA』に掲載された時給の良さからキャバクラを選んだ。T氏とU氏は求人媒体を見て、時給の良さから入職した点で共通している。T氏は、キャバクラに抵抗はあったものの、「長く続けるつもりはない」と思いながらキャストの仕事を始めたところ、店が「ショー」のある店舗であり、「ショー」が楽しかったので長く続いてしまったと語った。

「ショー」とは、接客時よりもさらに肌を露出する衣裳で、ダンスを中心としたパフォーマンスを行うものである。「ショー」に出演するキャストは開店前の時間等に店に集まり、「振付師の先生」の指導の下で練習に励む。客は「ショー」に際して特別な料金を支払う必要はないが、キャストは客に「ショーがあるからこの日に来てほしい」などといったかたちで営業の材料とすることができる。T氏はショーの楽しさのおかげでキャバクラに長く勤務することとなり、インタビュー時点で最初のキャバクラでの勤務から九年が経っていた。

T氏と同じく『FromA』での時給の良さから、仕送りの不足分を補うために働き始めたU氏は、当時学生であったが、そもそもアルバイトをした経験が一切なかった。アルバイトをすること自体に抵抗があったものの、やむなく働こうとしたという。ところが意を決して面接に赴いたキャバクラで、面接に落とされてしまう。このとき面接に落とされた店舗は数軒にのぼったが、結果的には小規模な店舗で働き始めることができた。仕送りの不足分はかなり大きかったため、どうしてもキャバクラで働く必要があった、とU氏は語った。

同じく『FromA』から接待系の風俗営業に入職したインフォーマントにV氏がいる。V氏は地元で親が接待系の風俗営業店舗を経営していたため、業界に抵抗もなく参入したと語るが、その際にも参照されたのは『FromA』であった。

また、W氏は漠然と水商売全般に興味があって地元の店舗で働き始めた。興味から入職した例としては、出版当時（二〇〇〇年）ベストセラーとなった飯島愛の『プラトニック・セックス』[6]を読んで「夜の仕事」に興味を持ったというX氏のケースもある。X氏は、そうした興味から、友人が働いていたキャバクラで自らも働き始めたという。

6　タレント飯島愛の自伝的著作。このなかで語り手は家出をしてからさまざまなセックスワーク等で生計を立てている。

店舗間移動

キャストのインフォーマントは例外なく勤務する店舗の移動を経験していた（歌舞伎町外も含む）。

V氏は、様々なキャバクラで体験入店を繰り返し、一年ほど勤続した店舗もあったものの結局「性に合わない」と感じて、現在では自らバーを経営している。

ショーが楽しかったために図らずもキャバクラで働き続けることとなったT氏は、しかし働き始めてからの二年間で五軒のキャバクラに勤務した。他店に移る際は、元同僚で別の店に移った友人から「このお店、話し相手もいなくてつまんないから来て」といったように誘われるなど、友人のネットワークを介しての移動が多かったという。

学生時代にキャバクラ勤務を経験し、卒業後は一般企業に就職したというY氏は、「夜の仕事をもう一度ちゃんとやろうと思い」、歌舞伎町を歩いて路上で意図的に「スカウトマンに声をかけてもらった」。銀座のクラブは怖いところだというイメージがあったので、歌舞伎町でスカウトマンに声をかけてもらい（「スカウトマンは見れば分かる」という）、働きたい店として「うるさくなくて、ギャルっぽい女の子ばかりではないところ」という希望を伝えて紹介してもらった。

仕送りの不足分をまかなうために水商売を始めたU氏は、大学卒業後に一般企業に就職するつもりは最初からなく、本格的にキャバクラを始めるに当たって交通の便のよさから歌舞伎町の店舗を選んだという。しかしキャストの年齢層が若くにぎやかすぎたのがU氏には合わず、半年ほどで辞めてしまった。辞めたその足で通りがかったのが調査対象店舗のQで、Qの店の前で男性従業員にスカウトされて勤務することとなった。

Qが勤務した四軒目のキャバクラだというZ氏は、店内の人間関係が悪かったり、経営者のキャストに対する人事のやり方に抗議したりして、退店していた。そこから新しい店舗に移る際には、以前働いていた同僚の友人が移って働き始めた店舗や、良い評判を教えてくれた店舗などに移ったという。

W氏は、最初に働き始めたのは地元の北陸地方だったものの、「知っている人ばかり」になってしまう「田舎の水商売」が嫌だったと語る。「水商売は色んな人と会えて高収入なのがよい」からだ。そこで、東京と大阪で、寮があるかどうかを判断基準として「ちゃんとしている」お店を探して体験入店した。東京の方が大阪よりも楽しそうだったこともあり、「田舎者の変なこだわり」で、「やるなら歌舞伎町」だと思ってQを選んだ。給料は安いが居心地がいいので四年続けられているし、Qを辞めるときは水商売をやめるときだと思っているという。

飯島愛の『プラトニック・セックス』に影響を受けてキャバ

クラで働き始めたという X 氏は、最初に働き始めた店舗が閉店したので、その姉妹店だった Q にそのまま移動した。

出勤日数と時間

キャバクラ Q では、キャストは出勤日数の違いによって「レギュラー」と「アルバイト」に大別される。週五～六日出勤すればレギュラーで、週一～二日程度であればアルバイトである。ただしどちらも給与が基本的に時給制であることは共通している。さらに、銀座のいわゆる「クラブ」[7]のようにホステス（キャスト）が客の支払いを立て替えたり、客への取立責任を負ったりする仕組み[8]は、一般にキャバクラではほぼ存在しない。ただし、指名客が注文した飲食物の売上金について、一定割合がキャストの給与となるような「売上バック制」という給与システムが時給制と併用されている場合も多い。キャバクラの店舗ごとに、また個々のキャストごとに異なる給与システムが適用されるが、完全出来高制というような場合は少ない。

今回インタビューを行うことができたキャストのインフォーマントは全員「レギュラー」のキャストであった。店舗は毎週日曜日が定休日であり、それ以外の週六日、十七時ごろから二十五時ごろまでが、キャストの勤務時間となる。開店時間は十九時だが、開店前に衣裳に着替え、メイク担当者によるヘアメイクを受ける必要があることは既述のとおりである。

「指名」制度

キャバクラの経営と労働を理解する上でもっとも重要なのが「指名」という制度である。指名制度について理解するために、まずはその前提をなす「接待」について確認しておこう。

「接待」はキャバクラやホストクラブという業態を特徴付け

7　あるいは「ホステスクラブ」とも呼ばれる。男性客向け業態で、一般にキャバクラ等よりもさらに高額な料金設定であるとされる。風適法上はキャバクラと同じ接待系風俗営業に分類され、許可が必要な業態だが、地理的に不均等な分布を示しており、銀座に集中している。歌舞伎町ではほとんど存在しないと考えられるため本研究では取り上げないが、社会学者や人類学者によってもっともよく論文が発表されているのはこの銀座の高級クラブについてである。松田さおりによる一連の論考のほか、川畑智子、アン・アリソン、ガーニエ大蔵奈々らの、いずれも本人たちが銀座でホステスとして勤務した経験を元にした研究がある（松田 2005, 2006, 2007, 2008, 2009; 川畑 1998; Allison 1994; Gagné 2010）。

8　一般にこのような状況下では一人ひとりのホステスは個人事業主と見なされ、店とのあいだに雇用関係が成立していないとされる。

るもっとも主要なサービス内容である。接待とは、従業員が主として客の隣に座り飲食をしながら歓談するサービスを指す。風適法上は以下のように規定され、風俗営業店としての許可が必要となる業務内容を構成する重要な要素である。

第二条　この法律において「風俗営業」とは、次の各号のいずれかに該当する営業をいう。

一　キャバレーその他設備を設けて客にダンスをさせ、かつ、客の接待をして客に飲食をさせる営業

二　待合、料理店、カフエーその他設備を設けて客の接待をして客に遊興又は飲食をさせる営業（前号に該当する営業を除く。）〔後略〕

「接待」が具体的にどのような行為を指すのかについては同じく第二条第三項で示されている（「この法律において「接待」とは、歓楽的雰囲気を醸し出す方法により客をもてなすことをいう」）。

風適法による「風俗営業」取締りならびに適正化の目的は、実質的には売春、性的非行、賭博、射幸心をそそる行為等のいわゆる風俗事犯を誘発するおそれのある営業であるとされる。このため、風適法上の風俗営業の構成要件たる「接待」は、必ずしも客の隣に座ることを必要とせず、カウンタ越しの接客も該当すると解釈される[9]（藤山 2008a: 171）。

キャバクラやホストクラブといった業態（接待系風俗営業）を利用する料金はしばしば極めて高額になることが知られているが、これは上記のような特殊サービスである接待に付与された値段だということになる。

接待は風俗営業の中核をなすサービスであり、そのサービスの分配、割当てを規定するのが「指名」の制度である。指名制度とは、客がひとり以上のキャストを「指名する」ことによって、優先的にそのキャストによる接待を受けられるようになる仕組みのことである。そのとき客は「誰某（キャストの名前）の指名客」と呼ばれる。反対に、キャストは「誰某（客の名前）の担当」と呼ばれる。また、誰も指名していない客のことを「フリー」と言う。客は指名制度を利用するために「指名料」を支払う必要がある。指名制度は以上の点においてキャバクラとホストクラブ（ホストクラブであれば「キャスト」の部分

9　現在、営業の内外において共有されている「ガールズバー等の業態はカウンタ越しの接客で、隣に座ることはないので「接待」には当たらず、風俗営業許可も必要ない」という通念は単なる俗説である。しかし前章で見たように、無許可で営業していればすぐさま摘発されるというわけでもない。

を「ホスト」に読み替える）で共通しているが、以下の点において異なる。

最大の違いは、客が「担当」（指名しているキャスト／ホスト）を変更することの可否にある。キャバクラでは、客は指名するキャスト＝自分の担当を何回でも変えることが出来るし、一度誰かを指名したあとでもフリーで来店し、店側にキャストの選定を任せてしまうこともできる。また、一回の入店で複数人を指名することもできるが、この場合には指名料を人数の分だけ支払う必要がある。しかし、基本的には客はひとりの従業員を指名することが多いし、そのようにすることが期待もされる。また、どの客がどの従業員を指名しているかを記録している店も多い。

いっぽう、ホストクラブでは客が担当を変更することはできない。また、一度指名するとその後に同じ店にフリーで入店することはできず、毎回指名料を支払う必要がある。これは特にキャバクラの指名制度と区別して「永久指名制」と呼ばれる。この際、指名対象は一名のみであり、キャバクラのように複数人を指名することもできない。これは銀座の（高級な）「クラブ」にも共通して見られる制度である。

さらに、以上の指名とは区別される「場内指名」という制度がある（単に「場内」とも呼ばれる）。キャバクラにおいて場内指名とは、店舗内でキャストをアドホックに指名することである。これは、客が入店の直後に行う通常の指名と異なる。一方、ホストクラブにおける場内指名は、いまだ担当を決めていない客が行うものであり、担当を決めた（＝指名した）あとには場内指名が行われることは基本的にはない。

既に述べたように、この指名制度は接待系風俗営業における接待サービスの提供に直接的に関連する。どのキャストも指名していない「フリー」客が来店したばあい、店側はどのキャストに接待させるかを自由に決めることができる。それに対して、指名しているキャストがいる指名客のばあい、店側は必ず一定時間以上、担当キャストに指名客を接待させる必要がある。まったく指名をしないフリー客は、Qでは総来店客数の一割程度だという（Qの広報担当a氏への聞きとり）。

この際、どの客の席にどのキャストを座らせるか、ということを判断するのが、男性従業員の「つけまわし」の仕事である。一般的に、指名はキャスト間で不均等に分布する。つまり、人気のあるキャストに指名が集中するのである。このため、特定の人気キャストを指名している客は同一の時間帯に何人も来店することになる。そのような場合に、二人目以降の客は謝絶する、というような店の方針も考えられるが、接待系風俗営業においてそうした方針はまず見られない。その代わりに、できるだけ客に不満が出ないように、人気キャストを指名客たちの席から席へ、満遍なく移動させるのである。もちろんこれは失敗することもあり、そのようなばあい客は「指名料を払っているのにほんの短い時間しか担当キャストに接待されなかった」ことに不満を表明する。とはいえその矛先が向けられるのは、キャストではなくつけまわしの男性従業員に対してである。客もまた、キャストがどのテーブルにつくかがつけまわしによって決定されていることを知っているからである。

指名がキャストの労働にとって重要なのは、客ひとりひとりの指名が「本数」としてカウントされ、それが給与を左右するためである。詳細な給与システムは煩雑になるので省略するが、単純化して言えば、指名本数と売上（指名客の注文した飲食物の金額）が増えていくごとに、段階的に時給が上がっていく。一ヵ月ごとに集計された指名本数と売上によってその月の時給が遡及的に決定され、月の出勤時間と時給との積が給与となるのである。[10] こうした給与システムによって、キャストは指名と売上で良い成績を上げることと、出勤日数を増やすことの二つについて同時にインセンティブを付与されることになる。

10　キャバクラにおけるこうした給与システム全般については、凡百のルポとは一線を画した好著である藤井（2008）が詳しい。

「ヘルプ」と飲酒

既述の通り、人気キャストは指名客のテーブルを離れなければならないことがある。人気キャストには他にも指名客がおり、彼らのテーブルにおいても接待サービスを提供しなければならないからだ。

担当キャストが離れた指名客のテーブルにおいては、「ヘルプ」と呼ばれるキャストが接待サービスの提供役を担う。ヘルプになるのは主としてその時間に自らの指名客が来店していないキャストであり、相対的に人気のないキャストということになる。ヘルプが穴を埋めてくれるおかげで、人気キャストは他のテーブルに移っていくことができる。このヘルプをどのように客に分配するかを決定するのもまた「つけまわし」の仕事である。

担当キャストが離れたテーブルで、客に飲食物を注文させることにヘルプが首尾良く成功したとしよう。この売上は、すべてその場にいない担当キャストの売上としてカウントされる。キャストの労働規範には、多額の売上を目指して積極的に高級なアルコールを消費する、というものがある。つまり、キャストにあっては酒類を多く飲むことが尊ばれるのである。多くの客は、キャストの多量の飲酒とそれに伴う酩酊を歓迎し、推奨する傾向にある。キャストがそうして飲む酒類の料金はすべて客が支払うのだが、これは接待系の風俗営業店では自明の事柄に属する。

　指名、ならびに飲酒（の売上）は、いずれも担当キャストの給与に反映される。ここにおいて、指名客が担当キャストを応援する、という構図が浮かび上がってくる。指名客は、接待を受けるためにキャバクラに来るというよりも、指名をして指名料を支払い、飲食物を注文することによって、担当キャストの受け取る報酬に貢献するために来店するのである。もっとも、キャバクラにおいて指名するキャストはいつでも変えることができるので、接待サービス中に満足感が得られなければ、他のキャストに「指名替え」することもできる。しかしいずれにせよ、人気のキャストであればあるほど、客は指名をしない限りそのキャストの接待を受けることはできないのである（人気キャストがヘルプとしてテーブルについてくれる可能性は低い）。

　キャストの給与が指名本数や売上によって変動するという制度については、客もまた、程度の差はあれよく知っている。ときにはキャストから「今月は指名本数が伸び悩んでいるからぜひ来てほしい」などといった営業メールや電話を受けることもあるだろう。そうした共有された知識のなかで、客によるキャストの応援は成り立つのである。

　客は担当キャストの売上になるように、ヘルプしかいない席でも飲食物を注文するだろう。それを消費することによって、ヘルプは担当キャストの売上に貢献できる。そして、キャスト間のこうした貢献は相互的なものであるとされる。つまり、今日はヘルプをしてあげたかも知れないが、明日はヘルプをしてもらうかも知れないのである。

　担当キャストとヘルプキャストの関係は、当事者にとっては微妙な問題を含んでいる。それは、ヘルプが人気キャストを文字どおり援護し、助けているのか、人気キャストの売上がヘルプの人件費をまかなっているのか、という問題である。これまで言及してきたQとは別のキャバクラbのキャストであるc氏に、この点について尋ねたところ、以下のように応えてくれた。

　それはそういう［ヘルプが人気キャストを助けている］ところもあるけれど、売れてるキャストが売れてない人の給料も稼いであげているということでもある。この店［b］では、例えばトップのキャストは他店なら三倍の給料がもらえるくらい売り上げている。売れていない子の方がどちらかといえば得をする。売れてる子が店に留まるのは、ここが「ゆるい」から。遅刻や当日欠勤でも罰金がない。営業時間中も好き勝手に振る舞うことができる。

このように、ヘルプと担当キャストのあいだには微妙な関係が存在するとはいえ、ヘルプであれ「売れっ子」であれ、売り上げに貢献するためにどの程度まで熱心に飲酒に励むかはキャスト本人にかかっている。ただ、そうした努力がただちに店内での評価につながるとも限らない。キャストは熱心な飲酒を周囲が評価してくれない、と担当の男性スタッフ（前掲の図4-1）に愚痴をこぼすこともある（二〇一一年十二月二十二日のフィールドノート）。キャストは概して勤務に対して熱意があり、Qのインフォーマント六名のうち四名が、「仕事で一番いやなのは面倒な客が来ることではなく、指名客が来ないこと」だと語った。ここでの「面倒な客」とは「小さいことをぶつぶつ言う人」や「キャバクラなんかで働いてないでちゃんとした仕事を探せ、などと説教してくる人」（T氏への聞きとり）のことだが、そうした客でも来ないよりはましだというのである。

このように、指名はキャストの給与計算の基準になるとともに、キャストにとって「やりがい」を感じられるかどうかを左右する指標ともなっている。指名を得るためにキャストが行う営業努力は、接待における会話の内容だけに留まらない。むしろそれは営業時間外に、客に「メールや電話などでマメに連絡すること」が重要である（キャストY氏の語り）。そうした営業技術を指導するのも、男性スタッフによるキャストの「マネージメント」の一部だとされる。

1-3　キャバクラの経営

売り上げと広報

客が支払う金額は、時間制の基本料金の他に、必ず追加されるテーブルチャージやサービス料、そしてその他にキャストを指名する際に必要な指名料、飲食物の代金等である。

調査に赴いた二〇一一年十二月のある月曜日に、Qでは一五〇～六〇人の客が来店し、ひと晩の売上は三〇〇万円程度であったという（店長S氏への聞きとり）。また、同年同月のある木曜日には、ひとりの客が一本三五万円のシャンパン[11]を含む七七万円を、ひと晩分の料金として支払った（レジ係d氏への聞きとり）。一五〇人で三〇〇万円の売上であればひとりあたり二万円を使った計算になるが、客によってははるかに大きな金額

11　高級シャンパンとして知られる「ドン・ペリニヨン」の市場価格は一万円程度から、年代物であれば五〇万円程度まで様々であるが、接待系の風俗営業店舗で提供される際にはこうした市場価格の五倍から一〇倍程度の値段がつけられることが多い。店舗での販売価格はおおむねホストクラブにおいても通有である。

を使うことがある。

Qの男性スタッフe氏によれば、キャストの人件費は総売上の五〇％程度を占める。ひと晩三〇〇万円で月に二五日営業すれば七五〇〇万円の売上となり、キャストの人件費は三七五〇万円となる。キャストは約七〇人が在籍しているから、平均では五〇万円ほどの月収を得ている計算である。

キャバクラはその営業形態上、客が来店しなければ売上を上げることができない。しかし、聞きとりによれば雑誌やインターネットに掲載した広告からの来店はほとんどないという。口コミや、以前付き合いで連れてこられたという客が来客の中心であると店長のS氏は語った。

求人

広報担当のa氏によれば、調査対象店舗のQにおける求人の手段は、Webサイトに出す募集広告が中心的なものである。かつては風俗産業に特化した求人雑誌（紙媒体）にも広告を出していたが、近年になって店舗の予算のなかで広告費が抑制されたこと、雑誌じたいが広告を集められず業界内での影響力を低下させていったことなどから、現在ではWebだけになった。

ところが、実際にキャストが店舗で働くようになる経路として多いのは「口コミ」か「スカウト」だと男性スタッフらは語る（S氏、a氏、e氏）。これはキャスト本人たちの語りとも一致する（前項の「店舗間移動」の記述を参照）。ここで「スカウト」とは、「人材派遣会社」のようなスカウトマン組織から女性を派遣されることと、それとは別に男性スタッフ本人が路上でスカウトしたり、他店に行ってヘッドハンティングのようにその店のキャストをスカウトしたりすること[12]などが含まれる。

男性スタッフのf氏は「最近では業界には未経験者の女性はほとんど来ない」ので、「『ダイヤモンドの原石を探す』などという表現は当てはまらない」と語った。実際にはほとんど効果がないにもかかわらずWebサイトに募集広告を出しているのは、勤務希望の女性がそうしたサイトに掲載されていない店舗を怪しむからだという。「口コミ」か「スカウト」を経由してくる際にも、女性たちは自らが働こうとする店舗の情報を下調べするのである。

12　他店に客として飲みに行き、その店のキャストをヘッドハンティングすることを「飲み抜き」と言い、業界において好ましからざる行為であると見なされている。そのため、店によっては「同業お断り」と言って、風俗営業の関係者が来店することを禁止している場合がある。

キャストの定着誘導

Qは寮を持っており、これがキャストに定着してもらうための方策のひとつだという。前項で見たように、キャストによっては「ちゃんとした店かどうか」を判断する基準として、寮があるかどうかに関心を抱いていた。

接待系か性風俗系かを問わず、店への連絡もなく突然離職してしまう従業員が風俗産業には多いと言われる。Q店長のS氏は、これを「従業員の常識のなさ」と「そういうことがまかり通るという業界のイメージ」によるものと分析していた。指名本数や売上がふるわず、収入が落ち込むと「給料日の翌日とかに「親が病気になった」「親にばれた」などと連絡が来て、辞めてしまう。連絡が来ないことも多い」という（S氏の語り）。キャストが寮に住んでいれば、こうした突然の離職を多少なりとも防止できる可能性がある。

キャストの語りにおいても、「辞めたくなるのは指名客が来なかったとき」という発言が見られた。そのため、男性スタッフのf氏は、担当するキャストに「給料を稼がせてあげる。指名を取らせる」ことが定着のために重要であると考えている。

キャバクラにおける指名の重要性は、翻って、かつて自分を指名していた客への忌避感をもたらす。キャバクラの客は指名するキャストを自由に変更する（「指名替え」する）ことができる。このため、あるキャスト甲を指名していた客乙が別のキャスト丙を指名するようになった際、現在の担当キャスト丙のヘルプとしてかつての担当キャスト甲が乙の席にヘルプとして「つけまわし」されるという事態が起こり得る。自由に指名を変更できるシステムを採用しているからにはいつでも起こり得るこうした事態を、キャストは強く嫌う。男性スタッフのg氏によれば、こうしたつけまわしをしてしまったばあいキャストが「トイレに隠れたりする」という。このように、キャストに嫌われるつけまわしをできるだけ回避することもまた、キャストの定着のために男性スタッフが留意する事柄のひとつである。そのために男性スタッフはひとりひとりのキャストの指名客を、過去に遡っていちいち記憶している必要がある。これらの事柄は、指名という制度に付与されるさまざまな意味の重さを物語っている。

指名と同様に、飲食物等の売上もまた、キャストが規範的に追求する営業目標のひとつであった。しかし、酒類を大量に消費することは肉体的な負担が大きい。そのために愚痴をこぼすキャストのいることは既に述べたとおりである。このことから、店側はキャストが注文した酒類について、ときにキャストの注文により、ときに店側の判断として、見た目の似たノンアルコールの飲み物を代わりに出すことがある（たとえばシャンパンの代わりにジンジャーエールをワイングラスに注いで出すなど[13]。キャストの接待業務に含まれるアルコールの摂取は、こうした配慮が必要とされるほど過酷な、肉体労働としての側面を持つ。

教育指導

客のタバコに火をつける、注文してもらった飲み物に礼を言う、などの基本的な接客作法は先輩のキャストや男性スタッフから指導される。この他に、客の名刺を集めて管理することや、ダイレクトメールを送るなどといった営業テクニックについては、そのキャストを担当する男性スタッフが指導し、キャストが指名を取れるようにする。多くのキャバクラ店ではキャストごとに「指名日」が設定されており、「指名日」に客からの指名がなかったキャストに「罰金」が課されるばあいがある。

ただ、こうした技術的な問題以前に、キャストはしばしば遅刻や当日欠勤（「当欠」）をするものとされ、こうした遅刻や当日欠勤にはそれぞれ「罰金」を課すことが、風俗産業では一般的である。こうした「罰金」はおおむね労働基準法を顧慮しない内容であるが[14]、「罰金」の設定がない店舗がむしろ例外的な存在として語られる（既に引用したキャストb氏の語り）。キャストに遅刻させない、出勤させる、といった極めて基本的な事柄については、先輩キャストや男性スタッフのほか、ヘアメイク担当者もまた、指導者としての役割を期待されていたことは既に述べた。

キャストを担当する男性スタッフの給与や昇進の基準が、担当キャストの指名本数と出勤日数であることから、これらの事柄が男性スタッフに期待される「マネージメント」の内容であることがうかがえる。男性スタッフは自らが担当するキャストの成績を上げるべく「マネージメント」に励み、それに成功することで昇進していくのである。

13　次節で述べるように、こうしたことはホストクラブでも同様に行われる。また、ジョシュア・ローガン監督の一九五六年のアメリカ映画『バス停留所 Bus Stop』では、マリリン・モンロー演じる酒場の歌手に客が酒を振る舞うものの、彼女が振る舞われた酒であるかのように飲んでいたのが実は酩酊を防ぐためのお茶だったと分かって客が怒る、という場面が登場する。

14　労働基準法第九一条に以下の内容がある。「就業規則で、労働者に対して減給の制裁を定める場合においては、その減給は、一回の額が平均賃金の一日分の半額を超え、総額が一賃金支払期における賃金の総額の一〇分の一を超えてはならない」。風俗業界における罰金規定は、当日欠勤に日給全額分を設定するなどのばあいが多く、この規定に抵触している。

以上、本節では男性客向け接待系風俗営業の店舗であるキャバクラについて見た。本研究の目的が、個別店舗からは相対的に独立した、歌舞伎町における風俗産業の再生産であることは本章冒頭で述べたとおりである。それは、歌舞伎町の雑居ビル内部で店舗がきわめて頻繁に入れ替わるという、流動性の高さに着目してのことであった。しかし流動性が高いとはいえ、店舗の営業は二、三日しか続かないというわけではない。ここで仮に数週間から数ヵ月程度の営業期間を想定するとしても、その期間について経営者は従業員の定着に努めることが必要である。

本節の記述からは、従業員の定着という点に関して、指名という制度や男性スタッフによる「マネージメント」など、いくつかの要素が重要な役割を果たしていることが明らかになった。実は次節以降で見るように、こうした要素は風俗産業の他の業態においても観察されるものであり、その分析については本章末に譲ることとする。

本節の結びにおいて、改めて光を当てておきたいのは、キャストにせよ男性スタッフにせよ、これらの仕事が生計を立てるための職業として成立しているという、いっけん自明にも思える事実である。本節で記述してきたのは、キャバクラでの勤務が職業として成り立つに当たって、どのような意味世界やインフォーマルな制度、行為の絡み合いがその成立を下支えしているのか、であった。

既にキャストの語りのなかには、これらの職業が歌舞伎町において成立する様相の一端が垣間見えていた。従業員は日本全国から集まっており、もっとも抽象的には「田舎」と「都会」の対比において、より具体的には大阪ではなく「東京」であるとか、六本木でも池袋でもなく「歌舞伎町」で働きたい、などの選好においてキャストは歌舞伎町の店舗で勤務するに至っていた。

店舗間移動を繰り返してきたキャストが多かったことからも分かるとおり、歌舞伎町は彼女たちにとって唯一の選択肢ではない。しかし、歌舞伎町はキャスト間ネットワークの網の目が集中するひとつの特異点なのである。男性スタッフが語ったように、キャストの供給は「口コミ」、つまりキャスト同士の情報交換に依拠しており、これはキャスト本人たちの語りによっても裏付けられていた。風俗産業への最初の参入が求人情報誌などを介して実現するとしても、その後の風俗産業内での移動にはキャスト間のネットワークが活用されるのである。

こうしたキャスト間ネットワークの重要性は、キャバクラという業態において接待サービスが集団で「チームワーク」のもとに提供される、ということと無関係ではない。後に見る性風俗特殊営業において――言うまでもなく性的サービスは客と一対一で提供される――キャスト間ネットワークが性風俗店のキャスト供給に関与する程度は相対的に低い。この点については本章末で改めて考察する。

2　女性客向け接待系風俗営業（ホストクラブ）

ホストクラブは基本的にキャバクラにおけるサービス提供者と消費者のジェンダーを入れ替えたような業態である。ホストクラブでは主として女性客が、「男性スタッフ（＝ホスト）と会話をしながら飲食すること」に対して対価を支払う。ただし、ホストクラブが業態の内実においてもキャバクラとジェンダー対称的な存在であるとは言いがたい。以下ではホストクラブにおける労働と経営についてこうしたジェンダー非対称にも注意しながら記述、分析を行っていく。

ホストクラブに関する調査は以下のように実施した。調査対象は二つのホストクラブで、各店四～五名ずつのホストにインタビューした。匿名化した個人名と結びつけて語りを引用したホストは各店一名ずつである（本書末尾のインフォーマントリスト参照）。また一方の店舗についてはオーナーへの聞き取りも行った。参与観察は両店舗で行っている。一方の店舗では皿洗いとして延べ七日間ほど勤務し、他方の店舗ではホストとして接客を行った。両店舗には経営上の関係（系列店であるなど）はない。

2-1　組織構造と職務分担

ホストクラブの組織構造と職務分担はキャバクラによく似ている。キャバクラにおいて男性スタッフが行っていた、飲食物の給仕やつけ回しといった業務を担うのは「内勤」と呼ばれる従業員たちである。そして接待業務を行うのが「ホスト」であり、これはキャバクラにおけるキャストに当たる。

ただし既に言及したように、キャバクラにおいてこうした職務分担は、女性のキャストと男性スタッフというかたちでジェンダーと重ね合わせられていたのに対し、ホストクラブではいずれも男性によって担われる。さらに、キャバクラでは男性スタッフが複数の女性キャストの「マネージメント」を行う「担当」であったが、ホストクラブでこうした制度はない。

社会学者の木島由晶は、木島自身がホストクラブに勤務した経験を元にした論考において、ホストになったばかりで指名のついていない新人が街頭で客引きをして自らの指名客を獲得する、という「営業」を紹介している（木島 2009: 149-50）。次章で詳述するとおり、風俗営業の客引きは風適法で禁じられている。歓楽街の街頭ではそれと分かる風体のホストの客引きが多数見られるものの、本研究の調査対象店舗では、ホストによるこうした客引きは行われていなかった。

2-2 ホストクラブにおける労働

入職経路と動機、店舗間移動

ホストクラブで働き始めた動機としてインタビューで聞かれたのは、「収入が必要だった」、「時給の良さ」、「テレビに出ていたホストを見て」、「華やかなイメージだった」、「友人に誘われて」など様々であったが、おおむねキャバクラのキャストの語りと大きな違いはなかった。経路に関しても、『FromA』こそ挙げられなかったものの、インターネットの求人サイトを見たり、友人に紹介されたりといった点はキャバクラと共通していた。そして店舗間移動に際しては、勤務していた店舗での同僚のネットワークが活用されるケースが多いことも、ホストクラブとキャバクラの類似点である。

キャバクラとホストクラブの入職経路の違いとして重要なのは、路上スカウトの有無である。前節で見たように、キャバクラにおいては路上でスカウトされたケースが二名いた。しかもそのうちの一名は、スカウトに声をかけられる意図を持って歌舞伎町を歩き、狙い通りスカウトにキャバクラを紹介されたのだった。このように、キャバクラにおいてはスカウトを経由して店舗に到達する経路が一定ていど確立されている。ホストクラブはこれとは対照的に、路上でこうしたスカウトが行われることはない。

出勤日数と時間

調査先のホストクラブhでは、ホストは基本的に週六日、二十時〜二十五時（翌日午前一時）の勤務時間となっていた。この他に、アルバイトとしてのホストは適宜希望の時間で働いていたようである。キャバクラと比較するとやや勤務時間が短い。

服装は基本的にスーツが指定されており、ジーンズなどは不可とされる。ヘアメイクも必要だが、美容院に行くかメイク担当者に施術してもらわなければならないキャバクラとは異なり、自分でセットすることもできる。

「指名」制度

既にキャバクラの記述において簡単に紹介したとおり、ホストクラブにおいてホストの指名を変更する（「指名替え」する）ことはできない。このようなシステムのことを「永久指名制」と呼ぶことがあり、銀座のホステスクラブも同様のシステムを採用している。

この点を除けば、指名の意味するところはキャバクラとホストクラブで同様である。客は目当てのホストを指名すれば、少なくとも幾ばくかの時間は接待サービスを受けることができる。しかし人気のあるホストは他の指名客の接待にも赴かなければならず、その空席を埋めるのはヘルプのホストである。

ところが、指名を変えられない、というこの一点において、指名制度は大きく異なる帰結を導く。ホストクラブでの接客において主導権を握るのは、客ではなくホストなのである。つまり、客がホストの歓心を買おうとする、という構図が観察されるのだ。もちろん、客はホストに満足しなければ店に来なければいいのだが、どこかで逆転した認識枠組みが生まれ、もはや変更することのできない指名をしたホストに対して、来店して売上を上げさせることで、関心を引こうとするのである。

しばしばホストクラブに関して囁かれるこうした図式は、筆者の参与観察中にもそれを傍証するような場面が見られた。たとえばホストクラブhでは筆者がグラスを洗う仕事をしている横で、客と思われる相手に電話をしていたホストがいた。[15] 彼ははじめのうちこそ「今月の売り上げが悪くて、このままだとナンバー[16]から転落してしまって表彰されないので店に来てほしい」と、下手に出ながら依頼をするような口調だったが、次第に険悪な雰囲気となり、やがて「は？ そうやって見返りを求める発想自体がおかしいんだって。いいから来いよ！」と、半ば恫喝のように言いながら電話を切っていた。

また、参与観察をした別のホストクラブiでは、ある客が数本のシャンパンを注文させられていた。筆者もその接客に参加していたのだが、客が注文していないシャンパンが次々と伝票に記載され、給仕されて飲み干されていた。客はそれを仕方ないというように笑っていたが、そうした多額の注文にもかかわらず、「売れっ子」である担当ホストの離席時間は長かった。彼女は担当ホストの接客をほとんど受けられなかったことに腹を立て、ヘルプに対して不平をこぼし、「もう帰る」と言い出す。それに対してテーブルに戻ってきた担当ホストは「俺のい

15　ホストクラブには往々にして控え室などはなく、グラスを洗うシンク周辺の狭いスペースが、ホストが息抜きや雑談をしたり、電話をしたりする「裏-局域」（Goffman 1959＝1974: 124-63）として使用されていた。

16　売上や指名に関して「ナンバー」と呼ばれる順位づけが毎月なされる。これらは賞与や昇進といった査定の基準となる。

ないところで俺の評判を下げるようなことを言うな！　調子に乗るんじゃない！」と激怒したのである。あまりの剣幕に客はしどろもどろになり、かえって担当ホストに対して謝りだすような始末であった。

こうしたやり取りが成り立っている事態を、どのように理解すればよいのだろうか。顧客は尊重されるべきものであり、サービス業者は可能な限り顧客のニーズに応えるべきものだという一般的な通念から、上記の事例はかけ離れている。こうしたやり取りが成立する奇妙さについて尋ねたところ、調査対象店舗iのオーナーj氏は以下のように語った。

> そうしないとお客さんも飽きちゃうから。数万円ならまだしも、お客さんは数十万円払ってる。この業界は正解がないっていうか、正解の接客をするとつまらなくて飽きられる。だから怒られる直前くらいまで行く、あるいは怒られるラインを超えてそこからどうにかするくらいが良い。

j氏のこうした理解が妥当であるかどうかは、そうした接客をされた客が来店を継続するかどうかにかかっている。今回の調査は単発的なもので、客が来店を継続していたかどうかを観察することはできなかったが、一般にホストの類型としては「オラオラ系（営業）」と呼ばれる接客スタイルが知られていることをここで指摘しておこう。これは客に対して粗野に振る舞い、売上に貢献するよう露骨に求めるなどの態度を指す。「オラオラ系」というホストの類型は歓楽街においてきわめて広く知られていることから、筆者の参与観察におけるエピソードは珍しいものではないと考えられる。

「ヘルプ」と飲酒

担当ホストが席を離れているあいだにも、客が注文した飲食物の売上は担当ホストのものとして計上されるが、これもまたキャバクラと同様の仕組みである。ところが、指名客が担当ホストを応援する、という構図はホストクラブにおいてより明確である。そうした構図を象徴するのが「シャンパンコール」と「シャンパンタワー」である。

ホストクラブで提供される基本的な飲み物は焼酎やその水割り等であり、こうした基本的な飲み物とは別に、客がまさしく誇示的な意味で注文するのがシャンパンである。シャンパンは注文されると店内のスピーカーからアナウンスが流れるなどした上で、いくつかのシャンパングラスに注がれ、ホストたちによる「シャンパンコール」という定型的な一〇秒前後のかけ声の合唱とともに、「イッキ飲み」される。ホストクラブでの販売価格が数万円から数十万円ほどもするシャンパンは、このようにして賑やかに、一瞬にして消費されるのである。ここで「誇示的」ということの意味は、自らが指名するホストについては他の指名客よりも積極的に応援している、ということの誇示である。

シャンパンコールはその慣習上、担当ホストとヘルプのホスト数人が分担してシャンパンをひと息に飲み干すというかたちをとる。ここにおいて、アルコールを摂取する負担をいかにして分配するかという問題が、キャバクラ以上に顕著に立ち現れることになる。そうした事例の極限例が「シャンパンタワー」である。

シャンパンタワーは文字どおり、ピラミッド状に十数段にも積み上げたシャンパングラスに、脚立などを用いて上からボトル何本分ものシャンパンを注いでいき、すべてのシャンパングラスを満たした上でライトアップし、飲み干すものである。筆者が参与観察で居合わせたシャンパンタワーでは、シャンパンが二五本使われ、客はそのために約一〇〇万円の料金を支払っていた。この量はホスト数人では対応できないので、「内勤」スタッフも総出で数杯ずつのシャンパンをあおらなければならない。ホストによっては積極的にこれを飲み干すことによって勤労意欲を表明していたが、「あんまり飲んでない奴がいるの、おかしくないっすか」と、内勤に苦情を言うホストも散見された（フィールドノートより）。

ここでもまた、キャバクラ同様、ホストクラブ勤務の特徴として、アルコールを摂取する肉体労働という側面が観察される。これについてホストクラブhのホストkは「血を吐くまで飲むのがホスト。一年中下痢だよ」と語った。

給与

ホストクラブiの給与は、売上を基準にした日給変動システムであった。締め日に売上を計算し、その月の日給を遡って計算する。結果的に日給計算になるので、出勤を奨励するシステムだという。つまり、売上さえ上がれば出勤日数は少なくても良い、というわけにはいかない。ここで、調査の際に給与表を撮影させていただくことができたので、それを筆者が入力しなおしたものを以下に示そう（表4-3）。

ここで「売上」とは、飲み物と食事の代金として指名客がいくら支払ったか、を指す。飲み物と食事だけで月に一〇〇万円売り上げると、日給は三万三〇〇〇円になる。月に二五日出勤することになっているので、欠勤していなければその月の基本収入は八二万五〇〇〇円となる。このほかに指名の本数などでボーナスがつく。

表4-3　給与表

日給制

売上	日給	
	新人	普通
0万	5,000円	4,000円
5万	7,000円	6,000円
10万	8,000円	
15万	8,500円	
20万	9,000円	
25万	9,500円	
30万	10,000円	
35万	11,000円	
40万	12,000円	
45万	13,000円	
50万	15,000円	
55万	16,000円	
60万	17,000円	
65万	18,000円	
70万	20,000円	
75万	22,000円	
80万	24,000円	
85万	26,000円	
90万	28,000円	
95万	30,000円	
100万	33,000円	

売上制

売上	売上バック
0～50万	60%
50～100万	70%
100万～	75%

＊日給制の売上100万円以降は日給1,500円ずつUP

＊売上制は20日出勤クリアできないと1日あたり罰金5,000円

この飲み物と食事だけの「売上」が一〇〇万円ほどになるには、客はその他の基本料金を含めて総額でおおむね一八〇万円程度を使っていることになる。また、売上金額がたとえば月に五〇〇万円などの非常な高額になった場合、給与についてはオーナーと交渉することになる、とホストのI氏は語った。この金額になると、売上金額と同額がホストの報酬となるという。

こうした売上金額や指名数は、キャバクラ同様にホストクラブでも非常に重視されており、調査先の店舗では、客からは見えない位置に、所属しているすべてのホストの売上額や指名数が月別、年別に順位を付されて張り出されていた。

2-3　ホストクラブの経営

ホストクラブの求人は自店のホームページや求人サイトで行われている。実際に筆者の参与観察中にも、こうしたインターネット上の情報を見て来店したホスト志望者が何人もいた。

ホストクラブにおいては路上スカウトがほとんど行われないことについては既に述べたとおりである。これに対して、既に在籍しているホストが友人を紹介する、ということについては広く行われており、一般的に紹介元のホストはこれによって報酬を得られる。調査先店舗の報酬表は以下の表4-4のようなものであった。

この表によれば、紹介した新人が未経験者の場合、彼が二日出勤すれば一万円が、一〇日出勤すればさらに四万円が、紹介元ホストに支払われる。また、経験者を紹介できればおそらくこれよりも高い報酬を得ることができるだろう。今回調査したホストクラブの二店舗では、いずれも新人のホストを募集しているようであった。また、参与観察中に体験入店したホストが、店の寮に入ったにもかかわらず、一日だけで行方をくらましたこともあった。聞きとりによれば、ホストが店になかなか定着しないのは以前からで、当たり前のことであるという。

表 4-4　紹介報酬表

	2日出勤	10日出勤
未経験の場合 （通常トータル 50,000 円）	10,000 円	40,000 円
経験者の場合	応相談	応相談

＊すべて給料日に支払われます。
〈条件〉
やる気のある健康な男子であれば誰でも OK。
体験入店時に身分証（免許証、パスポート等）は必ず必要です。
面接を受けていただいた上で、合否を本人に伝えます。
連れてくるときは基本的に営業前の 19:00 ～ 20:00 に連れてきて下さい。

（調査対象店舗で撮影させて頂いた画像を元に筆者が作成）

以上では女性客向け接待系風俗営業であるホストクラブについて見てきた。本節冒頭で述べておいたように、その外形的な特徴に反して、ホストクラブはキャバクラのジェンダーに関する鏡像ではない。この点に関する本格的な分析は本章末で行うこととし、ここではキャバクラとの簡単な比較を行いながら本節の内容を振り返ってみよう。

キャバクラにおいてはキャストの定着のためにさまざまに注意が払われていたが、ホストクラブでホストの定着のために行われていることはごく限定的なものであった。キャバクラのキャストには男性スタッフが「担当」として「マネージメント」を行うシステムが存在したのに対し、ホストクラブではそれに対応する制度が見られなかった。このことは、ホストの入職経路に「スカウト」が挙げられなかったことと併せて、従業員のなり手が相対的に不足していないことを示している。

こうした豊富な人材を支えているのは、キャバクラと同様に、店舗が歌舞伎町に所在していることが大きいと考えられる。ホストへの聞きとりのなかには、入職に際して「テレビに出ていたホストを見て」、そのホストが在籍していた歌舞伎町のホストクラブで勤務するようになった事例があった。さらに、「友人の紹介で」ホストになったインフォーマントの例からは、キャバクラ同様、従業員のネットワークのなかで店舗間移動が行われる様子が浮かび上がる。つまりホストクラブに関しても、「ホストクラブのある歓楽街」のなかに、六本木などとならんで歌舞伎町が名を連ねていることが、人材の流入を助けているのである。

ホストクラブで観察されたシャンパンコールやシャンパンタワー、あるいは恫喝まがいの接客などは、風俗産業の店舗空間が閉鎖的なものであることを改めて浮き彫りにしている。その内部において営まれる内閉的で濃密な相互行為は、店舗空間が外部に対して閉じていることを背景にしていると考えられるからだ。こうした閉鎖性は、本章冒頭で述べたように法令によって義務づけられたものであるが、それと同時に、接待サービスの提供を下支えしてもいるのである。

3 店舗型性風俗（ヘルス、ソープ）

前節までは接待サービスを提供する店舗を取り上げたのに対し、本節と次節では性的サービスを提供する性風俗店を取り上げる。

本節での記述は三軒の店舗に所属する計六人（店長三名、キャスト三名）[17]への半構造化インタビューを元にしている。三店舗の内訳はヘルスが一軒、ソープが二軒である。いずれの店舗

17　第1節で、キャバクラにおいて接待サービスを提供する女性従業員（ホステス）をキャストと呼称したが、ここでも当事者が用いる中立的な呼称として同様に「キャスト」の語を用いる。

も店舗型性風俗特殊営業として届出がなされており、歌舞伎町のなかでも「老舗」に属する。一九八五年の法改正以来[18]、歌舞伎町ではソープ、ヘルスの新規出店はできない。それまでに届出を行った店舗については既得権営業として認められているので、聞きとりを行った二〇一四年時点で営業していた届出店舗はいずれも約三〇年以上の営業歴があることになる。ここで簡単に業態の内容について説明しておこう。

ソープとはかつて「トルコ風呂」と呼ばれた業態であり、公衆浴場法に規定されるところの公衆浴場を伴う[19]。入浴設備においては女性従業員（キャスト）が男性客に対して双方全裸の状態で身体に接触し、さまざまな性的サービスを提供する。ヘルスやイメクラといったソープに類似する業態は、浴場の有無などの相違はあるにせよいずれも男性の射精を目的としたものである点で共通するが、ソープの特色は膣-ペニス性交をサービ

18　それまで「風俗営業等取締法」という名称だったものが一九八四年に「風俗営業等の規制及び業務の適正化等に関する法律」と名称変更され一九八五年に施行された。二〇一六年現在、名称はこの一九八五年の変更以来同一である。

立地規制に関しては、法改正以前に店舗型性風俗というカテゴリーの下位分類ごとに異なる扱いがなされていたものが、法改正によって店舗型性風俗が一括して規制の対象となった。ところが、この法改正によって歌舞伎町でソープ、ヘルスの新規出店が不可能になった、という表現は実はやや正確ではない。実際には一九八五年の法改正の流れに乗って、新宿区が新宿区庁舎内に図書室を設置し、それによって歌舞伎町のほぼ全域が図書館の周囲二〇〇メートル以内に含まれることで、店舗型性風俗特殊営業の禁止区域となったのである（風適法第二八条）。風適法の変遷等については永井（2002）が詳しい（特に新宿区庁舎内への図書室設置については永井（2002: 190-2）を参照）。

19　風適法第二条第六項で店舗型性風俗の規定がなされており、その第一号として以下のように定められている。

「一　浴場業（公衆浴場法（昭和二十三年法律第百三十九号）第一条第一項に規定する公衆浴場を業として経営することをいう。）の施設として個室を設け、当該個室において異性の客に接触する役務を提供する営業」。

ここで公衆浴場法の規定とは以下のような簡便なものである。

「第一条　この法律で「公衆浴場」とは、温湯、潮湯又は温泉その他を使用して、公衆を入浴させる施設をいう」。ただし「風俗営業等の規制及び業務の適正化等に関する法律等の解釈運用基準」の第五-一によれば、風適法の対象としての性風俗特殊営業と見なされるか否かについて、公衆浴場法の許可の有無は要件とならないとされる。つまり、公衆浴場法で許可を得ていないからソープランドに当たらない、ということにはならない。

スに含む点にある。

日本の売春防止法（売防法）における「性交」とは膣−ペニス性交のみを指し、膣に手指を挿入することやペニスに対する手淫、フェラチオ（口淫）、あるいは肛門性交などはすべて、売防法上は「性交」に当たらないとされる。そのため、男性の射精を導くための主要なサービスとしてフェラチオが行われていることは多くの性風俗業態において様々に明記されているし、「オプションサービス」として肛門性交の可否が店舗ホームページのキャスト情報欄に記載されていることがある。これらはいずれも売防法には抵触しておらず、提供していることをおおっぴらに公表してよいサービスと見なされているのである。

他のさまざまな形式に対して、膣−ペニス性交だけは特殊な扱いを受けている。ソープにおいて膣−ペニス性交がサービスとして提供されていることは一般によく知られているが、それは公然の秘密であるとされる。膣−ペニス性交は「本番」という比較的あからさまな隠語で表現されるほかに、ソープ店の店長への聞きとりにおいては「非寸止め系」とか「最後までできる」とかの言い方で指し示されていた。当然ながらこうした事態は売防法に抵触していると考えられるが、今日までソープのサービスは法規制にとって「見て見ぬふり」の対象であり続けている。[20]

これに対してヘルスは、調査先店舗のヘルスmの店長n氏への聞きとりにおいて、「本番のないソープ」と説明された。ヘルスは店舗によって浴場を持っている場合と持っていない場合があるが、いずれにせよ膣−ペニス性交以外の何らかのサービスによって客の射精を導く業態である。一般的にソープが性風俗業態のなかでもっとも料金が高いとされるのは、膣−ペニス性交をサービスとして提供している唯一の業態であり、かつ、膣−ペニス性交こそが性的サービスのなかでもっとも価値ある

20　ここでは「なぜソープの恒常的な売春行為は摘発されないのか?」という疑問が多くの読者によって抱かれることであろう。ところがこの問いに答えることはそう簡単なことではない。なぜなら、この問いの裏側には「ソープの売春行為は摘発されるべきなのか？」とか、「いかなる根拠によっていかなる風俗業態を取り締まることが正当なことなのか?」という根源的な問いが潜んでいるからである。恐らくこれらの問いはいずれも売春や風俗産業に対するある種の知識と予断を含んでいる。本稿の立場は、歓楽街という文脈からこそ風俗産業を理解すべきである、というものであり、その理解を提供するひとつの作業として本研究がある。なぜソープの売春が摘発されないのか、について直接的な答えを提供することはできないかも知れないが、まずはそれに答えるにあたって有用たりうるであろう材料を、本研究では提供したいと思う。

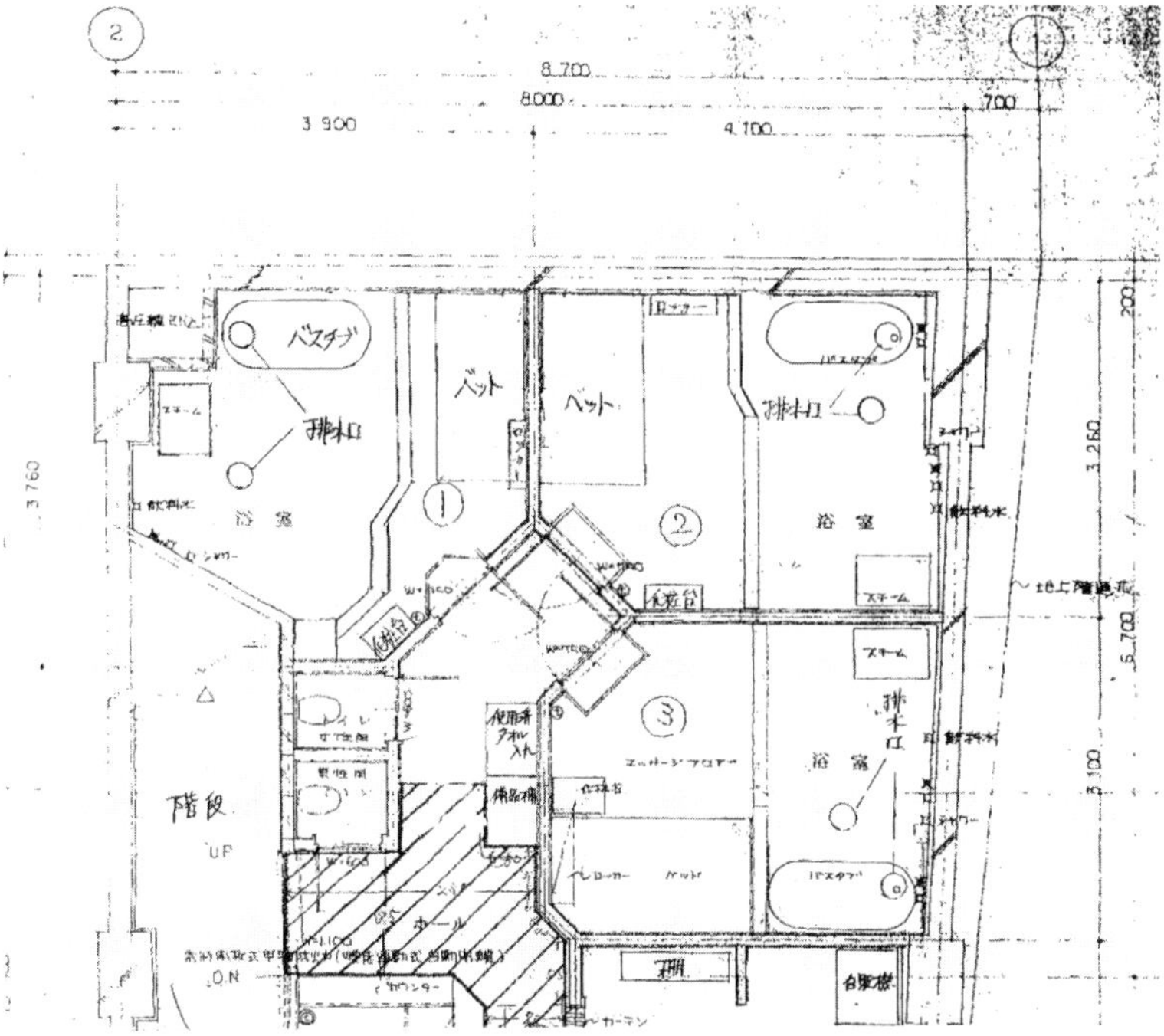

図 4-2　ヘルス店mの平面図

ものと人びとに見なされているためである。

上に掲げた図4-2は、調査先のヘルス店mから提供を受けた平面図である。①、②、③などと番号がふられているのが「プレイルーム」と呼ばれる部屋で、ここでサービスが提供される。このヘルス店はかつてソープだった施設をそのまま使っているため、各部屋には浴室が備えられている（浴室部分とベッドのあいだに段差はあるが間仕切りはない）。各部屋は六〜八畳ほどの広さで、廊下と部屋の位置関係や広さ等について、ヘルスやソープのおおむね一般的な形態であると言える。

現代日本におけるこうした性風俗業態の調査研究はほとんど存在しない。数少ない例外として、セックスワーカー支援団体SWASHの要友紀子と水島希による性風俗ワーカーに対する意識調査がある（要・水島 2005）。[21] ここでは渋谷、新宿、池袋等に所在する、ヘルスとイメクラを中心とした「非本番系」の店舗二三店の、延べ一二六人のワーカーが調査対象として取り上げられている。サンプル数は注目すべき大きさであるが、サンプリングが系統的に行われていないため（もっとも風俗産業について系統的なサンプリング調査を実施することは極めて困難であろうが）、この調査結果については本章の記述にあたって参考のために適宜参照するに留める。

3-1　組織構造と職務分担

組織構造は今回調査した三店舗でほぼ共通しており、受付や雑用をする男性スタッフと、サービス提供を行う女性キャストを中心として、男性の現場責任者（店長）がそれを統轄する、というのが基本的な構成であった[22]。

こうした構成はキャバクラとも類似しているが、ソープとヘルスでは男性スタッフがキャバクラのようにキャストの「担当」としてマネージメントを行うということはなく、キャストに対する接触はむしろ店長に独占されている。キャバクラにおける男性スタッフの報酬や昇進は、自らが担当するキャストの指名本数や売上によって左右されていたが、ソープとヘルスにおいてはそうした制度は見られなかった。以下で見るように、ヘルスやソープといった店舗型性風俗におけるサービス提供は基本的に個室で客と一対一で行われるため、広いフロアでヘルプも含めた集団で接待サービスを提供する接待型風俗営業とは異なる組織構造になるものと考えられる。こうした業態間の比較分析については本章末で行う。

3-2　ヘルス、ソープにおける労働

入職経路と動機、店舗間移動

前節までの分析に沿って、ここでも風俗産業にどのような動機と経路で参入したのかについて、まずはキャスト個人の語りを見てみよう。

現在ソープoで勤務しているp氏は、短大の在学中から接待系の風俗営業（「水商売」）のアルバイトをしていたという。当時から水商売に悪いイメージや抵抗感はなく、むしろ綺麗な格好ができる華やかな仕事だと思っていたし、時給が良かったの

21　女性従業員が、店舗ごとに設定されたテーマ（「電車」や「病院」など）に応じたさまざまな衣裳を着て、性的サービスを提供する業態。そのため、ひとくちにイメクラと言っても実にさまざまな種類がある。イメクラ店舗内部の様子等については、日本の多様な性風俗業態のジャーナリスティックな写真集であるジョーン・シンクレア（2006）を参照。いずれにせよイメクラはヘルス等と同様に、膣-ペニス性交を原則的にサービスに含まない点でソープとは区別される。

22　このほかに性的サービスの技術について「講習」を行う「講習員」（女性）が独立して置かれていたり、グループ店舗を含めた広報の担当者がいたりする場合があった。今回の調査先店舗に限らなければ、講習員は往々にして男性である。

で迷わず働いていた。その後、結婚相手に借金があったために性風俗で働くようになり、それ以来現在まで一五年間、さまざまな性風俗店で勤務している。その間に借金のあった夫とは離婚し、返済の必要はなくなっているが、収入が良いので続けている。現在勤務しているソープoに来たのは五年前で、新宿の待遇の良い店をインターネットで検索して見つけたという。

同様にソープoで勤務しているq氏は、二〇一四年七月時点で、性風俗業界で働き始めて半年ほどになる。本人にとって重要な趣味活動に関連した海外旅行のためにお金が必要で始めた。高給のアルバイトとしてキャバクラで働くことも検討したが、女性同士のいざこざがあったらいやだと思い、性風俗を選んだ。最初はデリヘルで働き、三回ほど出勤してみたが、コンドームを装着しようとしない客や、「本番」行為に及ぼうとする客などがいて、密室なのですぐにいやになった。そのときのデリヘルの客に、「客をかわす（＝客からの要求をいなす）」のがそんなに下手なんだったらソープで働いた方がいいよ。ソープは部屋の外にボーイさんもいるし、客もコンドームは必ず使うから」と勧められ、インターネットで新宿にある待遇の良い店を検索したところ、現在の勤務先であるoを見つけた。

また、かつてソープoに勤務していたr氏は、大学生のころに「遊ぶお金ほしさ」に性風俗で働き始めたという。接待系のキャバクラ等で働いたことはない。大学の近くに、しかも知人の経営している性風俗店があったので、そこで気軽に働き始めた。在学中には国家資格も取得し、卒業後は専門職として企業にも勤めたが、その間も性風俗の仕事も断続的に続けていた。調査対象店舗のoを見つけたのは、インターネットの検索によってであったが、それ以前には知人のスカウトマンに店を紹介してもらったこともあった。

前掲の要・水島による調査では、性風俗業界への最初の就職動機として「自分の借金」（二二・二％）、「こづかい・遊び」（一五・九％）、「貯金」（一五・一％）、「将来のため・夢」（一三・五％）などが上位に位置しており（要・水島 2005: 18）、本稿のインフォーマントもおおむねこれと同様の回答と言える。入職経路については一九九九年から二〇〇〇年にかけて行われた要・水島の調査で「求人誌」（三九・七％）、「知り合いの紹介」（二六・二％）、「スカウト」（二四・六％）といったものが上位を占めていたが、本稿の調査ではインターネットでの検索が主要な手段となっていた。同時に、r氏はoで働くまでにスカウト経由でさまざまな店舗に勤めたとも語っている。スカウトの紹介のなかには「まだ二〇代前半だったら高級店行きなよ、儲かるよ」というような誘導もあったという。さらに、当時のr氏は「スカウトの仕組み」について知らず、「私の働いている分が彼に行っているとは思っていなかった」なかで、スカウトに店舗を紹介されていた。ｒ氏がスカウトと連絡を取っていたのは、求人ホームページ等ではどの店舗も「出勤日時自由」とか「月収五〇万円以上」などの好条件を謳っているものの実態を必ずしも反映していないのに対して、スカウトは各店の内情を確実に把握していたので「情報源として便利だった」からであるという。こうしたスカウト業については次章で詳しく取り上げる。

出勤日数と時間

出勤日数と勤務時間はインフォーマントごとにばらつきがあり、柔軟な働き方が認められているようであった。ｐ氏の出勤は月に二〇日程度、各日早朝の六時半から午後の十五時半まで、ｑ氏はやはり月に二〇日程度出勤しているが時間は朝の七時から正午までの五時間ほどであった。ｒ氏は現在では勤務していないが、現役時代は月に一〇日程度、一日あたり九時間程度の勤務だったという。月収について、ｐ氏は「把握していない」と答え、ｑ氏は八〇～九〇万円、ｒ氏の現役時代は約一〇〇万円との回答であった。

ソープｏの店長ｓ氏によれば、出勤については基本的にキャスト本人の希望次第だという。ただ、最低でも月に一〇日から一五日は出勤してほしいとキャストには伝えている。これと対照的なのがソープｔである。ｔの店長ｕ氏によれば、ｔでは他店にあるような最低限の出勤日数や時間といったものを設けていない。そうした条件を設けることによって在店キャストが固定化すると「お客様にとってはいつ見ても一緒だな」という印象を与えてしまうので、「自由な時間があるときにちょっと手伝っていただけませんかというアプローチをして」いるという。このためｔでは、より多い日数の出勤をキャストが希望している場合でも、かえってそれを抑制する場合がある。

3-3　ヘルス、ソープの経営

収支構造

店舗としての売上額について回答が得られたのは一店舗のみであった。この店舗は総売上が月に二四〇〇万円ほどであるという。そのうちキャストの報酬になるのはちょうど半分ほどの約一二〇〇万円である。この店舗は客単価が一万五〇〇〇円ほどなので、月に延べ約一六〇〇人が来店していることになる。また、この時点で在籍しているキャストは二五人だったので、キャストが店から受け取る平均月収は四八万円になる。サービス提供に用いられる部屋数は九室であり、家賃は月に計一六〇万円であった。キャストを除く店の男性従業員は、店長一名、社員四名、アルバイト三名であるが、この店舗は都下に数店を展開するグループ店のひとつであり、各店の上位にはそれらを統轄する経営組織が存在する。

求人

キャストへの聞きとりには、彼女たちが店を知るようになるのがインターネットでの検索経由であることが示されていた。店長らへの聞きとりにおいても、キャストを志望して面接にくる女性の多くがホームページを見ているという点で一致している。ソープtの店長u氏によれば、インターネットの他には口コミでの志望者も一定の数にのぼるという。口コミは性風俗ワーカーのネットワークのなかで拡散される。性風俗ワーカーは後述するようにさまざまな店舗を転々とする傾向があり、在籍店舗ごとにゆるやかな交友関係を築いている。そうした交友関係のなかで、例えば「どこか出勤の自由なお店知らない?」などという情報がやり取りされる。また、かつての同僚が働いている別の店について、「あなたが働いている今のお店の雰囲気はどうか?(もしいい雰囲気なら面接を受けてみたい)」というように情報を融通し合うのである。

u氏はこうした知識から、現在在籍しているキャストに「できるだけ居心地よくいてもらう」ことを心がけているし、面接に来た志望者に対しても可能なら一度は採用して試用期間を置き、「頭ごなし」の指導をしないようにしている。そのように店の評判を維持することが、キャスト志望者の数を増やすことにつながると考えているわけだが、特にu氏のソープtの場合は、既述のとおりキャストひとりあたりの出勤日数を抑制する方針を採っているため、在籍キャストの人数が充分であることの必要性が大きい。これは他の調査対象店舗であるソープoやヘルスmとは対照的な姿勢であった。ソープoとヘルスmはいずれも高級店を自認するとおり料金が比較的高めであるのに対して、ソープtは中級店程度の料金である[23]。ここから、ソープoとヘルスmはいずれも志望者の約一割しか採用しないのに対して、ソープtでは七割から八割を採用している。店長u氏によればtは「素人っぽさを売りにして」おり、いつでも新しいキャストが入れ替わり立ち替わり在籍しているというイメージ

23 ソープにおいては一般的に高級店ほど提供されるサービスの単位時間が長く、料金も高いとされる。明確な基準はないが、基本的な料金が五万円以上であれば高級店であると考えて差し支えない。中級店は三~四万円程度、大衆店は二万円前後である。さらに、ヘルス等の他業態であればこうした格付けと金額の対応はまたそれぞれに異なる。

を打ち出して、「お客さんに常にうちのホームページを意識させるようなやり方をして」いる。

キャストの定着誘導

店長らへの聞き取りによれば、キャストが退店（離職）する理由は大きく分けて「稼げないから」、「家族や恋人にばれたから」、「接客がいやになったから」の三つだという。キャストらへの聞きとりにおいても、「稼げなくなったら他のお店に移籍したくなるだろうと思う。他のお店に行けばそのお店の「新人」としてまたお客さんがつくようになる」（p氏）とか、「夫には秘密で働きに来ている」（q氏）とかの語りが聞かれた。また、r氏は「給料がいいだけにやっぱり大変な仕事なので、しょっちゅう辞めたいと思っていました。肌と肌が触れれば、〔相性が〕合わない相手もいる。けどお客様は選べないですからね」と、接客における労働内容そのものが「辞めたい」理由となると語った。

ここで語られているような、キャストが「稼げる」か「稼げない」か、というのはどのように決まるのだろうか。性風俗店のキャストは多くの場合ほぼ完全に出来高制で報酬を受け取っている。今回の調査先店舗でも、ヘルスmは例外的に一定の保証給が設定されていたものの、ソープoとソープtは完全出来高制であった。保証給については後述するが、いずれにせよキャストが「稼げる／稼げない」というのは、キャストが実際に何人の客に対するサービスに従事したか、とほぼ同じことを意味する。何時間も店で待機していても、ひとりも客が「つく」ことがなければ、それは無給を意味するのである。それでは、客が「つく」とはどういうことか。

店側は営業時間中のどの時間帯であっても、店に一定人数以上のキャストが待機するように、キャストの勤務を管理している。どの時間帯にどのキャストが待機しているかはホームページで確認することができるし、一週間ていど先までの出勤予定も掲載されていることが多い。客はホームページで確認したキャストを電話やメール等で予約しておくこともできるし、店舗に赴いてその場でキャストを選ぶこともできる。この際、店側が用意したアルバムの写真等でキャストを選ぶ場合もあれば、実際にキャストが客の前に整列して自己紹介する「顔見せ」という形態を取る場合もある。ソープやヘルスにおいては、特定のキャストを指名する客のことを「ご指名様」とか「指名客」と呼び、目当てのキャストなしに来店してその場で決める客のことを「フリー」と呼ぶ。こうして予約（指名）や、フリーで選ばれることによって客にサービスを提供することを、「客につく」とか、「客がつく」などと表現する。

最も「稼げる」キャストとは、出勤予定がホームページに掲載されるやいなやリピート客による予約でスケジュールが埋まってしまうような場合を言う。次に、予約で勤務時間が埋まらずとも、フリーの客にも比較的よく選ばれるキャストもまた「稼げる」。そして、予約もあまり入らず、フリーの客も「つかない」ようであれば、キャストはあまり「稼げない」。

稼げなくなることが退店の理由として挙げられることは、言うまでもなく、就業の動機が経済的なものであったことと表裏をなす。ところが、既に引用した語りでもあったように、それは性風俗業界からの退出を意味しない。そのとき在籍している店を辞めて、次の店に移籍する、という選択肢がキャストの前には常に開かれているのである。

とりわけ性風俗店においては、「新人キャスト」という地位は独特の意味合いを持っている。店側は、「次々と違う女性からサービスを受けたい」というのが客のニーズだと考えており、また客も実際にそのように行動している。店によっては入店から三ヵ月以内のキャストは「新人割引」として料金を安くし、客が「お試ししやすいように」するなど、新人キャストの広報に余念がない。

性風俗店舗の常連客は、新しいキャストが入店すればひと通り指名する、という行動パターンを取る。気に入ったキャストはいつ辞めてしまうか分からないし、新人はいまのお気に入りのキャストよりも優れているかも知れない。しかしソープ店長のs氏やu氏によれば、新人が選好されるのは単純な客の嗜好の問題でもある。最近の客はキャストの性的な技術よりも「素人っぽさ」を好む。むしろベテランキャストは技術に偏って、サービスが「作業」のようになってしまうことがあるが、客から好評を得られるのはむしろ恋人同士のような雰囲気で「いちゃいちゃすることだ」という。

キャストの視点からは、そのため、入店の当初は比較的「稼げる」期間が続くことになる。しかし、今回の調査先店舗でも、新しいキャストは毎月三〜四人、多い店では一〇〜二〇人が採用されていた。つまり、キャストが新人扱いされる期間は長くない。新人だからこそ稼げる期間、というのはおおむね三ヵ月程度だと言われており、この期間が過ぎると、人気キャストであればリピーター客からの指名がつくが、そうでなければ後からやってきた新人たちのなかに埋もれていってしまい、稼げなくなる。こうして収入が落ち込むことは、近親者に就業を隠してまで、強い精神的負荷のかかる労働に従事する根本的な動機づけが失われることを意味する。

ところが店にとっては、あまり人気のないキャストにも在籍し続けてもらうことが経営上必要である。客足には波があり、それは多くのばあい予測できない。店としてもっとも避けたいのは、キャストが不足しているせいで来た客を帰らせなければならないことである。こうした事態を避けるためには、客数の変動を吸収できる程度の人数のキャストが常に店にいるようにすることが必要なのである。そしてそのことによって「お客様の選択肢が狭まってしまう」ことも避けられる、とu氏は語る。

この点に関しては、調査中にキャストと店長の双方に「このお店で、客不足とキャスト不足のどちらを強く感じますか?」という質問を共通して聞き取った。その結果、キャストは全員が客不足、店長は全員がキャスト不足という回答をしたことは、少ないサンプル数であるとはいえ系統的で興味深い。企業等で社員自身が人手不足を感じて社員を増やしてほしいと要望することはじゅうぶん考えられるが、今回の調査対象ではそれとは対照的な回答が一貫して観察された。

そのために店側は「最近あまり稼げていない子には少し配慮をする」(s氏の語り)とか、「待機は悪いことじゃないんだっていうのを洗脳していく」(u氏の語り)。ここで配慮をするというのは、店としてフリー客に「稼げていない」キャストを推奨するなどして誘導することであるというが、「おすすめできない子をおすすめしちゃったらお客さんも来なくなっちゃう」のでバランスが難しい、とs氏は語る。また、u氏によれば、出勤して待機している時間が一定以上あるということはキャストにとって非常に悪いイメージを持たれている。しかし、上記のような経営の論理からすれば、キャストが待機していることは経営側にとってどうしても必要な状態である。そのためu氏は率先してキャストの待機する部屋で冗談を言い、「賑やかで楽しい」雰囲気の醸成に努めることで、待機につきまとう悪いイメージを払拭しようとしていると語る。また、s氏はこの点について以下のように語った。

稼げる子はいいんですけども、稼げない子をどうやってお店に残すかということになると思うんですけれど。そうすると情だったりとか、そうなりますよね。コミュニケーションが取れてない子は、稼げないと辞めていっちゃいますよね。

ここで「情」と言われている情緒的なつながりは、「人間対人間」の「本音トーク」、「ぶっちゃけた話」のなかで築くように心がけている、とs氏は語った。

キャストが「稼げない」ことから離職(退店)してしまうことを避けるためのひとつの方策として、完全出来高制ではなく保証給を設定するというやり方がある。今回の調査対象店のなかではヘルスmがそのような保証給制度を採用していた。mでは、接客を行ったか否かにかかわらず、そのキャストの業績に応じて一日一万円から五万円程度の保証給を、八時間の勤務に対して支給している。そこで、客からの評判が悪い場合でも店はキャストに保証給を支払わなくてはならないため、「そういう子はできるだけ早めに辞めてもらう」と、mの店長n氏は語った。そのためmではキャストが自発的に離職（退店）するよりも、店側で解雇する場合の方が多いという。

　店長が行うキャストとのコミュニケーションは、性風俗における労働の困難さそのものとも関わっている。離職（退店）の主な理由として、「稼げないから」、「家族にばれたから」と並んで挙げられたのは「接客がいやになったから」というものであった。この点についてn氏は以下のように語った。

> お客さんはあんまり女性のからだの触り方を知らない男性が多いみたいで、がさつなんですよね。いきなり部屋に入ってきてシャワーもあびないでパンツに手を入れて、濡れてもいないのに指入れてがーってやったりとか。押し倒しちゃったりとか。カネ払ってるんだからいいだろとか。そういうお客さんに当たると女の子はすぐ辞めちゃいますね。未経験の[24]子とかは、いきなり辞めちゃう子とかもいますね。

店としても、客のこうした振る舞いは厳重に禁止しているものの、他に誰もいない個室ということもあり、再来店を断る（＝「出入り禁止」にする）ことしかできない。つまり、こうした客を事前にスクリーニングして排除することは原理的に不可能なのである。であればこそ、長期間勤続しているキャストは「性格はどちらかというと明るくて気の強い」タイプとなる。一般的には、精神的な負担と嫌悪感から勤続することが難しくなってしまう。

> 裸になるのもイヤだみたいな。プレイしたくない。いざ出勤しようとしても、あーもういやだと。考えるのもイヤだと。「あんなお客さんイヤだ」って〔不満を〕吐き出せる子は休まないんですけど、おっとりした子はため込んじゃって病んじゃう。（n氏の語り）

キャストがこうした精神状態にしばしば陥ることは、性風俗の店舗において常態化しており、u氏は店長としての「仕事のメインがキャストの相談に乗ることだ」と語った。社会学者の

24　「業界未経験」、つまり性風俗業界でこれまで勤務した経験がないということ。

多田良子が性風俗店の店長に対して行った聞きとりにおいても、店長の仕事はキャストの悩み事を「聞く」ことだとされており、多田のインフォーマントのひとり（店長）はそうしたキャストの悩みを聞き続けたことで「ノイローゼになりそう」と語っている（多田 2007: 59）。

本節では、前節までの接待系風俗営業とは区別される、性風俗の業態について取り上げた。キャバクラやホストクラブが飲酒を軸にして「接待」というサービスを提供していたのに対し、性風俗特殊営業では身体接触を伴う性的サービスが扱われていた。こうしたサービスの違いは、まずはサービス提供者の労働負担の問題として捉えることができる。容易に予想されるように、キャストは性的サービスの提供に嫌悪感を覚え、勤務を拒否するに至っていた。

このような重い労働負担は、当然ながら本章のテーマであるキャストの供給と定着に関して影響を与えずにはおかない。本章の第1節で取り上げたキャバクラでも、キャストを定着させるためにさまざまな配慮がなされていた。しかし本節で見た性風俗店において見られたキャスト定着のための配慮は、キャバクラとは異なる内容である。それは、「稼げないキャストにもいかに在籍し続けてもらうか」という定着策であったと要約できる。ただし、例外として保証給制度を採用していたヘルス店mがあった。mではキャストに対して出来高にかかわらず保証給を支払っているため、「稼げないキャスト」に在籍され続けることは経営上の損失になる。このことは、他の店舗においては「稼げないキャスト」を在籍させ続けても、彼女たちの報酬が完全出来高制であるかぎり、経営上のコストにはならないということでもある。

店長らが採用していた定着のための戦略は、店舗内部の閉鎖的な環境によって成立するものであった。「待機は悪いことではないと洗脳していく」という語りや、あるいは「賑やかで楽しい雰囲気」の醸成に努める、といった語りにおいてその閉鎖性は典型的に表現されている。こうした状況下では、キャストが他店舗等のよりよい報酬の得られる環境へと移る可能性が相対的に低められている。

こうした内閉性は、キャストのインタビューにおいて、入職の経路がいずれもインターネットであったことと恐らく無関係ではない。次章で見るように、スカウトを経由して入職した場合には、「稼げない」状態に留め置かれることがスカウトによって防がれるからだ。この点については次章以降で詳しく取り上げることとしよう。

4 無店舗型性風俗(デリヘル)

本章ではこれまで接待系の風俗営業としてキャバクラとホストクラブを、また店舗型の性風俗としてヘルスとソープを取り上げてきた。本節では無店舗型の性風俗であるデリヘルについて分析する。

本節が対象とするデリヘルとは「デリバリーヘルス」の略で、その名の通り派遣型のヘルスである。風適法上は、性風俗関連特殊営業のなかでも特に無店舗型性風俗特殊営業としてカテゴライズされる[25]。前節で見たヘルスと同様に、サービスの内容には膣-ペニス性交は含まれない。サービスの提供場所は店舗ではなく客の自宅やホテル等である。

デリヘル店はホームページ上でキャストの一覧を公開している。客はこのホームページを閲覧した上で、電話で事務所に対して希望のキャストと料金プラン、派遣場所を告げる。事務所は多くは併設されている待機所にいるキャストを、自店で抱えるドライバーの運転する車両で派遣場所まで連れて行かせる。キャストは前払いで料金を客から受け取り、ヘルスにおいてと同様、膣-ペニス性交以外の性的サービスによって客の射精を導く。この料金のうち、キャストは自らの取り分を差し引いた額をドライバーに渡す。ドライバーはそのままキャストを待機所に連れて帰ることもあるが、キャストはその場で直帰してもよい。ドライバーはキャストに渡された料金(キャスト報酬が既に引かれている)を事務所に持ち帰り、それが事務所としての売り上げとなる。事務所の売り上げは、事業体の経費ならびに利益となる。

さて、派遣型の業態である無店舗型性風俗を本研究で取り上げるのは、既に簡単に言及したように、その事務所(と待機所)が歓楽街に所在する場合が多いためである。ただし、無店舗型性風俗の事務所と待機所について、店舗型において存在したような立地規制が風適法に定められているかといえばそうではない。風適法上は、デリヘルはどこに事務所を置くことも可能なのだ[26]。それでも歓楽街にデリヘルの事務所ならびに待機所が集中するのは、営業の届出に当たって不動産オーナーの承認が必要とされるためである[27]。デリヘルの事務所と待機所は往々にして併設されており、マンションの一室に所在する場合が多い。足繁くキャストらが出入りする待機所の設置について承認

25 無店舗型性風俗特殊営業というカテゴリーにはデリヘル等のほかに、客から注文を受けて配達するタイプのアダルトビデオショップも含まれる(第二条第七項第二号)。

するのは、往々にして歓楽街のオーナーであり、またそうしたテナントに対して寛容なオーナーについての情報を集約的に把握しているのは、歓楽街の不動産業者なのである。

また、歓楽街がしばしば後背地のようにホテル街を抱えていることも無視できない。既述のとおり、車両を手配してキャストを送り届ける過程はデリヘルの業務のうちで大きな比重を占める。場合によっては、車両の台数や移送時間が営業効率のボトルネックとなるだろう。そうした観点からは、歓楽街に待機所を置き、付近のホテル街でのサービス提供を割安に設定すれば、輸送コストと移動時間を節約することができる。無店舗型性風俗は、店舗によっては受付所で客にキャストを選ばせ、店舗がホテルを指定して客を案内し、そこにキャストを派遣する、という仕組みを採用している場合もあり、こうした形態では特に歓楽街に立地していることが必要となる。

4-1 組織構造と職務分担

デリヘルを構成する人員はキャストとスタッフに大別できる。スタッフとは事務所において電話を受けたり「配車」をしたりする業務を担う。キャストの派遣は店舗に所属する車両（と運転手）によって行われるため、「配車」と呼ばれる車のやりくりが事務所における業務として行われるのである。しかしいずれにせよデリヘルはキャストとドライバー、そして受付スタッフがいれば営業することができる。職務はスタッフにおいて電話受付と配車担当を別に置いて分担する場合もあるが、多くの

---

26 立地が制限されないのは電話等で依頼を受ける「事務所」ならびに従事者を待機させる「待機所」に関してであり、別に客が足を運んで依頼する「受付所」を設ける場合は店舗型性風俗と同様の立地制限を受ける（風適法第三一条の二第四項）。

27 まず風適法の第三一条の二第三項には、営業を届け出る際に「届出書には、営業の方法を記載した書類その他の内閣府令で定める書類を添付しなければならない」とある。この「内閣府令」は「風俗営業等の規制及び業務の適正化等に関する法律に基づく許可申請書の添付書類等に関する内閣府令」を指す。届出書に添付すべき書類はこの「内閣府令」第一二条に掲げられており、その一、ロに「営業の本拠となる事務所〔中略〕、受付所及び待機所の使用について権原を有することを疎明する書類」がある。性風俗営業の届出について説明した警視庁のホームページによれば、「権原を有することを疎明する書類」は具体的には「使用承諾書」や「賃貸契約書」を指す。
http://www.keishicho.metro.tokyo.jp/tetsuzuki/fuzoku/todokede.html（二〇一六年七月二十日最終確認）

店舗において担当業務は未分化であり、明確な区別はない。

法令において営業時間規制はなく、基本的に二四時間営業している。そのため、キャスト、ドライバー、スタッフのそれぞれについて、二四時間シフトの勤務体制を組んで営業している。派遣可能エリアはおおむね都市圏に限られており、あまり遠隔地への派遣はできない。価格は基本的な内容で一時間あたり一万円から三万円ていどが標準的だが、五万円、一〇万円を超えるようなコースを用意している店舗もある。

4-2　デリヘルにおける労働

これまでの節で取り上げたキャバクラ、ホストクラブ、ヘルスにおいてはいずれも経営サイドだけでなくキャストやホストらへの聞きとりを実施することが出来ていた。しかし本節のデリヘルに関しては店舗からの協力が得られず、キャスト本人を紹介してもらっての直接の聞きとりは実現しなかった。そのため、この項でデリヘルにおける労働として記述する内容はすべて、調査先デリヘル店舗vの経営サイドの人物からの聞きとりに基づいている。

入職経路と動機、店舗間移動

デリヘルvの店長w氏への聞き取りによれば、キャストの入職経路はスカウトと求人広告、そして口コミである。現在の在籍キャストについて言えば、スカウト経由が六割、求人広告が二割、口コミが二割だという。求人広告から応募してきた女性については不採用の場合も多く、スカウトの割合が多くなってしまうのは、「うちはレベル高い子しか取らない」ためだと説明された。

店長w氏と女性スタッフのx氏が共通して語ったところによれば、キャストの就業動機の半数ほどはホストクラブが関係しているという。つまり、ホストクラブに通い、担当ホスト（自分が指名しているホスト）の売上に貢献するために、高収入が得られるデリヘルで働いているというのである。ただし同時に「ほとんど〔の就労動機〕は「何となく」ですよ」とも語られた（x氏の語り）。

店舗間移動は前節で見たヘルスやソープと同様に、頻繁に行われる。退店の理由も類似しており、「稼げないから」が多い、と女性スタッフx氏は語った。とりわけスカウトの紹介で勤務するようになったキャストは、より「稼げる」仕事としてスカウトにソープを教えられ、移動したりすることも多いという。

出勤日数と時間

デリヘルにおいて際だった特徴を示すのが、出勤に関するキャスト本人の裁量の大きさである。調査対象店舗ｖにおいては基本的に制約は存在しない。ひとたび面接を受けて在籍名簿に登録されれば、いつ、何時間出勤し、どのタイミングで帰るかも自由である。最低限の出勤日数等のノルマもない。服装が完全に本人の意志に任されているのは、出勤時だけでなく、派遣時においても同様である。これは、出勤時に髪をセットしなければならないキャバクラや、サービス提供時の衣裳がほぼ指定されているヘルスやソープと好対照をなす。

スタッフのｘ氏への聞き取りによれば、デリヘルｖには関西や九州在住のキャストも在籍している。出勤が完全に自由なため、こうしたキャストも東京に滞在する一週間のみ出勤する、というようなことが可能である。時間帯もまったく制約はなく、かつ、店舗への連絡等も必要ない。つまり、思い立ったときに事務所（待機所）に赴けば、勤務することができる。こうした事態の延長として、退勤も自由である。「途中で飽きちゃったからって〔帰る〕子もいるし、短いと〔待機所に滞在するのは〕一時間半くらいですね」とｘ氏は語った。ただ、一般的な傾向としては一日の勤務時間（出勤から退勤まで）はおおむね五時間から八時間程度だという。既述のとおりキャストは客から受け取った料金のうち自らの手取り分をその場で受け取ることができるので、報酬は全額が日払いとなる。そのため店とのあいだに未精算の会計が発生しないこともまた、勤務の自由度を高めている。離職するのに月に一度の給料日を待つ必要もないのである。

デリヘルｖの料金は六〇分のコースで二万円から三万円程度で、キャストごとに異なる。キャストはひとりひとりランクを示すカテゴリーに分類されており、カテゴリー甲のキャストの六〇分はいくら、カテゴリー乙の九〇分はいくら、というような料金体系になっている。その料金のうちキャストの取り分は六割程度であるので、六〇分のコースであれば一万五〇〇〇円前後の報酬となる。もっとも「稼げる」キャストは一日に一〇万円の収入を得ており、この額を得ているキャストは全体の一割程度の人数にのぼるとスタッフのｘ氏は語った。

4-3　デリヘルの経営

収支構造

無店舗型性風俗の収益はすべて、キャストによるサービスへの対価として客が支払ったものである。調査先の店舗ｖでは、この客の支払い額のうち、六割がキャストの報酬となり、四割を店が取る。客が二万五〇〇〇円を支払うと、キャストが一万五〇〇〇円、店が一万円を取ることになる。デリヘルvは業界内では経営を大規模化した有名店であり、歌舞伎町地区に所在する店舗の売り上げはひと月に一五〇〇万円ほどであるという。ただしこの場合、売り上げとは店の取り分のことを指すため、キャストの報酬はここに含まれていない（店舗に所属するキャストの総月収は二二五〇万円、客の総支払いは三七五〇万円という計算になる）。

デリヘルも店舗によっては「保証給」という、前節でヘルス店mにおいて見られたのと同様の制度を採用している場合もある。ただし調査対象店舗vには「保証給」制度は存在しなかった。つまりvでは、キャストは首尾よく「客がつく」ことがない限りは報酬がまったく発生しないことになる。

店の取り分（vであれば一五〇〇万円）から経費を差し引くと純益が計算できることになる。繰り返しになるが、客の総支払いが三七五〇万円であれば、そのうちの一五〇〇万円がキャストからドライバーに渡され、店に持ち帰られる、ということである。

無店舗型性風俗の経費は主に人件費、家賃、広告費である。ここで人件費とはキャスト以外のスタッフ、つまり運転手と受付スタッフに支払われるものを指す。無店舗型性風俗は基本的に二四時間営業なので、これらのスタッフは二四時間をカバーできるように勤務シフトが組まれる。

家賃については電話受付をするスペースと待機所が同一の物件内に存在する場合が多く、経営を大規模化させて多くのキャストを抱えるようになるまでは、ひと部屋で済ませられる、と店長のw氏は語った。しかし、w氏によれば家賃はデリヘルの支出費目として大きい。「敷礼払えば一〇万円なのに、いつ潰れるか分からないから敷礼なしで保証金とか一切なしで一五万」といったように家賃が設定されることが往々にしてあるという。

また広告費もおおむね高額である。聞きとりによれば、多数の無店舗型性風俗店の情報を集約したWebサイトに店舗情報を掲載するには、月に三万円から八万円ほどを支払わなければならない。こうした情報集約サイトは数多く存在しており、小規模な店舗であれば五〜六個のサイトに、中規模以上の店舗であれば一〇〜一五個以上のサイトに、それぞれ広告を出しているという。さらに情報集約サイトでは、サイト内の情報掲載位置によって出広費に差を付けており、目立つ位置への掲載は二〜五倍程度の費用がかかる。このため、ひと月の広告費は数十万円から百万円以上となる。

こうした高額の広告費がかかることを、店長w氏は無店舗型性風俗の特質として説明した。つまり、無店舗型性風俗においては事務所で電話を待つことしかできず、その電話がかかってくるかどうかは客の目に触れるところに情報があるかどうかにかかっている、というのである。w氏は「キャバクラは女の子の実力次第でしょうけどデリヘルは本当に事務所〔だけしか存在しない〕ですからね」と語ったが、これは本章の第1節の内容と符合する。たしかにキャバクラの集客は口コミや、以前付き合いで連れてこられた客というのが主なもので、広告はあまり集客には役立っていなかった。

キャストの定着誘導

既述のとおり、キャストの退店理由で多いのは「稼げないから」というものであった。しかし、店長のw氏によれば、客が特定のキャストを指名しなかった場合に店が派遣するのは、客がリピートしてくれる率の高い「売れっ子」であるという。そうした売れっ子は料金が高めに設定されており、その分キャスト本人の報酬も高くなっている。こうして店側が営業努力によって客の満足度を高めようとすると、稼げるキャストと稼げないキャストの二極化が進むことになる。

ただし前節で見たように、新人をひと通り指名する客の存在から、多くのキャストは入店の初期には一定の報酬を得ることができる。そしてその新人の期間が終わり、報酬が落ち込んでくるとともに他店に移籍する、というパターンが多い、とスタッフのx氏は語った。x氏によれば、こうしたサイクルにおいてキャストが一店舗に在籍する期間は半年から一年程度である。

ところが店舗としては客の満足度を高めるとともに、キャストの定着にも努めなければならない。これは前節で見たヘルス、ソープと同様に、客の需要の変動幅を吸収するためである。これに関してx氏は「すごい電話が鳴った〔＝多くの客のニーズがあった〕ときに女の子がいませんって言って仕事を取りこぼす、これが一番タブーだと思うんですよ」と語った。キャストには可能な限り店舗に居てもらい、ひとたび電話が鳴れば必ず客のもとに派遣できるような状態にしておく、というのがデリヘル店にとっての理想的な状態なのである。

キャストの定着のためにデリヘル店vではキャストに対するケアを徹底することを心がけているという。x氏はこれを「キャスト管理」と呼んでいた。たとえば出勤したにもかかわらず全く仕事がつかないキャストは、「こんな店来るか！」と癇癪を起こすことがあるが、そうしたばあいにスタッフが「ホントすいません、こんど頑張る〔＝仕事をつける〕ので」と「フォローをひたすらする」。そうして「店の居心地がいい」という状態を作ることに努める。さらに、フォローや居心地のよさだけでは満たされない承認欲求をも満たすことまでが「キャスト管理」には含まれるという。

そこは、自分が必要とされてるっていう感じを与えるというか。こういうレベルの高い店でも、稼げなくても私は必要とされてるんだっていうのをすり込むっていうか。〔中略〕あとは稼いでない状態だったらどこか一日ですごい稼ぐ日を作ったりとか。単価はそんなに悪くないので、稼げる日があるんだって思ったらそこに期待して〔キャストは〕ダラダラ来るんですよね。そこでまたぽんと稼げる日を作ってあげて、またゼロが続いてダラダラダラダラいたら、嫌でも忙しくなる年末が来るっていう。（x氏の語り）

デリヘルvではキャストに対する保証給はいっさい出しておらず、完全出来高制の報酬のため、キャストが客もつかないまま「ダラダラ」出勤し続けていても店にコストは発生しない。こうして首尾良くキャストが定着してくれていれば、年末などの繁忙期には活躍してもらうこともあるだろう、というのが店舗の姿勢である。そのためには情緒的なケアも徹底するほかに、ときどき仕事を多くつけることもする。x氏はこうした方針のことを「飼い殺し」と表現していた。しかし同時にx氏は以下のようにも語る。

個人的意見で言えば、私だったらこうするって思うのは、せっかくカラダ売って、毎日毎日暇で、ってそしたら他の店行けばいいじゃないってほんとは思う。ほんとは。無駄だから。〔中略〕でもそうは思ってても言わないですよ。お店側として。でもやっぱ理想としては、すごい矛盾するんですけど、うちでしっかり稼いで、うちで風俗上がってほしいなと。仕事つけれなくて何かフラフラしてる感じの子たちもいっぱいいるから、矛盾してるんですけど、うちは稼ぐためにはどうしたらいいかとか、提案はするので。

ここで「風俗上がって」と言われているのは、風俗産業でのとりわけキャストとしての就労をやめることを意味する。x氏自身がデリヘルのキャスト経験があり、自分であれば性風俗業界に典型的なサイクルに乗って、稼げる店に移籍するだろうと語る。しかし、今やデリヘルスタッフの一員として経営側の立場にあるため、キャストにそうしたことは伝えず、むしろ「飼い殺し」の状態に留め置いている。そうした方針とは矛盾すると言いながらも、キャストにはデリヘルvで稼ぐための努力をして、一定の報酬を得た上で性風俗業界から退出してほしいという理想を持っている。

こうした理想が語られる一方で、vでは離職、退店した元キャストに対する「管理」も徹底されている。ここでいう「管理」とは、定期的にメールを送ることを指す。内容は日常会話的なものだが、そのようにして連絡を保っておくことによって、キャストが何か収入が必要になったというようなときに「戻ろうかな」と思ってもらえるという。また、店長のw氏によれば、デリヘルは出勤の自由度が非常に高い上に報酬もいいので、他の仕事に就いても再びデリヘルに戻ってきてしまうキャストが多いという。さらに、前述のような連絡メールが届いたり、スカウトが「心の隙とか時間的な隙を狙って」「そそのかし」たりすることで、キャストの「出戻り」はほとんど不可避になる、と店長のw氏は語った。キャストはそうした離職と出戻りを繰り返しながら徐々に退出していく、という場合がほとんどだというのである。

本節では無店舗型性風俗であるデリヘルについて見てきた。風俗産業の類型に関して言えば、「無店舗型」という業態がそこにおける労働と経営に関連性をもつのは「派遣」という特質においてであったと言える。デリヘルのキャストはきわめて自由な環境において出勤しており、「束縛が少なく高収入である」という風俗産業の特徴を極端なかたちで体現していた。そうした高度のフレキシビリティは、サービス提供の空間のフレキシビリティに由来する。これは店舗型性風俗において「部屋数」と「待機キャスト」の関係が問題になっていたのとは対照的である。店舗型性風俗においても部屋数より多めにキャストを出勤させ、必然的に待機するキャストを作りだすことによって客の回転数を上げる営業努力がなされていたが、デリヘルで要求される待機は店舗型よりも多い。つまり、デリヘルにおいては労働力のフレキシブルな配置がより強く要求され、また実践されているのである。完全出来高制で店舗側としてはリスクを負わず、細心の「管理」によってキャストの定着を試みるような経営は店舗型性風俗においても見られたが、相対的には無店舗型のとりわけ派遣という特質において際だっていたと言えよう。

従業員の供給面に関して「スカウト」の利用が六割を占める、というのは前節までの業態では見られない特徴であった。店長のw氏は、「レベル高い子」を採用するためにはスカウトに頼る必要がある、と語った。今回、デリヘルについてはキャストへの聞きとりを行うことができなかったため、業界への参入や店舗間移動といった局面に関する事柄は不明である。しかし、少なくともスカウトからのキャスト紹介が経営の根幹に関わる店舗が存在すること、そしてそれは従業員の量だけでなく

「質」に関わっていること、はここで確認しておきたい。スカウトへの聞きとりに基づく考察は次章で行う。

5　風俗産業のサービス、ジェンダー、空間

以上、本章では風俗産業の店舗における労働と経営について見てきた。

歌舞伎町の店舗は流動性が高く入れ替わりが早いことについては既にこれまで何度か指摘してきたが、個別店舗が閉店を繰り返しているにもかかわらず、風俗産業の集合的な営業状態が保たれている、という点にこそ、「歓楽街の再生産」に関連して指し示されるべき要点が潜んでいる。ここで、「歓楽街の再生産」という課題のサブテーマとして「サービスの再生産」という論点が浮かび上がってくる。ここで言う再生産とは、ひとつには個別の事業体の維持と経営のことであるが、それだけではない。いまひとつの側面として、事業体の入れ替わりや業態じたいの更新をも含めた「サービスの再生産」とでも呼ぶべきプロセスもまた、視野に入れられる必要がある。

サービスの再生産という過程は、個別店舗の消長とは差し当たって別の位相にあると考えられてよい。さらに言えば、ここではサービスの再生産という語を用いることによって、個々の業態の盛衰からも距離を取ることを企図している。風俗産業においては、接待系風俗営業にせよ性風俗にせよ、これまでも実に種々雑多な業態が誕生し、消えていった。であればこそ、「キャバクラ」や「ソープ」といった具体的なひとつひとつの業態とは別に、サービスそれ自体が再生産される過程にこそ着目しなければならない。

この視点においては、個別の店舗と業態は、サービスにとっての枠組みとして立ち現れる。抽象的な「サービス」という概念が現実化されるのは、個別の業態ないし店舗という枠組みのもとにおいてである。しかし、そうした枠組みは時代とともに変化し、あるいは消えあるいは更新されていく。

サービスを担う従業員（キャストとホスト）の供給と定着に着目する視点は、こうした認識に支えられている。キャストやホストが同僚のネットワークを活用しながら店舗から別の店舗へと移動を繰り返すとき、サービスの担い手は勤務先をかえてサービスを生産し続ける。サービスを担う従業員が一定の期間にわたって店舗に定着し、新たに供給されてくることが、サービスの再生産にとっては必要不可欠である。

こうしたサービスの再生産メカニズムについて本格的に検討する作業は、本章の冒頭で述べたように、本論文の最終章まで

待たなければならない。風俗産業をそれ自体で自立したものとしてではなく、歓楽街という場の文脈に位置づけて分析することこそが、本研究が採用する戦略だからである。そのため本章の結びとしては、論点を従業員の定着と供給という二点に絞り、各業態の比較を交えながらこれを論じるに留めたい。

従業員の定着

キャバクラにおいては男性スタッフがキャストの「マネージメント」を担い、キャストの定着を直接的な職務としていた。男性スタッフはキャストが指名を取れるようにアドバイスを行っていたほか、「つけまわし」においてはキャストの心情を害さないように配慮していた。キャバクラQの男性スタッフf氏の語りを再び引用すれば、キャストに「給料を稼がせてあげる。指名を取らせる」ことが男性スタッフの役割だとされていた。

店舗型、無店舗型の性風俗においても類似の内容が語られた。いずれにせよ、店舗にとってキャストは在籍し、出勤してもらわなければ困る存在である。出勤状態をいかに維持するかについて経営側スタッフの口から漏れた「飼い殺し」という言葉は、そうした定着のための活動に対するスタッフの意味づけを端なくも示している。

ここで、キャストが「定着」するということの意味をいま一歩踏み込んで説明しよう。そもそも風俗産業における勤務とは、企業における雇用労働と言うよりも、店子が大家のもとに間借りをすることに近い側面がある。[28] つまり店舗側が用意した経済交換の枠組みやインフラについて、利用者として参与して労働力を拠出し、インフラの利用料として店舗に利益をもたらす存在が、キャストの風俗産業経営のなかの位置づけである。こうした構図において、店舗側は店舗というインフラを利用し続けてもらうためにキャストに「給料を稼がせてあげ」たり、さもなくば様々に心理的な承認の感覚を与えて「飼い殺」したりするのである。キャストの「定着」とは、こうした構造的背景の中に位置づけて理解されるべきものだ。

ただし、このような構図が必ずしも当てはまらない事例もある。第2節で取り上げたホストクラブでは、ホストに対するケアは他の風俗営業業態に比して貧弱であった。また、第3節で取り上げたヘルス店のmでは保証給制度が採用されており、店

28　例えば銀座の高級クラブで働くホステスは税制上も独立事業主として取り扱われることがよく知られている。しかしながらこれが（少なくとも給与の一部が）時給制のキャバクラキャストにまで敷衍可能であるかどうか、筆者は判断する能力を持たないし、議論の大筋には影響を与えないためここでは措く。

舗は出勤キャストに対して必ず一定額を支払わなければならないため、キャストの退店は自発的なものよりも店舗による解雇が多かった。他の調査先店舗で店長らが口を揃えてキャストの心理的ケアを職務として語ったのに対して、保証給制度を採用していたヘルス店mでは「仕事がいやになっちゃうキャストさんはもう何を言っても駄目ですね」という態度であった。別店舗の「飼い殺し」と対比すれば、「何を言っても駄目ですね」という語りを、一見そう思えるように冷酷な態度と捉えるのは皮相な見方であろう。

これらのことから、従業員の定着に店舗が取り組むに至る背景として二つのことを指摘できる。第一の点は、従業員の供給が不十分であることである。ホストクラブでは、リクルートのためにスカウトを使う事例が観察されなかったことからも、従業員の供給にさして不自由していない様子がうかがえた。参与観察の短い期間（一週間程度）のあいだにも、見学に来たホスト志望者が次々と連絡もなく行方をくらましていったことは既に述べたとおりであるが、そうした事態はホストクラブのスタッフらによって当然のこととして受け止められており、来るものは拒まず、去る者は追わずといった恬淡とした態度であった。キャバクラや性風俗店においてキャストの定着に心が砕かれている様子は、ホストクラブのこうした状況とは対照的であり、従業員の希少性の差がこうした対照をもたらしているものと考えられる。

従業員の定着に店舗が取り組むに至る背景の第二点は、逆説的ながら、従業員の待遇の悪さである。これは性風俗店において顕著で、店舗はキャストの報酬を完全出来高制にしているからこそ、従業員の定着に励まなければならなかった。ソープoの店長s氏が「稼げる子はいいんですけど、稼げない子をどうやってお店に残すか〔が経営の課題だ〕」と語ったのは、この点を端的に表している。

キャストへの聞きとりでは、すべてのケースにおいて入職の動機は「報酬の良さ」として語られた。報酬が良ければ、キャストは定着のためのケアを施されずとも勤続するのである。しかし店舗は経営の必要上、「稼げない子」もまた定着させる必要がある。

つまり、第一点目の従業員の不足と、第二点目の待遇の悪さは、実は表裏一体の関係にある。待遇の悪いままに多くのキャストを在籍させ続けることが店舗の利益なのであって、こうした戦略においては当然の帰結として常に従業員は不足しがちになる。多くのキャストが在籍していれば、客に対して多くの選択肢を提供できることになり、店舗の経営上は好ましい。ソープtの店長u氏が「お客様にとってはいつ見ても〔出勤しているキャストが」一緒だな」という状態を避けたいと語ったのは先に引用した通りである。つまり、キャストは多ければ多いほど良い。「客不足とキャスト不足のどちらを強く感じますか?」という質問に、キャストは全員が客不足、店長は全員がキャスト不足と例外なく答えたことは、こうした事態をよく物語っている。

従業員の供給

風俗産業の多くの店舗において従業員が不足しているという事態は、当然のことながら従業員の供給に関わる局面にも影響を及ぼさずにはおかない。本研究でサービスを提供する従業員(キャストとホスト)にインタビューすることができたのは、キャバクラとホストクラブ、そしてソープの店舗においてであった。これらのインフォーマントのうち、風俗産業の採用面接で不採用を言い渡された経験がある者はただ一名に過ぎなかった。この一名を除いて、一度就業してしまったあとでは、すべての者が働きたいと思った店舗で働くことができている。相性や待遇が悪いなどの理由で自主的に退店することはあっても、店から不採用や解雇を言い渡されることは基本的にはない。店舗の経営において従業員の慢性的不足から定着が追求されている状態は、従業員にとってはこうした就業の自由さとして経験される。

キャストらは例外なく良い報酬を求めて風俗産業で就労していた。このことから、従業員の絶え間ない供給が、この報酬の良さによって成り立っていることは疑い得ない。ただし、同時に、慢性的な人手不足が高額の報酬の源泉であるとも言える。仮に労働力の供給が過剰になったならば、報酬は切り下げられるかも知れないからだ。たとえばキャバクラQでは、総売上の約半分はキャストの人件費に充てられていた。聞き取りによれば、風俗営業店ではどこでも人件費の割合はこの程度であるとはいえ、やはり高額なために経営を圧迫しており、可能であれば人件費を切り詰めたいと考えているという。つまり、慢性的な人手不足は、従業員にとっての就業の自由さと、高額の報酬という二つの点と相関しながら、従業員の供給を促進している。

しかし、風俗産業における高額な報酬とは、いったいどの程度「高額」なのだろうか? ここで、基本的な前提として、日本における男女の賃金格差について確認しておこう。キャストの多くが報酬の良さを理由に挙げて風俗産業に就業する、そうした動機付けは、日本の雇用環境への認識と表裏一体の関係にあるだろう。まず、図4-3に示したのは二〇一三年の年齢階級ごとの平均賃金をグラフにしたもので、実線が男性、破線が女性を表している。このグラフの元になっている数値は表4-

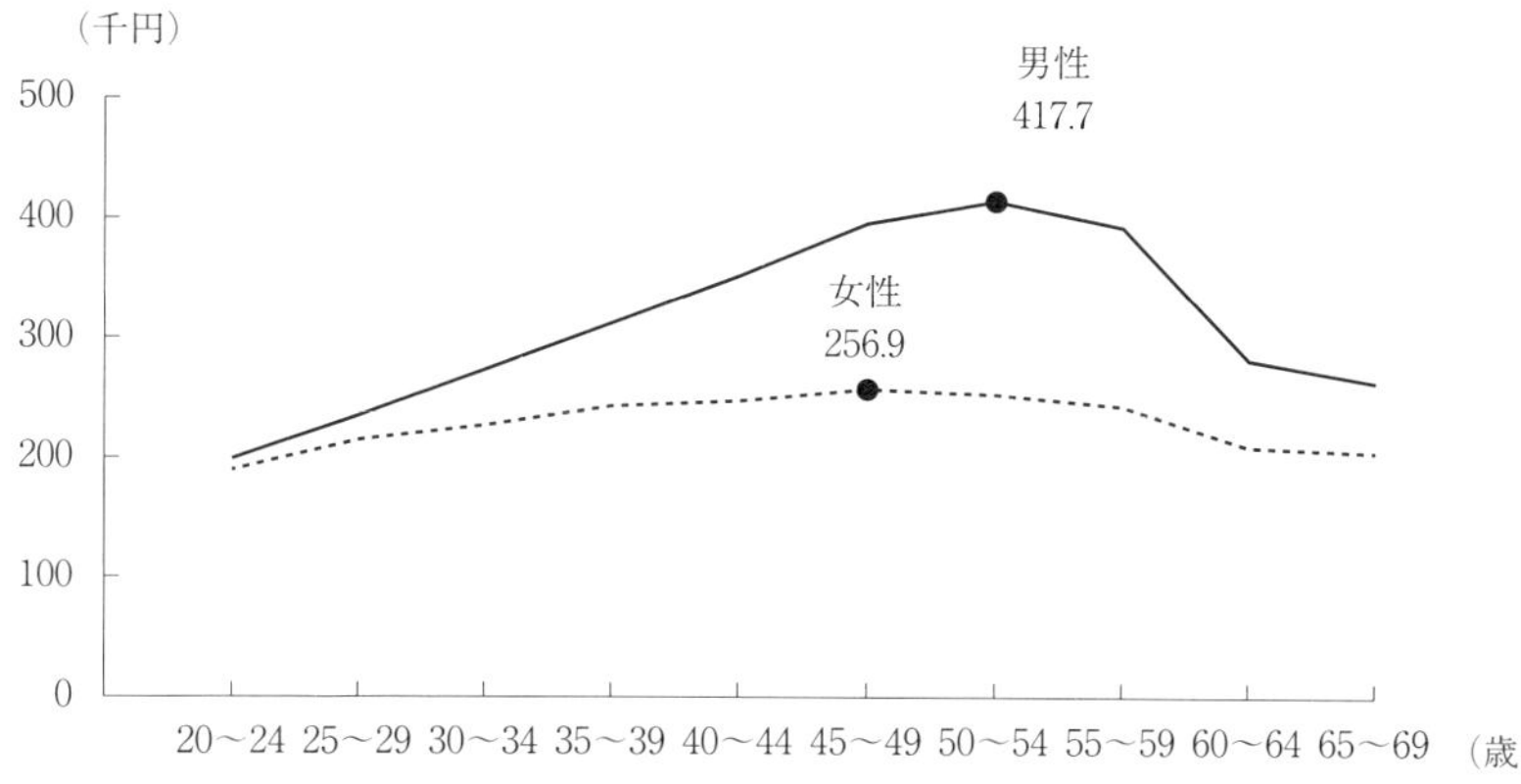

原注：線上の●印は賃金ピークを示す。
（厚生労働省『平成 25 年賃金構造基本統計調査（全国）結果の概況』5 頁より転載）

図 4-3　性、年齢階級別賃金

表 4-5　性、年齢階級別賃金、対前年増減率及び年齢階級間賃金格差

年齢階級	男性			女性		
	賃金（千円）	対前年増減率（%）	年齢階級間賃金格差（20～24歳＝100）	賃金（千円）	対前年増減率（%）	年齢階級間賃金格差（20～24歳＝100）
年齢計	326.0	-0.9	162	232.6	-0.2	122
20 ～ 24 歳	200.7	0.1	100	190.4	-0.1	100
25 ～ 29	236.5	-0.3	118	215.2	-0.7	113
30 ～ 34	275.2	-1.1	137	230.5	-0.9	121
35 ～ 39	314.5	-1.6	157	244.6	0.2	128
40 ～ 44	357.3	-1.7	178	249.8	-2.0	131
45 ～ 49	397.6	-2.6	198	256.9	0.1	135
50 ～ 54	417.7	-1.4	208	254.2	0.6	134
55 ～ 59	394.8	-1.0	197	245.2	2.0	129
60 ～ 64	281.1	1.1	140	209.0	-1.1	110
65 ～ 69	263.7	1.2	131	208.1	1.2	109
年齢（歳）	42.8			40.4		
勤続年数（年）	13.3			9.1		

原注：年齢計には、上掲の年齢階級に限らず、すべての年齢の者を含む。以下同じ。
（厚生労働省『平成 25 年賃金構造基本統計調査（全国）結果の概況』5 頁より転載）

表 4-6　2010 年の男女別、学歴別生涯賃金表（退職金を含めない）

	中学卒	高校卒	高専・短大卒	大学・大学院卒
男性	177.1	195.2	204.1	254.1
女性	111.4（62.9%）	126.2（64.6%）	160.1（78.4%）	198.0（77.9%）

（単位は百万円、女性の丸括弧内の数値は同学歴の男性に対する比）

原表注：学校を卒業してただちに就職し、60 歳で退職するまでフルタイム労働を続ける場合（同一企業継続就業とは限らない）。

（労働政策研究・研修機構『ユースフル労働統計 2013』271-2 頁の表より抜粋して作成）

5に掲げた。女性の賃金は加齢とともにほとんど上昇しないことが印象的である。

生涯賃金で見るとどうか。表4-6は、二〇一〇年の学歴別生涯賃金を男女について比較したものである。賃金格差は高学歴になるにしたがって緩和するものの、女性が男性にもっとも近づく「高専・短大卒」のカテゴリーにあっても対男性比で七八・四％の生涯賃金に留まっている。これは男性の「中学卒」に及ばない金額である。

今回調査したキャバクラQやヘルスmでは、いずれもキャストの平均月収は五〇万円と推計された。これは表4-5に示した女性の平均賃金の二〜二・五倍に当たる金額であり、またいずれの年齢階級の男性よりも高い。福利厚生の差を考慮しても、それなりに高額だと言える金額である。しかし、今回の調査で最年長であった三九歳のキャスト（ソープ勤務）が「いつまでも出来る仕事ではないと思う」と語っていたとおり、風俗産業のサービス提供者が現役でいられる期間は一般的には限られていると言える。月収五〇万円で二〇年間勤続した際の総賃金は一億二〇〇〇万円になり、これは高卒女性の生涯賃金（一二六・二百万円）と同程度の水準であるが、風俗産業で二〇年間勤続することがどの程度一般的であるのかは不明である。今回の調査先に限って言えば、多くのキャストの年齢は二〇代から三〇歳前後であったことを考えると、二〇年勤続することはそう一般的なことではない。要・水島の調査では、ヘルス、イメクラ等に勤務する調査対象キャスト一二六人のうち六〇％以上に当たる八〇人が風俗産業での勤続（現職店舗での勤続ではないことに注意）一年未満であり、最長勤続は七年で、五年以上勤続していたのは八人に過ぎなかった（要・水島 2005: 27）。調査時点での年齢を見ると一八〜二三歳が七六人であったのに対して三〇〜三九歳は八人であり（要・水島 2007: 29）、若年層だけが勤務しているわけではないものの、この調査から見る限りでは二〇年の勤続はきわめて稀なケースであると言える。付言すれば、従業員のこうした年齢と勤続年数の分布はホストにおいてもおおむね似通っていると考えられる。

差し当たってここでは、一般に労働市場において女性が劣位に置かれていることを確認しておこう。この格差によって、風俗産業のようにスティグマタイズされた職場であっても入職するインセンティブが、女性にとって相対的に高まることが予想される。風俗産業における比較的高額な報酬は、ジェンダー間で異なる意義を持つのである。

ところが、従業員のリクルートに関して、事態はこれとは逆の様相を呈していた。風俗営業の女性キャストのリクルーティングには求人広告のほかにスカウトも利用されていたのに対して、ホストクラブにおけるスカウトの利用は確認できなかった。これは、スカウトが声をかけて勧誘に成功する確率が、労働市場におけるインセンティブのために女性の方が高くなっているからではなく、むしろ風俗産業において女性の希少性がより高いことの帰結であると考えられる。ホストクラブにおいてはホストが定着のためのケアをほとんど受けていなかったことも、男性従業員の希少性の低さを傍証していると言えるだろう。

一般に労働市場ではジェンダー間の大きな賃金格差が存在しているにもかかわらず、風俗産業において女性労働力の希少性が高いことは、以下のような可能性を示唆する。

（1）風俗産業においては男性客の市場の方が大きい。このことは一般に労働市場で男性が高額の賃金を得ていることと関連があると言えるかも知れない。

（2）風俗産業に従事することのスティグマは女性の方がより苛烈である。そのため賃金面での誘引は女性の方が強いにもかかわらず、結果的に労働力の供給は抑制される。

これらの可能性は本研究のなかでは直接検討することができない。いずれもが歌舞伎町あるいは歓楽街の外側にある全体社会に関わる論点だからである。しかし、歌舞伎町における反映として、（1）市場の大きさと、（2）スティグマの強さについて、もう少し敷衍して考察してみよう。

就労経験のある店舗の情報をキャストが同僚間で交換し合い、それによって店舗間移動を繰り返すというパターンは、キャバクラとヘルス、ソープでの聞きとりにおいて共通して語られた。かつての同僚から「このお店、話し相手もいなくてつまんないから来て」と言われてその店舗へ移籍したエピソードなどは、就業が比較的容易であるからこそピアネットワークの機能が効果的に発揮されていることを示している。

これまでは風俗産業の集積する地区を歓楽街であると述べてきたが、以上のようなキャスト供給の構造からは、むしろ歓楽街のうちにあればこそ風俗産業が営業できている、という可能性が示唆されている。これに関わって、本章の結びに述べておかなければならない論点は二つある。

第一に、歓楽街という集積の効果による市場の大きさである。仮に風俗産業の集積によって収穫逓増が帰結するようなメカニズムが働いていれば、歓楽街の市場は大きくなり、より多くの労働力を必要とする。こうしたメカニズムの一部は、「お客様にとってはいつ見ても〔出勤しているキャストが〕一緒だな」という状態を避けようとする店舗が体現しているように、風俗産業においてキャストの集積が有する効果から説明できるかも知れない。市場が大きければ労働市場も大きくなり、就業がより容易になることでキャスト間のネットワークはより効果的に機能する。

第二に、歓楽街における風俗産業の集積は、その集積内部でのスティグマを逓減させる効果を有するかも知れない。同僚間のネットワークで勤務経験のある店舗の情報が高度にやり取りされていることは、スティグマ逓減の傍証である。風俗産業に関するコミュニケーションのスティグマがネットワーク外においてネットワーク内よりも強ければ強いほど、ネットワーク内でのコミュニケーションのニーズは相対的に高まるからである。もし集積がスティグマ逓減の効果を有するのであれば——これはいかにもありそうなことに思われるが——そのことによって、風俗産業は分散しているよりも集積している方がより豊富な人材を得られるだろう。しかしこのことはひとたび歓楽街の風俗産業で就労してしまうと、そこからの退出が困難になる構造——これについては次章で論じる——とも結びついていると考えられる。

風俗産業があるからそこが歓楽街になるのではなく、歓楽街があるからこそそこに風俗産業が集まる、という言明は、以上の二点のような内容を含意していた。このことの妥当性は、第5章で客のニーズと従業員のニーズを媒介するストリートの空間の分析を経た上で、第6章の結論部で改めて検討することとしよう。

第5章

ストリートにおける活動と意味づけ

本章で取り上げるのは歌舞伎町の街路空間である。ここでは社会学の先行研究との脈絡を意識して、街路を「ストリート」と表現しよう[1]。

ストリートに関しては、前章までで既にいくつかの論点に触れていた。第3章では、警察が機動隊による歌舞伎町内の警邏を実施し、暴力団の「地回り」を排除することに成功したエピソードを取り上げた（1-1　警察による暴力団・盛り場対策）。暴力団の示威行進である地回りは、不特定多数の人びとに目撃されることが可能なストリートにおいて行われなければならず、まさにストリートという空間にかかわる実践である。ここで示威の目的となっているのは、日本の暴力団を研究した社会学者のピーター・B・E・ヒルの表現を借りれば、歌舞伎町の経済を含む諸活動に「保護」を与えるのは自分たちなのだ、というメッセージの伝達である（Hill 2003＝2007）。そしてこの「保護」の担い手として暴力団と競合するのが警察である、とヒルは論じる。この分析は、地回りの統制策として機動隊による警邏が行われたことと整合的である。機動隊の警邏もまた、不特定多数の人びとに目撃され得るストリートにおいて行われることで、治安対策をアピールする効果を発揮した。

ストリートに関わる論点としては、同じく第3章で取り上げた花道通りの歩道拡幅＝車道狭隘化がある（1-2　行政による「歌舞伎町対策」）。花道通りは歌舞伎町を東西に貫く「幹線道路」であり、暴力団関係者の大量の路上駐車がかねてより問題視されていた。そこでは路上駐車自体の迷惑というよりも、そうした路上駐車によって暴力団員が歌舞伎町の暴力団事務所にスムーズに出入りすることが可能になってしまっている点に焦点が当てられていた。路上駐車ができなければ組事務所に車輌が横付けできず、組員も組幹部も一定の距離を歩かなければならない。

以上のエピソード——機動隊による地回り排除と、車道狭隘化——は、ストリートという空間の性質について、二つの異なる側面を浮き彫りにする。暴力団と機動隊にとって、ストリートはデモンストレーションの場であり、たやすく観客を得るこ

1　W・F・ホワイトの古典『ストリート・コーナー・ソサエティ Street Corner Society』や、E・アンダーソンの『ストリート・ワイズ Streetwise』、『ストリートのコード Code of the Street』といった作品群は、その独特の含意からか、いずれの訳書でも邦題はカタカナのまま「ストリート」としている（Whyte 1993＝2000; Anderson 1990＝2003, 1999＝2012）。ここでは「街路」という日本語が喚起しやすい「通路」や「（通り）道」としてのイメージだけではなく、「オープンスペース」あるいは「広場」にまで連なるものとして「ストリート」を捉え、用いることとする。

とができるステージであると同時に観客席でもあった。これに対して車道が狭隘化されたストリートは、暴力団の関係車両を含めた多様なヒトやモノが行き来するインフラであり、歌舞伎町内の建築や施設を歌舞伎町の外と結びつける回路であった。

本研究にとって、ストリート空間の性質それ自体は直接的な探究課題ではない。むしろ、ストリートは歓楽街の再生産メカニズムの重要な一部分を構成する空間として位置づけられる。既述のエピソードから示されるストリートの性質は、これまでに取り上げてきた「地域」、「雑居ビル」、「店舗」という空間のいずれとも異なる。そうした、相対的に独立した質を持つ空間としてのストリートにおいて、歓楽街の再生産に関わる活動はどのようなメカニズムで行われているのだろうか。歓楽街を全体として見たときにそうであるように、ストリートもまた、上からの管理が貫徹されるわけでもなければ、自由な営業活動が完全に放任されているわけでもない。本章で分析されるのは、そうしたバランスの上に成り立つ、ストリート空間での諸活動である。

ただし、歌舞伎町の個々の通り（街路）はそれぞれに特徴的であり、決して均質ではないことは改めて強調しておかなければならない。各々の通りは、本章の三つの節で取り上げる活動によってそれぞれに異なる意味づけをされる。ここで、各節の詳細に立ち入る前に、通りの位置を図示しながらその特徴について説明しておこう。

以下に示すのは、歌舞伎町の主要な通りの名前を、大まかな街区のかたちとともに記した地図である（図5-1）。歌舞伎町に該当するエリアについては実線で、それ以外の部分については破線で図示し、ほとんどの細街路は省略している。歌舞伎町が四方を幹線道路と線路によって囲まれた、正方形に近いかたちをしていることについては第2章で既に説明した。北を職安通り、東を明治通り、南を靖国通り、西をJRの各路線ならびに西武新宿駅によって、それぞれ囲まれている。歌舞伎町の内部に目を転じれば、ちょうど中央付近を東西に横切る花道通りと、南北に走る区役所通りが、それぞれ幅の広い、車両の通行量の多い通りである。このことから、花道通りと区役所通りの交差点が、歌舞伎町の中心だと言って差し支えない。この二つの通り以外の歌舞伎町内部の通りは、どちらかといえば車両よりも歩行者の多い、比較的道幅の狭い街路である。

歌舞伎町を全体として見ると、花道通りを挟んで南側が歌舞伎町一丁目、北側が歌舞伎町二丁目に当たる。歌舞伎町一丁目は広場を囲む映画館街を除いて地割が細かく、狭小な土地にペンシルビルが建ち並ぶのに対し、二丁目は比較的一棟当たりの土地面積が大きい（付論参照）。業態の特徴としては、一丁目には映画館のほかに飲食店やカラオケ店などが目立つのに対して、二丁目はラブホテルや接待系風俗店（キャバクラやホストクラブ）が集中している。[2] こうした業態の違い、ならびにターミナル駅であるＪＲ新宿駅との位置関係によって、いくつかの主要な通りが特徴付けられることになる。

本章の第1節で取り上げる民間パトロールにとって、主要な関心事はセントラルロードの客引きである。詳しくは第1節で述べるが、ＪＲ新宿駅からコマ劇場や広場周辺の映画館街に向かう「一般客」の通り道であるセントラルロードで、強引な客引きがそうした「一般客」に恐怖感や不快感を与える事態が、パトロールの最も問題視するものである。セントラルロードの客引きは、他の通りの客引きとは異なる意味づけの対象なのである。

第2節で取り上げる客引きにとって、セントラルロードは格好の活動場所である。セントラルロードは映画館街に向かう多数の「一般客」に対して効果的にアプローチできる場所であり、だからこそ多数の客引きがそこに蝟集する。また、同様の意味で花道通り一帯もまた、客引きが多数活動する場所として知られている。これは、花道通りを挟んで北半分の歌舞伎町二丁目に集中する接待系の風俗営業（キャバクラ等）

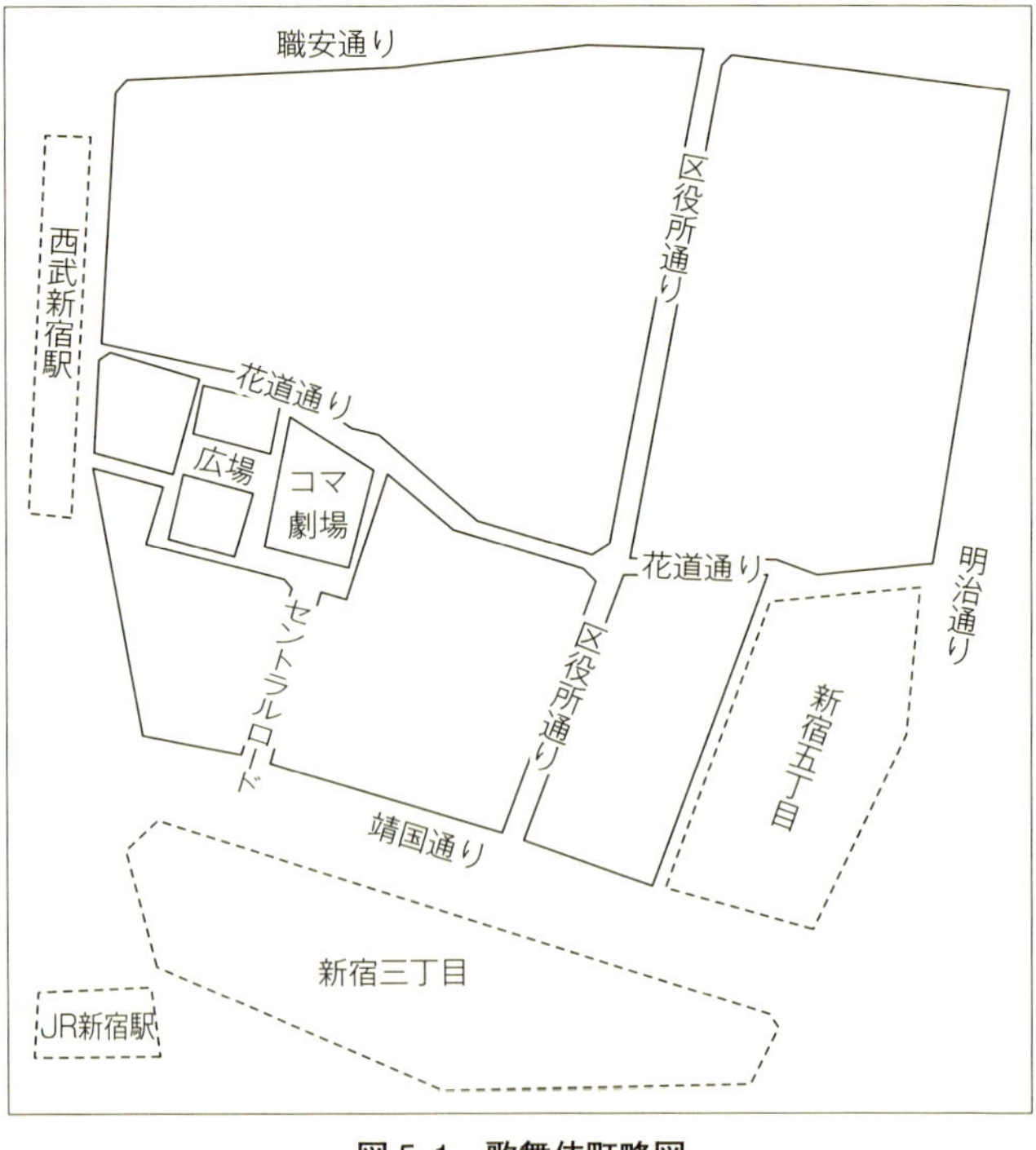

図 5-1　歌舞伎町略図

2　実は店舗型性風俗のほとんどは一丁目に所在しているのだが、そもそも数が少なく、一丁目のなかで散在していることや、他業態に比べてあまり目立たない外観であることから、性風俗が一丁目を特徴付ける要素であるとは必ずしも言えない。

へと足を向ける客を、店にたどり着く前に勧誘するためである。

第3節で取り上げるスカウトにとっては、どちらかといえば通りごとの違いは大きく意味づけられていない。スカウトは、風俗産業で働くよう女性を勧誘するためにストリートで活動しているが、花道通り以北で歩いている女性は既にどこかの店舗で働いていることも多いため、最も多くのスカウトを見かけるのは歌舞伎町一丁目か、新宿三丁目の近辺である。

1　ストリートにかかわる法令とパトロール

本章ではじめに取り上げるのは、歌舞伎町商店街振興組合が実施する街頭パトロールである。振興組合はこれまでにも、一九八〇年の「キャッチバー大学生転落事件」[3]や一九九四年の「快活林事件」など、マスコミを騒がす事件の起きるたびに、組合員による街頭パトロールを実施してきた。しかし、こうした個別の事件に対応して数週間から数ヵ月ていどの期間のみ行われたパトロールとは、本章で取り上げるパトロールはやや趣を異にする。本章で取り上げるパトロールは、二〇〇七年六月に開始され、その後形式やメンバー等について若干の変更を伴いながらも、二〇一六年七月現在まで実に一〇年近く継続されているのである。本節では、この決して単発的な活動とは言えない民間パトロールが、どのようにストリートという空間に関わっているのかを見ていこう。

1-1　開始の経緯

二〇〇七年六月に開始され、二〇一四年に至るまで継続しているパトロールは、歌舞伎町の路上における迷惑行為、とりわけ客引きとスカウトを主なターゲットにしている。筆者はパトロールの実施主体である振興組合の各種会合に参加するなかで、歌舞伎町路上での客引き行為や勧誘行為は目に余る、という認識が組合員のあいだで共有されている様子をたびたび確認してきた。既述の通り、七年のあいだにパトロールの実施形態や参加者には細かな変化があったが、路上からの客引き・スカウト排除を目標として掲げる点は一貫している。二〇〇七年十一月に撮影されたパトロールの様子を見てみよう（図5-2）。写真右下に車止めが見えるように、セントラルロードは基本的に車両の進入できない「歩行者専用」の道路である。セントラルロ

3　ぼったくり店（キャッチバー）で高額の請求をされた大学生が逃げようとしてビルの三階から転落し、死亡した事件。快活林事件同様、当時新聞等で大きく取り上げられた。

ードの入り口からコマ劇場方向に向かって撮影されたこの写真は、ＪＲ新宿駅から歌舞伎町に入ろうとする人びとの目に映る光景を切りとったものだとも言える。そこで目に入ってくるのは、「客引き・勧誘行為は犯罪です」等と書かれた黄色い立て看板と、グリーンのベストを着た振興組合員たちの姿である。[4]

振興組合は歌舞伎町の地域経済活性化を基本的な組織目標としており、客引きやその他の迷惑行為によって客足が遠のくことを懸念している。それと同時に、第3章で論じたように、振興組合は「遵法」の風俗産業を歌舞伎町経済に資する存在として応援する立場を取っており、そうした「応援」の一環として、「違法」な風俗営業店ならびにそれに関連する活動としての「違法」な客引き行為を排除したい、という思惑がある。

セントラルロードがＪＲ新宿駅と歌舞伎町映画館街を結ぶ主要な通りであり、多くの観客がセントラルロードを通って映画館へ向かうことは既に述べた。セントラルロードで問題視された客引きはほとんどがホストクラブの客引きであり、彼らが声をかける通行人は女性ばかりである。後述する「スカウト」が声をかけるのもまた女性であり、セントラルロードで多数の客引きやスカウトが活動している状態は、特に女性にとって恐怖感を与えるものであるとして、振興組合は危惧した。

図 5-2　パトロールの様子

（写真はフリーライターの寺谷公一氏より提供を受けた。）

とはいえ、こうした状況を打開するために振興組合が即座に自主パトロールを企画したわけではない。本節で見るパトロールが開始されたのは二〇〇七年だが、次項で述べるように、客引きやスカウトを取り締まる法令は当時既に存在していた。で

4　二〇一六年現在ではこの立て看板は見られないが、ベストは引き続き着用されているようである。

あれば客引き行為、スカウト行為は明らかに「違法」なのであって、警察が対処すべき問題であると振興組合は見なしたのであった。パトロール開始の前年、二〇〇六年までに、振興組合は特に女性客への迷惑行為であるとして、客引き、スカウトを取り締まるよう警察に要望していたが、警察が取締りを強化する様子は見られなかった。

　振興組合から警察への要望や陳情はそれまでにも絶えず行われ続けており、なかでも一九九四年十二月に振興組合がセントラルロード入り口に「臨時派出所」を寄付したことは象徴的である。一九九四年は既述の通り歌舞伎町の中国料理店「快活林」で起きた殺傷事件がマスコミに取り沙汰された年であり、振興組合は警察に対して警邏の充実を求めるべく約六五〇万円を拠出して派出所を寄付した。寄付の当初は新宿警察署の警察官が常駐するなどして活用されていた臨時派出所であったが、ほどなく全く利用されなくなり、振興組合の組合員たちは大きな失望を味わった。警察による臨時派出所の放置状態が問題視され、振興組合へと「返還」されることになったのは、二〇一一年四月になってからのことである。「返還」後の臨時派出所は「安全安心ステーション」と名前を変え、振興組合がパトロールの際に拠点として活用している。下に掲げるのは二〇一一年十月に筆者が撮影した「安全安心ステーション」の写真である（図5-3）。

　臨時派出所が放置されたことに象徴されるように、警察による取締りや警邏の強化は、振興組合による陳情によっては実現を見なかった。映画館街へ通ずるメインストリートであるセントラルロードでの客引き行為、スカウト行為を問題視した振興組合が、警察による解決を諦めるなかで開始されたのが、組合員自身によるパトロールだったのである。

図5-3　安全安心ステーション

1-2　客引きとスカウトの取締り法令

振興組合がパトロールのなかで具体的にどのような実践を展開したのかについては、参与観察データとともに後述することとし、ここでは客引きとスカウトの規制を可能にする法令にどのようなものがあるかについて、やや立ち入って見てみよう。客引きとスカウトはそれぞれ路上で浮動的に活動する不定型な存在であり、その意味で規制は困難なものとなる。取締り法令にもまた、その困難は反映されている。

客引きの取締り法令

客引きを規制する基本的な法令は風適法[5]である。風適法の第二二条において、「風俗営業を営む者は、次に掲げる行為をしてはならない。一　当該営業に関し客引きをすること。／二　当該営業に関し客引きをするため、道路その他公共の場所で、人の身辺に立ちふさがり、又はつきまとうこと。（後略）」とされ、客引き行為は明確に禁止されている。ところが、どういった行為が「客引き」に当たるかについて、風適法では充分な説明がなされていない。警察官が職務を遂行する上で障害となり得るこの曖昧さを補うのが、警察庁による通達[6]である「風俗営業等の規制及び業務の適正化等に関する法律等の解釈運用基準について」（以下「解釈運用基準」と略）である。解釈運用基準は数年に一度変更されており、近年で確認できたものとしては、二〇〇二年、二〇〇六年、二〇一〇年、二〇一三年に、それぞれ変更がなされている。とりわけ客引きについては二〇〇二年

5　一九八四年の法改正によって初めて「客引き」の語が条文上に表れた（屋久ほか 2006: 33）。その後は一貫して規制の対象であり続けている。

6　通達とは上級の行政機関が下級の行政機関に対して「法令の解釈や行政上の取扱いについて統一的な見解を示したもの」（西野 2002: 5）である。この意味で通達は当該職員の解釈、行動の基準となるが、「対国民との関係で裁判所で基準として用いられることはない。（中略）すなわち、ある通達に示された解釈に従って行政処分がなされ、その適法性が裁判所で問題となったときには、裁判所は独自の立場で法令を解釈・適用して、処分の適法・違法を判断すべきであって、通達に示されたところを考慮する必要はなく、むしろ考慮してはならないのである」（塩野 2005: 94）。通達の行政法学上のこうした位置づけに鑑みれば、以下の本文で言及する客引きの判断基準は、あくまで警察官の目安となるものに過ぎない。客引きとして検挙された私人は、科された罰金等の処分について事後的に裁判所に出訴し、処分の取り消しを求めることができるのである。

から二〇〇六年にかけて大幅な変更があった。

まず二〇〇二年の解釈運用基準では、客引きに関する記述は極めてあっさりとしたものであった。解釈運用基準中に「法」とあるのは風適法のことである。

> 法第二二条第一号中「客引き」とは、相手方を特定して営業所の客となるように勧誘することをいう。（解釈運用基準（二〇〇二年）第一六-八（一））

これが二〇〇六年の解釈運用基準では大幅に記述が拡充され、極めて詳細なものとなっている。

> 法第二二条第一号中「客引き」とは、相手方を特定して営業所の客となるように勧誘することをいう。例えば、通行人に対し、営業所の名称を告げず、単に「お時間ありませんか」、「お触りできます」などと声を掛けながら相手の反応を待っている段階では、いまだ「客引き」には当たらないが、この際に、相手方の前に立ちふさがったり、相手方につきまとうことは、同条第二号の「客引きをするため、道路その他公共の場所で、人の身辺に立ちふさがり、又はつきまとうこと」に当たる。また、いわゆるホストクラブの従業者が、通行人の女性に、個人的な交際の申込みや接客従業者の募集を装って声を掛け、その身辺に立ちふさがったり、つきまとったりしている場合についても、例えば、黒服を着てビラ等を所持しているなど、客観的な状況から「客引きをするため」の行為と認められるときは、同号の行為に当たる。（解釈運用基準（二〇〇六年）第一六-八（一））

実は二〇〇六年の解釈運用基準は、二〇〇五年の風適法改正に伴って通達されたものである。二〇〇五年の風適法改正では、それまで客引きに関して単に「客引きをすること」のみが禁止されていたのに加えて、客引きをするために「立ちふさがり」「つきまとうこと」の禁止が盛り込まれた。この法改正については、「改正案の策定担当者」（屋久ほか 2006: 10）である三名[7]が改正の概要について解説した論文が発表されている。それによれば、客引き関連条項の改定には、背景として以下のような認識があった。

> 最近では、営業者が規制から逃れるため、①「具体的な勧

7　論文に記載された三人の所属は、警察庁生活環境課（屋久と鈴木）、警察庁少年課（長村）である。

誘文言を言わずに卑わいな言葉を投げるなどし、立ちふさがり、相手の反応を見てから客引きに移行する」、②「主に黒服で女性につきまとい、声を掛けながらも、いわゆるナンパやスカウトと言い逃れられるように、その段階では、ホストクラブへの客引きとははっきり分かるような文言は使わない」形態が登場してきていた。（屋久ほか 2006: 34）

ここで「ナンパやスカウト」とあるのは、解釈運用基準（2006）における「個人的な交際の申込みや接客従業者の募集」に対応している。風適法改正案の策定担当者だという屋久らによれば、「平成六年～平成十五年の客引きの検挙人員は、平成十一年（一九八人）を除いて毎年二〇〇人を超え、平成十五年には前年比一〇〇人増の三三六人を検挙するなど、取締りを強化しているにもかかわらず、客引きは後を絶たず、国民からの取締りの要望は強い」（屋久ほか 2006: 35）。そのため、「立ちふさがり」や「つきまとい」も含めて積極的に対応することで「客引きに対する国民の取締り要望に応えていかなければならない」[8]（屋久ほか 2006: 37）。

8　「立ちふさがり」や「つきまとい」に関する条項は、売春防止法において既に売春の客引きに関連して規定されていたものを参照している（屋久ほか 2006: 34）。

ここで解釈運用基準の内容に関して注目されるのは、「いわゆるホストクラブの従業員」というかたちで、ホストクラブという特定の業態が特に例示されている点である。さらに、「通行人の女性に、個人的な交際の申込みや接客従業者の募集を装って声を掛け」と続く文言は、かなり特定化された状況を想定して盛り込まれたものと考えられる。風適法じたいはキャバクラ、ホストクラブから性風俗、パチンコ等まで幅広い対象をもつ法律だが、解釈運用基準のこの箇所は、ホストクラブの、しかも特定の客引きの方法を念頭に置いている点が特異である。

解釈運用基準の文言に表れている状況は、振興組合がセントラルロードの客引きに関して問題視していたそれと、かなりの程度まで重なっている。つまり、〈ホストクラブの従業員が〉、〈女性に対して〉客引きをする、という事例である。そうした客引きを取り締まるに当たっては、これは単に「ナンパ」だとか「スカウト」だとかのかたちで言い逃れをすることがあっても、「客観的な状況から」客引きと判断できれば、風適法で定めるところの「客引き」行為に当たる——つまり取締りの対象となる——と明確に規定しているのである。

さて、以上のように風適法とその解釈運用基準によって客引き行為は明確に取締り対象として規定されている。ところが客引き行為を禁ずる法令にはほかにいわゆる迷惑防止条例がある。

迷惑防止条例は、多様な「迷惑行為」の防止を目的として全国の都道府県条例として制定されている。東京都では「公衆に著しく迷惑をかける暴力的不良行為等の防止に関する条例」（以下「迷防都条例」）という名称であり、客引きに該当する条文は以下のとおりである。

第七条　何人も、公共の場所において、不特定の者に対し、次に掲げる行為をしてはならない。

一　わいせつな見せ物、物品若しくは行為又はこれらを仮装したものの観覧、販売又は提供について、客引きをし、又は人に呼び掛け、若しくはビラその他の文書図画を配布し、若しくは提示して客を誘引すること。

二　売春類似行為をするため、公衆の目に触れるような方法で、客引きをし、又は客待ちをすること。

三　異性による接待（風適法第二条第三項に規定する接待をいう。以下同じ。）をして酒類を伴う飲食をさせる行為又はこれを仮装したものの提供について、客引きをし、又は人に呼び掛け、若しくはビラその他の文書図画を配布し、若しくは提示して客を誘引すること（客の誘引にあつては、当該誘引に係る異性による接待が性的好奇心をそそるために人の通常衣服で隠されている下着又は身体に接触し、又は接触させる卑わいな接待である場合に限る。）。

四　前三号に掲げるもののほか、人の身体又は衣服をとらえ、所持品を取りあげ、進路に立ちふさがり、身辺につきまとう等執ように客引きをすること。

ここで注目すべきは、迷防都条例の第七条は「何人も」と始まるのに対して、風適法は「風俗営業を営む者は、次に掲げる行為をしてはならない」として、風俗営業の営業者に対象を限定している点である。風適法のコンメンタールによれば、「客引き等の主体が従業者である」、「客引き等の主体に対する、営業を営む者からの依頼行為が立証できる」などのばあいには風適法で、それ以外の客引きについて迷惑防止条例によって、それぞれ取り締まることができる（蔭山 2008a: 516-7）。

営業者と独立した客引きを店舗側が利用することを防止する目的の条例としては、他にいわゆるぼったくり防止条例がある。東京都では「性風俗営業等に係る不当な勧誘、料金の取立て等及び性関連禁止営業への場所の提供の規制に関する条例」（以下「ぼったくり都条例」と略）の名称であるこの条例では、第二条の七において、客引きを受けた客を営業所内に立ち入らせてはならない、としている。

スカウトの取締り法令

一方、スカウトを取り締まる基本的な法令は職業安定法である。第三〇条には「有料の職業紹介事業を行おうとする者は、厚生労働大臣の許可を受けなければならない」とあるが、ほとんどのスカウトは無許可で職業紹介を行っている。また、有料職業紹介の許可申請は都道府県の労働局を通じて厚生労働大臣に提出される必要があるが、この際に「取扱職種の範囲等」について届け出る必要があり、労働局の判断によっては性風俗営業への紹介を行う職業紹介事業は許可されない可能性がある。スカウトが性風俗営業への紹介を行わないことは考えづらいので（本章第3節参照）、まずこの点においてスカウトの多くは職業安定法に抵触しながら活動していると考えられる。

また、仮に有料職業紹介の許可を何らかのかたちで得ていたとしても、職業安定法の第六三条第二号には「公衆衛生又は公衆道徳上有害な業務に就かせる目的で、職業紹介、労働者の募集若しくは労働者の供給を行つた者又はこれらに従事したもの」は「一年以上一〇年以下の懲役又は二〇万円以上三〇〇万円以下の罰金に処する」とある。性風俗特殊営業における手淫、口淫等の役務が「公衆衛生又は公衆道徳上有害な業務」と見なされ、そこから「労働者の供給を行つた」スカウトが有罪とされた判決は複数存在しており（中里見 2011）、有料職業紹介許可が風俗産業への紹介に対する免罪符とはならないことが分かる。

ただし以上は紹介先での役務の内容に関する取締り規定であって、路上でのスカウト行為そのものについては規定されていない。その点について、客引きに関する条項を含んでいた都の迷惑防止条例は、客引きに関する箇所の直後にスカウトの「勧誘」行為を禁止している。迷防都条例の該当条文は以下のとおりである。

第七条　何人も、公共の場所において、不特定の者に対し、次に掲げる行為をしてはならない。

（中略）

五　次のいずれかに該当する役務に従事するように勧誘すること。

イ　人の性的好奇心に応じて人に接する役務（性的好奇心をそそるために人の通常衣服で隠されている下着又は身体に接触し、又は接触させる卑わいな役務を含む。以下同じ。）

ロ　専ら異性に対する接待をして酒類を伴う飲食をさせる役務（イに該当するものを除く。）

六　性交若しくは性交類似行為又は自己若しくは他人の性

器等（性器、肛門又は乳首をいう。以下同じ。）を触り、若しくは他人に自己の性器等を触らせる行為に係る人の姿態であつて性欲を興奮させ、又は刺激するものをビデオカメラその他の機器を用いて撮影するための被写体となるように勧誘すること。

上記の第七条第一項第五号のイは性風俗特殊営業、ロは（接待系の）風俗営業、また同第六号はアダルトビデオ出演に該当する。さらに、続く第七条第三項においては客引きならびにスカウトのために「待つ」行為も禁じられている。

加えて、ぼったくり防止条例はスカウト行為によって勧誘された人物を使用することを禁止している。具体的にはぼったくり都条例第二条の七第二項が、迷防都条例で規定されたスカウトによる勧誘を受けた者を風俗産業の役務に従事させることを禁じている。

1-3　パトロールにおける棲み分けと均衡

以上の内容から明らかなように、客引きとスカウトを問題視する振興組合の認識は、実は法令の取締り枠組みと親和的なものであった。それでは、警察の不作為に業を煮やして開始された振興組合のパトロールは、具体的にはどのような活動なのだろうか。

本項の記述は、筆者が二〇〇八年から二〇一四年に至るまで、延べ三〇回程度に渡ってパトロールに参加した参与観察の記録ならびに関係者へのインタビューに基づいている。パトロールの主な参加者は振興組合の組合員だったが、筆者は会合への参加等で既に面識があったこともあり、パトロールへの参加も快く受け入れて頂いた。形態としては組合員と同様、グリーンのベストをつけ、点滅する誘導棒を持つなどして参加した。

既に簡単に言及したように、パトロールの形式は開始以来いくつかの細かな変化を経ているが、一貫しておおむね週三日ていど、夜七時頃の一時間前後にわたって実施されている。参加者はセントラルロード入り口に立つほか、歌舞伎町一丁目を中心として巡回するばあいもある。既述のとおり、振興組合としてはホストの客引きがセントラルロードで活動していることをもっとも問題視しているので、パトロールもセントラルロードを中心としたものになっている。

パトロール参加者は組合員を中心としており、性別は全員男性で、年齢はだいたい六〇歳前後であった。「客引きとスカウトの排除」を目的として開始されたパトロールであったが、実際にパトロール中に組合員が客引きまたはスカウトに指導や警告を行うことはおろか、話しかけることもほとんどない。一般にパトロール参加者に対しては、客引き、スカウトに対する指導や警告を行うことは期待されていない。客引きやスカウトに話しかけることがあるのは、組合員ではないパトロール参加者が個人の資質として行う程度であり、それはパトロール全体から見れば例外的なケースである。そうした個人は客引きと殴り合いの喧嘩になったこともあって、組合員はおおむね客引きらとの相互行為を避けている。二〇一一年から振興組合は警察OBを二名、「セキュリティアドバイザー」として雇用しており、二〇一一年以降は彼らがパトロールの中心となっている。セキュリティアドバイザーの二人は客引き等に口頭で注意することもあるが、依然として組合員の参加者はそういった相互行為に及ぶことはほとんどない。

組合員がパトロールとして行っている活動の実質的な内容は、グリーンのベストを着て街頭に立ち、注意喚起の看板を掲げたり、辺りを監視する様子でぶらぶらしたり、通行人に道を聞かれて答えたりすることである（前掲の図5-2も参照）。客引きの外見はホスト風であったり暴力団員風であったりするため、筆者もまた参与観察中には恐怖感を抱き、ほとんど誰もしていない警告や指導をあえてすることは一度もなかった。

しかし既に述べたように組合員でない参加者が客引きやスカウトに注意することはあり、そうした様子を観察する機会は充分に持つことが出来た。そのなかで、客引きやスカウトの対応には概ね以下の四つのパターンがあることが分かった。

（1）「道路使用許可」を提示し、許可を得ているのだと主張する。

（2）携帯電話を取りだし、（恐らく）自分が所属する店に電話をかける。

（3）注意をされると即座にその場を立ち去る。

（4）注意をされる前に、ベストを着たメンバーがパトロールを開始したと見るやその場を立ち去る。

第一のパターンは、おおむね経験の浅いホストクラブ従業員が取る行動であると考えられる。「研修生」と書かれたバッジを胸につけたホスト風の青年がこのような対応をしていたこともあった（二〇〇八年七月九日のフィールドノート）。彼らがしばしばパトロールに対して提示する「道路使用許可」は警察に申請することで下りる許可証で、ホストクラブは恐らく路上のティッシュ配りと同様の感覚で道路使用許可を得ている。道路交通法第七七条第二項では「申請に係る行為が現に交通の妨害となるおそれがないと認められるとき」等については所轄警察署長は「許可をしなければならない」とされており、風適法や迷惑防止条例とは無関係に申請は許可される。「研修生」バッジの青年は、そもそも風適法によってホストクラブ従業員が客引きできないことを知らなかったのであろう、パトロールメンバーに道路使用許可とは無関係に客引きが禁止されていることを教えられると、おとなしくその場を立ち去っていった。

第二のパターンは、第一のパターンと同程度か多少経験を積んだホストクラブ従業員に見られる行動である。彼らは道路使用許可が客引きを可能にするものではないことを既に知っているか、そもそも道路使用許可を持っていないかのどちらかであろう。いずれにせよ彼らは注意を受けるとそのまま携帯電話を取りだし、恐らく自分が所属する店に電話をかける。しばらく通話をした後は、必ずその場を立ち去る点は共通している。

第三のパターンは第一や第二のパターンに比べて経験あるホストクラブ従業員またはキャバクラ等の客引きに見られる。キャバクラ等の客引きはホストクラブの客引きとは異なり、暴力団員風の見た目の中年男性である。

第四のパターンは第三のパターンと同様の熟練した客引きが取る行動である。あるパトロールの夜、セントラルロードの入り口に筆者がひとりで立つことがあった。そのとき、筆者がひとりでベストを着て立っているだけであったにもかかわらず、筆者を見たホストの客引きたちはその場を立ち去っていった（二〇〇八年九月二日のフィールドノート）。また、このうちのひとりは去り際に筆者に「今日（のパトロール）は何時までの予定ですか？」と話しかけてくるほどにパトロールという存在に慣れていた。その後も、パトロールメンバーが客引きからパトロールの終了時刻を尋ねられる場面は何度か観察されたが、メンバーは笑いながらそれに回答していた。

筆者がパトロールに継続的に参加して観察したところを単純化するとすれば、それは第一のパターンから第二、第三を経て第四のパターンへと多くの客引きの対応が収斂していく過程であったと言える。参与観察を開始した翌年の二〇〇九年には、パトロール開始直前まではセントラルロードに一〇人以上いた客引きが、パトロール開始とともにひとりもいなくなり、終了後の二十時から二十一時ごろには二〇人以上に増えている、という「棲み分け」あるいは「交替」とでも呼ぶべき現象が毎回のように見られた。

こうした状況のなかで、パトロールを終えて帰路に就くメンバーのなかには、客引きと面識を獲得し、「おつかれさま」などと互いに笑いながら挨拶を交わすような関係性を獲得した者が数人いた。つまり、客引きの反応として先に挙げた四つのパターンは、パトロールメンバーとの面識の獲得過程でもあったのだと解釈できる。パトロールは週に三日程度、各日約一時間だけ持続するにすぎないため、客引きはいちいち注意されることや衝突することを選ばずに、パトロールの時間だけはセントラルロードを明け渡すことを選択したのである。

パトロールメンバーたちは客引きらのこうした振る舞いを、取り立てて問題視している様子ではなかった。二〇〇八年一月からパトロールに参加し始めた筆者に対して、二〇〇七年の開始当初から参加しているメンバーは、「最初の頃は喧嘩したりもしたけど、最近はあいつら〔客引き〕もおとなしくなって、おおっぴらにはやらなくなっている」と満足げに語った。「パトロールは客引きを一掃してこそいないが、パトロール中には全くいなくなるし、パトロールの時間帯以外でも以前ほど強引ではなくなった」、といった語りは、メンバーらによってしばしばなされるものであった。

こうした語りを理解するための象徴的な出来事として、二〇〇八年四月一日の改正迷防都条例施行を挙げることができる。筆者はこの施行日の翌日、四月二日に振興組合の会合を見学するため、歌舞伎町一丁目にある振興組合事務局を訪れた。事務局ではパトロールにも参加している組合員が会合前に雑談しており、話題は前日の改正条例の影響についてであった。改正内容には客引きとスカウトの取締り強化に関するものが含まれており、三月三十一日から四月一日に日付が変わるとともに歌舞伎町の路上からは客引き、スカウトらが一斉に姿を消したという。新聞等では条例改正後初の検挙例として、四月一日未明に池袋と新橋で計五名の客引きが逮捕されたと報じられた。四月二日の時点でこの報道に接していた組合員らが事務局で交わしていた感想は、一貫して「逮捕者が出たのが歌舞伎町でなくてよかった」というものであった。

パトロールに参加していた組合員に共有された感想としては、これは一見不可解なものであると言ってよい。パトロールは開始に当たって客引きとスカウトの排除を目標としていたのだから、条例の改正によって客引きまたはスカウトが一名でも多く逮捕されることを望むかと思いきや、実際の感想は正反対のものだったのである。これはパトロールが継続されるなかで醸成された、組合員たちのパトロールへの新たな意味づけのありかを示している。

客引きたちがパトロールメンバーとの面識の獲得過程で、棲み分け行動を選択するに至ったことは既に述べた。この面識の獲得過程では、パトロールメンバーたちもまた、パトロールに対する意味づけを変化させていったものと考えられる。二〇〇八年の四月以降も、振興組合の会合等では依然セントラルロードで女性客に恐怖感を与える存在として、客引きとスカウトが悪魔化demonizeされながら語られていた。そのことと裏表ではあるが、パトロールに実際に携わってみれば分かるように、客引きやスカウトは初老の組合員たちが容易には話しかけづらいような風貌をしている。多くが「不在地主」である振興組合員にとって、それは警察に取締り強化を要望しているだけの段階では恐らく分からなかった実感なのである。街頭に立つ経験のなかで客引きとスカウトの排除が容易でないことを理解したパトロールメンバーは、同時に客引きらと面識を獲得し、挨拶を交わしたりパトロールの終了時刻を教えたりするようなコミュニケーションを開始していく。そこにおいて、パトロールのあいだは客引きがいなくなり、パトロール以外の時間にも強引さが軽減されたという評価は、セントラルロードで女性客に与えられる恐怖感が以前より改善している、という認識に結びついていく。それは、微妙な均衡ではあるかも知れないが、パトロールの目的が部分的に達成されたという認識なのである。

こうした認識のもとでは、もはや客引きやスカウトが逮捕されることが重要なのではない。むしろ、四月二日に事務局で語られたように、歌舞伎町で逮捕者が出れば「やっぱり歌舞伎町は怖いところなんだ」というイメージが改めて流布したであろう。そうした「怖い」イメージの強化を回避できたことこそが、組合員たちに肯定的に受け止められたのであった。つまり、ここではもはや参加者によるパトロールへの意味づけは変容を被っているのである。

パトロールと客引きが、パトロールの活動時間を軸にして棲み分けを行っていることが肯定的に意味づけられていれば、空間的な均衡だけでなく、意味的な均衡もまた両者のあいだで成立していると見ることができる。時間帯によってセントラルロードを相互に占有するような空間的均衡は、ひとつの共存のかたちである。そして客引きとパトロールの双方による当該事態の意味づけが均衡していれば、そうした共存が安定的に持続することを助ける。客引きが「今日のパトロールは何時までですか?」などと言ってパトロールメンバーに話しかけていたことは、客引きの側でも時間帯ごとの「交替」を受け入れ、適応しようとしていることを示している。

パトロールが客引き排除という点に関して成果を上げることが容易でなかったのは、ひとつにはストリートが人びとの出入りに開かれたオープンスペースであったことによるだろう。店舗のような閉鎖空間であれば、そこに継続的に介入することによって、活動の場としては使用困難にすることも可能だ。しかし、ストリートは広く、しかも開かれている。そうした空間を管理することは容易ではない。

一方で、時間ごとの「交替」による「棲み分け」の実現もまた、こうしたストリートの性質によってこそ可能になっている。融通無碍な人びとの出入りが容易になされる比較的広い空間でなければ、「交替」や「棲み分け」を実践しようとしてもそれは滑稽で不自然なものとなってしまうだろう。

2　客引きによる客の供給と「ぼったくり」

本節で取り上げる歓楽街の客引きは、主として風俗産業に客を勧誘することを生業として営む職業である。一般的に「客引き」と言うばあい、飲食店やカラオケ店などのアルバイト店員が路上で客を勧誘する行為（または勧誘する人）をも含める用法が多く、案内先の店舗による区別は一般的ではないかも知れない。ここで本稿の意図を明確化するために、客引きを以下の三つに区別しておこう。

（1）飲食店やカラオケ店の店員による客引き
（2）風俗産業の店員による客引き
（3）店に所属しないフリーの客引き

前節でパトロールが問題視していた客引きはホストクラブに所属するホストによるものであり、ここでは（2）に当たる。（3）のフリーの客引きが案内する先は主に風俗産業で、客の要望次第で飲食店等に案内することもないではないが、それは彼らにとって副次的な活動に当たる。[9]

取締りの観点からは、（2）と（3）がいずれも風適法第二二条に定められた禁止事項の第一号「当該営業〔風俗営業〕に関し客引きをすること」に抵触している。いっぽう、店との関係という点に関しては、（1）と（2）がそれぞれ店に所属し、勤務の一環として客引き行為に従事しているのに対して、（3）のフリーの客引きは特定の店に所属せず、もっぱら客引き行為を生業としているという違いがある。

本稿でフリーの客引きを取り上げるのは、それが（1）や（2）の店に所属した客引き（＝「店付き」の客引き）と異なる独自の主体であることによる。飲食業であれ風俗産業であれ、店付きの客引きが単に自店への呼び込みの役割を担っているに過ぎないのに対し、フリーの客引きはあらかじめ決まった案内先があるわけではなく、客のニーズに応じて案内先を見繕う。

9　近年では居酒屋を主な案内先とするフリーの客引きが各地で組織的に活動しているが、本書の問題関心とは差し当たって重ならないため、このカテゴリーについても割愛する。この点についてはシンテイ警備株式会社から示唆を得た。

店付きの客引きが貢献すべきは自店の売上に限られるが、フリーの客引きは必ずしも店舗に対して従属的な地位に置かれているわけではない。フリーの客引きは、個別の店舗経営からは相対的に独立した位相で活動する主体なのである。

本節の記述は、主として一名の客引きに行ったインタビューならびに街頭での客引き場面の観察に依拠している。インフォーマントの客引きの男性y氏は四〇代の元暴力団員であり、何回目かの収監を終えて出所後、暴力団から脱退し客引きになった人物である。街頭での客引き場面の観察は、花道通りのほぼ同じ位置で毎回一時間程度、筆者が面識のある人びとと雑談をしながら、延べ三〇時間ほど実施した。

客引きは別名「キャッチ」とも呼ばれ、日本の歓楽街では路上で多数の客引きが活動している。歌舞伎町の中央を東西に走るメインストリートである花道通りでは、全長六〇〇メートルほどの路上に、店付きとフリーを合わせて一〇〇〇人ほどの客引きがいるとも言われる（無料案内所[10]に勤めるz氏への聞きとり）。

彼らのもっとも一般的な活動内容は、路上での通行人に対する声かけである。声かけの内容は「キャバクラ二時間飲み放題三〇〇〇円！」とか「おっぱいいかがですか！　五〇〇〇円！」などと元気よく呼びかけるものであったり、客に並行して歩きながら静かに話しかけるスタイルであったりする。

フリーの客引きは通常三人から一〇人程度のグループで活動している。風俗産業に関して言えば、このグループは特定の店

10　接待系風俗営業や、性風俗特殊営業に関する情報を利用者に提供する。情報提供は有償か無償かにかかわらず都道府県条例の規制対象である（東京都では「歓楽的雰囲気を過度に助長する風俗案内の防止に関する条例」として二〇〇六年に制定された）。開設には公安委員会への届出が必要で、案内を行う時間や案内所の立地、また案内所における写真等の掲出位置などについて禁止事項が定められている。

多くの場合、歓楽街のビルの一階部分に入居して営業している。経営母体は風俗情報誌出版社、性風俗店、暴力団など様々であり、広告料に関しても出来高制（客を案内するごとに案内所が報酬を得る）や月極制などがあるという（風俗情報誌出版社のα氏への聞きとり）。

条例によって広告物は外部から見通せない状態にしておく必要があるため、多くのばあい入り口にはのれんがかかっている。客がのれんをくぐるとセンサーによって店内で音が鳴り、従業員が出てきた上で客の要望を聞き、店の情報を提供する。また、店内の壁には広告が掲示されているので、それを見ることもできる。

客と店舗との媒介者としての地位をめぐって、客引き、案内所、風俗情報誌は、それぞれ競合する立場にある。このうち客引きは風適法によって禁止されており、案内所や情報誌は規制の範囲内では「合法」的に活動することができる。

舗に所属しているわけではない。彼らはそれぞれのグループごとに暴力団に対して月に三万円から五万円程度のみかじめ料を支払っており、各々が暴力団から割り当てられた活動範囲である縄張りを持っている（y氏への聞きとり）。また、縄張りと同時に、そこに出してもよい客引きの数が決められることもある。縄張りの外で客引きをすれば他の客引きや暴力団員から注意されたり、暴力や金銭的な制裁が課されたりする。筆者が花道通りでの観察中に面識を得た外国人の客引きは、割り当てられた場所から通りを渡った向こう側で客引きをしてしまい、通りの向こう側を縄張りにする客引きらに囲まれて殴られたと言って傷跡を見せてくれた。

聞き取りによれば、一般的にひとりの客引きが案内先として関係を持つ店舗は三〇〇から四〇〇店にものぼり、その種類はキャバクラやヘルス等から「フィリピンクラブ」、「おっぱいパブ」、「韓国マッサージ」まで、各種の多様な接待系風俗営業と性風俗を含んでいる。こうした多様な紹介先とのネットワークは、主として「知り合いを通して紹介してもらう」（y氏の語り）ほか、後述する「パス」を通じて他の客引きに紹介されることもあるという。

客引きはそれぞれの店舗に客を案内した際に得られる報酬（「バック」と呼ばれる）について、それぞれの店舗とのあいだで取り決めを行っている。この取り決めは大きく分けて定額制と歩合制の二種類がある。定額制における定まった金額と歩合制における歩合率はそれぞれ店舗ごとに決められている。たとえばあるキャバクラは客が支払った料金の四〇％を客引きに支払い（歩合制）、また別のヘルスは客の支払いから一万円を取り、残りを客引きの取り分としている（定額制）。この際、客に提示する支払額は基本的に客引きが決定することができる。定額制であれ歩合制であれ、客の様子によってできるだけ高い金額で店に案内することに成功すればそのぶん客引きの収入は増えることになるし、金額次第で足を運びそうな客に適切な割引料金を提示することができるかどうか、という点も客引きの腕の見せ所となる。

2-1　諸実践とテクニック

客引きには利益を生み出すために用いるいくつかのテクニックがあるが、そのうちのひとつは「パス」と呼ばれる。パスとは客引きが他の客引きや、あるいはさまざまな店舗とのあいだで客を紹介し合い、紹介料を折半する仕組みのことである。つまり彼らはサッカーの試合でボールを「パス」し合うように、歓楽街で客を紹介し合うのである。たとえばある客引きがなじみのキャバクラ甲のフロントから電話を受け、「今うちのお客さんが帰るところなんだけど、どこかもう一軒行きたいらしいから案内してやってくれないか」と頼まれたとする。客引きはキャバクラ甲の客を別の店舗乙に案内し、その案内先の店舗乙から得た紹介料を、キャバクラ甲のフロントと折半するのである。この折半について気前のいい客引きは、さまざまな店舗からより多くのパスを得られるようになるという。

もう居酒屋からも、「この人は信用できるので」ってパスもらいます。それで居酒屋の店長にも半分バックする〔報酬を半分渡す〕。ホストクラブからももらいますし、おなべバーからももらいますし。でもそれを自分はカネずるくしないで、半分バックして。だからけっこうパスも多いです。（y氏の語り）

キャバクラのフロントが別業態の紹介を求められるのは、例えば店前に立って客の呼び込みをする際に通行人から求められる場合や、自店の客が帰る際に客から求められる場合がある。つまりキャバクラのフロントは、ホテルのフロントやコンシェルジュのような役割を求められることがあり、そうした際には信用できる客引きに「パス」する事例が生じる、とy氏は語る。

とりわけy氏は紹介料の折半を、正確に半額ずつに等分するのではなく、相手に多めに渡すことで、パス元の「お得意さん」を作っているという。

パスのなかには、他の客引きから受けるパスや、他の客引きに出すパスもある。詳しい店のジャンルや本人の忙しさの具合などによって、他の客引きとのあいだでパスのやり取りが交わされるのである。ほかの客引きにパスすることによって、その客引きが客を紹介した、それまで知らなかった店舗を紹介してもらえることもあるという。つまりパスは紹介料の折半による既存の紐帯の強化だけでなく、パスをきっかけにほかの客引きから店舗を紹介されるというネットワーク形成の機能を果たすこともあるのである。

客引きが用いるもうひとつのテクニックが「手出し」である。これは客引きが自身のポケットマネーを客に与えることによって信頼を得ようとするテクニックである。もちろんこのポケットマネーも元を辿れば紹介料から出ている。つまり、客引きは自身の取り分をディスカウントし、その金額を直接客に握らせることによって、客は結果的に安い料金で店舗を利用できるようになる。後述するように、歓楽街を訪れる客は、客引きをぼったくりと結びつけてイメージしている。ぼったくりに遭うのではないか、と不信感を抱く客に対して、信頼を得るための手段として現金を握らせるのが「手出し」である。

この「手出し」というテクニックの背景には、客が抱くぼったくりへの懸念のほかに、店が客引きに課す「最低価格」の取り決めがある。既述のように、客に提示する金額は基本的に客引きが決定することができる。客引きがその場の価格交渉で客を懐柔しようとすることは店も熟知しており、その結果として定価よりも安い金額で落着した客が案内されることについては店も納得している。ところがこれが行き過ぎると、客引きが際限なく値下げをする事態が発生する。これは、キャバクラのようにリピート客を当てにする業態にとっては好ましくない。前章で見たように、キャバクラにとっては客が継続的に来店するなかで指名をし、高級酒を注文することが経営的に好ましい。客引きが定価から過度に値下げした金額で案内した客は、次回以降に定価でリピートしてくれる可能性の低い客である蓋然性が高いのである。

そこでとりわけ高級なキャバクラ店などでは防衛策として「最低価格」を客引きに言い渡す。つまり、どんなに安く案内するにしても、この価格以上は安くするな、という基準額を設けるのである。ここに、客引きが「手出し」を行う契機が生まれる。

> お店は六〇〇〇円でしか入れないので、「自分が一〇〇〇円出しますから」って言って〔一〇〇〇円を渡して〕お客さんに入ってもらう。お店は「二落ち」なので〔お店の取り分は二〇〇〇円なので〕、自分のバックは四〇〇〇円〔その四〇〇〇円のなかから一〇〇〇円を前もって客に渡したということ〕。そうやって自分はお客さんをいっぱい持ってる。〔中略〕自分は手出ししても、損して得取れじゃないですけど、常連になってもらおうと思ってる。（y氏の語り）

このように、「手出し」は自らの報酬を目減りさせるのと引き替えに、客の不信感を払拭し、かつ割安感を抱かせることのできるテクニックだとされる。

y氏は、客が大きい金額を使った場合はタクシー代を握らせることもある、と語った。これは、言うまでもなく、客が多額の支払いをすればするほど、その客を案内した客引きの報酬が増えるからである。一方で「手出し」の恩恵にあずかった客は客引きに信頼感を覚えるだけでなく、ときにはその客引きの常連客となる。y氏によれば、歌舞伎町に「遊びに」きた常連客は、お気に入りの客引きを探して街じゅう歩き回ることもあるという。なかには「今日は経費で飲めるからなるたけたくさん使うよ。そしたらyさんももうかるでしょ」と言う常連客もおり、そういう客に対してはy氏は「それでは申し訳ないのでバック〔紹介料〕を〔あなたと私で〕半分ずつにしましょう」と申し出ると語った。

2-2　客にとってのベネフィットとリスク

前節で見たように、風俗産業の客引きは法令によって禁止されている。そうした禁止の存在が、客引きのニーズと価値を高めてもいる。また、客引きは広告の代わりに客を連れてきてくれるし、報酬は完全に出来高制である。これは情報誌やウェブサイトへの広告費が高額であるにもかかわらず「ほとんど広告からは〔客は〕来ない」（キャバクラ店Qの広報担当者a氏への聞きとり）こととは対照的である。

さらに客引きは店舗と密接に連絡を取り合うことによって需給調整の機能を果たしてもいる。例えば、その日の客の入りが悪いと見た店長が、客引きに対して「今日は一〇〇〇円安くてもいいですから、あと女の子の〔飲む〕ドリンク一杯サービスしてもいいですから」と電話をかける場合がある（y氏への聞きとり）。これはまずもって店舗にとって客不足をアドホックに補うことができる便利な手段であるが、それだけではない。客引きにとっても客に対して安い料金や良いサービスを提示できるため、声かけの成功率上昇につながる好ましい申し出であり、さらには客にとっても歌舞伎町にある無数の店舗のなかから割引で利用できる店舗の情報を得られる点で有益である。y氏は客の要望を聞いて店舗を見繕う際に、料金の他にその日の店舗の忙しさなども考慮するという。さらに、店まで案内したあとに客に「ちょっと店内を見てもらって」、客が気に入らなかった場合は二軒、三軒と案内するという念の入りようである。

また、先述した「パス」は、店舗にとっては客の要望に応えて「もう一軒」のお店を客引きに紹介させることで、客からも好感を得られるだけでなく客引きからも紹介料の一部を得られる。そして客は客引きの媒介によって別の店でさらにサービス等を購入するのである。

客にとっての客引きの存在価値は割引だけに求められるわけではない。まずもって客引きは客が行きたい店に行くことを可能にする。歌舞伎町は約六〇〇メートル四方の区画に一〇〇〇軒以上の風俗店が営業し、料金やサービス、女性のタイプなどそれぞれに特色がある。この膨大な集積の中で、客引きは客の嗜好と店のタイプのマッチングを行うことができる。客引きが有する以上のような効果はすべて地域経済に対してポジティブな役割を果たしていると見ることができる。その中には、「安心して利用できる店への案内」という役割も期待され得る。y

氏は、「自分は絶対にぼったくり店には案内しないので、お客さんに信用してもらって、リピートしてもらっている」と語った。

しかし、当然ながらそれが客引きのすべてを説明するわけではない。客引きのほとんどは客にはじめに提示した金額よりもはるかに高額な会計を要求する「ぼったくり」であると言われる[11]（客引きのy氏、無料案内所のz氏の語り）。ぼったくりとは、あらかじめ提示していた金額よりもはるかに高額の支払いを要求したり、提示していたサービスを提供せずに料金を取ったりする詐欺行為のことである[12]。ぼったくりの客引きは「ぼったくり店」と結託して利益を分配している場合も多い。歓楽街におけるぼったくり行為は全国的によく知られており、歓楽街の店舗の評判にとってネガティブな影響を有している。言い換えれば、ぼったくり店と客引きが行うぼったくり行為により、歓楽街全体の信用が棄損されているのである。無料案内所に勤めるz氏は、ぼったくりの客引きについて以下のように語った。

あいつらは客が払った金額の二〇%とかが自分の報酬になるから、客が一万円しか払わないよりは一〇万円払ってくれた方がいいんですよ。あるとき、ある客引きに対して「そんなことしてたらお客さん来なくなっちゃうよ」って冗談めかして言ったんですよ。そしたら「どうせ俺がやらなくても誰かがぼったくる。それなら俺がやった方がいいでしょ」っていう返事でした[13]。

社会学者の開沼博は、客引きグループへの参与観察に基づく研究のなかで、客の騙し方についての語りを報告している（開沼 2011）。それによれば、ぼったくりの客引きグループは客に

11　こうした状況下で客引き業やぼったくりがなぜ利用され続けているのかについては武岡（2016）で論じた。

12　こうした詐欺行為はいわゆる「ぼったくり防止条例」によって各都道府県で特に規制されている。東京都では二〇〇〇年に「性風俗営業等に係る不当な勧誘、料金の取立て等及び性関連禁止営業への場所の提供の規制に関する条例」として制定された。ここでは、接待系風俗営業と性風俗特殊営業の料金に関して、「実際のものよりも著しく低廉であると誤認させるような事項を告げ、又は表示すること」（都条例第四条第一号）ならびに客が支払うべき金銭について「不実のことを告げること」（同第二号）が禁止されている。

13　既に注で言及したように、案内所と客引きは競合関係にある。そのため、無料案内所従業員が客引きについて語る内容は、そうした敵対的な関係のなかでなされたものである点については注意が必要である。

信用されるように努力すると同時に、客の「知ったかぶり」に同調し、おだてることで、高額の料金を支払うように仕向けるという。

こうしたぼったくりが客引きのなかで多数派であることは、客引きのy氏も認める。以下は筆者とy氏のやり取りである。

筆者：実は研究者にも歌舞伎町のキャッチのグループに取材したひとがいる〔開沼（2011）のこと〕のですが、彼の取材したキャッチは「いかに騙すか」というようなことを話していたようです。

y氏：それの自慢でしょ。いくらで入れて儲かったとか。キャッチ自慢。みんな騙した自慢なんですよ。だからオレオレ詐欺が下火になって、やめたようなやつらもいまみんな流れてきたりね。

y氏自身は必ず優良店に割安で案内し、客の信頼を得てリピーターになってもらう方針を採っているため、客引きにおいてぼったくりが主流派であることによって差異化が容易になっていると思う、と語った。ぼったくりがもたらす不安や不信感があってこそ、y氏の提供する安心感や信頼に高い価値が付与されるというのである。

2-3　客引き業への意味づけ

インフォーマントのy氏は、暴力団員時代に何度か逮捕されていた以外に、客引きとしても一度検挙されたことがあると語った。聞きとり時点で三年以上に及ぶ客引きキャリアのうちで、検挙されたのはこの一回のみで、迷防条例違反で三〇万円の罰金を支払った。以下に引用するのはこれに関するy氏の語りである。

一回捕まりました。〔罰金〕三〇万〔を払った〕。もう前科八犯。刑務所三回ですけど。私はもう悪さいっぱいしましたけど、これ〔客引き〕はもう必要悪じゃないですか。俺はまじめにやろうと思ったけど、どこも就職ないんだよ、キャッチやってるんだよと。〔警察から〕「お前やめろよ」と言われたら「やめますよイチから探しますよ」って言いますけど。そんなのどうにもならない。

y氏は暴力団員時代の三回目の服役中に「俺はまじめにやろう」と考え出所後に暴力団を脱退し、「ラーメン屋に一〇軒以上面接に行った」が、四〇歳を過ぎているからか、すべて不採用だったという。もちろん前科については言わなかったにもかかわらず、フォーマル経済への就労の見通しが立たなかったことから、「もう必要悪だ」と思い客引き業を始めた。客に喜んでもらうことをモットーとしながら、聞きとり時点では月に一〇〇万から二〇〇万円ほどを稼いでいた。

こうした高額の収入について、y氏は「ぼったくりをしないこと」や「少しでも安く案内している」ことで客の信頼を得ているためである、と語っていた。「人に喜ばれて〔月に〕二〇〇万三〇〇万〔の収入〕になる」と語るなど、客からの信頼によってこそ、継続的に毎月一〇〇万円以上の収入を得ることが可能になっているという自負が強調して語られた。

y氏が客引きを「必要悪なわけですね。違法ですけど。」と語ったのは、人びとによる「需要」があるところには必ず誰かが「供給」を行うだろう、という認識からであった。そこから生じた、客引き行為への肯定的な意味づけが果たす役割は決して小さくない。そのような意味づけは翻って法的取締りに対する不服従の心理と、高額の収入のなかに自己への肯定感を確認する心理を、それぞれもたらすからである。そうした心理は「ぼったくり」の客引きと自身との差異化とも結びついて、強化されている。いずれにせよ、「どうせ俺がやらなくても誰かがぼったくる」と語ったというぼったくりの客引きとともに、客引きは歓楽街に必然的に付随する存在として客引き自身によって意味づけられているのである。

2-4　客引きが浮き彫りにする歌舞伎町の特性

以上で記述した客引きの活動のなかには、歌舞伎町を訪れた来街者を一軒目の店に案内するだけではなく、店から出てきた客を二軒目、三軒目へと案内する活動が含まれていた。複数の店舗等を渡り歩くことを「はしごする」と言うことがあるが、客引きは歓楽街においてまさにこの「はしご」を促進しているのである。

例えば、キャバクラの客が帰りがけにキャバクラのフロントスタッフに対して、「どこかもう一軒行きたいのだが良い店を知らないか」と尋ねたとき、このフロントスタッフは自らの信頼する客引きにこの客を「パス」することがある。キャバクラQの広報スタッフa氏は「客引きは強い。酔っていて寒かったり暑かったりしたらすぐどこかに入りたい。客引きはその場で値段の交渉も直にできる」と語った。これらはいずれも歓楽街におけるはしごに関わる場面の例である。

客引きによるはしごの促進には、いくつかの背景要因を指摘することができる。もっとも基本的な点は、徒歩圏に店舗が集積していることである。もし店舗がより分散していて、はしごするのにタクシーを使わなければならないようであれば、京都でタクシー運転手が寺社等の案内役を担っているように、路上での客引きの活動はあまり活発にならなかったかも知れない[14]。歌舞伎町においては無数の店舗が徒歩圏に密集しており、客は歩いてはしごすることができる。これによって路上で通行人に声をかけるという客引きの活動スタイルが有効なものとなっている。

さらには、風俗産業の広告は一般に強く制限されており、客引きが情報を媒介することの価値は相対的に高められている。歌舞伎町に風俗産業が集積していることが人びとによく知られていることも、重要だろう。さらに、終夜運転していない公共交通機関で通勤する、というライフスタイルの男性客がまとまった規模で存在している、東京という都市の性格も、「始発を待つサラリーマンに朝までいられる店を紹介する」というニーズを生み出している。また、そうした客が酔って歓楽街の路上を深夜さまよい歩くことは、日本の都市の治安の良さによって可能になっているのであって、諸外国の都市では必ずしも容易ではないだろう。

以上のような背景のもとで客引きが活動することによって客のはしごが促進される。このことは、歌舞伎町に風俗産業が集積していることによる収穫逓増の具体的なメカニズムの一端を担っていると言えるだろう。

3　スカウトが取り結ぶ契約と信頼

歓楽街におけるスカウトは、風俗産業で勤務するよう女性を勧誘する職業である。彼らの活動内容は「ナンパ」によく似ている。つまり、街頭で女性に声をかけるのである。声かけの内容は、「キャバクラとか興味ないですか?」とか、「ちょっとだけお話いいですか。怪しい者じゃないので。仕事探してないですか?」などである。スカウトも客引きと同様に暴力団にみか

14　民俗学者の重信幸彦は、都市におけるタクシー運転手の研究において、円タク運転手が売春の仲立ちをしていたという語りを紹介している（重信 1999: 172）。タクシー運転手のこうした活動は、重信が永井荷風の文章（一九三二年のもの）から類似の事例を引用していることからも、一般的とは言えないまでもそう珍しいものではなかったようである。また、佐世保における自転車タクシーと売買春との関連に関する研究として團（2015）がある。

じめ料を支払っているが、その金額は客引きよりも少ない上に、スカウトの活動場所は指定されていない。つまりどこででもスカウト行為を行うことが可能である[15]。しかし、彼らの活動場所は歓楽街の周辺に集中しており、またひとりひとりのスカウトはそれぞれにおおむね定まった立ち位置が決まっている。

本節の記述は、主にスカウト一名に対するインタビューならびに路上でのスカウト場面の観察に基づいている。インタビューイーのスカウトβ氏は二〇代の男性で、六年間建設補助職に従事した後にスカウト業に転職した人物である。スカウト場面の観察については、歓楽街周辺の路上で断続的に延べ一〇時間程度実施した。その他に、関係者からの聞きとりも適宜引用している。

今回聞きとりを行ったスカウトのβ氏は、新宿駅周辺で働くスカウトの数を一〇〇人から二〇〇人程度ではないかと見積もった。彼らは主としてさまざまな風俗産業の店舗（新宿に所在しているものに限らない）に女性を紹介することによって紹介料を得ている。基本的にスカウトは「会社」とか「スカウト会社」と呼ばれる組織に所属してスカウト活動を行う。こうしたスカウト会社について、東京で活動しているものだけでも二〇から三〇程度は存在するのではないか、とβ氏は語った。これらスカウト会社は事務所も持たず、当然ながら登記もしていない。まれに法人として有料職業紹介の許可を得ているスカウト会社もあるが、きわめて例外的である。そのため、本章の第1節で詳述したように、基本的にはスカウト行為は職業安定法に抵触している。また、迷惑防止条例によってもスカウト行為は念入りに規制の対象とされている。

スカウトは女性を紹介する紹介先の店舗と「契約」を結んでいる。これは書面ではなく口頭で交わされるものだが、実質的に多額の経済交換を拘束するルールとして機能している。「契約」は「買い取り」と呼ばれるものと「永久」と呼ばれるものに大別でき、それぞれ接待系の風俗営業店（キャバクラなど）と、性風俗特殊営業店（ヘルスなど）との区別に対応している。

「買い取り」契約の形式はキャバクラなどの風俗営業店に適用される。紹介した女性が一定期間その店舗で勤続すると、紹介女性一人あたりおおむね一〇万円前後がスカウトに支払われる。つまり、店舗が一〇万円でスカウトから女性を「買い取

15　スカウトのβ氏への聞きとりによる。ただし、要・水島によればスカウトにも縄張りがあり、それを無視して勝手にスカウト行為をすれば「怒られて」しまうという（要・水島 2005: 23）。この点について要・水島は論拠を示していないが、本研究のインタビューイーが一名に限定されていることもあり、判断がつかない。

る」のである。

これに対して「永久」は性風俗特殊営業店に適用され、紹介した女性がその店舗で働き続ける限り、その女性の給与の一五%程度に当たる額がスカウトに支払われ続ける。つまり、スカウトは「永久に」、紹介女性の勤務から利益を得続けられるのである。

3-1 女性とスカウト

スカウトは路上で声をかけた女性に、その場では連絡先を聞くだけのことが多いという。その後、日を改めて喫茶店等で女性の希望業態や勤務時間、報酬等について確かめた上で紹介先を見繕い、入店の面接のために店舗に連れて行く。その際には、店舗の特色などを考慮して面接のアドバイスをする。

聞き取りによれば、こうした声かけの「成功」率は「一〇〇人に声をかけて、連絡先を教えてくれるのは一人か二人」程度である。β氏はこの率を低いと見るかどうかはスカウトによって違うと語った。β氏自身は「効率よくしたい」ので、スーツを着て、丁寧な言葉遣いで話しかけ、自分を真っ当な人間だと見せようとする。その一方で、スカウトによっては「一〇〇人に声をかければいい」という者もおり、β氏からすれば彼らは「真っ当な振る舞い」を心がけてはいない。つまり、いかに連絡先を知ることのできる確率が低くとも、ゼロではないかぎりは、多くの人数に声をかけることで必ず連絡先を聞くことは可能だ、という見方である。

いずれにせよ、一日に声をかけることのできる人数には限りがあるので、連絡先を教えてくれた女性がスカウトにとって貴重な存在であることに変わりはない。そこでスカウトは、その貴重な相手に「いかにおいしい話をふれるか。いい餌を与えられるか、食いつかせるか」を考えるという(β氏の語り)。

喫茶店まで足を運んでくれた相手に「食いつかせる」ために、スカウトは風俗産業での勤務だけではなく、彼女たちの利用する美容院やネイルサロン、不動産屋に至るまで、ありとあらゆるものを紹介すると言う。これらの紹介からもスカウトに紹介料が発生するが、これは言うなれば副産物に過ぎない。スカウトにもっとも利益をもたらすのは風俗産業への女性の紹介であり、美容院などに紹介することは、風俗産業への紹介を可能にするような信頼を女性から獲得するための手段なのである。「買い取り」と「永久」について言えば、「買い取り」に比べて「永久」がはるかにスカウトの利益になることは一目瞭然である。もちろん歩合制なので女性が性風俗店でどの程度の売上を上げるかにもよるのだが、おおむね延べ「最低一〇〇万は」スカウトに利益をもたらすという。しかしキャバクラ等に比べてヘルスやソープは女性にとって抵抗感が大きいため、スカウトと女性とのあいだの「信頼」の構築が重要になる。そのため、様々な紹介を行う他に個人的な悩みの相談などを受けることも多く、女性を「世話してる感じ」になると言う。β氏によれば、一般にスカウトは簡単に高収入を得ていると思われているかも知れないが、実際には容易ではないのでスカウト業を「やってみたらいいんですよ一回」と語った。

こうした女性の信頼獲得は、スカウト行為のリスク管理としても機能している。以下で引用するのは、女性の信頼を損なったスカウトの例としてβ氏が語ったエピソードである。

騙すやつもいるんですよ。γ〔スカウト会社の名前〕が摘発されたのは、路上で声かけててつかまってゲロって〔自白して〕とかじゃないんですよ。女の子に「キャバクラだよ」って言って、セクキャバ[16]に連れて行ったんですよ。だから女の子は「騙された」と。からだに触られるのは嫌だと。だからそれはやっちゃいけないんですよ。絶対に。そのスカウトたちは頭悪くてそういうことやっちゃって。それで女の子が警察に行って。ちゃんとしてないやつはそうなっちゃうんですよ自然と。

このエピソードにおいては、「騙された」と思った女性が警察に訴え出たため、紹介したスカウトの所属するスカウト会社γ全体が摘発されている。このように、スカウト行為は取締りに対して極めて脆弱な側面を持つ。スカウトが連絡を取り合っている女性の誰かひとりがこうした告発を行うだけで、容易に摘発されてしまうのである。もちろん、語りのなかにあるように、路上でのスカウト行為によって現行犯逮捕される場合も多い。こうした取締りをスカウトがどのように意味づけているかについては後述する。

それでは、スカウトが紹介する女性はどの程度の人数になるのだろうか。聞き取りによれば、β氏が一ヵ月で紹介に持ち込む人数は最低でも五人以上だという。しかし本人によればスカウトのなかではこの人数は「少ない方」である。こうして一度紹介した女性は、携帯電話のなかで「ストック」されていき、「他のスカウトに他のお店紹介されたら僕の利益はゼロなので、それをされないために、キープっていうか管理してる」。β氏自身はこのように「管理」している女性の人数は、携帯電話上

16　キャバクラの類似業態であるが、キャストへの身体接触が基本サービスに含まれている点がキャバクラとは異なる。また、性的サービスの提供が行われる店舗もある。

の件数にして「四〇〇」程度、そのうち現在も風俗店に勤務しているのは一〇〇人程度と見積もったが、やはりこれはスカウトのなかでは少ないという。「キープ」あるいは「管理」とは、定期的に連絡を取り、風俗産業への就労のニーズがないか、それ以外でも何か困っていることはないか、などを聞き取ることである。困っていることがあれば助けの手をさしのべることで、風俗店への紹介のきっかけにすることができるからである。そうした定期連絡のなかで女性が「もうやりたくない」と言えば、「はい分かりました」と言って連絡先を消去するという。そのほかに、番号が変わって電話がつながらなくなっている場合も往々にしてあると言い、その場合も連絡先は消去される。つまり、携帯電話上の四〇〇件は、風俗店への紹介のための連絡を取れる正味の人数ということになる。この人数はあまりに多いため、どの店舗を紹介したか等についてメモを添えて記録しておくのがスカウトの基本的な行動パターンだという。

3-2 店舗とスカウト

スカウトが店舗とのあいだに口頭での「契約」を結んでいることについては既に触れた。ここではこれについてさらに詳しく説明しよう。

インフォーマントのβ氏によれば、「契約」が新たに結ばれるきっかけは、スカウトから店舗に持ちかける場合もあれば、店舗からスカウトに連絡が来る場合もある。さらに、スカウト同士のネットワークのなかで、「スカウトからスカウトへ、どこそこのお店、スカウト契約したいって言ってるんですけど、どうですか」などというかたちで情報が流通する場合もある。

基本的には店舗は多くの――可能ならすべての――スカウト会社と「契約」を結びたいと考えているとβ氏は語った。というのも、店舗にとってはそれがキャストの引き抜き防止策になるからだという。スカウトには、「契約」関係にある店舗からキャストの引き抜きをしてはならない、という暗黙のルールが存在する。ただでさえ離職率の高い業界において引き抜きが横行すれば、店舗の経営は不安定なものとならざるを得ない。この暗黙のルールから逸脱してしまったスカウトには高額の「罰金」が課せられる。罰金支払いの強制力は当然フォーマルな権力には求められないが、業界内で情報が行き渡ることによって、支払いをするか、「東京で仕事ができなくなるか」（β氏の語り）の選択に追い込まれることになり、一定の拘束力を持つとされる。こうしたルールがあるため、「スカウト会社はこのお店からは女の子引き抜きたいな、かわいい子たくさんいるからあっちのお店に紹介したいなっていう場合は〔その店とは〕契約しない」（β氏の語り）。

この「契約」には、既に述べた「買い取り」と「永久」という単純な出来高払い制のほかに、「顧問契約」と呼ばれる別の系統のものも存在する[17]。顧問契約とは、店舗がスカウト会社に定額の支払いをすることによって、スカウト会社から優先的に女性の紹介を受けられるようにする、というものである。その場合、優先的な紹介の目安として、たとえば「一〇万円の顧問契約料で、月に三人の紹介」などの取り決めが成される。ただしこの三人の紹介は必ずしも毎月履行されなくともスカウト会社にペナルティは発生しない[18]。

ここでは、店舗はスカウト会社に対して極めて弱い立場に置かれている。例えば月に一〇万円を顧問契約料として支払ったとしても、スカウト会社側には紹介の義務はないと考えられているからである。ここには後に改めて見るような、スカウトにとっての「信用」の微妙な性質が関わっている。

同時に、スカウトは店舗の信頼を得ることにも注意を払う。例えばβ氏は、女性の挨拶の仕方や基本的な礼儀作法について口うるさく注意するという。それは個人的な「ポリシー」であるだけでなく、紹介先の店舗に対する配慮があるからでもある、と語った。後述するように、スカウトはときに女性の報酬について店舗と交渉する場合もあり、店舗とのあいだの「信頼」の関係を非常に重視しているのである。

上述の通り、スカウトの報酬構造は仕事に応じて高額の収入を可能にし、年収はしばしば三〇〇〇万円から五〇〇〇万円ほ

17　アダルトビデオ出演への紹介はこれとはまた別の報酬体系になっている。β氏によれば、「アダルトビデオが一番おいしいみたいにみんな思ってると思うんですけど、女の子がすごい売れっ子にでもならない限りは、スカウトに入ってくるのは五万とか一〇万が、しかも一回だけなので、それだったらフーゾク〔性風俗〕でコンスタントに稼いでもらった方が儲かる」という。

18　支払いのタイミングは、「買い取り」は紹介女性が規定日数を勤続した時点、「永久」と「顧問契約」は店舗毎に決められた毎月の締日である。集金はスカウト会社の幹部が直接店舗に出向いて行い、すべて現金で支払われる。税務署への対策として、口座への送金等は行われないという。こうして集金された紹介料は、スカウト会社から一人ひとりのスカウトに分配される。この際、スカウトの出来高のうち会社が天引する割合が決まっており、新人等であれば半分ほどが会社の取り分とされることもあるという。会社の天引率はスカウトが成績を上げるごとに減っていき、幹部になれば会社からの天引はなくなる。顧問契約料については会社と店舗との「顧問契約」と見なされ、全額が会社の取り分となる。

どにもなる。このような高額の収入は性産業のなかでスカウトがいかに重要な役割を果たしているかを一面から物語っている。例えば前章で取り上げたように、デリヘルvの店長w氏は、従業員女性の六〇%ほどがスカウトの紹介による就業であると語った。風俗店の経営者は常に求人誌やウェブサイトに求人広告を出しているが、「広告を見て来た女の子がかわいいとは限らない」と言う。女性の「魅力」は風俗産業にとって根本的な構成要素であり、スカウトは選択的に街頭で声かけを行うことによって優れた人材の安定供給を可能にしていると言える。これは風俗産業における離職率の高さという観点からも重要である。つまり、店舗は常に新しい女性従業員を必要としているのである。

女性の「魅力」に関して、もちろん、スカウトでも常に優れた容姿の人材を確保できるとは限らない。しかしスカウトは店舗の人事機能を部分的に引き受けており、この点に関しても店舗にはスカウトを利用する利点がある。例えばキャバクラにおける女性の勤務に関して、時給や出勤日数、ノルマなどの条件についての折衝を店舗が行うのではなく、スカウトが事前に合意点を見つけた上で店舗に紹介するのである。風俗産業の労務管理は標準化の程度が低く、一人ひとりの従業員に対して個別の対応が必要とされる。また、店舗の人事担当者は現場監督をするマネージャーや店長と職掌が未分化であることも多く、女性の容姿やこれまでの業績を勘案して時給を折衝することは、その後の勤務における摩擦の原因ともなる。スカウトのインフォーマントによれば、労働条件の調整について「かわいい子は簡単」であるが、「かわいくない子が時給一万円ほしい」と要求してきた場合に、その時給では雇用できない理由を丁寧に説明するのがスカウトの重要な仕事だと言う。スカウトはこうした点において店舗の人事業務を部分的に担っており、「お店からしたらスカウトは従業員みたいなもんですから、楽ですよね」とβ氏は語った。そのため、インターネット上の求人等とはまったく競合しないと言う。これは、スカウトが連れてくる女性を採用することがインターネットの求人に比べて非常に多い、という前章のデリヘル関係者の語りを裏書きしている。

3-3 「契約」と「信用」

スカウトは、店舗だけでなくキャスト女性にとってもポジティブな役割を果たしている側面がある。例えば「あのお店は、女の子が駄目になるから連れて行かない方がいいよ」という情報があれば、そういった店をスクリーニングする、とβ氏は語った。こうした店舗のさまざまな内情については、スカウト同士で交換した情報のほか、連絡を取っている女性が実際に勤務した上での体験談などが含まれている。女性が風俗産業内で長く安定して勤続するほどスカウトは利益を得られるので、「女の子が駄目になる」ような店を紹介しないという選択は極めて合理的である。ひとりのスカウトが紹介先として把握している店舗は、一般に二〇〜三〇軒程度だという。

同様に、スカウトは女性の収入が最大化するように店舗間の移籍、移動を手助けする。前章で見たように、性風俗店には「新人のキャストはひと通り指名する」という客が一定数おり、店舗で働きはじめた当初はこれらの客によって一定の売上を上げることができる。しかし、相当な「売れっ子」でない限りは概ね一年前後で売上が落ちる時期が来るため、店を移籍することで収入を再び上昇させるインセンティブが生じる。このことから、スカウトは個別の女性の事情に応じて移籍を助けることで、収入の落ち込みを回避させることができる。しかも、β氏によれば性風俗店の数は把握しきれないほど多いため、こうした移籍はほとんど際限なく行うことが可能だという。「永久」タイプの契約においては女性給の歩合でスカウトの収入が決定されることから、女性の収入を最大化させる戦略もまたスカウトにとって合理的である。

また、女性がどのような条件で働くかがスカウトの報酬に影響を及ぼさない、「買い取り」タイプのキャバクラなどへの紹介に際しても、女性のこれまで在籍していた店での成績や容姿などを根拠に、その女性の時給を上げるようにスカウトがキャバクラに交渉することもあるという。これはスカウトと紹介先のキャバクラのあいだにかなり強い信頼関係がある場合に限られるようだが、直接には自身の利益にならないような交渉をスカウトが(必ずしも女性に頼まれてもいないのに)自発的に引き受けるのは、彼らが女性との信頼関係をいかに重視しているかを物語っている。

たとえば、業界の相場で言えば一万円の時給をもらってもいいかわいい子が、「わたし全然分からないから時給五〇〇〇円でいいです」と言って直接お店に面接に行くと、お店側からしたら「ラッキー、じゃあ五〇〇〇円で働いてね」ってなるんですよ。そこにスカウトが入ることによって、「君は一万円は出るよ。だから一万円って言いなよ」ってアドバイスできる。お店からしても元々一万円の子なんだから一万円でいいわけですよ。安い時給にして他のお店に行かれちゃうよりは、一万円出しておいた方がいいんじゃないですかと。もちろん逆の場合もありますけど。「君は五〇〇〇円って言うけど、とりあえず三〇〇〇円だよ」とか。〔中略〕ここはもう信用がなければ、「いやお前、前もそう言って連れてきたけど仕事もできない女だったじゃん」みたいにお店に言われちゃったりする。だから信頼関係は大事だっていう。（β氏の語り）

β氏によれば、女性からもっとも強く感謝されることが多いのは、収入が上がったときだという。つまり、女性の収入を最大化することは、女性の信頼感を高める効果的な方法でもあるのだ。言うまでもなく、女性の満足感が高まり、信頼の度を強めることは、スカウトがより利益を得られるような、性風俗への紹介の可能性に直結している。

以上をまとめれば、スカウトの仲立ちによって、キャスト女性は風俗産業内部においてより安全により高額の収入を得ることができるということになる[19]。

しかしここには、風俗産業の基幹労働力であるキャストに対してスカウトが有する両義性が潜在している。既に述べた通り、スカウトにとっての合理的選択は女性をより長い期間働かせ続けることであると考えられる。つまり、女性の風俗産業からの退出はスカウトにとって明らかに好ましくない。しかし、言うまでもなく風俗産業における労働には雇用の安定性が存在せず、女性従業員は長期的には経済的に不安定な状態に置かれている。このような状態から抜け出すための主要な方法はフォーマル経済での就労であろうが、スカウトがこれを積極的に援助することはない。女性が風俗産業での労働という一種の不安定就労に留まることを補助しているという意味で、スカウトは女性従業員の長期的な経済安定性に対してネガティブな効果を有しているのである。

また、前章で見たように、風俗産業での就労は不安定であるにもかかわらず、そこで稼得された賃金はいわゆる「あぶく銭」のように見なされて浪費されやすい（デリヘルv店長w氏の語り）。ここには、性産業に就労している女性とスカウトとのあいだに一種の共犯関係が成立していると見ることができる。つまり、女性の「あぶく銭」に対する需要をスカウトが満たしている、という構図である。この構図のもとでは、女性が一度

19　スカウトによってより高い時給の店舗に移籍したキャバクラキャストのエピソードは藤井（2008: 152）でも紹介されている。前章の注でも言及した藤井（2008）は、スカウトに関しても取材に基づいた詳細で具体的な内容が豊富に含まれている。特にアダルトビデオへの紹介の詳細や、スカウトが女性を「査定」する際の基準など、本研究とは直接関連しないため言及しなかった事項についても詳しい（藤井 2008: 151–81）。

は風俗産業から退出することができても、再び風俗産業に「出戻り」をすることがほぼ不可避となるだろう。前章で取り上げたデリヘル店vのw氏は、「うちの女の子で一回ですぱっと辞められるひとはほとんどいない。大抵は戻ってくる」と語った。また、スカウトのβ氏も、「彼女たちは驚くほど貯金しない。一日に一万円稼いだら一万円、五万円稼いだら五万円使ってしまう」と語っている。

以上を要約すれば、スカウトが風俗産業の基幹労働力である女性キャストに対して有する機能とは以下のように理解することができる。ポジティブな面としては、女性と店舗の適切なマッチングを店舗に代わって行うことによって潤滑化し、しかも女性がより安全により高額の収入を得られるような役割を果たす。しかし同時にネガティブな面として、女性にとって長期的な安定性を欠く風俗産業での就労に、女性が留まることを補助してもいる。

風俗産業で就労した後のキャリアパスが不明確で不確実であることは、女性の風俗産業への就労意欲を抑制する波及効果もあるだろう。つまり、短期的には稼げるかも知れないが持続可能性のない就労だと見なされる限りは、風俗産業が望ましい就労先であると判断される蓋然性は低い。風俗産業への就労が女性にとって望ましくないものである限り、歌舞伎町の地域経済にとって重要な労働力の供給は、不十分な水準に留まるだろう。

スカウトが女性に対してだけでなく店舗に対しても「信頼」あるいは「信用」を重視していることについては既に述べてきたとおりである。店舗との「契約」は、書面で交わされることはなく、すべて口頭でなされる。この点について詳しく聞きとりを行ったところ、契約に関する違約はいつでも起こりうるが、それに対する罰則や制裁、強制力等については特に明確な取り決めがないことが確認された。たとえば、年末の繁忙期には「買い取り」の紹介料が通常の一〇万円から一五万円に引き上げられることがあるという。ここで、女性を紹介してみたところ支払いが一〇万円だったとしたら、「一五万円のはずだった」ことを証明するものは何も残っていない。「そこはやっぱり、信用問題なんですよね」とβ氏は語る。

しかし、必ずしも「信用」の問題に還元できない要素もここには見出される。β氏によれば、店舗側が約束の不履行によってスカウトに不利益を被らせることはあまり考えられないという。なぜなら、店舗は常にスカウトによるキャストの引き抜きを警戒しなければならず、その意味で店舗にとってスカウトは「怖い」存在である。この点において、スカウトがキャストを引き抜く可能性が、店舗による違約の抑止力となっている。

ではスカウトが違約する場合はどうだろうか。これに関してはβ氏が語った二つのエピソードを紹介しよう。

第一のエピソードは以下のようなものである。あるスカウトが、「契約」している店舗からほかの店舗へとキャストを引き抜こうとしたことが露見した。これは「契約」の基本である引き抜きの禁止に違反している。β氏によれば、こうしたケースが発生すればすぐさま多くのスカウトや店舗のあいだで伝達されてしまう。こうした違反行為に対しては、引き抜きを目論んだスカウトの所属するスカウト会社が、「契約」相手の店舗に対して無償で五人の女性を紹介するとか、一〇〇万円支払わされたりするとかの形で制裁が科されることが考えられる、とβ氏は語った。さらに、こうした「契約」先からの引き抜きは非常に珍しいことであるが、同時に、露見する可能性もあまりないだろう、とも言う。露見することはほとんど考えられないが、「人としてどうかと思う」ため自分はやらない、とβ氏は語った。

第二のエピソードは、「契約」関係にはない店舗での引き抜きを目論んだスカウトのケースである。このスカウトは、キャバクラに客として入店し、そこで席についた（接待の担当となった）キャスト女性に対し「「他のお店行けば？」みたいなことを言った」（β氏の語り）。このキャバクラでは他の多くのキャバクラ同様、「店内でのスカウト行為厳禁」とされていたため、勧誘されたキャスト女性はすぐさま男性スタッフに「あのお客さんスカウトだよ」と教えたという。スカウトは男性スタッフにその場に留め置かれて譴責されたが、自分がスカウトであることを認めなかった。またその場に留め置かれたことについて「監禁だ」と言って、そのキャバクラ店に警察を呼んだが、警察は何もせずに帰って行ったという。結局そのスカウトは翌日一〇〇万円を持参してキャバクラに謝罪し、このケースは決着した。

β氏が語った以上の二つのケースでは、いずれも違約に対して金銭の支払い等の罰則が科される見通しであるか、あるいは実際にそうした支払いが履行されている。また、特に二つ目のケースでは通報がなされたものの警察による強制力が発動していないことが確認される。そもそもスカウトが有償で職業紹介を行っていることは既に述べたように職業安定法違反であり、スカウトが関係する取引はすべてインフォーマル経済に属している。それでは、暴力団等のインフォーマルな強制力が背後にあったため、スカウトは支払いを履行したのだろうか？　歌舞伎町では多くのキャバクラが「ケツ持ち」と呼ばれる暴力団との関係を有しており、「ケツ持ち」は「何かあったときのために」店舗からみかじめ料を徴収している。しかし、β氏によれば「ちょっとキャバクラの店内でスカウトやったからと言っていちいちケツ持ちは出てこない。そこはやっぱ信用ですね」と語る。ここで、「信用」の背景にある強制力を探る議論は一周して元に戻る。

　インフォーマントの直接的な語りには表れなかったが、スカウトがキャバクラ等に対して謝罪のために一〇〇万円という多額の金銭を支払うことは、二つの予期に基づいていると考えられる。一つは、「契約」店舗と今後も人材紹介の取引を継続するためには支払う必要がある。いま一つは、支払いをしないことで他の店舗にも引き抜きの噂が広まるとスカウト業が成立しなくなる。スカウトは店舗に対して強い立場に立っているだけではない。店舗が紹介料を支払わなければ、スカウト業は利益を生まなくなるのである。

　以上で詳しく見てきたのは、スカウトが関わる「契約」と「信用」についてであった。インフォーマント自身は、口頭で交わされる「契約」の多くの側面が「信用」によって成立していると考えている。多くの研究が蓄積されている「信頼」に関する議論に深く立ち入る用意はないが、ここでは当事者は「信用」あるいは「信頼」の語を、〈書面での契約やそれに基づく拘束力、外部の強制力などに基づかずに他者の行動を予期する根拠となる、情緒的かつ倫理的な感情や紐帯〉という程度の意味で用いていると考えられる。そして、店舗にせよスカウトにせよ基本的には違約をしないだろうという予期は、店舗とスカウトがそれぞれに互いを必要としながら経済交換を持続的に行っており、将来にわたって行い続けようとする意志によって下支えされている。[20]

3-4　スカウト業に対する意味づけ

β氏は東北地方から一七歳で上京し、六年間、建設補助職に

20　こうした「信頼」の機能は、スカウト会社という組織の内部にも働いていると考えてよいだろう。既述の通り、スカウト会社は「会社」と呼ばれこそするものの、登記もされておらず事務所も持たない。そうした不定型な組織のもとで、一人ひとりのスカウトは日々街頭で女性に声をかけるスカウト業務に励むのである。スカウトの報酬は、スカウト会社が店舗から集金したのちに分配される。ここにおいても、スカウト会社の仕組みに、基本的には強制力が介在していない。
　このように見てくると、スカウトがスカウト会社に所属することのメリットはそこまで明確ではない。β氏によれば、スカウト業に携わるためには「ケツ持ち」の暴力団にみかじめ料を支払う必要があり、直接暴力団と関わりたくないスカウトはスカウト会社に所属するしかないと言う。また、店舗一軒一軒をまわって集金することは、個人でやるよりもスカウト会社としてやった方が効率がよいかも知れない。

就いていたが、あるとき知人にスカウト業を勧められ、最初は兼業していたもののスカウト業がとんとん拍子にうまくいったために建設補助職を辞めたという。現在では月に二〇〇万から三〇〇万円以上の収入があり、「何ておいしい仕事なんだ」と思っているが、ゆくゆくはフォーマル経済のなかで起業したいと考えている。スカウトの知人のなかにはフォーマル経済での起業に成功した事例があると言い、β氏にとってのロールモデルとして機能している様子がうかがわれる。

　β氏は、スカウト業を始めてから二〇一三年のインタビュー時点で六年目であったが、その間に検挙されたことは一度もない。周囲のスカウトが大抵一度は検挙されているので、自分もいつ検挙されてもおかしくないとは考えているが、他のスカウトたちも検挙されても「全然普通にしてますよ。みんな〔スカウトに〕戻ってやってる」と語る。

　β氏の「自分は他のスカウトとは違い、社会にとって有益なことをしている」という意識は、前節のインフォーマントであった客引きのγ氏と共通している。これは言うまでもなく、このような意識があるからこそインタビューに応じてくれたというセレクション・バイアスと考えるのが妥当であろう。彼らは、「他の客引きはほとんどがぼったくりですが、仕方ないですね」とか、「女の子を騙したりするような変なスカウトはどんどん捕まえてください」と語る。

〔スカウト業で莫大な年収を得ているとテレビで語っていた人物に触れて〕

　そういうこと〔その人物を検挙すること〕しないくせに、その辺でこそこそやってるやつ〔スカウト〕を捕まえて、暇なんでしょうねお巡りさんも。あいつら〔警察〕こそスキマ産業ですよね。（β氏の語り）

β氏は「女の子は絶対に騙さない」、「嘘は言わない」などのポリシーとともに、「どんな仕事でも信用が大事だ」と自負を語った。スカウト業はたしかに「税金も払ってない」、「底辺の仕事」だとは思っているが、「やくざ」にはなっていないのだと言う。

　どうせ紹介するんだったら、ありがとうって言われた方がやっぱいいいし。まあ俺にも感謝されたいしお店にも感謝されたいし女の子にも、もう全員が、笑顔で。でも俺もう昔から騙すとかそういうのは一切しないですから。ポリシーって言うか、そこはやっちゃいけないなって。（β氏の語り）

こうした意識とフォーマル経済での起業というアスピレーションは密接に結びついている。β氏によれば、スカウトは従業員の調達を自前でまかなえることから、風俗産業の店舗経営に参入しようとすることが多い。しかし彼自身は、店舗経営に参入したところで「税金がどうだとか、どうせやっちゃいけないことやらないといけない」のは目に見えているので、将来的には「堂々と」できる仕事をしたいと考えている。

4 イメージのメディア、需要の仲介

本章では振興組合による民間パトロール、客引き、スカウトについて、それぞれの活動内容と、各主体による活動への意味づけを分析してきた。

パトロールに関しては継続的な参与観察を実施できたため、参加者によるパトロール活動への意味づけの変化を分析することができた。改めて確認すれば、パトロールは客引きの排除を目的としたものから、歌舞伎町のイメージ改善を目的としたものへと変化していたのである。後者の目的は、実態としてのパトロールが必ずしも客引きやスカウトに注意や指導をするわけではなく、むしろ来街者に道を尋ねられることの方がはるかに多い、という状態と親和的である。グリーンのベストを着た初老の男性たちが、歓楽街の路上に立って「パトロール」をしていることは、歓楽街がそうした「善良」な人びとに見放されているわけではないのだということを来街者に示すことに貢献し、一定のイメージ形成につながっているだろう。

パトロールへの参与観察中の筆者も、一時間のあいだに五人以上に道を尋ねられることがしばしばあった。これは明らかに、グリーンのベストを着て公的な存在であることをアピールしているがゆえに「道を尋ねやすい」相手として認識されていたことを示している。歌舞伎町においてこうした「道を尋ねやすい」相手となることは、パトロールのひとつの機能である。パトロールに参加していた振興組合の組合員は歌舞伎町の古くからの地権者であり、詳しい知識を持つ歌舞伎町の地理に関して質問されれば快く応じていた。こうした道案内に比して客引きやスカウトといった相手に自ら声をかけることは難しい。歌舞伎町のイメージが守られればそれでよい、という態度への変化は、迷惑行為を注意し指導するタイプの行動が取れないことに対する合理化としても捉えられるかも知れない。

こうした意味づけの変化を、ストリート空間に対する認識枠組みの変化として解釈すると、以下のように言えるだろう。当初、客引きやスカウトの排除を目的としていた時点では、スト

リートは単なる通路、つまり人びとが目的地に向かうために通過するインフラとして見なされていた。そのため、ストリートが果たすインフラの役割を機能不全に陥らせる存在として、客引きやスカウトは問題視されていた。ところがパトロールの実施過程で歌舞伎町のイメージ改善が目的とされるようになると、ストリートはそれ自体がイメージを呈示する意味的なメディアとして認識されるようになる。そうした認識枠組みにおいて、客引きやスカウトはあまり強引な活動をしなければ差し当たって問題性は低いと見なされた。仮にパトロールが目の前にいるのをないがしろにして、傍若無人な客引きや勧誘が続けられていたとすれば、そうした状態が発するメッセージは重大なものとして受け止められたであろう。しかし実際にはパトロールと客引き、スカウトは巧妙に棲み分けを実現していた。それが望ましいものであるかは差し当たって措くとしても、そうしたストリートの状態には一定の秩序があると言ってよい。そうした秩序だった状態を、ストリートがそれ自体メディアとして呈示したことが、パトロールの達成であった。「今日は何時までですか?」とパトロールメンバーと言葉を交わしながら棲み分け的に通りに出入りしていた客引きらも、そうした達成に協調的に参与していたと言える。

それと同時に、当然のことながら、客引きやスカウトがストリートという空間を認識する枠組みは、決してパトロールのそれと一致していたわけではなかった。本章の第2節と第3節で取り上げたインフォーマントは、自身を他の客引き、スカウトとは異なる「ちゃんとした」客引き、スカウトであると意味づけていた。それはいずれもストリートの「需要」を、彼らが望ましいと思うやり方で満たしているという認識によって裏打ちされていた。「需要があって供給する人がいてってなったら、〔供給する人は〕いなきゃいけないじゃないですか、それはそれで」というスカウトのβ氏の語りは、そうした認識をよく示している。

彼らにとって歓楽街のストリートは、需要を仲介するための空間として認識されている。客引きとスカウトとでは、満たそうとする「需要」は異なるものの、ストリートを「需要」が露出し、横溢する空間として見なす点において共通している。彼らはストリートに常に流れ込む「需要」に対して、媒体として、あるいは触媒として、マッチングサービスを提供する存在である。前章で詳しく見たように、たしかに歌舞伎町の風俗産業は多額の売上を上げており、キャストらはいずれも高額の報酬を求めて就業していた。そこには接待サービスまたは性的サービスに対する客の「需要」と、高収入に対する女性の「需要」があったと言うことは可能である。

しかし「ちゃんとした」客引き、スカウトとして自らを差別化する彼ら自身の意味づけとは裏腹に、「需要」の空間としてストリートを認識する枠組みは、実は彼らが差別化しようとしている対象のそれと通底している。「俺がやらなくても誰かがやるでしょ」と語ったぼったくりの客引きや、「一〇〇人に声をかければいい」と語った「真っ当でない」スカウトなどは、やはりストリートを「需要」というチャンスに巡り会うために開かれた空間だと見なしている。客引きやスカウトにとって、ストリートはあたかも天然資源のコモンズのようなものであり、誰が領有するappropriateにせよ、「需要」という資源はいつでも歓楽街に引き寄せられて必ずそこに存在しているものなのである。

もちろん、第2節と第3節のインフォーマントは、決して「需要」を使い切りの天然資源のようなものとしては見なしていなかった。彼らは「信用」や「信頼」といった言葉をたびたび口にしており、「需要」は信用次第で何度でも同一人物のうちに再生産され、再利用できるものだと考えていた。その意味では、来街者を使い捨ての資源と捉えることの機会費用は大きい。

以上のように見てきたとき、歓楽街のパトロールと客引き、スカウトのあいだには、極めて微妙な関係があると言える。客引きとスカウトは、いずれも歓楽街に集積する風俗産業の生み出す「需要」に関連して報酬を得る存在であった。客引きは風俗産業と客の「需要」、スカウトは風俗産業と女性従業員の「需要」を、それぞれ何らかのかたちで満たす。彼らが風俗産業を必要としていると同時に、営業を活性化する存在としての彼らは風俗産業に必要とされてもいる。風俗産業がなければ彼らの仕事もまた存在できないが、客引きとスカウトが一切行われなければ、風俗産業は客とキャストの調達について日減りを覚悟しなければならない。

ところが、パトロールは客引きやスカウトの活動があまりに活発であることによって街のイメージが悪化し、来街者が減少して地域経済全体が衰退することを懸念している。客引きやスカウトのイメージの悪さによって来街者が減少し、風俗産業の経営が傾けば、客引きとスカウトが当てにしていた「需要」も低下する。そうであれば、彼らは自身の足場を掘り崩していることになる。

一方でパトロールは、歓楽街の全体としてのイメージを改善することで、より多くの来街者を獲得することを目指していた。第3章で詳しく見たように、振興組合は「遵法」の風俗営業を、歌舞伎町の経済にとって重要なパートナーと考えており、そうした店を応援する意味もあって、客引き、スカウトの活動を抑制しようとしている。というのも「遵法」の風俗営業は、客引き、スカウトを利用していないとされているからである。ところが、客引きとスカウトの活動は、一面では風俗産業に必須の要素である客とキャストを供給する重要な役割を担っている。

こうした関係を単純化して図示すれば以下の図5-4のようになる。

いずれにせよ、歓楽街のストリートにおける諸活動を理解するためには、結局のところ歓楽街全体と関連づけてこれを分析するほかない。次章ではこれまで各章で得た知見を相互に結びつけ、本論文の結論を提示しよう。

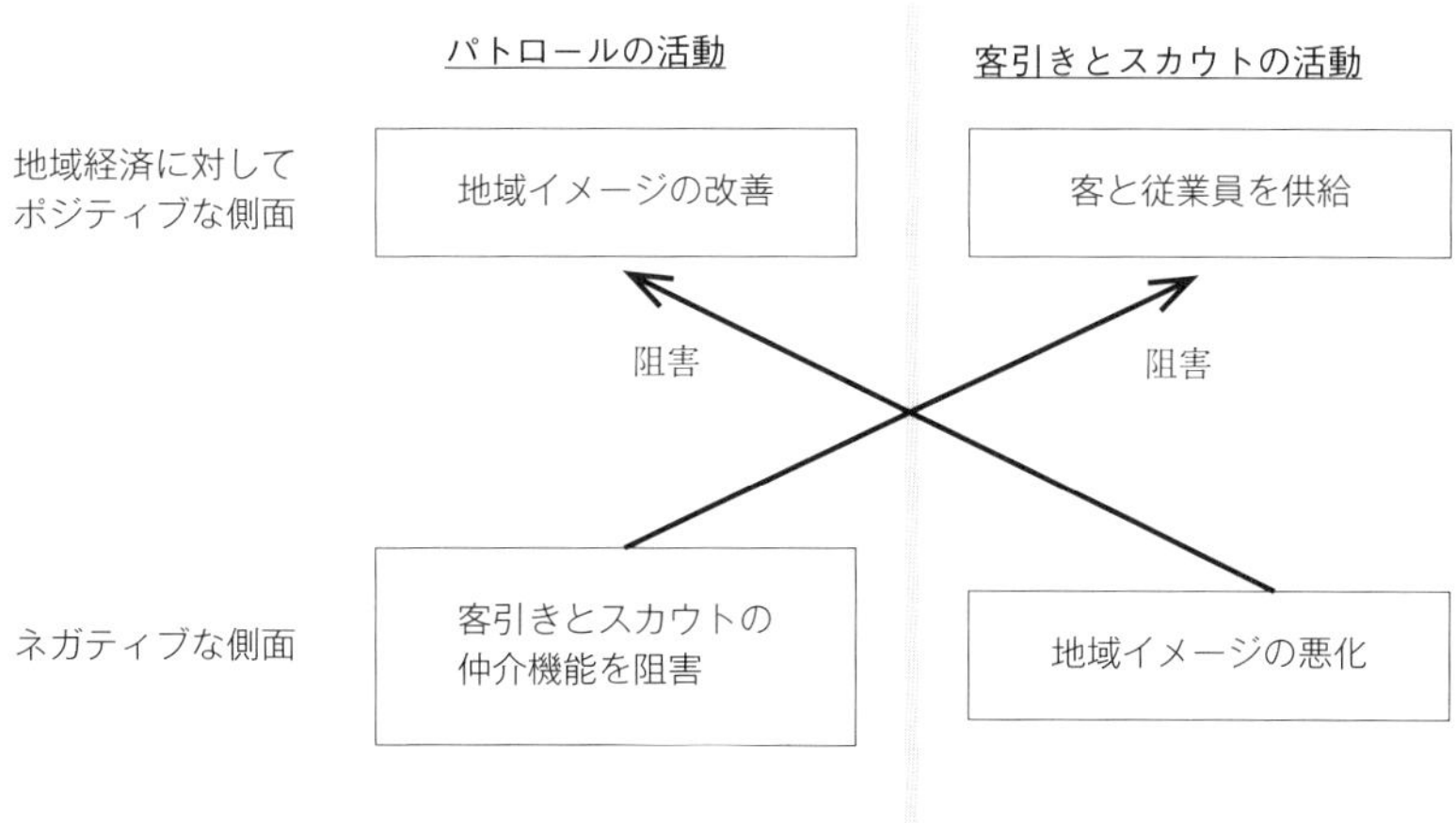

図5-4　ストリートにおける活動と地域経済

第6章

結論　都市的地域社会歌舞伎町の維持、再生産メカニズム

本研究の目的は、「なぜ「地域社会」歌舞伎町は安定的に存続することができているのか?」という問いに答えることであった。最終章に当たる本章では、まずこれまでの各章での作業を簡単に振り返り、その上でこの問題にどのような説明を与えることができるのかを示す。

第1章で、この問いのサブ・クエスチョンとして提示したのは以下の三点であった。

(1) それぞれの活動毎に存続の条件はどのように異なるのか?

(2) 諸活動はどのように連関しながら再生産しているのか? 仮に特定の活動が再生産に失敗したら、他の活動にどのような影響を及ぼすのか?

(3) 諸活動の再生産に「場」の作用はどのように関わっているのか?

第4章では、個別店舗の消長からは相対的に独立した「サービスの再生産」を分析する視点を提出した。同様に、「地域社会」歌舞伎町の存続とは、歌舞伎町という「場」を背景にした、さまざまに出入りする主体による諸活動の存続であると言い換えられる。これは本研究が「地域社会」を主体よりはむしろ活動に定位して捉えていることによる。つまり、同一の主体が地域に根付かずとも、活動が再生産されることをもって「地域社会」の再生産と捉えるのである。ここで「なぜ「地域社会」歌舞伎町は安定的に存続することができているのか?」という問いは、「歌舞伎町における諸活動はなぜ再生産に成功しているのか?」と言い換えられる。

本章ではまず以下に続く第1節で前章までの議論を簡単に振り返り、第2節以降で以上の問いに答えていくこととしよう。

1 歌舞伎町の三つの領域

序章では、新聞紙上で繰り返し報道される歓楽街の「一斉摘発」や「浄化」が、歌舞伎町においても頻繁に実施されてきたという単純な事実を提示した。こうした取締りによって横浜市黄金町からは売春が一掃されたほか、静岡県の熱海は地域経済の衰退によって歓楽街としての性質を著しく弱めた。つまり、歌舞伎町が今日見られるような歓楽街としての姿を依然として保っていることは、実は自明な事柄ではない。

第1章では歌舞伎町を社会学的な研究の俎上に載せるために必要な作業として、「地域社会」という概念の検討を行った。

従来の地域社会学、都市社会学の諸研究が依拠していた概念枠組みの内部には、「空間（地域）」、「居住」、「コミュニティ」という三つの要素の癒着があり、こうした癒着を引き剝がさなければ歌舞伎町を適切に対象化することは困難であった。そこで、「空間（地域）」を「居住」と「コミュニティ」から分離した上で、その「場」に「出入り」する人びとを含めた諸主体の、「活動」を焦点化するという戦略を提示した。ここには、先行研究のいくつかの試みを踏まえた上で、社会関係よりは「空間性」を、居住や定着よりは「移動性」を、主体よりは「活動」を、それぞれ重視するという思惑があった。

第2章では二〇〇〇年前後までの歌舞伎町の歴史を概観した。西暦二〇〇〇年ごろまでの歌舞伎町の歴史は、歌舞伎町が歓楽街になる歴史であった。一九四八年に行政区画として成立した歌舞伎町であったが、一九六〇年前後までは現在のゴールデン街付近に当たる「花園街」という地名が、売防法（一九五八年施行）いぜんからの旧青線街として歓楽街のイメージを担っていた。しかしその後、歌舞伎町の発展は急速に進み、六〇年代半ばには「新宿の繁華街の中心」の地位を占め、七〇年代半ば以降は多様化した風俗産業が集積して「日本一のピンクゾーン」と呼ばれるに至った。歓楽街としての爛熟を見せた歌舞伎町において、振興組合や業界団体は組織率を低下させ、警察は風営法改正に伴って査察能力に制約が課され、自治体は法改正をもってして歌舞伎町から後退した。そのようにして各主体が歌舞伎町において活動を不活発化させていた様子を暴露したのが、二〇〇一年の雑居ビル火災である。

その後も警察や自治体といった取締りの主体が不活発化したままであったかといえば、そうではない。二〇〇〇年以後、これらの主体はそれぞれに歌舞伎町への関与を再び活発化させたのである。

イメージの領域

第3章で取り上げた活動領域は、「地域」と「雑居ビル」であった。第3章末では、この領域における諸主体による活動が、「整序されずに流動する細分性の集積を背景とした、イメージをめぐる相互交渉」であると述べた。本来は店舗空間の内実と不可分であるはずの歌舞伎町の「地域イメージ」に諸主体が焦点を当てたのは、映画のPRイベントや路上の美化など、店舗空間からは遊離した位相においてであった。警察は査察の権限を持つため店舗空間の内部にも介入することが可能な主体であるが、その警察であっても歌舞伎町に関与するのは刑法犯の認知件数増大や検挙率の低下といった「治安」のイメージに関連してのことであった。それは店舗への継続的な立入りなどのかたちではなく、機動隊の集中的な警邏という多分に示威的な関与だったのである。そうした意味で、警察、自治体、振興組合という各主体が「地域」というある意味で抽象的な枠組みにおいて歌舞伎町に関わるとき、その「地域」とは「イメージの領域」とでも呼ぶべき空間として立ち現れる。「地域」に関わる各主体の活動は、歌舞伎町が「地域」としてどのようなイメージを表示し発信するのか、に関する共犯的かつ対抗的な相互交渉なのである。ここに、第3章で最後に取り上げた不動産業者の活動をどのように位置づけるのかは次節で改めて述べよう。

サービスの領域

第4章で取り上げたのは「店舗」という活動領域である。具体的に取り上げたのは、接待系風俗営業の二つの業態と、店舗型性風俗、無店舗型性風俗であった。これら風俗産業で提供されるサービスの特質に加えて、店舗空間は「地域」や「ストリート」に比して圧倒的に閉鎖性が高いこともあり、各店舗の内部では客と従業員、あるいは従業員同士のあいだで、濃密な相互行為が繰り広げられていた。それは、各店舗において相対的に完結したインフォーマルな制度にまつわる意味づけの濃密さである。接待系風俗営業においては「指名」と「売上」に関連した「ヘルプ」や飲酒の実践がこれに当たる。性風俗においては店長ら経営陣と従業員の関係において、店舗への定着に関する隠微な相互交渉があった。

第4章で既にかなり踏み込んで論じたように、本稿の関心は、個別の店舗の消長とは差し当たって独立した、サービスの再生産の過程にある。歌舞伎町では店舗の流動性が高く、また業態のレベルで見ても目新しいカテゴリーが次々と出現しては消えている。それでも一貫して歌舞伎町が歓楽街としての姿を保っている事態を、本稿では、「サービス」という抽象性において再生産が実現している状態として考える。店舗や業態は、この「サービス」を具体化する枠組みなのである。そこで、個々の店舗が安定した経営を実現する側面よりも、サービス提供を担う従業員が持続的に供給され、一定期間にわたり風俗産業に定着させることを可能にしているメカニズムの探究として、サービスの再生産過程にアプローチしたのであった。

そこでは、従業員の恒常的不足と待遇の悪さが、店舗による定着努力と結びついていること、ならびに従業員供給に関して歓楽街という集積の効果がポジティブに影響している可能性が示された。この点についてはストリートの分析と関連づけて後述する。

歌舞伎町において風俗産業で提供されるサービスは、「接待サービス」と「性的サービス」の二つに大別できる。これらサービスの提供は店舗空間の閉鎖性と相即しており、その意味でもこの空間を「サービスの領域」であると言うことができる。店舗空間の閉鎖性がこれらサービスの提供を可能にし、これらサービスの提供が閉鎖性を要求している。各店舗において、客をも含めた各主体は、それぞれの店舗で提供されるサービスを、関心の焦点に据えているのである。

仲介の領域

最後に第5章では「ストリート」という活動領域を取り上げた。ストリートにおける諸主体の活動はいずれも「仲介」が焦点に据えられていたため、これを「仲介の領域」と捉えることができる。

第5章ではじめに分析した、振興組合によるパトロール活動は、歌舞伎町のメインストリートである「セントラルロード」における客引きやスカウトを問題視し、これらへの対抗策として実施されていた。つまり、客引きやスカウトはメインストリートを通じての人びとの来街を妨害する存在であると見なされていたのである。他方、第2節、第3節で取り上げた客引き、スカウトらは、ストリートにおける人びとの「需要」を店舗へと仲介する行為として自らの活動を意味づけていた。

パトロールは、客引きやスカウトを問題視する一方で、ストリートをイメージのメディアとして捉えることで、「あまり悪質な客引き（／スカウト）行為でなければ問題ない」といったように、態度を軟化させてもいた。これは、ストリートが外部に向かって開かれており、イメージを表示する高い性能を備えていることと関わっている。振興組合がストリートのこうした側面に着目したのは、「地域」という「イメージの領域」に関わる主体としては当然のことであった。

しかし、「地域」がその抽象性において「イメージの領域」たりえたのとは対照的に、「ストリート」はきわめて具体的な空間を指示している。そこでは現実に人びとが足繁く行き来しており、客引きやスカウトにとってそうした人びとは領有されるのを待つ資源であり、野放しのビジネスチャンスなのである。

2　活動はいかにして再生産されるか

以下では本研究の結論を、活動の再生産に関わる諸活動相互の関連性（本節）と、「場」と諸活動の相互作用が再生産に与える影響（次節）という二点から述べる。

歌舞伎町における諸活動相互の関連性に関するエッセンスとして、ここで「媒介＝分離」という概念を提出しよう。歌舞伎町における活動の再生産に関して本研究が見出した基礎的なパターンが、この媒介＝分離の作用である。

ここでは媒介＝分離を、ある二者のあいだに第三者が媒介者として仲立ちをすることで、二者の分離関係が安定化する、そのような局面を指し示す語として定式化する。その意味で媒介＝分離はこれまで論じてきたような不動産業者や客引き、スカウト等による「仲介」の上位概念である。

媒介者による仲立ちは、媒介者を通じて二者を結合させると同時に、その媒介者がなければ生まれたかも知れない直接的な接触の場面を制限する。二者の直接的結合が生じない限りにおいて、媒介者は媒介者として安定的に存在し続けることができるのであって、二者の直接的な結合が生じてしまえば、もはや媒介者には媒介者としての地位は残されていない。当然ながら個人だけでなくさまざまな社会集団もまた、ここで言う二者あるいは第三者となりうることも言い添えておこう。[1]

以下では歌舞伎町における活動の再生産メカニズムを分析し、そこにおいてこの媒介＝分離の具体的な作用を示していく。

行政機関―振興組合―風俗産業

歌舞伎町で活動する諸主体のうちで最も安定的な存在は警察と自治体である。高度に組織化された官僚制のもとで、地位・役職と結びついた活動が滞りなく再生産され、その担い手も、異動も含めて安定的に供給されるシステムが完成されている。

ただし、警察の査察活動が一九八四年の風営法改正によって大幅に制限されたように、法の改正の微妙な文言によって、行

1　これはG・ジンメルが「集団の量的規定」において論じていたことと軌を一にしている（Simmel［1908］1923＝1994: 58-148）。ジンメルは媒介する第三者について「しかし直接の統一を求める者にとっては、媒介こそは分離と思われるにちがいない」（Simmel［1908］1923＝1994: 100）と述べて、「結合」と「分離」の両義性を鋭く見抜いている。ところでジンメルはこうした両義性が、〈無限からの有限の切り取り〉といった抽象的な認識論的論点と併せて、きわめて具体的な事物のうちに見事に顕現していることの面白さとして「橋と扉」を著したが、本書で言う「媒介＝分離」とはそのより特定化された変奏である（Simmel 1909＝1999）。「橋はなるほど両岸を結びつけはするが、しかしやはりまた両岸のあいだの距離を計測しうるものとする。そして媒介が余計であるばあい、それは余計よりもむしろいっそう良くないのである」（Simmel［1908］1923＝1994: 100）。では、いかなる場合に「媒介」は「余計」になるのだろうか。本書の以下の部分では、ジンメルがごく一般的かつ抽象的に論じた主題について、その場合分けの条件とメカニズムを具体的な地域社会の場の作用と関連づけながら探っていく。

政機関の活動もまた大きな影響を受ける場合がある。また、新宿区が二〇〇五年に開始した「歌舞伎町ルネッサンス」という「まちづくり」の取組みは、東京都の後押しを受けて実現していた。「歌舞伎町ルネッサンス」に関しては、国の警察政策である繁華街対策と共鳴していた点も見逃せない（第3章の年表参照）。

一九七〇年代半ばごろから歌舞伎町が「日本一のピンクゾーン」と呼ばれるようになると、振興組合の組合員らは「このまま野放図な営業がのさばり、治安が悪化し続ければ客が寄りつかなくなってしまう」と危惧した。しかし現実にそうした事態は到来しなかった。歌舞伎町には安定的に客が訪れ、消費し、再び常連客として戻ってきている。このことは、歌舞伎町の「治安」がある程度まで維持されていることを示している。言い換えれば、行政機関の査察、統制活動は一定程度持続的に実施されているのだ。つまり、黄金町のように風俗産業は一掃されてこそいないが、同時に査察が完全に機能停止しているわけでもない、という微妙なバランスがここには看取できる。現在に至るまで、歌舞伎町での「摘発」が散発的に報道され続けているのは、こうした微妙なバランスの表れであると言える。

こうしたバランスは、法改正等の外在的な条件によって容易に破壊され得る。しかし同時に、歌舞伎町の内部にはこうした脆いバランスを安定化させるような要因も存在する。バランス安定化の最大の要因は、歌舞伎町の流動性の高さと集積の大きさに求められるだろう。警察による摘発が一定程度実施されたとしても、歌舞伎町における風俗産業の集積は大規模であり、しかも入れ替わりは頻繁だから、摘発で空いた穴はすぐに後続の営業に埋められてしまう。歌舞伎町における風俗産業がもつレジリエンスとでも呼ぶべきこうした性質に抗して摘発を貫徹するために、警察力の資源をどの程度の量、どの程度の期間に渡って投入し続けることが必要なのかは不明である。

風俗産業の一掃と放任の両極端のはざまで実現されている歌舞伎町の微妙なバランスを安定化させる要因は、こうした風俗産業そのものに備わるレジリエンスだけではない。ここでは風俗産業取締りに関わる均衡化要因のひとつとして、歌舞伎町商店街振興組合の存在を指摘したい。これについては、新宿警察署の元署長であるE氏の語りを参照しよう。

E氏は署長時代に強いリーダーシップを発揮し、歌舞伎町での一斉立入を実施した人物である。しかしそのことで即座にあらゆる問題が解決するとは考えていなかった。

一斉に今晩立ち入りやるぞって言って、それで終わりかって言ったら、それでは全然終わらないわけですよね。それで

終わったら簡単な話で。やっぱりそれをずっとやっていかなきゃいけない。（E氏の語り）

E氏はこうした認識を語ると同時に、一斉立入を実施することが警察にとって容易なことではなかったとも述べた。一斉立入をはじめとする歌舞伎町対策を強力に推進できたのは、当時が「非常に良い時期だった」ためだ、とE氏は語る。

犯罪を減らすと宣言した警視総監がいて、国も動いたし都も動いたし。副知事が警察官僚から来たりとかね。それと現場と、たまたまサイクルが合ったのかな。歌舞伎町ルネッサンスも、掃除をしましょうゴミ拾いましょう看板を直しましょう、違法駐車を排除しましょう、自転車駐輪をなくしましょうと。いろんな角度から官公庁が協力してやりましょうって言ってましたからね。

しかしE氏は、当時「街の人」だけは、こうした方向に「まとまっていなかった」と回想する（この箇所は第3章でも引用したが再掲）。E氏によれば「街の人」は「歌舞伎町はこれでいいんだ、客が来なくなるから機動隊なんか入れられては困る」と思っていた。つまり、「商売もやりながら街をキレイにもしたい」という煮え切らない態度だったという。

ここで「街の人」とは、歌舞伎町ではほかに地元組織に当たるまとまった交渉相手がほとんど存在しないため、明言こそされていないものの振興組合の組合員であると考えられる。振興組合の組合員らは、性風俗を含めた風俗産業を、それが「遵法」なものである限りは排除する必要はないと考えている。筆者が参加した振興組合の会合では、ある組合員が「そういうもの〔風俗産業〕あっての歓楽街歌舞伎町というのを大事にしていきたい。それがなくなったらよそと変わらない街になってしまう」と発言していた。繰り返しになるが、振興組合全体で「違法な営業は認められない」という方針は共有されている。しかし同時に、すべての風俗産業を根こそぎ一掃されては困る、とも考えているのである。

元新宿署長のE氏が、歌舞伎町対策において官公庁が一体となって取り組んだことを評価する文脈において「地元はそうではなかった」と語っていることは、振興組合の上記の態度が、警察による機動隊投入のような思い切った対策の実施に一定の影響を与えていることを窺わせる。それと同時に、警察は振興組合を査察・統制のための媒介としても捉えていたことが想起されなければならない。警察が開催した「歌舞伎町地区関係機関・ビルオーナー等連絡協議会」は、「違法業者」に部屋を貸したビルオーナーに罰則が科せられる旨を周知する相手として振興組合の組合員であるビルオーナーらを召喚していた。この事例においても、振興組合というビルオーナーの組織が警察と風俗産業のあいだに立つことで、直接的な統制が回避されていると言える。

振興組合は、「行政の窓口」という側面があるため、組合員に風俗産業の営業者を受け入れずにいる一方で、下部組織である「よくしよう委員会」にはこれを受け入れ、「遵法」の営業者を保護するためのパトロールを継続していた。歌舞伎町において行政機関の査察・統制の活動が、完全な放任と徹底的な摘発の半ばにおいて微妙なバランスを実現し続けることが可能となっていたのは、こうした振興組合の存在が背景にあったからこそである、と評価できる。歌舞伎町の風俗産業は、振興組合の仲立ちによって、行政機関に対して「むき出し」の存在であることを免れていたのである。

振興組合（ビルオーナー）―不動産業者―テナント

振興組合が現在まで組合員を減少させ続けてきていることについては第2章で詳しく見た。その背景には組合所有のビルの存在や高額の相続税、地上げなどといった要因が複合的に折り重なっていた。振興組合は警察や自治体といった行政機関とは異なり、新規に組合員をリクルートする仕組みがない。日本の多くの町内会や商店会においてそうであるように、歌舞伎町でもまた、六〇歳代の組合員が「若手」と呼ばれている。

行政と風俗産業の「あいだに立つ」という振興組合の性格はユニークなものであり、歌舞伎町内では他に類を見ない。そうした性格は、組織が現に行っている活動だけでなく、歌舞伎町を建設した復興協力会以来の来歴にも由来しており、容易に他の主体によって代替され得るものではない。行政が振興組合に対して「地元」組織として一定の正統性を認めていることは、こうした背景にも拠っている。

しかしながら、振興組合の内部的な新陳代謝は順調に進んでいるとは言えず、今後、組織がどのように存続していくことが可能なのかは必ずしも明らかではない。現在のところ、ビルを手放し歌舞伎町と関係がなくなれば組合員資格は失われるが、歌舞伎町のビルを新しく取得したビルオーナーが新しく組合に加入することはないのである。

不動産業者は賃貸契約に関する専門家として、「素人」のビルオーナーに代わってテナントとのやり取りを一手に担っていた。ビルオーナーは直接テナントとやり取りすればテナントに「丸め込まれてしまう」ため、歌舞伎町では必ず専任の不動産業者を通して話をすることでそうした事態を回避しようとする。

つまり、不動産業者はオーナーとテナントを媒介すると同時に、両者のあいだに望ましくないコミュニケーションが発生しないように念入りに「絶縁」してもいるのである。

歌舞伎町の成立当初からの地権者（の子弟）が組織成員の大半を占める歌舞伎町商店街振興組合は、実はこうした不動産業者の存在によって何とかかろうじて存続できている、と言えるかも知れない。第2章で記述した歌舞伎町の歴史において、地権者たる組合員は次々と不在地主化し、バブル期にはさらに土地やビルを手放していった。それには高額の相続税や地上げといった外在的要因だけではなく、風俗産業が支配的な地域環境という、歌舞伎町にとって内在的な要因も寄与していた。そして、一九八〇年代前後から振興組合は風俗産業を他者化し、交渉不可能な相手として意味づけるようになっていた。

こうした状況下で、仮に歌舞伎町で仲介業務を担う不動産業者が存在しなかったとしたら、組合員の多くはビルオーナーとして歌舞伎町に留まることはできなかったであろう。組合員らが風俗産業を含む多様なテナントと直接的に賃貸契約を含むやり取りをしなければならなかったとすれば、早晩トラブルが発生し、土地やビルを売却して歌舞伎町から退出していたであろうことは想像に難くない。

不動産業者は専門的かつローカルな知識に基づいて暴力団関係のテナントをスクリーニングし、家賃の取り立てやビル経営のコンサルティングに至る幅広い業務を手がける。不動産業者のこうした仲立ちがなければ、多くの組合員が歌舞伎町から退出し、振興組合の活動は現在以上に担い手の不足に苦しんでいたかも知れない。ビルオーナーと風俗産業を「媒介＝分離」する不動産業者が、行政と風俗産業を「媒介＝分離」する振興組合の活動を成り立たせる重要な要素のひとつと考えられるのは、こうした局面においてである。

風俗産業―スカウト―キャスト

風俗産業におけるサービスの再生産については既に第4章で大方の論点を提示している。ここでは、第5章で取り上げた「仲介」のテーマと関連づけて、これを改めて整理しよう。第4章では、風俗産業のサービスの再生産に最も重要な要素をその担い手の定着と供給として捉える視点を取った。第5章で見たのは、サービスの担い手であるキャストの供給に、ストリートで活動するスカウトという主体が関わるメカニズムであった。

スカウトは、店舗とキャストのあいだに立って、そのやり取りの一部を代行する。不動産業者ほどの一括代行ではないにせよ、報酬も含めた条件について、店舗とキャストの双方から部分的に委任されて、キャストないし店舗に対して交渉する役割をスカウトは果たしていた。それは、店舗に対してキャストの時給を上げるよう打診することと、キャストに対して希望時給を下げる（／上げる）よう説得することの、両者を含んでいる。これは不動産業者が家賃に関してオーナーとテナントの利害を代理調整する仕組みときわめてよく似ていると言えよう。

このなかで、スカウトは店舗とキャストのあいだを絶縁しないにせよ、両者の関係の柔軟化に貢献していた。スカウトが介在しない、店舗とキャストの二者関係においては、キャストは容易に店舗経営上「飼い殺し」の対象となってしまう。客のつかないキャストを店舗に定着させることは、需要の波動性を吸収できる点において当該店の経営上は望ましい。しかし、ほぼ例外なく好待遇の報酬を求めて風俗産業で就労しているキャストの意に沿うことではない。であればこそ、店舗の経営者はキャストを「マネージメント」する職務を男性スタッフに割り当てたり、「待機は悪いことじゃないんだっていうのを洗脳して」いったり、「賑やかで楽しい」雰囲気の醸成に努めたりするのであった。ソープ店の店長が「稼げない子をお店に残す」手段は「情」だと語ったのは、この点を端的に表現している。店舗にキャストが所属する状態を安定化させるために、情緒的な報酬が動員されているのである。

スカウトにとって、自らが紹介した女性がこうして「稼げない」まま留め置かれている状態は好ましくない。スカウトにとっては、新たな接待系風俗営業に紹介して「買い取り」の紹介料を得るか、性風俗でできるだけ稼がせて「永久」の紹介料を得ることが、自身の収入を最大化させることにつながるからだ。つまり、スカウトが合理的に行動する主体であれば、店舗とキャストのあいだの関係は相対的に流動化され、柔軟化される。

ここで、第4章で見たように、キャバクラのキャストが店舗間移動において同僚キャストどうしのネットワークを活発に活用していたことを、スカウトの媒介のはたらきと比較してみよう。店舗間移動の援助という観点からは両者は機能的に等価である。しかし、スカウトがこの仲介行為において報酬を得て生計を立てているのに対し、キャストは基本的に紹介から報酬は得ていない。場合によってはキャストもまた正式に店舗に紹介することで紹介料を得ることもあるだろうが、よりインフォーマルに店舗の労働環境等について情報がやり取りされることが主である。

このことは、風俗産業での就労に対する両者の意味づけの差異として帰結する。スカウトにとっては、女性が風俗産業でできるだけ長く勤続し、できるだけ多くの収入を得ることが重要であった。第5章でも論じたように、スカウトが風俗産業での就労を援助し続けることによって、風俗産業からの退出は相対的に困難になっている。これに対して、キャスト間のネットワークにおいては紹介に報酬が発生しないため、風俗産業にキャストを閉じ込める作用は生まれないと考えられる。

それでは同僚キャスト間のネットワークがスカウトに比して一般的に望ましいものであるのかと言えば必ずしもそうではない。第4章でソープ店に勤務するキャストが「女性同士のいざこざ」を嫌ってキャバクラではなくソープでの勤務を選択していたように、性風俗店のキャストは同僚間のコミュニケーションを忌避する傾向がある。第4章の記述では言及しなかったが、ソープ店、ヘルス店での店長への聞き取りによれば、女性は入店の面接時に、店が「個室待機」であるかどうかに強い関心を持つという。「個室待機」は「集団待機」の対義語で、客が「つく」までに、「個室」でひとりで待機するのか、待機室で「集団」で待機するのか、という違いを表している。大多数のキャストは個室待機を好み、それが可能な店舗なのかどうかを面接時に確認するのである。店長への聞き取りによれば、一般的にキャスト同士は交流したがらず、集団待機は忌避される傾向にある。

キャバクラのキャスト間ネットワークが活用された事例に、「このお店、話し相手もいなくてつまんないから来て」と元同僚に誘われて店を移籍したエピソードがあった。このように、同僚ネットワークには情緒的な負荷がかかっているが、キャバクラは基本的に接待サービスを集団で提供する労働環境で、「指名」制度においては「担当」キャストと「ヘルプ」キャストのチームワークが要求される。これに対してヘルスやソープといった性風俗店は個室で性的サービスを提供するため、サービス提供の場面においては集団性がない。さらにキャスト自身が集団性を忌避しているため、ここにはむしろ同僚間ネットワークよりもスカウトのような専門的な仲介者のニーズがあると言える。

キャスト同士が連帯し、店舗と直接に労働条件を交渉することで、望ましくない「定着」の問題は解決するように一見思われるが、キャスト自身がそうした連帯を望まない、という根本的な問題がその見方からは抜け落ちている[2]。

ここまで、「飼い殺し」の戦略が個別店舗の経営にとっては合理的なものであると述べてきたが、歓楽街全体から見れば必ずしも望ましくない側面がある。その一端は、過度にキャスト定着に努めることによって、店舗にとって避けるべきであった「お客様にとってはいつ見ても一緒だな」という状態、つまり在籍キャストの固定化を帰結してしまう、という事態のうちにもあらわれている。これを回避するためには、店舗間でのキャストの流動性が高いことが望ましい。ところが、現実には新人の供給が充分ではないため、在籍キャストをいかに定着させるか、という点に労力が払われることになる。こうした定着の戦略は、在籍キャストの固定化と表裏一体なのである。この点からは、スカウトが店舗間移動を援助することは、歓楽街全体で見たときに合理的なキャストの流動性を生み出す役割を果たしている可能性がある。新しい店舗に移れば、一定期間は売上が上がるという性風俗店の性質から、こうした流動性の高さはキャストの高収入にもつながることが期待される。

以上で見てきたように、媒介者が安定化させる二者の分離は、全面的な場合もあれば部分的な場合もある。後者の場合、部分的な分離の安定化は、閉じた二者関係の生起を阻害する作用をもつ。媒介者は、二者の直接的な結合が全面化しないようにあいだに「割って入る」存在でもあるのだ。

3　活動と「場」の相互作用

それでは、歌舞伎町においてはなぜ媒介＝分離が活動の再生産に寄与するエッセンスであると言えるのか。これには歌舞伎町という場の特性が関わっている。歌舞伎町の場の特性については、第3章末において「整序されずに流動する細分性の集積」による不透明性として既に部分的に提示しておいた。それが第4章、第5章の内容を含めた活動の再生産とどのように相互作用しているのかをここで改めて論じ、本書を結ぼう。

不透明性の外部で

「整序されずに流動する細分性の集積」とは、歌舞伎町の建築の多数を占める雑居ビルという形態とそこにおける店舗の特質を表現していた。狭小な雑居ビルが密集する歌舞伎町には、平面的にも立体的にも稠密に、小規模な店舗空間が集積する。しかも個々のビルに入居するテナントは多様かつ不規則だ。さ

2　こうした論点は全く目新しいものではない。ひとまず労働組合のようなフォーマルな組織に限定しても、産業全体で組織率は低下の一途をたどっており、厚労省の統計によればすでに二〇％を切っている。また企業での雇用労働における「個人化」については例えば前田（2010）などを参照。さらに「周縁的」な労働については、たとえば西澤の寄せ場研究における「過去のみならず現在においても固定的な対面関係を寄せ場労働者は欲していない」といった記述を参照（西澤 1995: 110）。ただ、ここでは風俗産業のキャストに対して抽象的な連帯を説くような議論を先回りして牽制できれば充分である。

らには第4章冒頭で見たように、風俗産業の店舗は法令によって空間的に外部から切断されており、外から見通すことができない。不規則に密集した多様なテナントは、雑居ビルという建築の特性や風俗産業に対する法令の枠組みによって、外面から営業の内実を把握することがきわめて困難である。加えて店舗の頻繁な入れ替わりが把握や認識をいっそう困難にする、そうした不規則で多様な細分化状況が「整序されずに流動する細分性」であり、それは把握する主体にとっては見通しの悪さ、つまり不透明性として現象する。

さまざまな主体にとって、「整序されずに流動する細分性の集積」がどの程度の見通しの悪さを生むかは主体ごとに異なるし、そうしたさまざまな程度の不透明性に対してどのような仕方で関わるのかも様々である。警察や自治体といった行政機関は、自らが行う査察、統制の活動を通じて不透明性を減少させようとする主体だが、行政機関の査察、統制の働きは万能ではないし、ときに不透明性によって制約を受けもする。区の衛生課が査察を行うたびに「安全を確保するため」警察に連絡していたことは、歌舞伎町の不透明性に自治体が圧倒されていることを示している。査察、統制を最も強力に行い得る機関は警察であるが、その警察の査察活動もまた、歌舞伎町を全き不透明性と曇りなき透明性の中間の状態に留める微妙なバランスとして展開されていた。

その微妙なバランスを相対的に安定化していたのが、振興組合による媒介＝分離の作用である。ところが、組織としての振興組合が「よくしよう委員会」の活動も含めて行政と風俗産業の仲立ちを実現していたのに対し、ビルオーナーとしての組合員一人ひとりは、必ずしも風俗産業の不透明性に対処できてはいない。組合員は自らの所有するビルには居住せず、そのため、雑居ビルの内部はそのオーナーにとっても不透明な存在である。第3章で取り上げた組合員I氏が自ビルに事務所を構え、そこに毎日通勤することでテナントとの「つながりの維持」に努めていたのは、そうでもしなければ容易に自らのビルの内実すらも不透明化していくことがよく認識されていたからに他ならない。しかし、多くのオーナーは自らの所有するビルとこうした「つながり」を持たず、不在地主化している。

組合員がこうした不透明性に対処できずにいながらも、ビルを所有し固定資産税を支払い続けていられるのは、不動産業者の媒介＝分離の作用によるところが大きい。不動産業者のインフォーマントのひとりが、「世間じゃ相手にされないような人〔テナント〕たちが集まるのが歌舞伎町」であると語ったように、歌舞伎町のテナントは不動産業者が経験と知識を頼りに査定し、ときに調査会社を動員しながら対応しなければならないような存在である。金融機関等によるフォーマルな信認のないテナントこそが歌舞伎町に集まるのであって、大企業ではそもそも歌舞伎町への出店が困難なのだ。こうしたテナントとのあいだに不動産業者が介在することによって、振興組合の組合員はビルオーナーであり続けられている。

不動産業者の働きは、これから歌舞伎町で営業しようと考える事業者にとっても重要である。第3章で詳述したように、不動産業者が空き物件の情報を業界のネットワーク内で共有することで、貸し手と借り手の速やかな仲介が可能になっていた。可能な限り多くのビルオーナーとテナントのあいだに賃貸契約を結ばせることが不動産業者の利益に適うのであって、オーナーとのあいだを仲介して事業者の歌舞伎町への参入を促進することは不動産業者にとって合理的である。いまだ歌舞伎町に参入していない潜在的テナントにとって、歌舞伎町の物件はまさに「整序されずに流動する細分性」そのものであり、物件情報が不動産業者によって広く流通のネットワークに乗っていることの意義は小さくない。多様な事業者が歌舞伎町の店舗空間に営業を集積させることは、不動産業者の仲立ちによって可能になっている。

不透明性の内部で

潜在的テナントがひとたびビルオーナーと賃貸契約を結び営業者となると、その営業の内実は、店舗外の主体にとってきわめて不透明なものとなる。とりわけ風俗産業は外部からの空間的切断が法令によって規定されており、第4章で見たさまざまな店舗の営業は、こうした不透明性の内部に閉じていた。接待系風俗営業における「指名」や「売上」をめぐる濃密な相互行為、あるいは性的サービスの提供、そしてキャストに感情的報酬を与えることによる定着策などは、外部の主体にとって不透明である店舗の内閉性を背景にしている。本研究では直接調査することができなかったが、客引きらによって語られた「ぼったくり店」のぼったくり行為もまた、不透明性の内部における特徴的な営みのリストに加えられてよい。

ただ、これまでの記述では、ホストクラブでの恫喝まがいの接客や、性風俗店における「飼い殺し」など、内閉性のどちらかと言えばネガティブな側面を強調しすぎた嫌いがあるかも知れない。しかし、風俗産業が内閉性において実現している、差し当たってポジティブと評価し得る価値もある。それは、一般的な労働市場における男女間の大きな賃金格差に対するオルタナティブとしての機能だけではない。遅刻や無断欠勤、無断での退職や空白期間だらけの履歴書といった、程度の差こそあれ近代の標準的な労働者が当然満たすべきものと考えられている諸条件の欠如が、風俗産業においてはごく日常的で「普通」のことと見なされる。つまり、標準的に労働者が備えるべきものとされる諸条件――それには最低限の「勤勉さ」といったものも含まれる――を具備しない、モラル・アンラック moral unluck とでも呼ぶべき状況にある人びとも労働者として迎え入れる、一種のアジールとしての性格が風俗産業にあることは否定できない。出勤と退勤が完全にキャストの裁量に任されていた調査対象店舗のデリヘルは、そのもっとも極端なかたちである。広く社会が寛容になるべきだ、と主張することは容易だが、現にそうした寛容性が実現されていないいま、見通しの悪さの内部に作られている「居場所」があることも、その問題性と併せて指摘しなければならない。

風俗産業の店舗とキャストを媒介するスカウトの働きは、風俗産業自体は維持しながら、こうした不透明性の内閉を相対化することであったと評価できる。使用者である風俗産業の店舗と労働者であるキャストのあいだには情報の非対称性があるうえ、特に性風俗においてはキャスト同士が相互に交流を持たずに分断されている。そうしたなかで使用者側はキャスト定着のための「飼い殺し」を厭わない。スカウトは、外部から見通せない風俗産業のこうした内閉性に介入し、キャストと店舗との関係を流動化することに寄与していた。なぜならば、キャストが流動的に、多くの報酬を得ることが、スカウトの利益に直結しているからだ。

しかしスカウトは、キャストが風俗産業から退出するのを妨げる存在でもある。風俗産業全体がその勤務環境やスティグマ化されたイメージなどによって、外部の社会に対して不透明性を帯びて内閉しているのである。スカウトは風俗産業が全体として内閉し、不透明化することを強力に後押ししている。

ストリートにおける客引きやスカウトの活動が再生産される背景には、店舗の不透明性と対照的なストリートの開放性がある。ストリートは絶えず歌舞伎町の外部から人びとを流入させる媒体であり、そこにおいて人びとは外界に向かって露出している。パブリックスペースにおいては、儀礼的無関心さえ顧慮しなければ、こうした人びとに働きかけることは極めて容易である。客引きやスカウトは、こうしてストリートにおいて露出している「需要」を見越して、その需要が向かう先である不透明な店舗の内部へと人びとを案内する。

「整序されずに流動する細分性の集積」が風俗産業の再生産に貢献していることは、歓楽街のなかにあるからこそ風俗産業が存続できる、ということを示している。これまで、歓楽街を風俗産業の集積した地区であるとしてきたが、事態はむしろ逆なのだ。不規則で細切れな大量の営業が頻繁に交替を繰り返しているからこそ、個別の店舗は消長しても、サービスは再生産されていくのである。

歌舞伎町において媒介＝分離の作用が、局面ごとに異なる仕方ではあれ、諸活動の再生産に寄与していたのは、上記のような不透明性を背景としてのことである。媒介＝分離とは、歌舞伎町という「場」の特徴である不透明性へのアクセスの調整なのだ。この調整は、媒介主体が必ずしも意のままにコントロールできるものではないにせよ、少なくとも媒介主体の媒介＝分離の作用を前提としている。

調整の内容は、媒介の局面においてアクセスを促進し、分離の局面においてアクセスを遮断するというように、両義的なものである。こうした調整は対象の不透明性を前提とするので、媒介＝分離の作用はそもそも不透明性を資源として成立している。そして同時に、その資源たる不透明性を安定化させる役割もまた、媒介＝分離の作用は果たしているのだ。

歌舞伎町という地域社会の存続は、諸活動の再生産と「場」とのあいだの以上のような相互作用によって実現していたのである。

4　都市地域社会の把握に関する方法的考察、ならびに本研究の意義と限界

都市地域社会の把握に関する方法的考察

本研究の方法の核心は、その地域に「居住する住民」の「共同性」を前提する地域コミュニティ概念から距離を取り、「地域社会」として対象を捉える点にあった。つまり、必ずしも「住民」に限らない、当該地域空間に出入りする人びとをも視野に入れた上で、必ずしも共同的ではないかも知れない、諸活動の再生産メカニズムに焦点を当てる、という戦略である。

この戦略は、まずもって商店街振興組合と不動産業者という主体の析出と、両主体の歌舞伎町への位置づけに成功した点において奏功したと言える。これらの主体は先行研究のなかでは浮かび上がらせることが困難だったであろう存在である。歌舞伎町をアプリオリに歓楽街として／盛り場として捉えず、内容自由な枠組みである「地域社会」として探究したことによってアプローチすることが可能になった、この両主体による媒介＝分離の重要性は、既に先ほど述べたとおりである。

しかしながら、このようにして具体的な地域空間にこだわる戦略は、制約と表裏一体でもあった。必ずしも居住はしていな

い、地域空間に出入りする主体を取り上げることは、歌舞伎町の研究にあっては必要不可欠なことであったが、実はこうした出入りする主体にとって歌舞伎町は他のどこかの地域でもあり得た、多様な選択肢のひとつに過ぎない場合が多かった。例えば、風俗産業の多くのキャストにとって、歌舞伎町で働くことには必ずしも必然的な根拠はない。これは住民にとっての居住地と大きく異なる点である。ここでは「居住」という活動が有する特質、つまりひとたび開始してしまえば一定期間にわたって拘束力を持って持続し、またほとんどの場合代替の利かない唯一の空間において営まれるという特質、が翻って浮き彫りになる。

地域空間とそこにおける活動に定位する研究方法には、確かにヒューリスティックな機能が備わっており、そのことの有効性は一定程度示すことができた。しかし、個々の地域空間は常に絶対的な固有性を人びとに認められているわけではない。しばしばそれはパラディグマティックな関係にある、他でもあり得た諸地域のひとつなのだ。「都市地域社会」という、都市のネットワークの網の目に組み込まれた地域空間であればこそ、この論点は強調されるべきである。「「地域社会」の代替可能性」とでも呼ぶべきこの主題は、既に述べたように各主体の担う活動とその意味世界において重要な意義を有する。そしてまさに「代替可能性」という語に示されているとおり、地域社会の維持、再生産メカニズムに直結する条件として、この主題は今後探究される必要があるだろう。

本研究の意義と限界

本研究の意義は、大きく三つに分けられる。

第一には、「地域社会」の社会学の課題を設定し、歌舞伎町のような対象を社会学的に取り扱う際の枠組みを与えたことである。これまで地域社会を取り上げる研究につきまとってきた「住民」と「コミュニティ」の要素を「地域」からいったん切断し、「出入り」する人びとを含めた諸主体の「活動」と「場」の効果に焦点を当てることは、これまでに地域社会研究の困難に対して提示されてきた複数の論者の解決策を筆者なりに受け継いだものである。これによって従前にも多く取り上げられてきた住宅街のみならず他のさまざまな（従来のパースペクティブでは）扱いづらい地域社会をも対象にできるようになったことは、地域社会研究の儀礼的な再生産の循環を断ち切る意義がある。

この枠組みのもとでは、取り上げるべき活動やその担い手たる主体は、研究者の関心ごとに異ならざるを得ない。また、「コミュニティ」は必ずしも空間に準拠したものでなくてもよいという当たり前の事実が改めて前景化され、たとえ空間に準拠した「地域コミュニティ」を対象とするに当たっても、それを構成する主体の座に「住民」を無批判に据えることはもはや許容されない。ともすればこれまで住民を中心として観念されてきた地域の共同性は、暗黙裏にさまざまな主体や要素——商店や事務所、単身者や群集、野宿者、通過する人びと、交通etc.……——を排除してきた。こうした主体や要素を、従来的な地域の共同性から切り離されたものとして単独で取り上げるのでもなく、また単純に共同性への強制的な包摂を目指すのでもないような、よりよい未決の共同性を探究するための枠組みとして、本研究では「地域社会」の研究戦略を提示した。

第二の意義は、そうした枠組みを実際に用いて、これまでほとんど経験的に調査されてこなかった都市的地域である歓楽街歌舞伎町においてフィールド調査を行い、これを具体的に記述したことである。これまで歓楽街が取り上げられて来なかったことの理由の一端は、住民の社会空間こそが近代的統計のテクノロジーによって高いアクセシビリティを有していたことに求められる。その意味で本研究はアクセシビリティのきわめて低い対象に関する調査研究であるというオリジナリティを持つ。これは一九八〇年代以降の日本で散発的に展開された盛り場論におけるフィールド調査の絶対的不足に鑑みれば、特に重要な点だと言える。なぜなら、人びとの言説や観念の内にある盛り場を捉えようとすることは、風俗産業の性質とも相まって「男性中心主義イデオロギイ」に塗れたユートピアとしての盛り場幻想を研究者が増幅させることと表裏一体だからだ（中筋 1995: 96)。

第三に指摘できる本研究の意義は、歌舞伎町の「厚い記述」に留まらず、歌舞伎町という「場」の特性を分析的に提示した点にある。具体的には、建造物やストリートによって構成される空間的な性質と、諸主体が実際に携わっている活動によって生み出される特徴とをともに考慮に入れ、それらの相互作用に関わるものとして歌舞伎町の具体的な「場」の意義を明らかにした。こうした特性を分析的に提示したことで、かえって「地域社会」の枠組みが持つ普遍的な可能性が示されたと考えられる。つまり、「地域社会」の研究戦略は、いかなる対象に対しても機械的に適用できるものというよりはむしろ多様な対象の特性を記述し分析することを可能にする枠組みなのである。

本研究の限界として第一に指摘されなければならないのは、歌舞伎町に訪れる来街者や風俗産業の客といった主体にアプローチできていないことである。この限界の中身には二つの可能性がある。ひとつは、本研究の枠組みに則ったとき、来街者や客といった主体の「活動」をどのようなものとして対象化すればよいかが不明確である可能性である。この点を明確化した上で、来街者や客といった主体を含み込んだ歌舞伎町の像を描き直す作業が今後検討されてよい。いまひとつは、本研究の枠組み自体の限界の可能性である。つまり、「活動」という観点から来街者や客を捉えることがそもそも難しい可能性も否定できない。もしそうであれば、枠組み自体の再構築が行われる必要があると言える。

第二の限界は、存続に失敗した歓楽街の「地域社会」を歌舞伎町の潜在的な比較対象としながらも、これを本格的には考察していないことである。もちろん本研究の知見から示唆される点は多いが、もっとも正統的な手法は、存続に成功した事例と失敗した事例を取り上げて比較することで、帰結を左右する要因を探る、ということにでもなろう。しかし、「比較」という作業が成立するためには、二者間のあいだで比較されるべき共通の枠組みが必要であり、分散を測定されるべき変数が比較に先立って設定されている必要がある。本研究では、こうした枠組みを提供し、どういった変数が測定されるべきであるかに関する手がかりを提示した。これは比較作業の成功を約束するには心許ない手がかりかも知れないが、他の地域社会の経験的研究を本研究につき合わせてみることは、今後の課題として検討されてよいだろう。

付論　歌舞伎町と統計

この付論では歌舞伎町に関連する統計を紹介する。歌舞伎町に関する統計は相互に食い違いを見せており、その内容を統一的に評価することはしばしばトラブルが伴う。このことは、統計の前提となる調査の実践が、歌舞伎町においては困難であることを示している。であればこそ、質問紙等の構造化された調査以前に、対象において注目すべき要素とその構造的連関じたいを探索、析出するような、フィールド調査の有効性に光が当てられる。

しかしながら同時に、統計調査による認識は歌舞伎町においても一定の効用を有する。そのためこの付論ではいささか羅列的になる憾みはあるものの、その読み方や解釈の仕方も含めて、歌舞伎町に関連する統計を紹介し、検討する。

1　統計資料に見る歓楽街

本節では、歓楽街に関する統計資料をレビューすることによって、統計的な側面から歓楽街の維持、再生産が捉えられるかどうかを検討する。以下で見ていくように、風俗産業の店舗数や従業員数といった項目に関しては統計が存在している。結論を先取りして言えば、こうした項目の値をフォローすることで歓楽街の維持、再生産メカニズムに迫ることは、不可能ではないにせよ極めて困難であることが、本節では示される。

歓楽街はさしあたって街区、区画の一種として捉えられるが、歓楽街に相当するような法的位置づけが存在するわけではない。たとえば都市計画法の用途地域のうち、ソープやストリップ劇場、アダルトグッズショップなどが営業できるのは「商業地域」だけであるが、実際に商業地域指定されている区画のなかで歓楽街と呼べるものはごく一部に過ぎない(1)。また、のちに見

1　たとえば新宿駅周辺では歌舞伎町だけでなく、デパートを中心とした新宿三丁目やオフィスビル群を擁する西新宿などもすべて商業地域であるが、風俗営業は明らかに歌舞伎町内に集中している。

るように、学校や図書館などの施設の付近には風俗店を出店できないなどの規制はある。しかしこうした規制や制限が課される一方で、歓楽街という区画を統計的に把握しようという試みは、公的には行われていない。

そのため、統計資料から歓楽街にアプローチする仕方は間接的なものにならざるを得ない。ここでは風俗産業に関する「経営」と「労働」という二つの観点から公的統計を概観し、これらによって明らかになる一側面としての歓楽街の把握を目指そう(2)。

さて、個別の公的統計について検討していく前に、次頁に本節で取り上げる統計表を一覧できるように示した（表1-1、表1-2）。本文中ではここに掲載されているものより詳しいデータを引用している場合もある。この一覧表では、統計の年次は列ごとに一致するように配列してある。

2　風俗産業の公的統計からの把握については、労働政策研究・研修機構の高橋康二氏にご助言をいただいたことを特に記して謝す。本文中に不備があればすべて武岡の責任であることは言うまでもない。

表 1-1　本節の統計表（部分）（全国）

全国

警察統計

	2011 年	2012 年
風俗営業	99,994	98,432
接待飲食等営業	68,881	68,558
性風俗関連特殊営業	29,391	30,133
店舗型性風俗特殊営業	8,835	8,685
無店舗型性風俗特殊営業	18,336	19,257

	2011 年 件数	2011 年 人員	2012 年 件数	2012 年 人員
無許可営業	545	767	496	719
無届営業・届出書の虚偽記載等	63	56	46	37

経済センサス

基礎調査	2009 年 事業所数	2009 年 従業者数
766「バー、キャバレー、ナイトクラブ」	126,866	476,180

活動調査	2012 年 総売上	2012 年 1 事業所当たり平均
766「バー、キャバレー、ナイトクラブ」	5,356 億 5,900 万円	1,009 万円

就業構造基本調査

酒場、ビヤホール、バー、キャバレー、ナイトクラブ	2012 年
従業者数	382,300

「接客社交従事者」	2012 年
総数	27,300

国勢調査

193「酒場、ビヤホール、バー、キャバレー、ナイトクラブ」	2010 年
従業者数	453,000

「接客社交従事者」	2005 年	2010 年
総数	37,266	34,720
男性	2,558	3,330
女性	34,708	31,390

表1-2　本節の統計表（部分）（東京都）

東京都

警察統計

	2003年	2004年	2005年	2006年	2007年	2008年	2009年	2010年	2011年	2012年
風俗営業	17,004	16,790	16,500	16,392	15,953	15,463	15,197	14,027	13,277	12,751
接待飲食等営業	10,450	10,577	10,585	10,746	10,614	10,386	10,297	9,425	8,976	8,663
遊技場営業	6,554	6,213	5,915	5,946	5,339	5,077	4,900	4,602	4,301	4,088
性風俗関連特殊営業	5,062	6,299	7,318	2,856	3,256	3,605	3,944	4,386	5,041	5,189
店舗型性風俗特殊営業	1,425	1,412	1,408	694	668	660	659	628	770	774
無店舗型性風俗特殊営業	2,860	3,777	4,593	1,747	2,067	2,337	2,579	2,829	3,087	3,253
映像送信型性風俗特殊営業	604	939	1,148	297	393	490	586	814	1,081	1,061
電話異性紹介営業	173	171	169	118	128	118	120	115	103	101
深夜酒類提供飲食店営業	40,405	40,758	41,005	41,666	42,172	42,901	43,486	42,362	42,494	43,195

行政処分件数	2004年	2005年	2006年	2007年
性風俗関連特殊営業	8	7	14	12
無店舗型性風俗特殊営業	4	4	11	8
風俗営業	170	122	126	233

経済センサス

基礎調査		2009年	活動調査		2012年
766「バー、キャバレー、ナイトクラブ」	事業所数	13,840	766「バー、キャバレー、ナイトクラブ」	回答事業所数	4,282
	うち2006年から存続／新設	12,457/1,246		従業者数	18,143
	従業者数	67,093		売上	763億円

国勢調査

	2010年
接客社交従事者	2,600
男性	400
女性	2,200

警察統計

風俗産業の営業所数が公的に把握されるのは、まず風適法に定められた許可、届出によってであり、次に無許可、無届営業の検挙によってである。以下に掲げるのは、二〇一一年と二〇一二年における風俗営業の許可数ならびに届出数（それぞれ営業所数）（表1―3）と、無許可営業と無届営業に関する検挙件数、人員数（表1―4）である。

表 1-3　平成 24 年末における風俗営業等の営業所数等（許可・届出数）

	H24	H23(参考)
風俗営業	98,432	99,994
接待飲食等営業	68,558	68,881
遊技場営業	29,874	31,113
うちぱちんこ営業	12,149	12,323
うちゲームセンター等営業	6,181	6,648
性風俗関連特殊営業	30,133	29,391
店舗型性風俗特殊営業	8,685	8,835
無店舗型性風俗特殊営業	19,257	18,336
映像送信型性風俗特殊営業	1,879	1,888
電話異性紹介営業	312	332
深夜酒類提供飲食店営業	273,868	272,985
合計	402,433	402,370

＊警察庁生活安全局保安課『平成 24 年中における風俗関係事犯の取締状況等について』14 頁より転載。

表 1-4　無許可営業、無届営業の検挙件数、人員

	2011		2012	
	件数	人員	件数	人員
無許可営業	545	767	496	719
無届営業・届出書の虚偽記載等	63	56	46	37

＊警察庁生活安全局保安課『平成 24 年中における風俗関係事犯の取締状況等について』2 頁より作成。

表1―3は許可数、届出の累積数を表しているが、廃業等に際してすべての営業者が廃業に関する申告を行っているかどうか定かではない。数字を額面通り受け取れば、現在日本では一〇万軒弱の風俗営業と三万軒前後の性風俗関連特殊営業の営業所が存在することになるが、営業開始後に定期的に報告を行うような義務は定められていない。風適法施行規則第三八条では公安委員会によって営業所向けに「おおむね三年ごとに一回」定期講習を行うとされているが、実際にどのていど実施されているか、出席率はどのていどなのか、等については不明である。そのため実態としては廃業してしまっていても、廃業届を出していないためにここでの許可件数、届出件数にカウントされ続けている営業所が存在する可能性がある。つまり全体として数字は実態より多めに見積もられているかもしれない（廃業届けに関する実際の運用については第3章を参照）。

逆に、無許可、無届に関しては当然ながら営業所数に計上されていないため、実際に営業を行っている風俗店よりも数字は過小である可能性がある。公安委員会または警察が風俗営業に対する定期的な査察や抜き打ちの立入検査等を行うことは法令では定められておらず、無許可、無届店に対する捜査、摘発の方針や枠組みは明らか

表 1-5　東京都における許可、届出件数

許可、届出業態	2003	2004	2005	2006	2007
風俗営業	17,004	16,790	16,500	16,392	15,953
接待飲食等営業	10,450	10,577	10,585	10,746	10,614
遊技場営業	6,554	6,213	5,915	5,946	5,339
性風俗関連特殊営業	5,062	6,299	7,318	2,856	3,256
店舗型性風俗特殊営業	1,425	1,412	1,408	694	668
無店舗型性風俗特殊営業	2,860	3,777	4,593	1,747	2,067
映像送信型性風俗特殊営業	604	939	1,148	297	393
電話異性紹介営業	173	171	169	118	128
深夜酒類提供飲食店営業	40,405	40,758	41,005	41,666	42,172

許可、届出業態	2008	2009	2010	2011	2012
風俗営業	15,463	15,197	14,027	13,277	12,751
接待飲食等営業	10,386	10,297	9,425	8,976	8,663
遊技場営業	5,077	4,900	4,602	4,301	4,088
性風俗関連特殊営業	3,605	3,944	4,386	5,041	5,189
店舗型性風俗特殊営業	660	659	628	770	774
無店舗型性風俗特殊営業	2,337	2,579	2,829	3,087	3,253
映像送信型性風俗特殊営業	490	586	814	1,081	1,061
電話異性紹介営業	118	120	115	103	101
深夜酒類提供飲食店営業	42,901	43,486	42,362	42,494	43,195

ではない。そのため表1-4中の数字が全体としての無許可店、無届店の数に対してどういった関係にあるのかは不明である。これは第二章以下で詳述した内容であるが、例えば二〇〇一年に歌舞伎町で発生した大規模なビル火災を承けて新宿区が行った調査によれば、歌舞伎町において飲食店として届け出られ登録されていた店舗四〇六一件のうち一〇三七件が既に廃業していた（新宿区 2002）。また、二〇〇三年ごろに歌舞伎町の風俗営業店に対する一斉立入調査を指揮した新宿警察署の署長は、当時を回顧する文章のなかで、立ち入った先の店で「一〇年も来ていないのに何で今頃来るのか」と言われた、というエピソードを紹介している（原 2006a: 44）。

つまり、再度まとめ直せば、(1)許可数、届出数には既に廃業している営業所が計上され続けている可能性がある。(2)警察の取締りスキームが不明なため、無許可、無届として検挙されている件数の意味は判然としない。

このような曖昧さのなか、表中で風俗営業内の下位分類や性風俗関連特殊営業内の下位分類についてそれぞれ別個に計数されているのは、許可申請や届出に当たって具体的な営業の方法を定められた書式のなかで申告しているからである。

以上で概観した警察統計は全国を対象としたものである。次に東京都の統計を見てみよう（表1-5、図1-1）（『警視庁の統

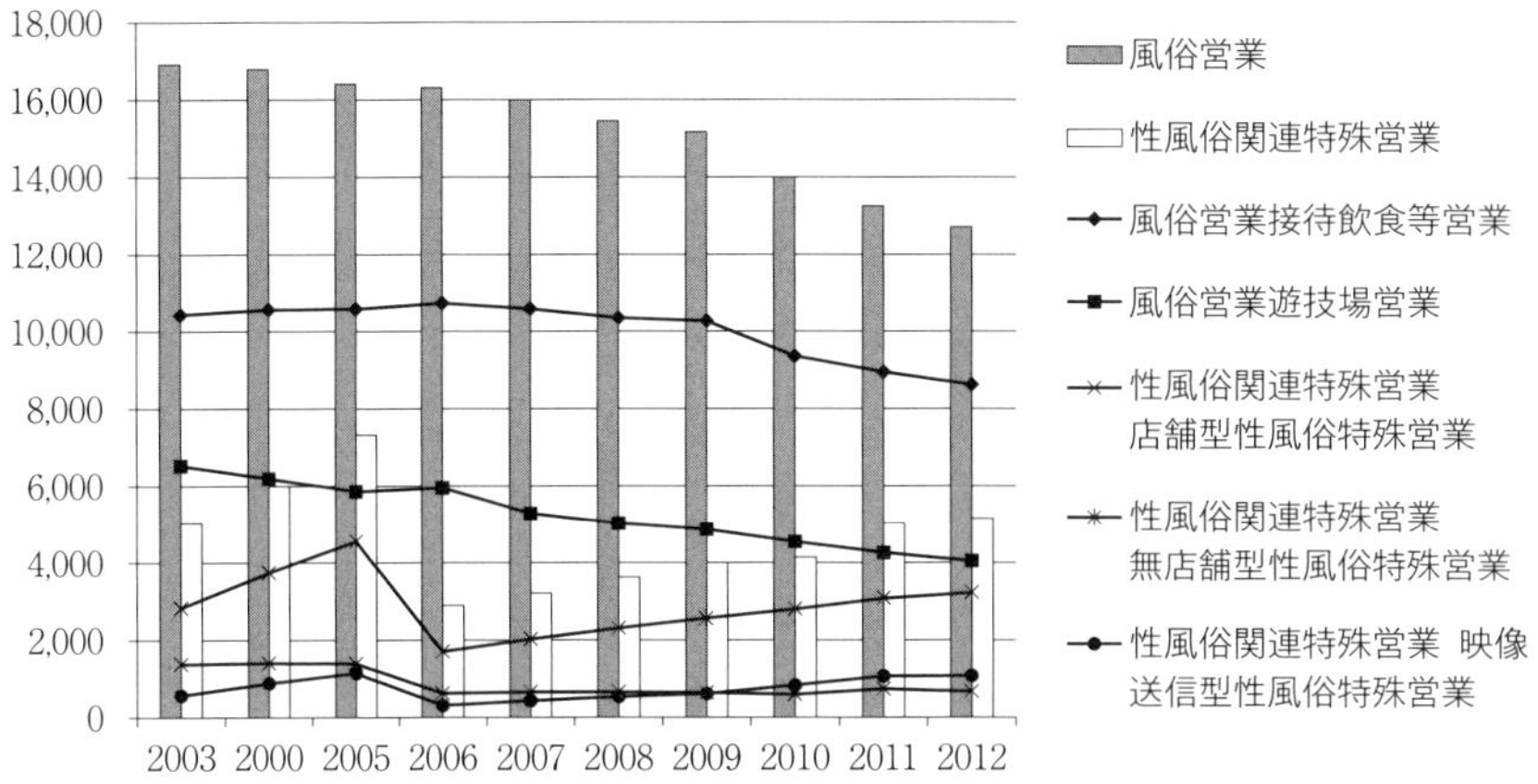

図 1-1　東京都における許可、届出件数

計』各年度版より筆者作成）。

東京の風俗営業はここ一〇年ほど一貫して漸減傾向にある。二〇一二年の全国の営業所数九万八四三二に対して東京都一万二七五一と、全国の約八分の一の風俗営業が東京で営業している。性風俗関連特殊営業は二〇〇五年から二〇〇六年にかけて激減したあと漸増しており、二〇一二年の全国の営業所数三万〇一三三に対して五一八九と、全国の約六分の一の性風俗特殊営業が東京で営業している。二〇〇六年の性風俗関連特殊営業の前年比減少数四五〇〇弱のうち無店舗型の減少数は二八〇〇強と、その後の漸増のトレンドを含めて、性風俗の届出数の変化は多くの部分が無店舗型の推移を反映するかたちとなっており、店舗型についてはほぼ横ばいである。これについて、二〇〇六年五月には改正風適法が施行されており、警察白書では二〇〇六年の性風俗特殊営業の届出数激減は「改正風営適正化法の施行に伴い」と説明されている（警察庁 2007: 111）。

二〇〇六年に施行された風適法は比較的大幅な改正内容を含むもので、(1)人身取引の防止、(2)性風俗関連特殊営業の規制強化、(3)客引きの規制強化、(4)青少年保護の強化、という四点を含んでいた[3]。性風俗特殊営業の規制強化内容は、第一に、届出に際して届出済書を交付し、関係者から請求があったときはこれを提示しなければならないとしたこと、第二に、無店舗型に

表 1-6　東京都における業態別行政処分件数

		2004	2005	2006	2007
性風俗関連特殊営業	（全体）	8	7	14	12
	無店舗型性風俗特殊営業	4	4	11	8
風俗営業		170	122	126	233

おいて受付所はその住所を届出書に記載し、これを店舗型性風俗特殊営業と同等に見なして営業禁止区域等の規定を適用するとしたこと、の二点である。

では、警察白書の記述が示唆するように、こうした改正内容に伴って取締りが強化されて性風俗特殊営業が激減したのだろうか？　以下に示すのは二〇〇六年前後の取締り状況である（表1-6）（『警視庁の統計』各年度版より筆者が作成）。

『警視庁の統計』の該当部分には注に「指示処分を除く」とある。風俗営業に関して指示処分以外の行政処分とはおおむね営業停止を指すので（藤山 2008a: 34-45）、ここでの件数は営業停止件数と解釈して差し支えない。

表1-6を一見して分かるとおり、性風俗関連特殊営業の行政処分の件数は二〇〇六年前後に多少増加しているものの、一〇件前後の些細な数字でしかない。いっぽう営業所数で同時期に大きな変化を見せていなかった風俗営業については一〇〇件から二〇〇件程度の処分件数がある。

つまり、性風俗関連特殊営業の二〇〇六年における約四五〇〇件もの大幅な減少を、風適法の改正によって処分件数が増大したことから説明するのは難しい。この間、統計カテゴリーに関する変化はなく、現在のところ激減の理由ははっきりしない。(4)可能性としては、毎年、大量の新規届出数と廃業数がおおむね釣り合って推移していたのが、二〇〇六年の法改正によって新

3　二〇〇五年十月十二日の衆議院内閣委員会における国家公安委員会委員長村田吉隆による趣旨説明による。その後同年十月十八日に衆議院で、二十八日に参議院でそれぞれ原案通り可決され、翌二〇〇六年の施行に至る。

4　ただし、筆者が警視庁情報公開センターに情報公開請求に赴いた際に、こうした風適法関連の許可や届出、廃業等に関しては、データが必ずしも整備されていないことが分かった。担当者によれば、単純集計データを出力するだけでも、「データ間のコンフリクトがあった」という。そうしたコンフリクトの具体的な内容については明示されなかったが、クリーニングされ集計されるデータは警察の業務に直接必要となるものが主である、とのみ説明された。そのため、警察統計に関してはその作成プロセスに関するより踏み込んだ情報に基づいた検討が今後必要であると言える。

規届出数が激減してバランスが崩れ、累計届出件数としては大幅に減少した、というようなことも考えられるが、ここではこれについてこれ以上検証することは困難である。

歓楽街の維持、再生産メカニズムについて統計によってどの程度迫ることができるか、を検討することが本節の課題であった。以上で見たように、警察統計に関しては、警察による統計データの生成プロセスや取締りスキームが不明瞭であることから、数値に対して安定した評価を下すことが困難であった。以下では続いて政府統計を検討することとしよう。

事業所に関する統計

ここで風適法という枠組みからいったん離れ、政府統計に目を転じてみよう。政府統計は警察統計と作成の目的も利用のされ方も異なるため、歓楽街の別の側面に光を当てているはずだ。

ここでは、事業所・企業の国勢調査とも言うべき経済センサスを見る。経済センサスはこれまで各省庁でばらばらに行われていた産業調査を統合したもので、基礎調査と活動調査に分けられる。それぞれ、二〇〇九年に第一回基礎調査が、二〇一二年に第一回活動調査が実施された。

経済センサスでも用いられている日本標準産業分類においては、分類コード766が「バー、キャバレー、ナイトクラブ」という項目名を与えられており、「主として洋酒や料理などを提供し、客に遊興飲食させる事業所をいう」と説明されている（二〇〇七年十一月改定の産業分類による）。本稿が関心を持つ風適法上の接待飲食等営業は、この分類コード766とほぼ重なるとみてよいだろう。分類の階層構造は、全産業＞大分類M「宿泊業、飲食サービス産業」＞中分類76「飲食店」＞小分類766「バー、キャバレー、ナイトクラブ」である。

いっぽう、本稿のいまひとつの焦点となる性風俗特殊営業については、こうした便利さはない。「ソープランド業」の記述は分類コード7899のなかに見えるが、項目名は「他に分類されない洗濯・理容・美容・浴場業」であり、コインシャワー業やコインランドリー業、マニキュア業などと同じカテゴリーに分類されている。その他ヘルスやイメクラをはじめとして性風俗業態は分類上見当たらず、警察統計では利用可能であった性風俗特殊営業に関するデータは政府統計には含まれていないと見てよい。そのため、以下では本稿の問題関心に近い小分類766「バー、キャバレー、ナイトクラブ」に絞って経済センサスを見ていこう。

経済センサスの二〇〇九年基礎調査[5]では、全国全産業の事業所数は六〇四万三三〇〇であり従業者数は六二八六万五一四人である（表1-7）。このうち小分類766の「バー、キャバレー、ナイトクラブ」は事業所数一二万六八六六、従業者数四七万六一八〇人を抱えている。ところで小分類ごとの事業所数を見た場合、765「酒場、ビヤホール」と766「バー、キャバレー、ナイトクラブ」は、第一位の783「美容業」一七万六一五七事業所、第二位の692「貸家業、貸間業」一六万七九八一事業所に次いで第三位と第四位を占める多さである（総務省 2011: 7）。

「バー、キャバレー、ナイトクラブ」に分類される全国の従業者数四七万六一八〇人のうち男性は一〇万三九九九人、女性が三七万二一八一人である。この女性比率（七八・二%）は、小分類ごとに見た場合「保育所」や「訪問介護事業」などに次いで第六位の高さである（総務省 2011: 23）。

次に全国から東京都に目を移してみると、東京都の小分類766は事業所数一万三八四〇、従業者数六万七〇九三人となっている（都内の全事業所数は六九万四二一二、全従業者数は九五二万八三三五人である）。東京都の事業所数一万三八四〇のうち個

5　ここで従業者とは当該事業所に所属して働いているすべての人を言う。具体的には個人業主本人や無給の家族従業者、他社からの派遣社員やアルバイト、臨時雇用者などがすべて含まれる。

表 1-7「バー、キャバレー、ナイトクラブ」の事業所、従業者数

	事業所数	従業者数
全産業	6,043,300	62,860,514
バー、キャバレー、ナイトクラブ（対全産業%）	126,866（2.1%）	476,180（0.8%）

表 1-8　東京都における「バー、キャバレー、ナイトクラブ」

	事業所数	従業者数	男	女
バー、キャバレー、ナイトクラブ	13,840	67,093	21,742	45,351
1 ～ 4 人	9,539	19,983	6,166	13,817
5 ～ 9 人	2,800	17,873	5,243	12,630
10 ～ 19 人	1,012	13,188	4,642	8,546
20 ～ 29 人	263	6,207	2,308	3,899
30 ～ 49 人	181	6,655	2,450	4,205
50 ～ 99 人	37	2,425	696	1,729
100 人以上	5	762	237	525

人経営は一万九二〇（七八・九％）、法人経営は二九一七（二一・〇％）である。[6] また、これを従業者規模別に見ると表1―8のようになり、小規模な事業所が大部分を占めることが分かる。

経済センサスは二〇〇六年の事業所・企業統計調査との比較から、事業所について存続、新設、廃業の数をそれぞれ集計している。先ほどから見ている東京都における小分類766「バー、キャバレー、ナイトクラブ」一万三八四〇事業所のうち、二〇〇六年から存続しているものは一万二四五七、新設されたものは一二四六である。[7] これに対して廃業数は五二〇九である。存続数に対する廃業数の比は〇・四二であり、上位カテゴリーである中分類76飲食店の〇・二七、全産業の〇・二二に比べて高い割合となっている。また、全産業のうちでも総事業所数が一万以上のカテゴリーにおいては最高の値となる（次点は中分類57「織物・衣服・身の回り品小売業」の〇・三五）。

6　個人経営と法人経営の事業所数を合算した値が全事業所数一万三八四〇に一致しない（和は一万三八三七）である理由は不明。

7　存続数と新設数の和と事業所数が一致しないのは、統計表の注によれば総数一万三八四〇に存続、新設の別が不詳のものが含まれるためであると考えられる。

以上、経済センサスの基礎調査では、産業小分類766の事業所数と従業者数を見た。このカテゴリーの事業所数はきわめて多く、全国全産業の二・一％を占めていた。それに対して従業者数は相対的に少なく、一事業所あたりの従業者数が少ないことが分かる。性別については女性の従業者比率が高く、また廃業率については飲食店全体と比べてもきわめて高かった。

さて、基礎調査に引き続き経済センサス活動調査の内容を見てみよう。既述の通り経済センサスは基礎調査と活動調査から成り、第一回活動調査は二〇一二年に実施された。調査法は基礎調査と同じく事業所の全数調査であり、調査員の訪問による留置自記式の調査票調査である。

活動調査はその名の通り売上高など経営に関わる数値が調査されている。日本全体の全産業での売上高一三三五・五兆円のうち大分類「宿泊業、飲食サービス業」の売上高は約二〇兆円である。そのうち中分類「飲食サービス業」は一三兆五七七二億円であり、小分類「バー、キャバレー、ナイトクラブ」は五三五六億五九〇〇万円の売上となっている。ただし、これは売上並びに従業者数について回答の得られた五万三一〇一の事業所についての集計値である。一事業所あたりの平均売上高は一〇〇九万円で、中分類「飲食サービス業」の中でも最低である（次いで「お好み焼き・焼きそば・たこ焼店」一一八二万円、「喫茶店」一五〇八万円など）。従業者一人あたりの売上高も三〇〇万円と中分類中最低である（次いで「ハンバーガー店」三一八万円、「お好み焼き・焼きそば・たこ焼店」三一九万円など）。この小分類の内部で、個人経営[8]の事業所が売上に占める割合を見ると、「バー、キャバレー、ナイトクラブ」は六五・一％となっており、飲食サービス業内で並外れて高い（二位は二九・八％の「酒場、ビヤホール」、三位は二九・七％の「喫茶店」である）。

東京都の小分類「バー、キャバレー、ナイトクラブ」に関して、従業者数と売上金額について回答の得られた四二八二事業所については、従業者数は一万八一四三人、売上金額は七六三億円であった。つまり一事業所あたり四・二人の従業者で売上は一七八〇万円である。

以上の内容を改めてまとめれば、「バー、キャバレー、ナイトクラブ」に分類される事業所の特徴は以下のようにまとめることができるだろう。事業所の数は多く、そのうち個人経営が八割ほどを占めている。また、従業者の女性比率はきわめて高い。二〇〇六年（事業所・企業統計調査）から二〇〇九年（経済センサス基礎調査）にかけての廃業率は高く、東京都においては三分の一ほどの事業所が廃業していた。売上に関しては一事業所あたりの売上ならびに従業員一人あたりの売上がきわめて低い。

経済センサスはミクロデータが利用できず、個々の売上などについては明らかではないが、全体として均して見ると、「華やかな夜の世界」のイメージからはほど遠い、こぢんまりとした経営で数多くの事業所が存在し、次々と廃業していく様子が見て取れる。

さて、経済センサスに引き続き、事業所に関する統計として利用可能な就業構造基本調査を見てみよう。二〇一二年に実施された就業構造基本調査は全国の四七万世帯、一〇〇万人をランダムサンプリングし、調査員による訪問調査を行っており、経済センサスが事業所に対して調査を行っているのとは調査対象が異なる（就業構造基本調査は世帯、経済センサスは事業所）。就業構造基本調査の調査結果の数値は全国の一五歳以上人口である一億一〇九七万人についてのデータに換算されたものなので、全数調査の経済センサスと単純に比較することができる。以下では二〇一二年の就業構造基本調査について見てみよう。

まず、全国での「酒場、ビヤホール、バー、キャバレー、ナイトクラブ」の従業者数は三八万二三〇〇人である（うち男性

8　個人経営に対置されるのは法人経営である。法人は主として会社法の規定により登記された会社を指すが、それ以外の独立行政法人や社団法人などの経営する事業所も法人経営である。

一六万四〇〇〇人、女性二一万八三〇〇人）。これはこれまで検討してきた経済センサスにおける産業小分類766「バー、キャバレー、ナイトクラブ」に、765「酒場、ビヤホール」を足したものとほぼ同じカテゴリーであると考えられるが、経済センサス基礎調査（二〇〇九年）の小分類765と766の従業者数の和は一一九万四〇四人であり、就業構造基本調査での数値より著しく大きい。日本全体の従業者数は経済センサスで六二八六万人、就業構造基本調査で六四四二万人となっており、「酒場、ビヤホール、バー、キャバレー、ナイトクラブ」の従業者数の大小と逆の関係になっている。これはどういうことなのか。

　ここで、就業構造基本調査と同じく世帯を単位として調査を行っている国勢調査に目を向けてみよう。国勢調査の二〇一〇年調査については産業小分類の抽出速報集計が利用可能である（二〇一三年十月現在）。国勢調査における産業小分類193は「酒場、ビヤホール、バー、キャバレー、ナイトクラブ」という項目名で、内容は「酒類及び料理をその場所で飲食させる事業所及び洋酒や料理などを提供し，客に遊興飲食させる事業所をいう」と説明されている。さて、国勢調査の産業小分類193の従業者数は、二〇一〇年の国勢調査では全国で四五万三〇〇〇人である（うち男性一九万四九七〇人、女性二五万八〇三〇人）。これは経済センサスに比べれば就業構造基本調査に近い数字であり、男女比も似通っている。そのため、この数字の大きな食い違いは調査方法の違い（事業所を対象とする経済センサスと、世帯を対象とする就業構造基本調査・国勢調査）として理解できるかも知れない。この点については本節末で改めて触れよう（ところで就業構造基本調査の東京都の統計では産業小分類が集計されていないためここでは割愛する）。

従業者に関する統計

以上では事業所に目を向けて歓楽街を構成する風俗産業についての統計を見てきた。次に、ひとりひとりの労働者に焦点を当ててみよう。

　国勢調査等で利用される日本標準職業分類において、風俗産業と密接に関連するカテゴリーは小分類405「接客社交従事者」[9]である（表1-9、二〇〇九年十二月統計基準設定）。

　これは既に見た風適法上の「接待飲食等営業」（キャバクラ等を典型とする）において接客に従事する人びとを指すカテゴリーである。一方、経済センサスと同様に性風俗関連特殊営業については適合的なカテゴリーが存在しない。そのため以下ではこの小分類405「接客社交従事者」について見ていこう。

ひとりひとりの労働者に関する基本的な統計には労働力調査

表 1-9　日本標準職業分類 405「接客社交従事者」

分類コード	405
項目名	接客社交従事者
項目の説明	キャバレー・ナイトクラブ・バーなどにおいて、客の接待をして飲食させるなどの接客サービスの仕事に従事するものをいう。
事例	キャバレーの社交係；キャバレーのホステス；ナイトクラブのホステス・ホスト；サロンのホステス・ホスト；バーのホステス・ホスト；接客社交係（キャバレー・ナイトクラブ・バーなど）
不適合事例	フロント（企業）〔254〕；キャバレーのボーイ〔403〕；喫茶店のウエイトレス・ウエイター〔403〕；仲居（旅館など）〔404〕；ドア係〔404〕；芸者〔406〕；社交ダンサー〔406〕；フロント（ホテル）〔407〕

表 1-10　接客社交従事者数

		1985	1990	1995	2000	2005	2010
総数		99,061	94,850	86,077	72,131	37,266	34,720
	男性	3,286	5,040	4,884	4,867	2,558	3,330
	女性	95,775	89,810	81,193	67,264	34,708	31,390
	カテゴリー名	接客社交係	接客社交係	接客社交係	接客社交従事者	接客社交従事者	接客社交従事者

があるが、これは職業に関する詳細なデータを一般公開していない。ほぼすべてのデータは大分類での集計のみが利用可能であり、本研究の目的にはそぐわない。そこで、ここでは小分類の利用可能な国勢調査と就業構造基本調査を取り上げることにする。

まず国勢調査における当該カテゴリーの従業者数について時系列データを示したのが表1-10である。

二〇〇五年調査において従業者数がほぼ半減しているが、分類基準は二〇〇〇年から二〇〇五年にかけて変化はなく、急減の理由については必ずしも明らかではない(10)。

次に、就業構造基本調査において同じく「接客社交従事者」のデータを見てみよう。二〇〇七年までの調査結果の集計は中分類（「接客社交従事者」を包含する「接客・給仕職業従事者」）までしか一般公開されていなかったが、二〇一二年からは小分類での集計結果を見ることができる。これによれば二〇一二年の「接客社交従事者」は全国で二万七三〇〇人（うち男性二九〇〇人、女性二万四四〇〇人）である。既に事業所に関する統計で見たのと同様、国勢調査の結果と就業構造基本調査の結果に大きな差はない。また、これも事業所と同様に、職業についても都道府県別の小分類集計は一般公開されていない。

国勢調査に戻って、二〇一〇年の東京都について見てみると「接客社交従事者」は男性四〇〇人、女性二二〇〇人の合計二六〇〇人である。[11] 全国の人数三万四七二〇人に比べて東京の占める人数としてはやや少ない印象を受けるが、例えば次章で見るように、歌舞伎町での国勢調査の回収率はおそらく五〇％程度である。こうした回収率の低さが、東京都全体についても当てはまる傾向であれば、東京都の「接客社交従事者」が不釣り合いに少ないことが説明されるかも知れない。

各種統計の比較と照合

以上、本節では公的な統計から歓楽街の姿を描き出すことを試みた。ここで本節のまとめとして、各種統計がどのような方法で実施されたかを再度確認し、その上で、二〇一〇年の東京都に絞って各種統計にあらわれている数字を相互に比較してみよう。

ここまでに取り上げたのは警察統計、経済センサス、国勢調査であった。警察統計は、風適法に基づいて許認可を管轄する公安委員会が把握している営業数と、取締りの当事者である警察が作成した検挙数を扱っている。これに対して経済センサスは登記簿などに基づいて行った事業所への全数調査である。また、国勢調査は世帯を単位とした全数調査である。

さて、これらの統計にあらわれた、二〇一〇年の東京都における歓楽街の状況をまとめたのが表1-11である（経済センサスのみ二〇〇九年）。

言うまでもなく、これらの調査

表1-11　2010年の東京における歓楽街

	カテゴリー名	事業所	従業者
警察統計	風俗営業	14,027	
	（うち接待飲食等営業）	9,425	
	性風俗関連特殊営業	4,386	
	深夜酒類提供飲食店営業	42,362	
経済センサス（2009）	バー、キャバレー、ナイトクラブ	13,840	67,093
国勢調査	接客社交従事者		2,600

9　http://www.soumu.go.jp/main_content/000291936.pdf（二〇一四年八月三十日閲覧）

10　国勢調査における「調査期間内に調査票が提出されなかった世帯数」の割合は、一九九五年で〇・五％、二〇〇〇年で一・七％、二〇〇五年で五・五％となっており、確かに回収率は急速に低下してはいるものの、職業カテゴリーの半減までをも導くものとは言い切れない。

11　数値が丸められているように見えるのは、職業小分類に関する統計が抽出集計（全体から一割程度の標本を抽出して推計したもの）であるため。

は異なる調査方法で実施されており、用いているカテゴリーも厳密には対応していない。しかし同時に、どの調査もそれぞれの目的に応じて網羅的な把握を試みてもいるはずである。経済センサスにおける「バー、キャバレー、ナイトクラブ」の従業者数と、国勢調査における「接客社交従事者」は、かなりの程度まで対象者が一致しているはずであるが、数値には大きな開きがある。「接客社交従事者」は「キャバレー・ナイトクラブ・バーなどにおいて」接客サービスに従事する職業であるが、店舗の従業者全体の数%しか接客をしていないということは考えづらい。

歓楽街における風俗営業はほとんどが夜間に営業しており、経済センサスでは調査員が訪問することが困難であることは想像に難くない。この業態では看板も出していない完全会員制のような営業形態も珍しくない。国勢調査に関しては、生活時間帯のずれや、職業に付与されたスティグマも無視できないだろう。次節では特に歌舞伎町の丁目別データを国勢調査についても見るが、歌舞伎町では国勢調査の設問に対する応答率が、設問ごとにばらつきがあるものの総じて低い。

このように、統計資料を検討したことで改めて明らかになったのは、歓楽街という対象に統計からアプローチすることの困難さである。本稿ではこの困難さを具体的な資料から再確認するとともに、その困難のなかで少なくとも得られたいくつかの数字を検討した。その数字についてはさまざまな評価の仕方があるだろうが、たとえば経済センサス基礎調査（二〇〇九年）における東京都の「バー、キャバレー、ナイトクラブ」の従業者数六万七〇九三人という数字は、小さなものではない。これは歓楽街性に関わる就労がある一定の大きさを持ったまとまりとして存在することを示唆する。また、女性従業者の圧倒的に多いことが明確に示されていたのも、統計から取り出すことのできた情報のひとつであった。これは歓楽街におけるジェンダー非対称性のひとつの側面を示すものだと言えよう。

以上、本節では統計資料から歓楽街のイメージを描き出すことを試みたが、その成果はいささかネガティブなものであった。しかしながらこうした統計によるアプローチの困難性それ自体が歓楽街の有する特徴として重要なものであることは、ここで繰り返し強調しておきたい。

2 歌舞伎町の統計

本節では町丁目ベースのいくつかの統計データと情報公開請求による資料を取り上げる。まずその一覧は以下に示す通りである。以下ではこれらを順に見ていこう。

■東京都情報公開資料
・家屋建築年次別棟数
・家屋用途別棟数
■住民基本台帳
・年齢別住民基本台帳人口および世帯数
■国勢調査
・夜間人口
・昼間人口（推計）
■経済センサス
・産業大分類別事業所数、従業者数
■警視庁情報公開資料
・許可証（届出確認書）上の業種別許可数（届出数）

建築年次別棟数、用途別棟数、（東京都情報公開資料）

人口や事業所といった人間の統計を見る前に、まずは建築について基本的な情報を確認しておこう。本項で取り上げる数値は、東京都主税局資産税部計画課に情報公開を請求し、二〇一四年七月に開示された文書に基づいている。文書にはいずれも作成日として「平成二十六年四月十八日」と記載がある。

まず、以下に示す表2-1は丁目別、建築年次別の棟数と床面積（単位は平方メートル）である。

二〇一四年四月の時点で、一丁目には五一二棟、二丁目には三四〇棟の家屋がある。ただしここで言う家屋とは次に見るように住宅だけでなく事務所やホテル、駅舎などすべての建築物が含まれる。行政区画としての歌舞伎町全体の面積は一丁目が約〇・一六平方キロメートル、二丁目が約〇・一九平方キロメートルなので、二丁目の方が一棟あたりの敷地面積が大きいことが分かる。平均床面積で見れば二丁目は一丁目の約二倍である。ところで、家屋の階数について東京都ではデータを持っていないとの回答であり、不明である。

年次について見ると、一丁目では現存する家屋の四割ほどが昭和二十年代に建てられており、築六〇年以上とかなり古い。ただしこれらは平均床面積が三五・四平方メートルとかなり狭隘、低層であることから、一丁目東端のゴールデン街[12]などを中

表 2-1　建築年次別棟数、床面積

建築年次	1丁目			2丁目			計		
	棟数	床面積	平均床面積	棟数	床面積	平均床面積	棟数	床面積	平均床面積
大正以前	0	-	-	1	44.6	44.6	1	44.6	44.6
昭和1～20	0	-	-	0	-	-	0	-	-
昭和21～30	221	7,819.2	35.4	4	1,287.3	321.8	225	9,106.5	40.5
昭和31～40	60	65,751.7	1,095.9	22	19,487.3	885.8	82	85,239.0	1,039.5
昭和41～50	77	150,075.8	1,949.0	92	139,026.0	1,511.2	169	289,101.8	1,710.7
昭和51～60	65	101,558.6	1,562.4	111	147,847.2	1,332.0	176	249,405.8	1,417.1
昭和61～平成7	37	41,262.7	1,115.2	56	169,338.0	3,023.9	93	210,600.7	2,264.5
平成8～17	31	16,357.7	527.7	35	64,673.3	1,847.8	66	81,031.0	1,227.7
平成18以降	21	28,745.5	1,368.8	19	30,101.7	1,584.3	40	58,847.2	1,471.2
合計	512	411,571.0	803.8	340	571,805.4	1,681.8	852	983,376.4	1,154.2

心としたものかも知れない。

次に、用途別の棟数ならびに床面積を見てみよう（表2−2）。まず合計部分を見てみると、各数値は建築年次別の合計値と完全に一致している。このことは、現存する家屋についてはここに挙げる用途のいずれかひとつに必ず分類されていることを示していると考えられる。

次に個別の値について見てみよう。まず用途について最多の棟数があるのは一丁目、二丁目ともに「事務所・店舗」である。棟数で次に多いのは、一丁目が「併用住宅」、二丁目が「ホテル・旅館」である。一丁目は注12で言及したようにゴールデン街の建物が住居部分を持つ店舗＝「併用住宅」であること、二丁目はラブホテルが非常に多いことからこうした数値になっているのだろう。そのほか、二丁目の併用住宅、共同住宅の床面積は一定の規模があることが分かる。これは次項で見るような二丁目の人口の相対的な多さと結びついている。一丁目の併用住宅は、棟数こそ二〇五棟と多いものの、平均床面積は一三三平方メートルと狭小であり、このことからも人口を抱えること

12　一軒あたりの敷地面積が三坪または四・五坪で三階建てのバーが密集している地域。一階と二階は入り口が別で別営業とし、三階は住居となっている場合が多い。

表 2-2　用途別棟数、床面積

用途	1丁目			2丁目			計		
	棟数	床面積	平均床面積	棟数	床面積	平均床面積	棟数	床面積	平均床面積
専用住宅	5	927.2	185.4	1	44.6	44.6	6	971.8	162.0
共同住宅	1	1,965.8	1,965.8	29	57,447.6	1,981.0	30	59,413.3	1,980.4
併用住宅	205	27,315.2	133.2	58	82,740.5	1,426.6	263	110,055.7	418.5
ホテル・旅館	2	55,576.7	27,788.3	80	116,611.3	1,457.6	82	172,188.0	2,099.9
事務所・店舗	275	308,807.8	1,122.9	148	309,018.2	2,088.0	423	617,825.9	1,460.6
駅舎	1	510.6	510.6	0	-	-	1	510.6	510.6
工場	16	12,828.8	801.8	0	-	-	16	12,828.8	801.8
倉庫	5	1,016.3	203.3	11	5,263.6	478.5	16	6,280.0	392.5
その他	2	2,622.8	1,311.4	9	143.5	15.9	11	2,766.2	251.5
合計	512	411,571.0	803.8	340	571,805.4	1,681.8	852	983,376.4	1,154.2

のできない地域であることが分かる。

年齢別住民基本台帳人口および世帯数（住民基本台帳[13]）

以下の図2-1、図2-2に示したのは、直近七年間の住民基本台帳上人口である。世帯数については二〇一三、二〇一四年のデータしか入手できなかったが、目盛り軸は人口と同じなので、一丁目、二丁目ともに世帯員一名の世帯が多いことが分かる。

これを見ると、一丁目の人口は二五〇～三〇〇人程度、二丁目は二五〇〇人程度である。住民基本台帳による東京二三区の人口密度は二〇一三年で一平方キロメートルにつき一万四三六九人であり、歌舞伎町一丁目（〇・一六平方キロメートル）の約一八七五人／平方キロメートルはかなり少ない。二丁目（〇・一九平方キロメートル）は約一万三〇〇〇人／平方キロメートルで、おおむね二三区平均と同程度である。これは後に見るように二丁目は北辺、東辺に一〇階建て程度のマンションを擁していることによる。

ところでこれは住民基本台帳上のデータであり、住民票を移していない場合などについて、実態を反映していない可能性が

13　この項目の数値は『新宿区の統計』各年度版に拠っている。

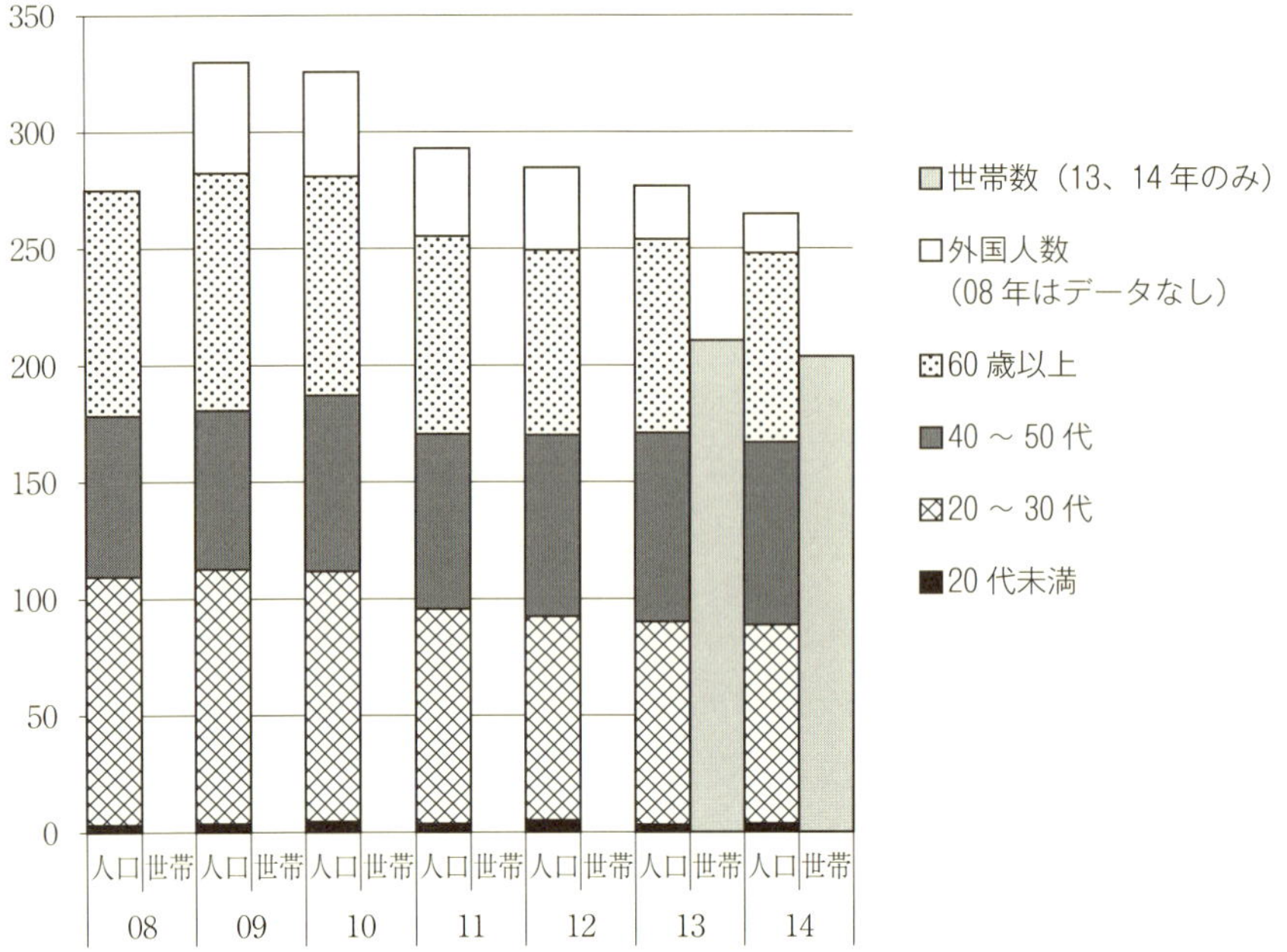

図 2-1　2008 ～ 14 年の人口数、世帯数（1 丁目）

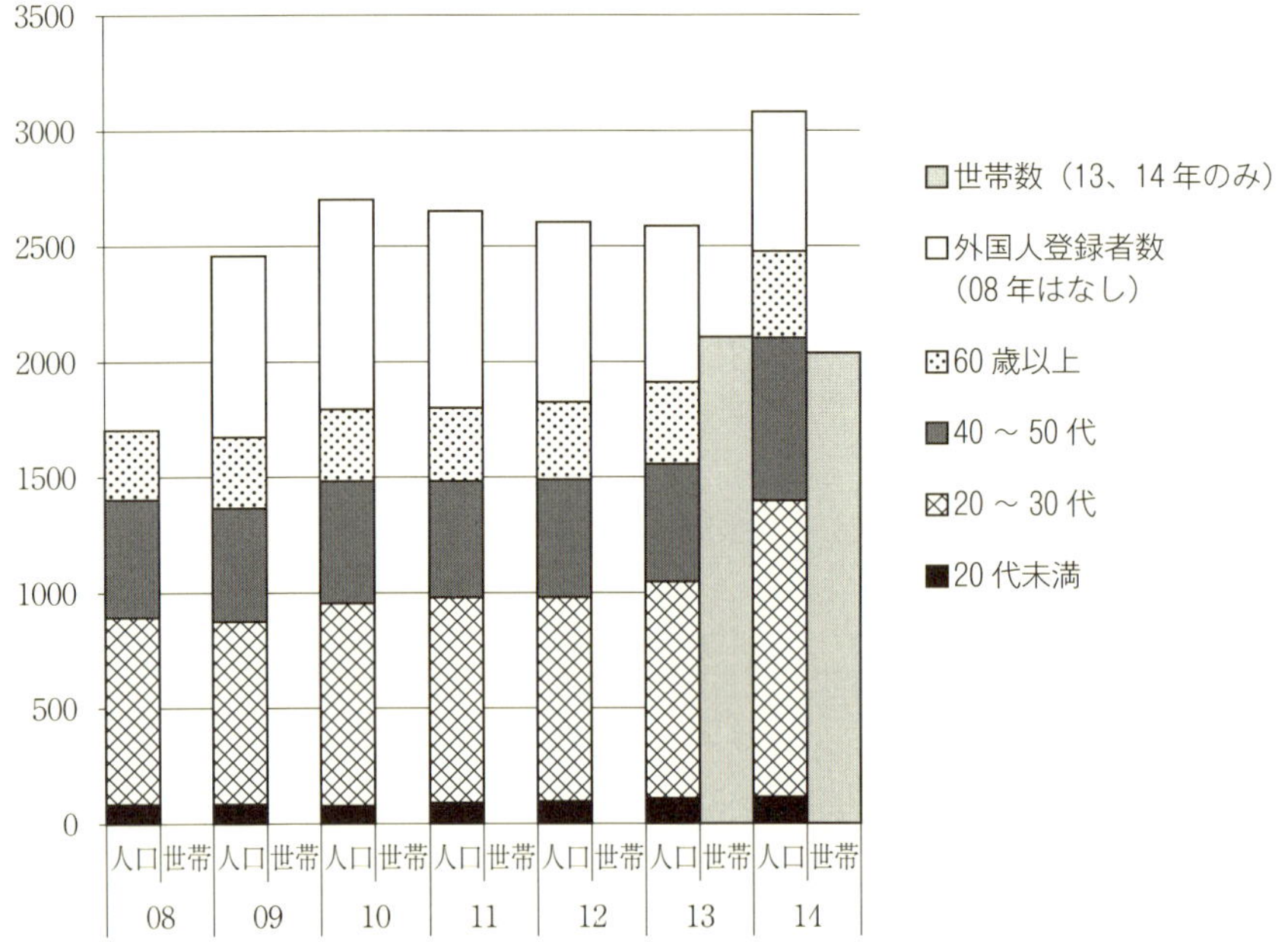

図 2-2　2008 ～ 14 年の人口数、世帯数（2 丁目）

ある。そこで次に調査員による訪問全数調査である国勢調査の数値を見てみよう。

夜間人口と昼間人口（推計）（国勢調査[14]）

次に掲げたのは国勢調査に基づく夜間人口、世帯数と昼間人口（表2-3）をグラフにしたものである（図2-3、図2-4）。

ここで改めて確認しておけば、国勢調査は調査員による訪問式の全数調査である（単位は世帯）。ここで、調査対象者は三ヵ月にわたり当該住居に住んでいる者または住むことになっている者で、外国人も含まれる。ただし、世帯員の不在等によって調査できなかった場合、氏名、男女の別、世帯員数の三項目に限って近隣の者に聞き取り調査が行われ、結果が補われる。夜間人口とは単純に当該地域を常住地としている人数であるのに対し、昼間人口は国勢調査項目中の「従業地又は通学地」の項目を用いて推計される。つまり、昼間人口とは夜間人口から他所への通勤（通学）者数を引き、当該地への通勤（通学）者数を

表 2-3　2000 ～ 2010 年の丁目別夜間、昼間人口

		夜間		昼間
		人口	世帯数	
2000	1 丁目	192	-	16,336
	2 丁目	2,013	-	15,475
2005	1 丁目	225	154	15,300
	2 丁目	2,073	1,469	12,082
2010	1 丁目	秘匿	118	12,965
	2 丁目	2,492	1,810	9,232

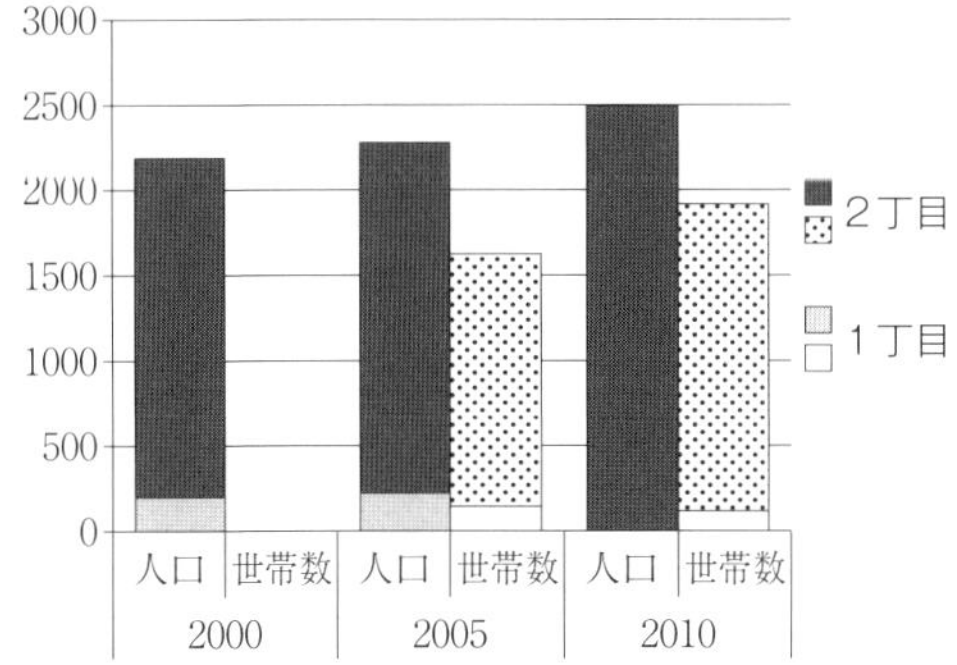

図 2-3　夜間人口、世帯数（ただし 2010 年は 1 丁目と 2 丁目合算）

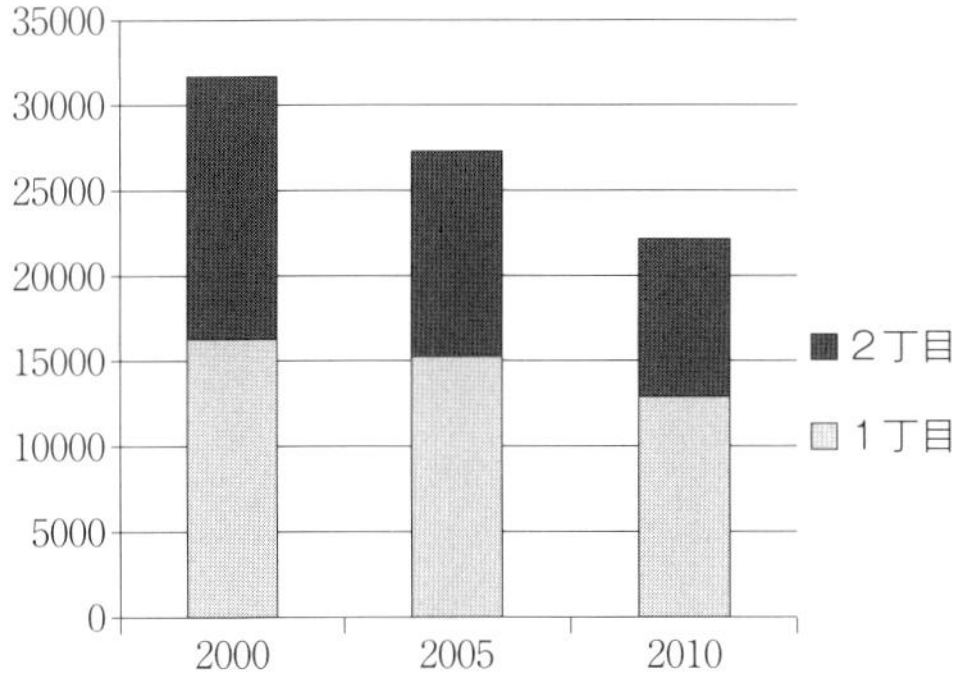

図 2-4　昼間人口（推計）

足したものである。(15)

一丁目の二〇一〇年夜間人口が「秘匿」とあるのは、数値が少なく個別の情報が判明してしまうおそれがあるため公表が控えられているという意味で、この数値は二丁目に統合されている。つまり、二〇一〇年の数字は一丁目と二丁目の合算値である。

夜間人口と昼間人口を比較してみると、夜間人口が二五〇〇人程度であるのに対して昼間人口は二万人～三万人と、一〇倍程度の開きがある。ただしここでは歌舞伎町を「従業地」としていると考えられる人数（注15参照）が二万人程度いるということが分かるのみであり、その勤務時間帯が「昼間」であるかどうかは不明である。

国勢調査の夜間人口（＝常住人口）の数値を住民基本台帳の人口と比較してみると、国勢調査の方がやや少ない傾向にある。単純に比較できるのは二〇一〇年の数値だけであり、二〇一〇年は一丁目の夜間人口が利用可能でないものの、住民基本台帳上の歌舞伎町一、二丁目の人口約三〇〇〇人に対して、国勢調査では二四九二人である。

国勢調査はあくまで実勢ベースの調査であり、住民基本台帳という帳簿に記載されている人数とは意味が異なる。ところが、調査方法から明らかなように、全数調査とはいえ国勢調査の網羅性には限界がある。とりわけ、回答の得られなかった世帯については近隣世帯に世帯員数等を調査することになっていたが、果たして近隣世帯どうしで世帯員数はどの程度正確に把握されているのだろうか？　ここで、国勢調査による二〇一〇年の世帯人員別世帯数を見てみよう（表2-4）。

ここでは一丁目の人員数も掲げられている。一丁目と二丁目の人数の和（一三六＋二三三八）は二四七四人となり、前掲の二〇一〇年夜間人口二四九二人より若干少ないが、これはこの表で世帯員数不詳の世帯については人員に算入されていないためであると考えられる。いずれにせよ世帯員数は総じて少なく、多くが一人世帯であり、平均すると世帯あたり人員は一・三人である。

つまり、歌舞伎町では多くは一人世帯であり、近隣の者もま

14　この項目の数値は『東京都の統計』各年度版に拠っている。

15　ただし国勢調査における「従業地又は通学地」の回答単位は市区町村であり、歌舞伎町一丁目、二丁目のような町丁目別のデータは直接には手に入らない。そこで『東京都の統計』では「就業者」については経済センサス基礎調査から、「通学者」については学校基本調査から、それぞれ按分比を求めて、「新宿区を従業地又は通学地と回答した人数」にその比を乗じて計算しているという。

表 2-4　世帯人員別世帯数（2010 年）

丁目	世帯総数	世帯数								世帯人員	1 世帯あたり人員
		総数（世帯人員が判明しているもの）	世帯人員が 1 人	2 人	3 人	4 人	5 人	6 人	7 人以上		
1 丁目	118	106	89	10	5	1	-	-	1	136	1.3
2 丁目	1,810	1,808	1,441	262	61	35	6	2	1	2,338	1.3

た一人世帯であることが多いだろう。こうした状況下では、近隣の者への調査という方法がどの程度実際の居住状況を把握できているのかについて、かなりの留保が必要だと言えよう。それはとりわけ、歌舞伎町一丁目のような人口密度の低い地域においてそうである。

国勢調査で、他の質問項目に対する応答数はどの程度なのだろうか？　つまり、「近隣の者」に調査される氏名、性別、世帯員数以外の情報はどの程度回収されているのだろうか。それを丁目別、質問項目別に集計したのが以下の表2-5である。

夜間人口の二四九二人を母数とすれば、いずれの質問項目も半数以下の応答率に留まっている。こうした応答数の少なさが、回収された調査票中の回答率の低さによ

表 2-5　2010 年国勢調査の質問項目別応答数*1

質問項目	1 丁目	2 丁目	計
夜間人口（再掲）	-	-	2,492
労働力状態	66	1,126	1,192
労働力人口	*47*	*781*	
非労働力人口（15 歳以上）	*18*	*271*	
15 歳未満人口	*1*	*74*	
従業地・通学地*2	45	855	900
利用交通手段*3	11	368	379
5 年前の常住地	41	637	678
現住所	*36*	*425*	
都内（現住所以外）	*3*	*136*	
他県	*2*	*76*	

イタリックの数字は各質問項目内の下位項目の応答数

＊1　国勢調査は世帯単位の調査だが、ここでは世帯内人員も含めて数え上げられた人数を「応答数」としている。

＊2　「自宅就業者」や「休業者」のほか「不詳」も算入した総数。

＊3　15 歳未満含む。また選択肢には「徒歩」も含まれている。

表 2-6　産業大分類別事業所数、従業者数（2012）

産業大分類		1丁目		2丁目	
		事業所数	従業者数	事業所数	従業者数
総数		1,095	11,750	800	8,732
A B	農林漁業	-	-	-	-
C	鉱業，採石業，砂利採取業	-	-	-	-
D	建設業	1	3	12	115
E	製造業	-	-	3	13
F	電気・ガス・熱供給・水道業	-	-	1	-
G	情報通信業	6	61	27	543
H	運輸業，郵便業	1	40	2	7
I	卸売業，小売業	139	1,079	75	912
J	金融業，保険業	9	91	7	694
K	不動産業，物品賃貸業	53	309	81	424
L	学術研究，専門・技術サービス業	13	222	36	161
M	宿泊業，飲食サービス業	698	7,377	449	3,735
N	生活関連サービス業，娯楽業	117	1,818	46	692
O	教育，学習支援業	8	104	6	64
P	医療，福祉	22	242	23	1,080
Q	複合サービス事業	2	17	1	7
R	サービス業（他に分類されないもの）	26	387	31	285

るものなのか、または調査票じたいの回収率の低さなのか、ここでは不明である。次に、事業所、企業を対象とした全数調査である経済センサスについて、歌舞伎町の数値を見てみよう。

産業大分類別事業所数、従業者数

上に示した表2-6は二〇一二年の経済センサス（活動調査）による歌舞伎町一、二丁目の産業大分類別の事業所数、従業者数である。前節でも見たように、経済センサスは調査員が事業所を直接訪問し、調査票を配布、回収する全数調査であり、企業・事業所を対象とした国勢調査に当たる。

これを見ると従業者数の総数は、国勢調査で推計された昼間人口の総数とおおむね似通った値となっている。注15で触れたように、丁目別昼間人口は経済センサスの結果をもとに推計している。とはいえ世帯を対象とした国勢調査と、事業所を対象とした経済センサスとで、あまり大きな隔たりのない値が得られることはそう自明なことではない。

では、経済センサスと国勢調査の結果はそれなりに歌舞伎町の実態を把握することに成功しているの

表 2-7　丁目別、営業種別許可、届出数

			許可証等に記載された営業の種類	1丁目	2丁目	計
風俗営業		1号	キャバレー等	3	7	10
		2号	料理店等	0	2	2
			社交飲食等	334	595	929
性風俗関連特殊営業	店舗型性風俗特殊営業	1号	個室付浴場業	7	1	8
		2号	店舗型ファッションヘルス等	12	0	12
		3号	ヌードスタジオ等	7	0	7
			のぞき劇場等	6	0	6
			ストリップ劇場等	2	1	3
		4号	ラブホテル	1	29	30
			レンタルルーム	7	9	16
		5号	アダルトショップ等	4	0	4
		6号	出会い喫茶等	6	0	6
	無店舗型性風俗特殊営業	1号	派遣型ファッションヘルス等	72	111	183

だろうか？　ここで、警視庁への情報公開請求で開示された資料を、経済センサスの数値と照らし合わせてみよう。

許可証（届出確認書）上の業種別許可数（届出数）

風俗営業は、接待系の店舗等であれば営業許可申請を、性風俗系の店舗であれば営業の届出をしなければならない。上に示す表2-7は風俗営業、性風俗特殊営業の業種別許可数、届出数である。営業者は許可申請が受理されれば許可証が、届出が受理されれば届出確認書が交付され、表中にある業種はこれら許可証、届出確認書に記載されているものである[16]。開示は二〇一四年六月に行われた。つまり表中の値は、二〇一四年六月時点で警視庁のデータベースに登録されている件数ということになる。このデータベース上の許可、届出の情報は、廃業届が出されることによって削除されるので、件数は「警視庁として現在営業中と認識している数」である。第3章の3節で触れたが、近年では廃業届が確認されない状態で同一住所に重複して許可申請または届出は認められていない。ただし定期的な営業の実態確認も行われてはおらず、実態とどの程度近似的な数字と言えるかどうかははっきりしない。

表中にはいくつかの指摘すべき点があるが、それに先立ってまず前項で見た経済センサスとの照合を試みよう。注目すべき

は風俗営業二号の「社交飲食等」である。これは風適法上「待合、料理店、カフェーその他設備を設けて客の接待をして客に遊興又は飲食をさせる営業」と定められており、ただし「キャバレー」と異なり客にダンスをさせず、和風の「料理店等」と区別されて洋風の業態である。該当するのはキャバクラやホストクラブ、パブやスナックといった業種であり、産業大分類上は明らかに「M宿泊業、飲食サービス業」に分類される。

ところが、警視庁開示資料で「社交飲食等」の許可数を見ると一丁目が三三四、二丁目が五九五であるのに対し、経済センサス上の産業大分類Mの事業所数は一丁目が六九八、二丁目が四四九となっている。この異同はどのように理解したらよいだろうか。とりわけ、二丁目の許可数が事業所数より多い点は奇異である。一つの事業所が二つ以上の許可を取ることはあり得ない。これについて可能な解釈は二つある。第一の可能性は、経済センサスが事業所の把握に失敗している、というものである。つまり、許可数の五九五と同じかそれより大きい数の事業所が実際には営業しているが、それを把握できていないという可能性である。下に示す図2-5は歌舞伎町二丁目の街頭を撮影した写真である。一見して分かるように、看板にはびっしりと店名が並んでおり、これらをすべて網羅的に調査することはたしかに難しいかも知れない。これに対して第二の可能性は、反対に、廃業届が出されていなかったり、実態としては営業していない許可が警視庁のデータベースに残存している、というものである。つまり、実態としては経済センサスが示す四四九件程度の事業所しか営業していないのかも知れない。注4で言及したとおり、警察は業務に直接必要でないデータについてはデータクリーニングに労力を割いていない。

言うまでもなく第一と第二の可能性は排反ではない。おそらくは、ある程度は両者の現象がともに生起していると見るのが妥当であろう。

16 業種のカテゴリーについて、一号、二号等とあるものは、風適法上の条文番号に対応している。例えば風俗営業の一号とは風適法第二条第一号に定められた「キャバレーその他設備を設けて客にダンスをさせ、かつ、客の接待をして客に飲食をさせる営業」ということになる。ただし許可証、届出確認書に記載される業種名は、これら各号より細かいカテゴリーとなっていることがある。個々の規定はここで本文の記述と直接の関連を有さず、煩瑣に過ぎるので、これら各号の下位カテゴリーについて定めている法令の該当箇所のみを以下に挙げる。

風俗営業二号：風適法解釈運用基準第一一の一四
店舗型性風俗特殊営業三号：風適法施行令第二条
店舗型性風俗特殊営業四号：風適法施行令第三条

図 2-5　歌舞伎町 2 丁目の街頭
（2012 年 7 月、筆者撮影）

ただし、ここでの目的は警察による把握や経済センサス調査の不完全さをあげつらうことではない。そうではなく、歌舞伎町が統計や定量的な調査にとっていかに困難な、把握しづらい対象であるかを、データが示すおおまかな歌舞伎町の像とともに具体的に確認できればそれでよい。

さて、許可数、届出数の内容を見ると、まず全体のうちで「社交飲食等」のカテゴリーが占める割合の高さが目を引く。次いで多いのは無店舗型性風俗である。歌舞伎町において無店舗型性風俗の届出が数多く出されていることは、第4章でデリヘル店を取り上げることとも関連する。無店舗型という業態とはいえ、歓楽街と無関係ではないのである。この点については第4章に譲る。

また、一丁目と二丁目を比較すると、ラブホテル等が該当する四号営業を除き、店舗型性風俗のほとんどが一丁目に集中していることが分かる。しかし絶対数で見れば社交飲食等に比して少ない。社交飲食等と無店舗型性風俗はいずれも二丁目に多い。表2-6で見た経済センサスのデータに示されていたように、「宿泊業、飲食サービス業」の事業所数は一丁目で六九八、二丁目で四四九、従業者数は一丁目が七三七七人、二丁目が三七三五人と、一丁目は飲食店等も多くの従業員を抱えながら営業していることが分かる。二丁目は一丁目より広い面積に、社交飲食等の風俗産業を集中的に擁している地域であることが分かる。対して一丁目は、社交飲食等も一定数営業し、また飲食店も多いなかに、店舗型性風俗店が散在する地域である。

以上、本節で見てきた各種統計を振り返ると、家屋の棟数に関するものが、人口や営業に関する統計とはやや異なる質を有していることが分かる。それは、人間が移動する存在であることに比べて、建築が不動であることによる、網羅的な把握の容易さである。国勢調査で対象世帯から回答がなかった場合に近隣に調査する「氏名」、「性別」、「世帯員数」は、近隣に調査してもある程度データを得ることが可能なような、観測しやすい情報であると見なされている。それは、就いている職業や従業地といったような、各個人の活動に関わる項目に比べて、本人でなくとも、近隣世帯であっても把握が容易な事柄であると見なされており、だからこそ近隣への調査が行われていると言える。しかし、こうした基本的な変数である世帯員数であっても、一人世帯が大多数を占めるような、しかも人口密度の低い地域にあって、得られた数字がどの程度まで実態に即しているのかについては、その確実性を低く見積もらざるを得ない。実際に、国勢調査と住民基本台帳では数値にずれが見られた。建築の用途別棟数で、一丁目において「事務所・店舗」に次いで多かった「併用住宅」が、住居部分を持つ店舗である、ということもまた、人口というもっとも基礎的なデータすら把握を困難なものにしていると言えよう。それは明確な「住宅」の外見を取っているとは限らないからだ。人間を統計的に把握しようとする営みのこうしたつかみ所のなさに比べて、建築を数え上げることは相対的に容易である。

さらに統計的把握の不確実性は、居住地としての歌舞伎町以上に、事業所の所在地としての歌舞伎町において顕著であった。企業・事業所の経済活動の実質的な内容を捉えるはずの経済センサスは、警察で把握されるところの風俗営業の許可（届出）数と矛盾した数字を呈示していた。

これらはすべて歌舞伎町を把握しようとする際に直面する困難に関わる論点である。それは、本書全体で取り組むべき、歌舞伎町の「不透明性」のひとつのあらわれなのだ。

謝辞

本書は筆者が東京大学大学院人文社会系研究科に提出した博士論文「新宿歌舞伎町の社会学的研究」に多少の加筆修正を加えたものである。博士論文と本書はともに、たくさんの方々の惜しみない助力と助言の上に成り立っている。

まず、修士課程以来の指導教員である佐藤健二先生にお礼申し上げたい。理論や方法、分析といった部分のみならず、フィールドノートから記述を立ち上げる、実はなかなかに難しい作業についても含め、親身に指導していただいた。私が調査の方針について鬱々と悩んでいた際に、先生に相談したおかげで頭の中の霧が晴れ、前向きな気持ちになったことを今でもしばしば思い出す。先生に育てていただいたおかげで、本研究は脱稿にたどり着くことができました。

本研究の生みの親として、フリーライターの寺谷公一氏にも特に深くお礼申し上げたい。歌舞伎町での調査が可能かも知れないと思えたのは、私が送った突然のメールに寺谷氏が親切にも返事を下さったからに他ならない。あの一通の返事がなければ、歌舞伎町という対象を取り上げることもなかったのではないかと思う。ほかにも、本研究の重要なインフォーマントの多くを何年にもわたって寺谷氏にご紹介いただいた。記して感謝したい。

東京大学社会学研究室の祐成保志先生には、先生が着任された当初からゼミに参加するなかで、数々の重要なコメントと示唆をいただいた。祐成先生のゼミは、ゼミ生に恵まれていたこともあり、私が学生生活で経験したなかでも一、二を争う知的刺激を与えてくれるひとコマであった。祐成先生、またゼミ生のみなさまにここで深謝する。

同じく東大の武川正吾先生、白波瀬佐和子先生には博士論文審査で副査を務めて頂き、それぞれに本質的な質疑とコメントを頂いた。また、松本三和夫先生、赤川学先生には早い時期の草稿について重要なコメントを頂いた。東大社会学研究室のスタッフの皆さまからは何よりも研究の手つきや心構えといったものを学ばせていただいたと思う。心よりお礼申し上げます。

首都大学東京の玉野和志先生、立教大学の松本康先生には、ゼミや研究会に出席する機会を頂き、それぞれ一年間に渡りお世話になった。先生方のゼミへの参加を打診した私を、快く受け入れていただいたことは本当に有難かった。玉野先生、松本先生、またそれぞれのゼミ生のみなさまに頂いた学恩に記して謝したい。

本研究は私の修士論文「盛り場における「ガバナンス」の分析」の延長線上にある。この修士論文の審査で副査を務めて下さった盛山和夫先生、上野千鶴子先生、また関東社会学会のイベントで修士論文にコメントを下さった一橋大学の町村敬志先生にも、重ねてお礼申し上げたい。とりわけ町村先生にはその後、博士論文の審査にも加わっていただくことができた。本論文の執筆過程で、先生方に頂いたコメントを何度思い出したか知れない。本当にまとまりのない修士論文をお読み頂き、数々の重要な示唆を与えていただいたことに感謝の念を申し上げます。

私の所属していた東京大学社会学研究室の院生のみなさん、スタッフの皆様にも心よりお礼申し上げたい。厳しく恐ろしい先輩や同期、後輩たちにどれだけ背中を押されたか分からない。どうもありがとう。

付論中にもお名前を挙げさせていただいた、労働政策研究・研修機構の高橋康二さんには、私の特に無知な領域について不躾にも助言を乞うた。いくつかの研究会や国際学会の出席に関してもお世話になり、感謝の言葉もない。また、最終的に本論文からは削除してしまった箇所に丁寧にコメントを頂いた、東京大学日本史学研究室の井上翔さんにも記して謝す。本当にありがとうございました。

畏友小島尚人さんは社会学を専門としないにもかかわらず原稿を通読してくれたうえ、質、量ともに類い稀なコメントを頂いた。平素の友誼とともに厚く御礼申し上げます。また、新曜社編集部の髙橋直樹さんには、出版助成への申請から行き届いた校正を経て校了に至るまで、本当にお世話になりました。書き手として、同世代のすぐれた編集者に担当していただけたのは僥倖と言うほかありません。

データのリサーチに関しては、警視庁情報公開センターのみなさま、東京都主税局の担当者さまに特に感謝したい。またお茶の水女子大学の大木直子さまには、酷暑のなか資料の閲覧に関して惜しみないご協力をいただいた。また、多田良子さんにはお忙しいなか貴重なお時間を割いていただき構想にアドバイスをいただいた。ともに感謝申し上げたい。

最後に、五年以上にわたって調査させていただいた歌舞伎町のみなさまに、心よりお礼を申し上げたい。本論文では全面的にインフォーマントを匿名化していることもあり、個別にお名前を挙げることは控えさせていただくが、みなさまの無私のご協力に見合う感謝の言葉が見当たらない。私はいかにも不器用な調査者であったが、歌舞伎町のみなさまはそんな私を（恐らくは心中呆れながらも）導き、見守り、助けてくださった。数ならぬ身に、もったいないご厚誼であった。衷心より深甚なる感謝の意を申し上げます。

本研究はＪＳＰＳ特別研究員奨励費 10J08221, 13J04477 による研究成果の一部を含んでおり、また刊行物としてはＪＳＰＳ科研費（研究成果公開促進費）16HP5172 の助成を受けている。

インフォーマントリスト

個人名	所属	職位	ジェンダー	聞きとり年月
A	振興組合	副理事長	男性	2008年2月、9月
B	振興組合	事務局長	男性	2008年2月、9月
C	振興組合	元理事長	男性	2009年10月
D	新宿区	元歌舞伎町担当副参事	男性	2008年10月
E	新宿警察署	元署長	男性	2008年4月
F	新宿区	元歌舞伎町担当副参事	男性	2009年10月
G	ホストクラブH	経営者	男性	2008年6月
I	振興組合	組合員	男性	2010年11月
J	振興組合	組合員	男性	2010年11月
K	振興組合	組合員	男性	2010年11月
L	振興組合	組合員	男性	2010年11月
M	不動産会社N	支店長	男性	2014年2月
O	不動産会社P	社員	男性	2014年2月
R	キャバクラQ	メイク担当	女性	2012年1月
S	キャバクラQ	店長	男性	2011年12月
T	キャバクラQ	キャスト	女性	2012年1月
U	キャバクラQ	キャスト	女性	2012年1月
V	(元キャスト)	(元キャバクラキャスト)	女性	2011年12月
W	キャバクラQ	キャスト	女性	2012年2月
X	キャバクラQ	キャスト	女性	2012年2月
Y	キャバクラQ	キャスト	女性	2012年1月
Z	キャバクラQ	キャスト	女性	2012年1月
a	キャバクラQ	広報担当	男性	2012年1月
b	キャバクラc	キャスト	女性	2012年9月
d	キャバクラQ	レジ係	女性	2012年1月
e	キャバクラQ	男性スタッフ	男性	2011年12月
f	キャバクラQ	男性スタッフ	男性	2012年2月
g	キャバクラQ	男性スタッフ	男性	2012年1月
j	ホストクラブi	オーナー	男性	2012年3月
k	ホストクラブh	ホスト	男性	2010年12月
l	ホストクラブi	ホスト	男性	2012年3月
n	ヘルスm	店長	男性	2014年6月
p	ソープo	キャスト	女性	2014年6月
q	ソープo	キャスト	女性	2014年6月
r	ソープo	キャスト	女性	2014年6月
s	ソープo	店長	男性	2014年6月
u	ソープt	店長	男性	2014年6月
w	デリヘルv	店長	男性	2012年9月
x	デリヘルv	女性スタッフ(キャストではない)	女性	2012年11月
y	客引きグループ	客引き	男性	2012年3月
z	無料案内所	従業員	男性	2012年2月
α	風俗情報誌出版社	社員	男性	2011年7月
β	スカウトグループ	スカウト	男性	2012年6月、11月

1巻　近代アーバニズム』日本評論社, 89-115.）
矢部樹美男, 2009,『不動産業界のしくみ』ナツメ社.
屋久哲夫・鈴木達也・長村順也, 2006,「「風俗営業等の規制及び業務の適正化等に関する法律の一部を改正する法律」の制定について——その背景と内容」『警察学論集』59(4): 7-70.
山口厚, 2005,『刑法』有斐閣.
山下和之, 2010,『よくわかる不動産業界』日本実業出版社.
吉原直樹, 2011,「はしがき」地域社会学会『新版 キーワード地域社会学』ハーベスト社, v-vi.
吉見俊哉, 1987,『都市のドラマトゥルギー』弘文堂.

［＊1］ 1964年以下、各年の『名簿』については歌舞伎町商店街振興組合事務局で閲覧させていただいた。

社会学的想像力』新曜社，117-40.
重信幸彦，1999，『タクシー／モダン東京民俗誌』日本エディタースクール出版部.
島崎稔・安原茂編，1987，『重化学工業都市の構造分析』東京大学出版会.
新宿区，2002，『「歌舞伎町雑居ビル火災」対策会議最終報告書』新宿区総務部総務課.
新宿区総務部，1998，『新宿区史 ── 区成立 50 周年記念 第 2 巻』新宿区総務部.
塩野宏，2005，『行政法Ⅰ［第四版］行政法総論』有斐閣.
Simmel, Georg, 1903, "Die Großstädte und das Geistesleben," *Jahrbuch der Gehe-stiftung zu Dresden*, 9.（= 2011，松本康訳「大都市と精神生活」松本康編『都市社会学セレクション第 1 巻 近代アーバニズム』日本評論社，1-20.）
────，［1908］1923, *Soziologie: Untersuchungen über die Formen der Vergesellschaftung*, Berlin: Dunchker & Humblot.（= 1994，居安正訳『社会学（上巻）』白水社.）
────，1909, "Brücke und Tür," *Der Tag*, 15 September.（= 1999，鈴木直訳「橋と扉」北川東子編『ジンメル・コレクション』筑摩書房，89-100.）
Sinclair, Joan, 2006, *Pink box: inside Japan's Sex Clubs*, New York: Abrams.
園田恭一，1978，『現代コミュニティ論』東京大学出版会.
総務省，2011，『平成 21 年経済センサス ── 基礎調査（確報）結果の概要』.
鈴木榮太郎，1940 → 1968，『鈴木榮太郎著作集Ⅰ　日本農村社会学原理（上）』未来社.
────，1957，『都市社会学原理』有斐閣.
鈴木喜兵衛，1955，『歌舞伎町』鈴木喜兵衛.
多田良子，2007，「性サービス業における管理者のワーカーへの関わり ── 店長・マネージャーへの質的調査より」『Sociology Today』17: 56-62.
竹花豊，2006，「改正風営法の施行に当たって」『警察学論集』59(4): 1-6.
武岡暢，2016，『歌舞伎町はなぜ〈ぼったくり〉がなくならないのか』イーストプレス.
田村正博編，2006，『現場警察官権限解説 下巻』立花書房.
田中宣一編，2011，『暮らしの革命 ── 戦後農村の生活改善事業と新生活運動』農山漁村文化協会.
内田貴，2006，『民法Ⅰ第 3 版　総則・物権総論』東京大学出版会.
Venkatesh, Sudhir Alladi, 2000, *American Project: the Rise and Fall of a Modern Ghetto*, Cambridge, Mass.: Harvard University Press.
若林幹夫，1996，「空間・近代・都市 ── 日本における〈近代空間〉の誕生」吉見俊哉編『都市の空間　都市の身体』勁草書房，1-26.
────，1999，『都市のアレゴリー』INAX 出版.
────，1992 → 2013，『熱い都市 冷たい都市・増補版』青弓社.
Weber, Max, 1956, "Typologie der Städte" besorgt von Johannes Winckelmann, *Soziologie der Herrschaft*, 8, 735-822.（= 1964，世良晃志郎訳『都市の類型学』創文社.）
Wellman, Barry, 1979, "The Community Question: The Intimate Networks of East Yorkers," *American Journal of Sociology*, 84: 1201-31.（= 2006，野沢慎司・立山徳子訳「コミュニティ問題 ── イースト・ヨーク住民の親密なネットワーク」野沢慎司編『リーディングス ネットワーク論 ── 家族・コミュニティ・社会関係資本』勁草書房，159-200.）
Wellman, Barry and Barry Leighton, 1979, "Networks, Neighborhoods, and Communities: Approaches to the Study of the Community Question," *Urban Affairs Quarterly*, 14(3): 363-90.
Whyte, William F., 1943 → 1993, *Street Corner Society, Fourth Edition*, Chicago: The University of Chicago Press.（= 2000，奥田道大・有里典三訳『ストリート・コーナー・ソサエティ』有斐閣.）
Wirth, Louis, 1938, "Urbanism as a Way of Life," *American Journal of Sociology*, 44: 1-24.（= 2011，松本康訳「生活様式としてのアーバニズム」松本康編『都市社会学セレクション第

中筋直哉，1995，「盛り場と繁華街 —— 一つの社会学的試論」『山梨大学教育学部研究報告』46（第一分冊）：90-7.
————，1996，「群衆の居場所 —— 近代都市空間の形成と民衆の「都市の体験」」吉見俊哉編『都市の空間　都市の身体』勁草書房，57-89.
————，1997，「構造分析から社会過程分析へ —— 現代都市社会研究の方法と課題」蓮見音彦・似田貝香門・矢澤澄子編『現代都市と地域形成』東京大学出版会，217-35.
中田実，1993，『地域共同管理の社会学』東信堂.
中山弘子，2006，「「歌舞伎町ルネッサンス」への取組み」『警察公論』61(12): 37-46.
————，2007，「歌舞伎町ルネッサンスでワクワクドキドキするまちを創る」『都市問題』98(2): 32-45.
中澤秀雄，2007，「地方自治体「構造分析」の系譜と課題 —— 「構造」のすき間から多様化する地域」蓮見音彦編『講座社会学 3　村落と地域』東京大学出版会，169-205.
日本弁護士連合会，1980，『個室付浴場業に関する調査報告書』日本弁護士連合会.
西方昭典，2005，「繁華街・歓楽街を再生するための総合対策の推進について」『警察学論集』58(12): 49-66.
西野喜一，2002，『法律文献学入門 —— 法令・判例・文献の調べ方』成文堂.
西澤晃彦，1995，『隠蔽された外部 —— 都市下層のエスノグラフィー』彩流社.
————，1996，「「地域」という神話 —— 都市社会学者は何を見ないのか？」『社会学評論』47(1): 47-62.
————，2012，「貧困の都市社会学？」『日本都市社会学会年報』30: 5-14.
似田貝香門，1975，「地域問題と住民運動 —— 自治体改革をめざして」『現代と思想』19: 202-29.
————，1993，「序章　研究の課題と方法」似田貝香門・蓮見音彦編『都市政策と市民生活 —— 福山市を対象に』東京大学出版会，1-21.
似田貝香門・蓮見音彦編，1993，『都市政策と市民生活 —— 福山市を対象に』東京大学出版会.
野呂芳明，1997，「都市市民社会と階級・階層」蓮見音彦・似田貝香門・矢澤澄子編『現代都市と地域形成』東京大学出版会，61-80.
奥田道大，1983，『都市コミュニティの理論』東京大学出版会.
————，1987，「戦後日本の都市社会学と地域社会」『社会学評論』38(2): 181-99.
————，2004，『都市コミュニティの磁場 —— 越境するエスニシティと 21　世紀都市社会学』東京大学出版会.
小内透，2011，「地域社会」地域社会学会『新版 キーワード地域社会学』ハーベスト社，176-7.
大橋薫，1959，「都市の地域集団活動とその問題点 —— 大阪市の場合を例として」『都市問題研究』11(6): 44-58.
大門正克編，2012，『新生活運動と日本の戦後 —— 敗戦から 1970 年代』日本経済評論社.
Pahl, R. E., 1975, *Whose City?: And Further Essays on Urban Society, 2nd ed.*, Penguin Books.
労働政策研究・研修機構，2013，『ユースフル労働統計 —— 労働統計加工指標集』労働政策研究・研修機構.
阪口毅，2013，「「都市コミュニティ」研究における活動アプローチ」『地域社会学会年報』25: 77-91.
桜田ゆかり・朝賀繁・川口哲郎・後藤春彦・戸沼幸市，1985，「新宿歌舞伎町の土地利用と空間構成 新宿の研究＃1」『日本建築学会大会学術講演梗概集 F. 都市計画，建築経済・住宅問題，建築史・建築意匠』1985: 25-6.
佐藤健二，1993，「コミュニティ調査のなかの「コミュニティ」」蓮見音彦・奥田道大編『21 世紀日本のネオ・コミュニティ』東京大学出版会，153-76.
————，2011，「コミュニティ調査の方法的課題」『社会調査史のリテラシー —— 方法を読む性と心理〉第 2 巻 セクシュアリティをめぐって』新水社，161-94.
警察庁，2007，『警察白書 ── 特集：暴力団の資金獲得活動との対決』ぎょうせい.
警視庁新宿警察署警務課，2000，『新宿警察署史』新宿警察署協力団体.
木島由晶，2009，「「男らしさ」の装着 ── ホストクラブにおけるジェンダー・ディスプレイ」宮台真司・辻泉・岡井崇之編『「男らしさ」の快楽 ── ポピュラー文化からみたその実態』勁草書房，137-68.
近代消防編集局，2001a，「東京・新宿歌舞伎町「明星 56 ビル」火災から ── 防火対策を考える！」『近代消防』486: 17-23.
────，2001b，「東京消防庁，新たに判明した「新宿区歌舞伎町ビル火災概要」を 10 月 5 日発表」『近代消防』487: 57.
喜安朗，2008，『パリの聖月曜日 ── 19 世紀都市騒乱の舞台裏』岩波書店.
倉沢進，1968，『日本の都市社会』福村出版.
倉沢進編，2002，『改訂版 コミュニティ論』放送大学教育振興会.
香西一晶，2006，「防犯対策とまちづくりの連携協働による都市の安心安全の再構築 ── 歌舞伎町ルネッサンスの取り組みについて」『新都市』60(1): 85-93.
李東毓・榊原渉・戸沼幸市，1999，「戦後の地区発展からみた新宿歌舞伎町における復興計画の影響に関する研究」『日本建築学会計画系論文集』524: 207-14.
Lefebvre, Henri, 1974, *La Production de l'espace*, Paris: Éditions Anthropos.（= 2000，斎藤日出治訳『空間の生産』青木書店.）
町田靖之，2007，「コンプライアンスのあるまちづくりを目指して ── 新宿歌舞伎町商店街の挑戦」『警察公論』62(3): 46-50.
前田信彦，2010，『仕事と生活 ── 労働社会の変容』ミネルヴァ書房.
松原治郎，1978，『コミュニティの社会学』東京大学出版会.
松田さおり，2005，「サービス業に従事する女性の〈仕事仲間〉 ── ホステスクラブ Z の事例を中心として」『ソシオロジ』50(1): 87-104.
────，2006，「ホステスの移動を考える」現代風俗研究会『現代風俗研究会年報第 28 号 ── 現代風俗 移動の風俗「成り上がり」から「お遍路」まで』新宿書房，175-205.
────，2007，「お水のヘルプ」現代風俗研究会『現代風俗研究会年報第 29 号 ── 現代風俗 応援・サポート・人助けの風俗』新宿書房，160-4.
────，2008，「ホステスたちは、何を売る？」井上章一編『性欲の文化史 2』講談社，183-216.
────，2009，「日本における「女のサービス」と企業社会の文化」谷川建司・王向華・呉咏梅編『拡散するサブカルチャー ── 個室化する欲望と癒しの進行形』青弓社，119-50.
松本康，2003，「都市社会学の遷移と伝統」『都市社会学会年報』21: 63-79.
松澤光雄，1987，「成長する盛り場・その三層構造論」『別冊宝島 66　盛り場の資本主義 悪場所という欲望の経済人類学』: 257-68.
Merton, Robert K., 1957, *Social Theory and Social Structure: Toward the Codification of Theory and Research*, The Free Press.（= 1961，森東吾・森好夫・金沢実・中島竜太郎訳『社会理論と社会構造』みすず書房.）
森岡清志，1993，「都市的ライフスタイルの展開とコミュニティ」蓮見音彦・奥田道大編『21 世紀日本のネオ・コミュニティ』東京大学出版会，9-32.
永井良和，2002，『風俗営業取締り』講談社.
────，2005，「風俗営業のコントロール ── 〈囲い込み〉から〈個人認証〉へ」宝月誠・進藤雄三編『社会的コントロールの現在 ── 新たな社会的世界の構築をめざして』世界思想社，174-88.
中里見博，2011，「判例紹介 性風俗営業の人権侵害性 ── 「性交類似行為」をさせる営業等の違法性に関する諸判決」『福島大学行政社会論集』23(3): 87-103.

――――, 2006b,「新宿歌舞伎町の繁華街対策 ―― 新宿警察署における新宿歌舞伎町対策への取組み 下」『警察公論』61(11): 74-84.
橋本克彦, 2000,『欲望の迷宮　新宿歌舞伎町』筑摩書房.
蓮見音彦, 1987,「戦後農村社会学の射程」『社会学評論』38(2): 167-80.
――――, 1990,「序章　調査研究の基本的視点と研究の経過」蓮見音彦・似田貝香門・矢澤澄子編『都市政策と地域形成 ―― 神戸市を対象に』東京大学出版会, 1-16.
蓮見音彦・奥田道大, 1993,「はしがき」蓮見音彦・奥田道大編『21 世紀日本のネオ・コミュニティ』東京大学出版会, i-iv.
初田香成, 2012,「土地権利関係の視点から見た東京の戦災復興区画整理事業に関する考察 ―― 新宿・歌舞伎町を題材に」日本建築学会国際的・都市史的観点からみた都市再生論［若手奨励］特別研究委員会『国際的・都市史的観点からみた都市再生論に関する研究』, 39-44.
服部銈二郎, 1977,『都市と盛り場 ―― 商業立地論序説』同友館.
Hill, Peter B. E., 2003, *Japanese Mafia: Yakuza, Law, and the State*, Oxford University Press.（= 2007, 田口未和訳『ジャパニーズ・マフィア ―― ヤクザと法と国家』三交社.）
ヒル, ピーター, 2005,「平成ヤクザ　　バブル崩壊と暴対法」『社會科學研究』56(2): 186 209.
Hunter, Albert J. and Gerald D. Suttles, 1972, "The Expanding Community of Limited Liability," Gerald D. Suttles, *The Social Construction of Communities*, Chicago and London: The University of Chicago Press, 44-81.
磯村英一, 1968,『人間にとって都市とは何か』日本放送出版協会.
磯村幸一郎, 2007,『図解入門業界研究 最新不動産業界の動向とカラクリがよ～くわかる本』秀和システム.
伊藤裕作企画・構成, 1987,『線後を彩った女たち ―― その 30 年史』双葉社.
Janowitz, Morris, 1967, *The Community Press in an Urban Setting: The Social Elements of Urbanism Second Edition*, Chicago and London: The University of Chicago Press.
Jeffrey, Leslie Ann and Gayle MacDonald, 2006, ""It's the Money, Honey" : The Economy of Sex Work in the Maritimes," *Canadian Review of Sociology*, 43(3): 313-327.
城克, 2007,「今こそ伝えたい歌舞伎町ルネッサンスの魂 ―― 犯罪を許さないまちづくりの実践と市民の役割」『地域経済』26: 69-82.
歌舞伎町商店街振興組合, 1964,『歌舞伎町商店街名簿』非売品[＊1].
――――, 1967,『歌舞伎町商店街名簿』非売品.
――――, 1970,『歌舞伎町商店街名簿』非売品.
――――, 1980,『歌舞伎町商店街名簿』歌舞伎町商店街振興組合.
――――, 1988,『歌舞伎町商店街名簿』歌舞伎町商店街振興組合.
――――, 2000,『歌舞伎町商店街名簿』歌舞伎町商店街振興組合.
――――, 2009,『歌舞伎町の 60 年 ―― 歌舞伎町商店街振興組合の歩み』歌舞伎町商店街振興組合.
蔭山信, 2008a,『注解風営法 I』東京法令出版.
――――, 2008b,『注解風営法 II』東京法令出版.
要友紀子・水島希, 2005,『風俗嬢意識調査 ―― 126 人の職業意識』ポット出版.
開沼博, 2011,「ポスト成長期の盛り場 ―― 歌舞伎町キャッチのエスノグラフィー」第 59 回関東社会学会大会報告原稿.
金井利彦, 1980,『新宿御苑』郷学舎.
兼松左知子, 1973,「II 婦人相談員の活動 新宿地区」東京都民生局婦人部福祉課『東京都の婦人保護 ―― 売春防止法全面施行 15 周年記念』, 91-103.
川畑智子, 1998,「素人ホステスから見た「女らしさ」のワナ」河野貴代美編『シリーズ〈女

文　献

Allison, Anne, 1994, *Nightwork: Sexuality, Pleasure, and Corporate Masculinity in a Tokyo Hostess Club*, Chicago: The University of Chicago Press.

Anderson, Elijah, 1990, *Streetwise: Race, Class, and Change in an Urban Community*, Chicago: The University of Chicago Press.（＝奥田道大・奥田啓子訳，2003，『ストリート・ワイズ――人種／階層／変動にゆらぐ都市コミュニティに生きる人びとのコード』ハーベスト社.）

――――, 1999, *Code of Street: Decency, Violence, and the Moral Life of the Inner City*, W. W. Norton & Company.（＝2012，田中研之輔・木村裕子訳『ストリートのコード――インナーシティの作法／暴力／まっとうな生き方』ハーベスト社.）

新雅史，2012，『商店街はなぜ滅びるのか――社会・政治・経済史から探る再生の道』光文社.

朝賀繁・桜田ゆかり・川口哲郎・後藤春彦・戸沼幸市，1985，「新宿歌舞伎町の風俗営業の動向と風営法改正 新宿の研究＃2」『日本建築学会大会学術講演梗概集 F. 都市計画，建築経済・住宅問題，建築史・建築意匠』1985: 27-8.

Castells, Manuel, 1977, *La Question urbaine*, Paris: Maspero.（＝1984，山田操訳『都市問題』恒星社厚生閣.）

圓康晃，2015，「書きかわる慰安の動線――特需佐世保における「輪タク」と行政の相互作用を事例に」『年報社会学論集』28: 124-35.

藤井良樹，2008，『キャバ嬢「給与明細」のヒミツ』講談社.

福武直編，1954，『日本農村社会の構造分析』東京大学出版会.

――――，1967，『大井町――地域社会の構造と展開』東京大学出版会.

福富太郎，1994，『昭和キャバレー秘史』河出書房新社.

船曳建夫，1985，「人類学における記述対象の限定について――社会と文化の存在様相に関する考察とモデル(1)」『東洋文化研究所紀要』97: 55-80.

布施鉄治編，1982，『地域産業変動と階級・階層――炭都夕張／労働者の生産・労働―生活史・誌』御茶の水書房.

布施鉄治・小林甫，1979，「現段階における地域社会研究・序説」地域社会研究会『地域社会研究会年報第一集――地域社会研究の現段階的課題』時潮社，1-92.

Gagné, Nana Okura, 2010, "The Business of Leisure, the Leisure of Business: Rethinking Hegemonic Masculinity through Gendered Service in Tokyo Hostess Clubs," *Asian Anthropology*, 9(1): 29-55.

Galpin, Charles J., 1920a, "A Method of Making a Social Survey of a Rural Community," John Phelan ed, *Readings in Rural Sociology*, New York: Macmillan, 484-90.

――――, 1920b, "The Social Anatomy of an Agricultural Community," John Phelan ed, *Readings in Rural Sociology*, New York: Macmillan, 490-7.

Gans, Herbert J., 1962→1982, *The Urban Villagers: Group and Class in the Life of Italian-Americans. Updated and Expanded edition*, Free Press（＝2006，松本康訳『都市の村人たち――イタリア系アメリカ人の階級文化と都市再開発』ハーベスト社.）

Goffman, Erving, 1959, *The Presentation of Self in Everyday Life*, Doubleday & Company, Inc.（＝1974，石黒毅訳『行為と演技――日常生活における自己呈示』誠信書房.）

後藤清孝，2005，「警視庁における盛り場総合対策について」『警察学論集』58(5): 31-47.

原哲也，2006a，「新宿歌舞伎町の繁華街対策――新宿警察署における新宿歌舞伎町対策への取組み 上」『警察公論』61(10): 36-45.

■な　行

■は　行

■ま　行

■や　行

■ら　行

事項索引

人名索引

著者紹介

武岡　暢（たけおか　とおる）

1984年生まれ。東京大学大学院人文社会系研究科博士課程修了。博士（社会学）。現在，首都大学東京都市環境科学研究科都市システム科学域特任助教，ならびに大阪市立大学都市研究プラザ特別研究員。専門分野は歓楽街の社会学。

主要著作：

- 「盛り場の不可視性増大過程の分析――2000年までの歌舞伎町を事例に」『ソシオロゴス』33号，2009年.
- 「下位文化集団の秩序問題――都心繁華街歌舞伎町の商店街組織を事例として」『日本都市社会学会年報』29号，2011年.
- 「可視的な「無秩序」の両義性――繁華街の客引きを中心として」『年報社会学論集』25号，2012年.
- 「客引きとスカウトは何故いなくならないのか――歓楽街のストリートにおける法と経済」『グローバル都市研究』6号，2013年.
- 『歌舞伎町はなぜ〈ぼったくり〉がなくならないのか』イースト・プレス，2016年.

新曜社

生き延びる都市

新宿歌舞伎町の社会学

初版第1刷発行　2017年2月28日

著　者　武岡　暢

発行者　塩浦　暲

発行所　株式会社　新曜社

〒101-0051 東京都千代田区神田神保町3-9

電話（03）3264-4973（代）・FAX（03）3239-2958

E-mail：info@shin-yo-sha.co.jp

URL：http://www.shin-yo-sha.co.jp/

印　刷　長野印刷商工（株）

製　本　渋谷文泉閣

ISBN978-4-7885-1513-0　C3036

好評関連書

佐藤健二 著
社会調査史のリテラシー 方法を読む社会学的想像力
黎明期の貧民窟探訪から戦後ブームとなった世論調査まで方法の観点からたどる。
Ａ５判６００頁
本体５９００円

祐成保志 著
〈住宅〉の歴史社会学 日常生活をめぐる啓蒙・動員・産業化
明治期以降の住宅言説を「商品＝メディアとしての住宅」の観点から読み解く。
Ａ５判３３６頁
本体３６００円

ジム・ケメニー 著／祐成保志 訳
ハウジングと福祉国家 居住空間の社会的構築
イデオロギーと住宅供給システムの関係を読み解き、ハウジングの社会学を拓いた古典。
四六判３３６頁
本体３４００円

中筋直哉 著
群衆の居場所 都市騒乱の歴史社会学
日比谷焼打事件、大正政変、米騒動のとき銀座・上野で人々は何を求め何に憧れたのか。
Ａ５判３０４頁
本体４２００円

三浦倫平 著
「共生」の都市社会学 下北沢再開発問題のなかで考える
「共生」の問題を問い直す。理論としてだけでなく、運動の記録としても貴重な力作。
Ａ５判４６４頁
本体５２００円

田中研之輔 著
都市に刻む軌跡 スケートボーダーのエスノグラフィー
若者たちと都市空間管理の政治との交わり、費やしたものや生き方の帰結までを追う。
四六判２７４頁
本体３２００円

（表示価格は税を含みません）